韓國中世 度量衡制 研究

韓國中世 度量衡制 研究

李宗峯 著

혜안

머리말

이 책은 필자가 박사학위 논문으로 제출하였던 『高麗時代 度量衡制研究 - 結負制와 관련하여』(1999. 2)를 부분적으로 보완하여 펴낸 것이다.

필자가 처음 연구자의 길을 들어섰을 때는 도량형제보다 고려시대 사회경제사에 더 관심을 가지고 있었다. 정확히 말해 고려시대를 연구 대상으로 먼저 설정하고 그 중에서도 사회경제사에 관심을 두었다. 고려시대를 선택한 것은 필자가 대학원에 진학할 무렵 부산대학교 대학원 사학과의 학문적인 분위기에 많은 영향을 받았다고 할 수 있으며, 사회경제사의 여러 분야 중에서 특별히 농업사에 관심을 가진 것은 필자의 출생과 무관하지 않다.

위정자들은 올해도 논농사가 건국 이래 최고 풍작이 될 것이라고 한다. 하지만 우리의 농촌은 이러한 풍작이 마냥 즐거운 것만은 아니다. 쌀의 소비량이 매년 현저하게 줄고 있는 상황에서 농민들은 생산된 벼를 어떻게 처리해야 할 것인지가 중요한 현안 문제로 대두되기 때문이다. 국가가 정책적으로 총량 수매를 하면 다행이지만 그렇지 못하는 것이 우리나라 농촌의 현실이다. 특히 필자가 중등·대학교육을 받고 있을 때인 1970년대 후반과 1980년대 전반의 우리 농촌은 水害와 寒害로 막심한 피해를 입어 매년 농사 망치기를 반복하고 있었을 뿐만 아니라, 위정자들이 선심을 베풀듯이 조금 올려주는 秋穀·夏穀의 수매가에 목을 매달고 있는 상황이었다.

이러한 농촌의 현실은 필자로 하여금 전근대사회에서 국가의 농업 정책이 어떻게 실시되었고, 민은 어떤 상황에 있었는가에 관심을 가지게 하였다. 그래서 석사학위 논문으로 「高麗後期의 勸農政策과 土地開墾」을 제출하였다. 그후 필자는 농업사와 관련된 몇 편의 논문을 발표하였다.

이 과정에서 필자는 전근대사회의 농업사 연구는 농업기술의 발달을 통한 생산력의 증대를 규명하는 것도 일정한 의미가 있지만, 이를 명확하게 규정할 수 있는 度量衡의 분야가 해명되지 않고서는 생산력의 계량 등에 한계를 가질 수밖에 없다는 생각을 갖게 되었다. 그래서 농업사에서 도량형의 분야로 전환하여 고려시대 도량형제에 대한 연구를 시작하였다.

도량형제의 분야는 사회경제사 연구의 토대다. 하지만 우리 학계의 이 분야에 대한 관심은 그다지 높은 편이 아니었다. 필자가 도량형 분야를 처음으로 연구하기 시작할 때인 1990년 중·후반까지만 하여도 朴興秀·李宇泰 선생님의 몇 편의 논문 외에는 관련 논문이 거의 없었다. 그런데 이 분야에 대한 연구를 진척하면서 왜 연구자들이 관심을 갖지 않았는지 그 이유를 조금은 이해할 수 있게 되었다. 즉 고려시대의 도량형, 예를 들어 척의 경우만 하더라도 척의 실체를 규명해 줄 직접적인 자료가 거의 없다는 점이 상대적으로 연구를 제한하였던 것이 아닌가 생각된다. 이는 이웃 나라인 중국의 경우, 관련 문헌자료뿐만 아니라 漢代부터 明·淸代까지의 다양한 도량형 관련 유물들이 조사되고 있는 것과는 너무나 대조적이라 할 수 있다.

필자는 이러한 한계 속에서 한국중세 척의 종류와 길이, 양기의 용적과 그 변화시기, 중량의 단위 등을 해명해 보려 하였지만 부족한 점이 너무나 많다. 하지만 한국중세 도량형제를 종합적으로 검토한 것이 한 권의 책도 없는 상황에서 본 책을 통해 한국중세 도량형제를 이해할 수 있는 계기라도 마련되었으면 한다.

우둔한 필자가 이 정도의 책을 그나마 포장해 낼 수 있었던 것은 주위의 여러 분들의 도움과 배려가 있었기에 가능하였다. 먼저 지도교수이신 蔡尙植 선생님의 얼굴이 떠오른다. 선생님은 필자가 보잘것없는이 책을 '한국중세'의 큰 틀 속에 넣을 수 있도록 계기를 마련해 주셨던 분이다. 선생님의 자료 하나 하나에 대한 꼼꼼한 분석은 항상 덜렁대던 필자에게 연구자로서 갖추어야 할 기본적 자세와 방법론을 터득할 수 있게 하셨다. 선생님은 필자가 감히 접할 수 없는 새로운 자료에접근할 수 있는 여건을 제공하셨을 뿐만 아니라 필자의 글이 하나의책, 즉 민족문화학술총서로 간행될 수 있는 기회를 베풀어 주셨다. 무슨 말로 감사의 뜻을 표현해야 할지 모르겠다.

다음으로 정리되지 못한 필자의 난잡한 논문을 다듬어 주신 金琪燮·鄭容淑·朴宗基·李宇泰 선생님께 감사를 드린다. 특히 차가운겨울 날씨에 부산을 세 번이나 다녀가신 朴宗基·李宇泰 두 분 선생님의 은혜는 결코 잊을 수가 없다.

필자가 한국사를 연구하는 과정에서 항상 가르침을 주신 金東哲·尹用出 선생님, 중국 도량형사를 이해할 수 있는 기회를 마련해 주신崔德卿 선생님, 지금은 정년 퇴임을 하셨지만 필자의 여러 가지 문제를 늘 걱정하여 주셨던 金錫禧 선생님, 고고학과 鄭澄元 선생님, 필자가 석사학위를 받은 이후 오늘날까지 연구자로서 자긍심을 가질 수 있도록 많은 여건을 마련하여 주신 동의대학교 사학과 선생님들께 아울러 감사의 뜻을 전한다. 필자와 10여 년간 함께 동고동락하였던 옛 부산대학교 고·중세사연구회 선·후배와 부산·경남역사연구소 중세 1연구부 연구원들에게도 감사를 드린다.

아직도 자립하지 못한 필자의 경제적 일부분을 책임지면서 고향에서 직접 농사를 짓고 계시는 부모님께 다시 한번 머리숙여 감사를 드린다. 또 가난한 남편을 만난 이유로 하고 싶었던 공부를 못하고 대신중등학교에서 역사를 가르치는 아내와 변변찮은 아빠 노릇에도 항상씩씩하고 즐겁게 생활하고 있는 두 아이 宰漢·采恩에게도 이 기회를통해 아빠의 고마운 마음을 전한다. 책을 출판하는 과정의 여러 가지

일을 담당한 부산대학교 한국민족문화연구소 여러분과 상품 가치가
없는 책의 출판을 맡아 주신 도서출판 혜안 오일주 사장님과 편집과
교정에 고생한 편집부 박광연 님에게 감사를 전한다.

해운대의 백사장이 한 눈에 보이는 장산 아래에서

2001년 8월 필자 씀

韓國中世 度量衡制 研究 | 목 차

11

| 표 목차 |

제1장 서 론

1. 연구 현황

度量衡의 度는 길이를 측정하는 도구이고, 量은 토지수확물을 계량하는 도구이고, 衡은 물건의 중량을 측정하는 도구를 말한다. 전근대국가는 尺을 통해 토지를 파악하였는데, 이를 結負制라 한다. 국가는 이를 단위로 관료에게 分給하거나 收稅地로 파악하고, 각종 量器를 통해 수취하였다. 度量衡制와 결부제는 그 사회의 발전과 유기적 관련을 가졌다. 따라서 전근대국가의 사회경제적 변동을 이해하기 위해서는 도량형제와 결부제의 연구가 필수적이다. 이에 따라 한국중세 도량형제와 결부제는 일찍부터 연구자의 중요한 관심 분야의 하나였다. 尺의 종류와 길이, 量器의 용적, 그리고 결부제의 의미와 변동시기 등에 대해서는 일정 부분 연구되었다.

그런데 도량형제와 결부제는 양자를 유기적으로 연관시켜 파악하였을 때 그 역사적 의미를 명확하게 이해할 수 있는데, 이제까지의 연구는 그러한 입장에서 연구되지 않았다. 따라서 본 연구에서는 한국중세 도량형제와 결부제를 종합적으로 검토하고자 한다. 이를 위해 먼저 도량형제에 대한 연구성과를 정리하고, 이어서 결부제와 관련된 연구성과를 살펴보기로 한다.

1) 度量衡制의 연구동향

먼저 척의 연구동향을 살펴보자. 척의 초기 연구는 일본인 연구자에
의해 이루어졌는데, 그들은 주로 建築史家들이었다.[1] 그것마저도 삼
국 및 통일신라시대에 집중되었다. 대표적인 연구자는 米田美代治이
다. 그는 현존하는 平壤 淸岩里 절터 등을 측정하여 高句麗는 중국 漢
의 영향을 받아 22.44㎝의 漢尺을 사용하였고, 百濟와 新羅도 초기에
漢尺을 사용하였다고 한다. 삼국 말기의 백제는 익산 彌勒寺址石塔이
나 王宮里石塔 등을 조사하여 볼 때 東魏尺(약 35㎝ 전후)을[2] 사용하
였고, 東魏尺은 일본으로 건너가 高麗尺이라는 이름으로 사용되었다
고 보았다. 한편 통일신라시대는 佛國寺・石窟庵 등의 건축물의 실측
을 통해 볼 때 唐大尺(29.7㎝)을 사용하였다고 파악하였다.[3]

이러한 연구의 방법론과 성과는 그후 우리나라 연구자에 의해 비판
없이 수용되었다. 南天祐는 石窟庵의 실측 분석을 통해 통일신라시대
는 唐大尺을 사용하였다고 보았다.[4] 朴興秀는 石窟庵의 경우는 唐大
尺을 營造尺으로 사용하였지만,[5] 多寶塔의 경우는 高句麗尺을 사용

---

1) 關野貞, 『朝鮮の建築と藝術』, 東京 岩波書店, 1941 ; 米田美代治, 『朝鮮上代
   建築研究』, 秋田屋, 1944 ; 申榮勳 譯, 『韓國上代建築의 研究』, 東山文化社,
   1976(이하 申榮勳 譯의 책을 인용함).
2) 현재 東魏尺에 대한 입장은 양분되어 있다. 하나는 東魏尺(35㎝ 전후)=高麗
   (高句麗)尺이라는 입장과 東魏尺은 高句麗尺이 아니고, 高句麗尺은 별도의 척
   이 존재한다는 것이다. 전자는 '東魏後尺 實比晉前尺一尺五寸八毫(『隋書』 권
   16, 律曆 上)'의 기록을 중시하여 晉前尺(23.1㎝)의 1.5008척 즉 34.67㎝를 東魏
   尺으로 파악한다. 일본에서는 高麗尺으로 불리었다(米田美代治, 위의 책 ; 關
   野貞, 위의 책). 한편 후자는 '東魏後尺 比晉前尺爲一尺三寸八毫(『宋史』 권71,
   律曆4 崇天曆)'의 기록을 타당하다고 보고, 晉前尺의 1.3008尺을 東魏尺=30.05
   ㎝이므로 高句麗尺(35.5㎝ 전후)과 다르다고 본다(小泉袈裟勝, 『ものさし』, 法
   政大學出版局, 1991 ; 曾武秀, 「中國歷代尺度概述」, 『中國古代度量衡論文集』,
   1990 ; 朴贊興, 「高句麗尺에 대한 研究」, 『史叢』 44, 1995).
3) 米田美代治(申榮勳 譯), 앞의 책, 1976.
4) 南天祐, 「石窟庵에서 忘却되어 있는 高度의 新羅科學 - 復元平面・方位・
   採光의 方法 및 封土有無의 問題를 中心으로 - 」, 『震檀學報』 33, 1969.
5) 文化財管理局, 『石窟庵修理工事報告書』, 1967.

하였다고 보았다.6) 金容雲·金容局은 米田美代治의 연구성과를 수용
하여 『三國史記』와 『三國遺事』의 王과 王妃의 身長 기록을 분석하여
삼국시대 전기는 後漢尺을 사용하였고, 후기에도 身長만은 後漢尺을
사용하였다고 보았다.7) 李宇泰는 고구려는 漢尺을 사용하였는데, 그
길이는 약 22~23㎝였다고 보았다. 이러한 尺은 고구려뿐만 아니라 신
라·백제에서도 사람의 키를 재는 身長尺으로 이용되었다. 백제 말기
는 약 35㎝의 東魏尺을 사용하였는데 이러한 척은 신라에서도 일부 사
용되었다. 그러나 통일신라시대는 약 30㎝의 唐大尺을 사용하였는데,
이러한 당대척은 양전척으로도 사용되었다. 통일신라시대의 당대척은
고려에 계승되었을 것으로 파악하였다.8) 한편 朴贊興은 高句麗尺9)에
대한 재검토를 시도하여 東魏尺과 高句麗尺을 구분하였고, 즉 고구려
에서는 東魏尺의 사용을 부정하고 高麗尺(高句麗尺 = 약 35㎝)이 사용
되었다고 보았다.10)

　고려시대 척의 연구는 오히려 통일신라시대에 대한 연구보다 부진
한 실정이다. 그것마저도 척 자체를 연구하였다기보다는 量田制 등을
연구하기 위한 방편으로 주로 언급하였다. 白南雲은 구체적 분석 없이
고려시대에 布帛尺(曲 1尺 8寸)·金尺(營造尺 ; 周尺 1尺 2寸)·周尺
(周 6尺) 등이 사용되었고, 1量田尺은 周尺 6척(曲尺 3尺 9寸 6分)이

---

6) 朴興秀, 「多寶塔의 平面圖와 營造用尺度」, 『韓國學報』 7, 1977.

7) 金容雲·金容局, 『韓國數學史』, 科學과 人間社, 1977.

8) 李宇泰, 「韓國古代의 尺度」, 『泰東古典研究』 創刊號, 1984.

9) 高句麗尺이라는 명칭은 우리나라 문헌자료에 기록된 것이 아니고, 일본의
　『令集解』에 처음으로 보인다. '高麗五尺'은 高麗尺, 즉 高句麗尺으로 5척이
　기 때문에 高句麗尺이라는 이름이 생겨난 것이다. 이러한 高句麗尺은 唐大
　尺('以高麗五尺 准今大六尺相當'『令集解』 卷12, 田部)과 步積이 같다고 한
　다. 高句麗尺(약 35.5㎝ 전후)의 기원은 현재 東魏尺이 고구려에 전한 것이라
　는 견해(藤田元春, 『尺度綜考』, 1926), 북방 민족의 長尺에서 기원하였다는
　견해(曾武秀, 앞의 논문, 1990), 산동지방의 量田尺이라는 견해(小泉袈裟勝,
　앞의 책, 1990), 箕田尺이라는 견해(朴興秀, 「韓國古代의 量田法과 量田尺에
　관한 研究」, 『한불연구』, 1974) 등으로 이해되고 있다.

10) 朴贊興, 앞의 논문, 1995.

라고 파악하였다.[11] 金容燮과 姜晉哲은 조선초기 양전척으로 周尺이 사용된 점을 고려하여 고려시대의 양전척도 周尺으로 파악하였다.[12] 朴興秀는 고려 文宗 이전은 周尺이, 문종 23년 이후는 指尺(19.423㎝)이 양전척으로 사용되었고, 통일신라시대의 당대척은 고려시대에 營造尺으로 변화되었다고 하였다.[13] 尹張燮은 고려시대 양전척인 周尺과 고려중기부터 宋尺과 흡사한 길이인 약 31㎝의 營造尺이 사용되었음을 검토하였다.[14] 呂恩暎은 고려시대에 周尺(21.30㎝), 金尺, 高句麗尺, 營造尺 등의 척이 존재하였다고 파악하였다.[15] 그리고 李宇泰는 고려시대에 31.5~35㎝의 길이를 가진 척이 존재하였다고 보았다.[16]

조선전기 척에 대해서도 몇몇 연구자에 의해 연구되었다. 우선 朴興秀는 도량형의 중요성을 인식하고 조선전기 척에 대한 심도있는 연구를 진행하였다. 그 결과 조선전기 척은 黃鍾尺을 중심으로 周尺・布帛尺・營造尺・造禮器尺 등이 존재한 것으로 파악하였다.[17] 田大熙는 조선시대 문헌자료의 실측도 등을 통해 세종 28년의 영조척의 길이를 27.6㎝로 교정하였다.[18] 그리고 鶴園裕는 조선전기 『經國大典』에 수록된 5개의 척 중에 주척・영조척・포백척의 3종류만이 널리 사용되

---

11) 白南雲, 「量地尺의 개정과 結負制의 변화」, 『朝鮮封建社會經濟史(上)』, 改造社, 1937.

12) 金容燮, 「高麗時期의 量田制」, 『東方學志』16, 1975 ; 姜晉哲, 「田結制의 問題」, 『高麗土地制度史研究』, 高麗大 出版部, 1980.

13) 朴興秀, 「新羅 및 高麗의 量田法에 관하여」, 『學術院』, 1972 ; 「한국 古代의 量田法과 量田尺에 관한 연구」, 『한불연구』, 1974 ; 「新羅 및 高麗 때의 量制度와 量尺에 관하여」, 『科學技術研究』5, 1977 ; 『度量衡과 國樂論叢』, 朴興秀博士華甲紀念論文集刊行會, 1980.

14) 尹張燮, 「韓國의 營造尺度」, 『韓國建築研究』, 東明社, 1983.

15) 呂恩暎, 「高麗時代의 量田制」, 『嶠南史學』2, 1986.

16) 李宇泰, 「新羅時代의 結負制」, 『泰東古典研究』5, 1989.

17) 朴興秀, 「李朝尺度에 關한 研究」, 『大東文化研究』4, 1967 ; 「度量衡」, 『서울六百年史』, 1987 ; 「朝鮮前期의 度量衡」, 『한국사 - 조선전기의 경제구조 - 』24, 1994 ; 『韓・中度量衡制度史』, 성균관대 출판부, 1999.

18) 田大熙, 「朝鮮代 度量衡器의 實크기에 관한 研究」, 『한국해양대학논문집』18, 1983.

었다고 보고, 이러한 척은 계통적으로 차이가 있지만 明代의 法定尺·木工用尺·裁縫尺과 비슷한 체제였고, 아울러 영조척을 31㎝로 파악하였다.[19] 최근 남문현은 현존하는 척의 실물과 도본의 집중적인 분석을 통해 주척과 영조척의 길이를 약 20.7㎝와 30.8㎝로 추정하였다.[20]

　이상에서 살펴본 것처럼 한국중세 척의 연구는 王의 신장기록, 건축물 실측, 그리고 척의 실물과 도본의 분석 등을 통해 상당한 성과를 이루었지만 다음과 같은 몇 가지 한계점을 가지고 있다. 첫째, 삼국·통일신라 및 고려시대는 중국과 교류를 통해 周尺·漢尺·唐大尺·高句麗尺 등이 유입되었고, 이를 사용하였을 것이라는 전제 하에 건축물을 실측하여 그 표준 오차가 적은 것을 기준척으로 파악한 점을 들 수 있다. 둘째, 통일신라시대 척의 연구는 척 자체의 분석에 너무 치중하였고, 척이 가지는 사회경제적 의미, 즉 量田과 布의 수취 등에 어떻게 이용되었는가 하는 등의 문제에 대해서는 전혀 연구되지 않았음을 알 수 있다. 셋째, 고려시대 척의 연구는 척의 다양한 명칭과 사회경제적 의미 등을 언급하고 있지만, 오히려 척의 구체적인 분석과 근거를 명확하게 설명하지 못하고 있다. 예를 들면 고려시대 量田尺으로 周尺을 파악하고 있지만, 고려시대 어느 자료에도 周尺이 양전척으로 사용되었다는 근거는 없다. 따라서 周尺이 양전척으로 사용되었다는 주장은 너무 막연하다고 할 수 있다. 넷째, 현존하는 척은 존재하지 않지만, 문헌자료 속에 나타나는 척의 기록과 현존 유물의 실측을 통해 기준척의 실체에 접근할 수 있는데, 그러한 분석을 전혀 시도하지 못하였다. 다섯째, 통일신라 및 고려시대의 척을 연관시켜 파악하지 못하였을 뿐만 아니라 이와 비슷한 중국의 唐·宋代 척의 종류와 길이를 비교하여 검토하지 못한 점을 들 수 있다. 통일신라와 고려시대의 척을 연관 속에서 파악하거나, 중국의 연구성과를 이용하면 통일신라 및 고려시대 척

---

19) 鶴園裕, 「李朝末期の度量衡」, 『東洋文化研究所紀要』 99, 東京大學 東洋文化研究所, 1986.

20) 남문현, 『同律度量衡 - 조선시대 척도자료 조사용역 보고서』, 문화재관리국, 1992 ; 『한국의 물시계』, 건국대 출판부, 1995.

의 종류와 길이를 일정하게 추론할 수 있을 것으로 생각된다.

따라서 필자는 기존의 연구방법론의 한계를 극복하면서 먼저 금석문 및 문헌자료 속의 척의 기록과 현존하는 유물을 비교 검토하여 척을 분석하고, 이를 토대로 통일신라, 고려시대 및 조선전기의 척을 통일적인 측면에서 파악하고자 한다. 그리고 국내 문헌자료의 부족을 보완하기 위해 중국 척의 연구성과를 참고하고자 한다. 이를 바탕으로 척의 사회적 기능인 전근대사회의 부세 수취와 불가분의 관계를 가지는 점을 중시하여 量田尺, 즉 結負制 등과 연관하여 파악하고자 한다.

다음으로 量制에 대한 연구성과를 살펴보자. 朴興秀는 우리나라의 量制는 삼국시대에 성립되었는데, 그 근간은 중국 漢의 王莽量制로 보았다. 量의 體系는 1石＝15斗가 통일신라시대 이후 계속 사용되었다. 宋代의 1斛＝1/2石처럼 고려시대에는 1斛＝1/2石이었다. 1승의 용적은 王莽量制에 기반하였기 때문에 삼국시대 이전에는 199.19㎖였다가 삼국통일 이후(文武王) 唐의 문화적 영향으로 大量制(약 597.6㎖)로 변화되었으므로 양제의 변동시기를 삼국통일기로 파악하였다.[21] 그의 연구는 우리나라 양제를 체계화하였다는 측면에서 큰 의미를 가지지만, 우리나라 양제가 王莽銅斛升에 근간한다고 파악한 근거와 삼국통일 이후에 唐의 영향으로 大量制로 변화되었다고 파악한 근거를 명확하게 설명하지 못하고 있다.

呂恩暎은 통일신라시대 양의 체계는 1石＝20斗였다가, 나말여초 이

---

21) 朴興秀, 앞의 논문, 1977 ;『度量衡과 國樂論叢』, 1980 ; 앞의 논문, 1994.

<표> 朴興秀 量制의 변천 표

시대	신라 신문왕대 이전		신문왕~ 고려 문종		고려 문종~ 조선 세종대		세종 28년 이후	
양기	용적비	용적(㎖)	용적비	용적(㎖)	용적비	용적(㎖)	용적비	용적(㎖)
合	0.1	19.92	0.1	59.8	0.1	59.8	0.1	59.8
升	1.0	199.19	1.0	597.6	1.0	597.7	1.0	597.6
斗	10.0	1,991.90	10.0	5,975.7	10.0	5,975.7	10.0	5,975.7
斛					75.0	44,817.8	150.0	89,635.6
石	150.0	29,875.50	150.0	89,635.6	150.0	89,635.6	200.0	119,514.1

후에 1石＝15斗로 변화되었고, 石은 斛과 동일한 단위라고 하였다. 1 승의 용적은 삼국 및 통일신라시대에 약 199㎖였으나, 고려전기에는 1 승＝298.79㎖의 精穀升과 398.38㎖의 皮穀升이 각각 존재하였다. 精穀 升은 고려후·말기에 大容積의 元石에 동화되어 597.57㎖로 변화되었 고, 皮穀升은 200승(20斗)의 大石으로 변화되었다고 하였으므로 양제 의 변동시기는 나말여초와 고려후기로 각각 파악하였다.[22] 그러나 그 의 연구는 1승의 용적을 정곡승과 피곡승으로 나누어 파악하였는데 하 나의 단위 용적에 두 升이 존재할 수 있는가 하는 점, 통일신라시대 양 의 체계를 「正倉院佐波里加盤附屬文書」를 근거로 1石＝20斗로 파악 하였지만 崔瀣의 ‘東俗 以五畝減百弓爲結 斛除一斗爲苫 文昌侯云’이 라는[23] 기록을 무시한 점, 그리고 원간섭기 원의 영향으로 양제가 변 동되었다고는 파악한 근거를 명확하게 제시하지 못한 점 등은 한계로 지적될 수 있다.

　李宇泰는 고구려 양의 체계가 1石＝10斗였으므로 신라도 1石＝10 斗였고, 통일신라 이후에는 1石＝20斗로 변화되었다가 나말여초기에 1石＝15斗로 전환되었다고 보았다. 1升의 용적은 삼국시대에는 200㎖ 였다가 1石＝15斗로 변화되면서 약 300㎖였다고 보았다.[24] 그러나 그 의 연구도 양의 체제를 언급하면서 崔瀣의 기록을 무시한 점은 한계라 고 할 수 있다.

　尹善泰는 일본 正倉院 소장의 「新羅祿俸文書斷片」으로 볼 때, 8세

---

22) 呂恩暎, 「高麗時代의 量制 - 結負制 이해의 기초로서 - 」, 『慶尙史學』 3, 1987.
<표> 呂恩暎 量制의 변천 표

시대	고려 전기		고려 후·말기 ～ 조선 전기	
양기	정곡용(㎖)	피곡용(㎖)	정곡용(㎖)	피곡용(㎖)
合	29.88	39.84	59.76	59.76
升	298.79	398.38	597.57	597.57
斗	2,987.85	3,983.80	5,975.71	5,975.71
石(斛)	44,817.79	59,757.05	89,635.57(小石)	119,514.20(全石)

23) 『拙藁千百』 권2, 崔大監墓誌.
24) 李宇泰, 「韓國古代의 量制」, 『泰東古典研究』 10, 1993.

기 초중반에는 신라의 양의 체계가 1石=20斗였고, 이러한 양제는 신라하대 최치원이 찬한 「崇福寺碑文」과 고려후기 崔瀣가 찬한 「崔大監墓誌」 등의 분석을 통해 볼 때 신라하대에 1석=15斗로 변화되었는데, 그 시기는 大中 12년, 즉 헌안왕 2년(858)을 전후인 것으로 보았다. 1승의 용적은 신라중대 200㎖였고, 신라하대에 350㎖로 변화되었다. 이러한 양제의 변화는 하대 이후 田租制가 확립되는 과정과 일정한 관련이 있을 것으로 보았다.[25]

이상에서 검토한 것처럼 양제의 연구는 모든 연구자들이 한국중세 양기의 용적이 점차 증대되었다고 파악하였다는 점에서 일정한 성과를 거두었다. 하지만 용적의 변화시기와 요인 등에 대해서는 명확한 근거를 제시하지 못한 한계점을 지니고 있다. 즉 양제가 변화되었다고 하면서도 그러한 요인을 언급하지 못하고 있다. 따라서 본 연구는 이러한 한계점을 극복하면서 중국 양제의 변화시기와 식량소비량 등의 비교·검토를 통해 양기의 용적과 그 변화시기 등에 대한 검토를 시도하고자 한다.

그리고 양제는 토지로부터 생산된 생산물을 계량하는 기구이므로 농업기술의 발달에 따른 단위면적당 생산력의 증대와 양기의 단위 용기를 확대시켜 국가의 세수를 증대시키려는 욕구와 지배세력의 과도한 수취욕 등도 양기를 증대시키는 중요한 요인이었던 점을 살펴보고자 한다.

마지막으로 衡制에 대한 연구동향을 살펴보자. 白南雲은 고려시대의 衡制는 斤(=16兩), 兩(=10錢), 錢(=10分), 分(=10釐)의 체계를

<표> 李宇泰 量制의 변천 표

시대	통일신라시대~나말여초 이전	고려 전기
合	약 20㎖	약 30㎖
升	약 200㎖	약 300㎖
斗	약 2000㎖	약 3000㎖
石(斛·碩)	약 40000㎖	약 45000㎖

25) 尹善泰, 「新羅下代의 量制에 관한 一試論 - 雁鴨池 출토 量器의 분석을 중심으로 - 」, 『新羅文化』 17·18, 2000.

가지고 있다고 하였지만, 그 근거나 중량 등에 대해서는 서술하지 못
하고 있다.26) 그리고 小泉袈裟勝은 중국 형제의 연구를 통해 우리나
라의 형제는 옛 藥學에 의하면 황종관을 가득채운 물의 무게를 88分,
그 1/10을 厘로 하고, 10分을 1錢, 10錢을 1兩, 16兩을 1斤으로 했다고
한다. 10分을 錢으로 했던 이 錢은 開元通寶錢의 무게와 다르지 않고,
16兩의 斤도 唐制의 그것이다. 唐・宋代의 衡制가 일본에 보급된 것
처럼 한반도에도 전해졌다고 보았다.27) 그러나 형제의 변화시기와 중
량 등에 대해서는 전혀 언급이 없었다.

이처럼 衡制의 연구는 거의 이루어지지 않았다고 할 수 있다. 그것
은 度制나 量制와 마찬가지로 형제를 규명할 수 있는 문헌자료가 거
의 없기 때문이다. 하지만 衡制도 중국의 연구성과와 金石文 등의 기
초 자료를 이용하면 형제의 단위중량과 변화시기 등을 일정하게 추측
할 수 있으리라 생각된다.

2) 結負制의 연구동향

結負制는 量田을 통해 파악된 토지의 면적단위이며, 토지분급과 조
세수취의 단위이다. 따라서 결부제의 연구는 단순히 토지의 양을 파악
하는 것만이 아니라 수취제도와 농업기술, 즉 생산력 발전 등의 문제
를 종합적으로 규명할 수 있다는 측면에서 아주 중요하다.

먼저 量田에 대한 연구동향을 살펴보자. 金容燮은 고려시대 양전제
의 특징은 양전을 통해 직접 토지소유권자를 파악하는 작업과 토지(수
조지)의 분급을 위해서 量案에 그 기초작업을 하는 것이었다. 전자를
위해 토지소유권자를 量案에 기재하였고, 후자를 위해 모든 농지를 다
시 일정한 결수의 丁(田丁・足丁・半丁)으로 묶는 일이었다. 국가의
조세수취와 수조지분급은 丁을 단위로 하였다고 보았다.28) 그의 연구

26) 白南雲, 앞의 책, 1937.
27) 小泉袈裟勝, 「中國の衡制」, 『秤』, 法政大學出版局, 1982.
28) 金容燮, 앞의 논문, 1975.

는 고려시대 양전제 연구의 토대를 마련하였다는 점에서 큰 의미를 지닌다. 그런데 그는 양전의 단위인 足丁制가 이미 고려초기에 시행된 것으로 파악하였다. 同積異稅制 하에서 각 足丁의 단위들은 생산량이 일정하지 않다는 문제를 가지고 있는데, 족정이 수세단위나 수조권 분급단위로 제 역할을 할 수 있었는지가 의문이다.

浜中昇은 고려시대에는 고려전기 光宗 6년(955)과 文宗 18년(1064), 고려후기 14세기 忠肅王 元年(1314)의 甲寅量田과 昌王 元年(1389)의 己巳量田 등 4차에 걸친 전국적인 양전이 시행되었는데, 고려전기의 토지대장은 자연촌락을 단위로 작성되었고, 후기는 토지를 단위로 하는 '丁'이 군현의 단위로 작성되었다고 하였다.[29] 그러나 浜中昇의 연구는 고려전기의 토지대장을 자연촌락 단위로 작성되었다고 파악한 점과 고려시대 양전제의 중요 부분인 결의 면적, 양전제의 변화시기, 변화요인 등에 대해 전혀 언급하지 못했다는 점에서 한계를 지니고 있다.

한편 양전의 목적은 토지규모의 파악이다. 우리나라 토지의 파악단위는 結·負·束이다. 한국중세 결·부·속의 파악방식으로는 量尺同一制와 隨等異尺制가 있다. 고려전기 量尺同一制하의 結의 면적은 1,200평,[30] 1,500평,[31] 3,550평,[32] 4,670평,[33] 6,800평,[34] 14,400평,[35] 17,400평[36] 등으로 다양하게 파악되고 있지만, 고려후기 隨等異尺制하의 결의 면적은 상등전(약2,000평)·중등전(3,000평)·하등전(4,500평) 등으로 파악한다. 결의 면적 변화는 金容燮의 견해를 수용하여 고려전

---

29) 浜中昇,「高麗前期の量田制について」,『朝鮮學報』109, 1983 ;「高麗後期の量田と土地臺帳」,『朝鮮學報』112, 1984 ;『朝鮮古代の經濟と社會』, 法政大學出版局, 1986.

30) 李宗峯,「高麗前期의 結負制」,『釜山史學』29, 1995.

31) 呂恩暎, 앞의 논문, 1986 ; 李宇泰, 앞의 논문, 1989.

32) 兼若逸之,「"高麗史"'方三十三步' 및 "高麗圖經"'每一百五十步'의 面積에 대하여」,『孫寶基博士停年紀念韓國史學論叢』, 1988.

33) 朴興秀, 앞의 논문, 1972.

34) 姜晉哲,「田結制의 問題」, 앞의 책, 1980.

35) 白南雲, 앞의 책, 1937.

36) 金容燮, 앞의 논문, 1975.

기에서 고려후기로 접어들면서 농업기술의 발달에 의한 농업생산력의 증대로 결의 면적이 축소되는 것으로 이해하는 견해와[37] 고려전기에서 고려후기로 가면서 결의 면적이 오히려 확대된 것으로 파악한 견해가 있다.[38]

이처럼 고려전기 결의 면적을 달리 파악하게 된 요인은 기준척, 즉 척에 대한 종합적인 검토를 하지 않고 결의 면적을 구하였던 점과 통일신라 및 고려전기 結負制와 頃畝制를 같다고 파악함으로써 결의 면적을 확대시킨 점에서도 기인한다. 그리고 고려시대 생산력의 발전 등을 고려하여 결의 면적을 파악하지 못한 점을 들 수 있다. 예를 들어 김용섭의 견해에 의하면 고려전기에서 고려후기 사이에는 농업생산력이 최저 4배에서 최고 9배에 이르는 증대가 이루어졌다고 파악되는데,[39] 이러한 생산력의 증대는 중국 당·송대 생산력의 발달과 비교하여도 상당한 무리가 있어 보인다. 따라서 고려시대 結의 면적은 척에 대한 전반적인 검토를 토대로 당시의 1결당 생산력의 변화 등을 고려하여 파악되어야 할 것으로 생각된다.

양전제의 변동과 관련한 결부제의 변화시기에 대해서도 다양한 견해가 제기되었지만 아직까지 통일적인 견해에 이르지 못하고 있다. 이렇게 양전제의 변동시기를 다양하게 파악하게 된 요인은 무엇보다도 양전제의 변동과 관련된 문헌자료도 부족하지만, 이러한 자료를 종합적으로 검토하지 못한 데 기인한다. 따라서 고려시대 양전과 관련된 문헌자료의 종합적 검토를 통해 결부제의 변화시기를 새롭게 파악하고자 한다.

아울러 結負制와 頃畝制의 관련성 문제에 대해 살펴보고자 한다.

---

37) 金泰永,「科田法체제에서의 土地生産力과 量田」,『韓國史研究』35, 1981 ;『朝鮮前期 土地制度史研究』, 知識産業社, 1983 ; 李鎬澈,「토지파악방식과 田結」,『朝鮮前期 社會經濟史』, 한길사, 1986.
38) 이러한 입장은 呂恩暎, 앞의 논문, 1986 ; 李宇泰, 앞의 논문, 1989 ;「新羅의 量田制 - 結負制의 成立과 變遷科程을 중심으로 - 」,『國史館論叢』37, 1992 ; 李宗峯, 앞의 논문 등의 연구를 대표적으로 들 수 있다.
39) 金容燮, 앞의 논문, 1975.

통일신라와 고려시대의 결부제와 중국의 경무제는 동일하다고 파악하거나,[40] 결부제만 사용되었고 경무제는 사용되지 않았다고 파악하거나,[41] 고려시대의 결부제 1결은 步積으로 중국 경무제 1경의 1/22의 비율, 즉 실제 면적은 약 10.6결이라고 해석하고 있다.[42]

그런데 이러한 연구는 다음과 같은 한계점을 가지고 있다. 첫째, 문헌자료에 기록된 경무제 자료를 비판 없이 수용하여 경무제가 사용된 것으로 이해한 점을 들 수 있다. 따라서 이들 자료들이 가지는 한계를 비판하여 고려전기 경무제 사례의 실체를 밝혀야 할 것이다. 둘째, 고려전기 결부제와 고려후기 이후 결부제의 의미를 혼돈하여 파악한 점을 들 수 있다. 고려전기 결부제하의 결의 의미는 일정 면적의 단위로 보는 견해와[43] 수확량을 기준으로 한 단위로 파악하는 입장으로[44] 양분되고 있지만, 주로 후자의 견해가 주류를 이루고 있다. 이렇게 結의 의미를 파악한 요인은 『萬機要覽』 財用편에 結을 '수확량'의 단위로 서술하고 있는데, 이 자료를 대다수의 연구자들이 비판 없이 통시대적인 結負制의 의미로 이해하였기 때문이다. 그러나 고려전기 결의 의미

---

40) 이와 같은 입장에 있는 연구는 다음과 같다(白南雲, 앞의 책, 1937 ; 朴興秀, 「高麗 및 朝鮮의 量田法에 관하여」, 『學術院論文集』 11, 1972 ; 金容燮, 앞의 논문, 1975 ; 姜晉哲, 「田結制 問題」, 앞의 책, 1980 ; 金載名, 「高麗時代 什一租에 관한 一考察」, 『淸溪史學』 2, 1985 ; 新井宏, 「量田制における結と頃」, 『朝鮮學報』 144, 1992 ; 李仁在, 『統一新羅期 土地制度 研究』, 연세대 박사학위논문, 1995). 이들 중에 頃畝制와 結負制의 면적을 비슷하게 파악하는 연구자(白南雲·金容燮·李仁在), 結負制의 면적과 頃畝制의 면적이 비슷하고, 그에 따라 생산되는 평균수확량도 동일하다고 보는 연구자(金載名), 그리고 頃畝制와 結負制가 병용된다고 하면서도 경무제와 결부제의 면적을 달리 파악하는 연구자(朴興秀·姜晉哲·新井宏)로 구분할 수 있다.

41) 李宇泰, 「新羅時代의 結負制」, 『泰東古典研究』 5, 1989 ; 「新羅의 量田制 - 結負制의 成立과 變遷過程을 중심으로 - 」, 『國史館論叢』 37, 1992.

42) 呂恩暎, 「高麗時代의 量田制」, 『嶠南史學』 2, 1986.

43) 朴克采, 「朝鮮封建社會의 停滯的 本質 - 田結制 研究 - 」, 『李朝社會經濟史』, 1946 ; 李宗峯, 앞의 논문.

44) 白南雲, 앞의 책, 1937 ; 金容燮, 「高麗前期의 田品制」, 『韓沽劤博士停年紀念史學論叢』, 1981.

를 정확하게 파악하기 위해서는 관련자료에 대한 재검토가 필요하다고 생각한다. 셋째, 고려전기 結負制하의 1결은 20석을 생산할 수 있는 면적으로 파악한 점을 들 수 있다.[45] 이 점도 量尺同一制(=同積異稅制)하에서는 성립될 수 없다. 따라서 고려전기와 고려후기 1결의 생산량과 그에 따른 조세액을 새롭게 규정하거나, 경무제의 관련 자료를 재검토하면 양자의 관계를 새롭게 규정할 수 있을 것으로 생각된다.

이상에서 度量衡制와 結負制의 연구성과를 살펴본 것처럼 고려시대 도량형제와 결부제는 개별 분야에 대해 일정한 연구성과를 거두었다고 할 수 있지만, 양자를 종합적으로 파악하지 못한 한계를 가지고 있음을 알 수 있다.

2. 연구 방향

한국중세 度量衡制의 연구는 활발하지 못하였다. 첫째는 자료의 부족을 들 수 있는데, 관찬사서·금석문 등 자료에 度量衡의 실체를 규명할 만한 근거가 부족하기 때문이다. 둘째는 도량형제는 전근대사회를 지탱해 주는 근간으로 수취제도 등과 불가분의 관계를 가지고 있는데, 이에 대한 연구자의 인식 부족도 있다. 따라서 본 연구는 사회경제사 연구의 토대구축이라는 측면에서 한국중세 도량형제와 결부제를 연관시켜 살펴보고자 한다.

이를 위해 다음과 같은 연구방법론이 필요하다. 첫째, 기존 도량형제 연구의 한계점을 극복하기 위해 가능한 현존하는 금석문 자료와 관련 유물 등을 비교 검토하여 도량형의 실체에 대해 근접을 시도하고자 한다. 둘째, 우리나라 도량형에 관한 자료가 거의 없기 때문에 이를 보완하기 위해 조선후기의 자료와 중국 도량형제의 연구성과를 이용하여 한국중세 도량형제의 실체에 접근하고자 한다.

---

45) 金容燮, 앞의 논문, 1981.

제2장에서 도제는 척의 '丈-步-尺-寸-分'의 기본적 체계의 검토를 토대로 신라말기 및 통일신라 전반기에는 漢尺(약 23㎝ 내외)이 사용되었고, 통일신라 전반기와 후반기에는 唐大尺(약 29.5㎝ 내외)이 기본적인 척으로 사용되었고, 이러한 당대척은 고려시대에 계승되어 기본적인 척으로 사용되었음을 금석문과 기타 자료의 분석을 통해 검증할 것이다. 이러한 당대척은 고려시대에 계승되어 기본 척으로 사용되었음을 위와 같은 방법론을 통해 검증할 것이다. 한편 12세기 이후에는 金尺·指尺이 사용됨으로써 기존의 당대척은 당대척과 관련 있는 영조척·포백척 등으로 분화되었음을 검토할 것이다. 이러한 尺의 분화는 조선초기에 이르러 더욱 다양한 형태로 나타났음을 검토할 것이다.

제3장에서 量制는 量의 단위가 '合-升-斗-石'이라는 기본적 체계를 검토하고, 1升의 용적은 통일신라와 중국의 식량소비량의 비교 검토를 통해 통일신라시대는 약 200㎖ 내외였고, 고려전기는 文宗 斛斗式과 청주 思惱寺 출토 靑銅油斗를 살펴볼 때 약 340㎖ 내외로 변화되었고, 그리고 조선초기 世宗 28年의 '斛·斗·升·合'을 통해 약 600㎖ 내외로 변화되었음을 검토할 것이다.

제4장에서 衡制는 '斤·兩'의 기본적 체계를 검토하고, 통일신라와 고려시대 문헌자료와 중국의 연구성과 등을 비교 검토하여 통일신라 초기의 1근이 약 200g 내외에서 고려초기 이후에는 600g 내외로 변화되었음을 검토할 것이다.

제5장에서는 度量衡制의 연구성과를 바탕으로 結負制의 문제를 검토하고자 한다. 첫째, 결부제는 度量衡制와 결합하여 신라통일기를 중심으로 성립되었으며, 이는 고려중기 곧 12세기에 변화되었음을 검토하고자 한다. 둘째, 結負制의 성립과 변화는 한국 중세사회의 성립과 변화·발전이라는 시각에서 검토하고자 한다.

먼저 고려전기 이전의 양전은 量尺同一制이고, 이러한 量尺同一制는 12세기 隨等異尺制로 변화되었음을 검토할 것이다. 따라서 결부제의 방식도 변화되었음을 검토할 것이다. 결부제의 변동 요인은 농업기술의 발달, 국가의 재정정책, 그리고 量田尺의 변화 등에 의해 이루어졌음을 검토할 것이다. 양척동일제의 결부제는 일정 면적의 단위였고, 수등이척제의 결부제는 일정 생산량을 담보할 수 있는 면적단위로 변화되었음을 검토할 것이다. 수등이척제의 결의 면적은 양척동일제의 결의 면적보다 훨씬 확대되었고, 收稅의 편의성을 도모할 수 있었음을 검토할 것이다. 수등이척제에 입각한 토지의 면적은 結 상호 간의 생산량의 불균등이 발생하지 않으므로 토지를 일정 단위로 묶는 作丁制가 가능하였고, 양전의 방식도 結에서 負의 단위로 변화되었음을 검토할 것이다. 고려시대 농업기술의 발달에 따라 생산력의 증대가 이루어졌음을 검토할 것이다.

다음으로 結負制의 성격은 고려전기 일정 면적에서 12세기 이후 생산량의 수량단위로 변화되었다. 고려전기의 결부제는 일정 면적단위라는 점에서 중국의 경무제와 서로 동일하다. 이것은 결부제와 경무제가 혼용될 수 있는 토대였다. 12세기 이후에는 결부제의 의미가 생산량의 수량단위이므로 경무제와 근본적으로 다르다. 따라서 결부제와 경무제는 양자를 분리하려는 경향이 있었음을 검토할 것이다.

제6장에서는 이제까지 검토한 내용을 정리하면서 度量衡制와 結負制 변천의 역사적 의미 등을 밝혀보고자 한다.

제2장 度制와 基準尺의 변화

1. 체계와 종류

1) 체계

尺은 度量衡의 기본 단위로 그 길이는 시대에 따라 변화되었지만, 표현하는 문자는 수천 년간 변화되지 않았다. 척은 어떻게 생성되어 제도화되었을까. 고대 중국의 여러 문헌은 이에 대해 각각 다르게 서술하고 있다.

먼저 『大戴禮』에는 척을 "指를 펴서 寸을 알고 手를 펴서 尺을 알고 肘를 펴서 尋을 안다"라고[1] 기록하고 있다. 尺의 길이는 사람의 손을 펴서 사물에 적용했을 경우 엄지손가락 끝에서 中指의 끝까지 해당한다.[2] 따라서 척의 기원은 인체에서 유래되었음을 알 수 있다.

다음으로 『孫子算經』에는 척의 기원을 인체기원설과 달리 "度의 시작하는 바는 忽로 시작한다. 忽은 누에가 토한 실을 기준으로 한다. 10 忽을 1絲라 하고 10絲를 1毫, 10毫를 1厘, 10厘를 1分, 10分이 1寸, 10寸이 1尺이다"라 하여[3] 누에의 자연물에 근거하고 있다.[4]

마지막으로 도량형을 표준제도로서 체계적으로 기술한 최초의 자료

1) 『大戴禮』 권2, 王言, "布指知寸 布手知尺 舒肘知尋 一尋而索".
2) 小泉袈裟勝, 「尺度のおこり」, 『ものさし』, 法政大學出版局, 1991.
3) 『孫子算經』, "度之所起 起於忽 欲知起忽 蠶吐絲爲忽 十忽爲一絲 十絲爲一豪 十豪爲一氂 一氂爲一分 十分爲一寸 十寸爲一尺 十尺爲一丈".
4) 小泉袈裟勝, 「中國の度量衡」, 『歷史の中の單位』, 綜合科學出版, 1979.

인 『漢書』 律曆志에는 "척의 단위는 '分·寸·尺·丈·引'으로 길이의 장단을 헤아린 것이다. 그것은 黃鐘의[5] 길이에 기초하였는데, 秬黍알 중간치 굵기를 택하여 그 넓이를 기준으로 하여 1分으로 하였다"고[6] 하여 樂律累黍說에 기원을 두었다. 이러한 黃鐘律管에 기초한 尺의 기원은 漢代 이후 도량형을 체계적으로 기술한 『後漢書』·『晉書』·『隋書』·『宋史』 律曆志 등에도 모두 기록되었다.

따라서 척의 기원은 위에서 언급한 것처럼 여러 문헌자료에 각각 달리 기록되어 있지만, 漢代에 이르러 인체기원설 등을 종합하여 황종율관을 그 표준으로 삼았던 것이 아닌가 생각된다.

이와 같은 척의 단위로는 『漢書』 律曆志에 기록되어 있는 것처럼 한대 이후 '分, 寸, 尺, 丈, 引'의 5단계가 주로 사용되었다. 하지만 척의 단위는 일찍부터 5단계 외에도 咫(8寸), 仞(4尺), 尋(仞의 배, 8尺), 常(尋의 배, 16尺), 墨(5尺), 端(丈의 배, 20尺), 兩(端의 배, 40尺), 疋(兩의 배, 80尺), 匹(4丈, 40尺), 索(10尋), 步(跬의 배, 周에선 6척으로 토지계측의 기준이 됨), 肘(2尺), 弓(4肘), 里(1,800尺), 息(30里) 등이 다양하게 존재하였다.[7]

한편 우리나라는 어떻게 척을 정비하고 제도화하였는지를 살펴보자. 이에 대해서는 조선초기에 황종척을 교정하였다는 기록이 존재하지만,[8] 그 이전의 문헌에서는 이에 대한 기록이 보이지 않으므로 척을 어떻게 정비하였는지 알 수 없다. 하지만 척의 용례는 『三國史記』·『三國遺事』 등의 기록에 의하면 삼국시대부터 '丈·步·尺·寸·分'

---

5) 黃鐘은 중국의 12音律의 하나이다. 12음률은 12개로 나누어지고 陽氣를 나타낸 것 6개를 6律이라 하여 黃鐘·大簇·姑洗·蕤賓·夷則·無射라 하고, 陰氣를 나타낸 것을 6呂라 하여 大呂·夾鐘·中呂·林鐘·南呂·應鐘이라 한다.

6) 『漢』 卷21, 律曆1 上, "度者分寸尺丈引也 所以度長短也 本起黃鐘之長 以子穀秬黍中者 一黍之廣度之 九十分 黃鐘之長 一爲一分 十分爲寸 十寸爲尺 十尺爲丈 十丈爲引 而五度審矣".

7) 小泉袈裟勝, 「中國の尺度」, 『單位の起源事典』, 東京書籍, 1982, 111~117쪽.

8) 『增補文獻備考』 권90, 樂考1 律呂製造.

제2장 度制와 基準尺의 변화 31

外에 仞, 尋, 常, 丈, 步, 里, 肘, 端, 疋, 匹 등이 다양하게 사용되었다.[9) 따라서 척은 삼국시대부터 나름의 체계와 단위를 가지고 정비되었음을 알 수 있다.

척의 용례는 문헌자료와 금석문 등의 여타 자료를 살펴볼 때 통일신라시대에 점차 '丈·步·尺·寸' 등을 중심으로 사용되었다. 고려시대에는 『高麗史』·『高麗史節要』 등의 자료에 의하면 삼국 및 통일신라시대처럼 다양한 척의 용례가 나타나지 않고, '丈·步·尺·寸·分' 등으로 확연하게 통일되었음을 알 수 있는데 이는 고려시대 이후 도량형의 정비와 통일에 따른 결과가 아닌가 생각된다.

척의 단위체계는 중국의 경우 앞의 『漢書』 律曆志에 서술된 것처럼 漢代에 '分과 寸, 寸과 尺, 尺과 丈, 丈과 引'의 체계가 모두 십진법으로 이루어졌는데, 이러한 관계는 隋·唐代 이후에도 변화되지 않았다. 그러면 우리나라는 척의 단위체계 중에 '分과 寸', '寸과 尺', '尺과 步', '尺과 丈'의 관계가 어떠한지 살펴보아야 한다. 첫째, '丈과 尺', '尺과 步'의 관계부터 살펴보자. 전자는 '1丈=10尺'이었음을 알 수 있다. 그것은 皇龍寺 9층목탑을 처음 완성하였을 때의 탑의 높이를 『三國遺事』에 '225尺'이라고 기록하고 있는 점[10)과 『三國史記』에 약간의 차이는 있지만 '22丈'이라는 기록[11)과 비슷한 점을 통해 볼 때 '1丈=10尺'임을 알 수 있기 때문이다.

다만 후자에 대해서는 약간의 견해를 달리하는 설명이 있다. 뒤에서 설명하는 것처럼 唐은 기존의 小尺을 '1尺 2寸' 확대시킨 大尺(=唐大尺)을[12) 사용함으로써 기존의 '1步=6尺'을 '1步=5尺'으로 변경하였다. 통일신라는 唐의 大尺(=唐大尺)을 수용하였는데, 이에 따라 步와 尺의 관계도 唐의 경우처럼 '1步=6尺'이 아닌 '1步=5尺'의 체계가 사

---

9) 李宇泰, 「韓國古代의 尺度」, 『泰東古典研究』 創刊號, 1984.
10) 『三國遺事』 권3, 塔像4 皇龍寺九層塔, "刹主記云 鐵盤已上高四十二尺 已下一百八十三尺".
11) 『三國史記』 권11, 新羅本紀 景文王 13年 9月, "皇龍寺塔成 九層高二十二丈".
12) 『大唐六典』 권3, 金部郎中員外郎.

용되었다고 파악하였다.[13] 그러나 이러한 '1步＝5尺'설은 통일신라시
대의 여러 사료를 살펴보면 재검토의 여지가 있다. 그것은 關門城이라
불리는 「大岵城石刻」에 수지거리(＝작업거리)를 각각 기록하고 있는
데, 그 중 '5步 5尺'이란 기록이 주목된다.[14] '5步 5尺'의 작업거리는 '1
步＝5尺'의 체계이면 기록될 수 없다.

그리고 「皇龍寺九層木塔舍利函記」에 의하면 善德女王 15년(646)
皇龍寺 9층목탑이 완공되었을 때 탑의 높이를 '鐵盤已上 高□□[15] 已
下高卅步三尺'으로 기록하고 있다.[16] 이는 『三國遺事』에 皇龍寺 9층
목탑의 높이를 利柱記에 이르기를 鐵盤 이상의 높이는 42尺, 이하는
183尺이다라는[17] 기록과 서로 일치한다. 이것은 신라통일기 이전 皇龍
寺 9층목탑의 기록을 통해 볼 때 1보가 6척임을 알 수 있다.

한편 皇龍寺 9층목탑은 그후 몇 차례 중수되었는데, 景文王 13년
(873) 皇龍寺 9층목탑의 重修 때 높이를 '二十二丈'이라고 기록하고
있다.[18] 이러한 『三國史記』의 기록 내용은 찰주기와 찰주기를 인용한
『三國遺事』의 기록과 전체적으로 3척의 차이가 있지만, 큰 차이가 없
다. 따라서 통일신라시대는 비록 당대척을 수용하였지만, 신라시대처
럼 '步＝6尺'의 체계였음을 알 수 있다. 이러한 점은 고려시대나 조선
전기에도 마찬가지였다.

둘째, '尺과 寸', '尺과 分'의 관계에 대해서는 비록 고려시대의 기록
이기는 하지만 다음의 자료가 주목된다.

가) 定量田步數 田二[19]結方三十三步(六寸爲一分 十分爲一尺 六尺

---

13) 李鍾旭,「新羅帳籍을 통하여 본 統一新羅의 村落支配體制」, 『歷史學報』 86,
　　1980, 13쪽.
14) 『譯註 韓國古代金石文(3)』, 大岵城石刻.
15) □□의 글자는 『三國遺事』에 기록된 황룡사 9층목탑의 높이 기록을 고려할
　　때 '7步'라고 추정된다.
16) 『譯註 韓國古代金石文(3)』, 皇龍寺九層木塔舍利函記.
17) 『三國遺事』 권3, 塔像4 皇龍寺九層塔.
18) 『三國史記』 권11, 新羅本紀 景文王 13年 9月.

爲一步) 二結方四十七步　三結方五十七步三分　四結方六十六步
五結方七十三步八分　六結方八十步八分　七結方八七步四分　八
結方九十步七分　　九結方九十九步　　十結方一百四步三分(『高麗
史』권78, 食貨1 田制 經理 文宗 23년)

위의 자료는 문종 23년에 1결부터 10결까지의 양전보수를 정한 내
용으로 일찍부터 많은 연구자에 의해 주목되어 왔다. 위 자료의 문제
는 '1結＝方33步'의 세주에 일반적인 척의 단위체계인 십진법과는 달
리 '6寸＝1分'과 '10分＝1尺'으로 기록되어 있다는 점이다. 이에 대한
해석은 괄호(＝세주)를 인정하는 견해와 이를 부정하는 견해로 대별된
다. 전자의 견해로는 金容燮·呂恩暎을 들 수 있다. 金容燮은 基準尺
60寸＝量田尺 1尺, 基準尺 60寸×6＝1步로 이해하였고,[20] 呂恩暎은
고려전기의 양전식을 基準尺 6寸＝量田尺 1分, 量田尺 10分＝量田尺
1尺으로 보았다.[21] 따라서 양자의 견해는 일반적인 '尺·寸·分'의 단
위체계와 달리 양전식에서 별도의 '尺·寸·分'의 관계가 존재하였다
고 본 점이다.

후자의 견해는 朴興秀·李宇泰 등을 들 수 있다. 朴興秀는 10分을
1尺으로 한 것이 아니라 10分을 1步 또는 10分을 6尺이라 파악하였
다.[22] 李宇泰는 '十分爲六尺' 또는 '十分爲一步' 아니면 '十寸爲一尺'
이 되어야 한다고 파악하였다.[23] 하지만 이들의 견해도 척의 단위체계
와 양전식의 단위체계를 구분하고 있다. 이들 해석의 문제점은 위의
자료를 일반적인 척의 체계와 연계하여 해석하지 않고, 양전보수의 계

---

19) 『高麗史』의 2결 방33보의 기록은 1결 방33보의 오류이다. 따라서 이하의 자
　　료인용에서는 1결로 기록하였음을 밝혀둔다.
20) 金容燮, 「高麗時期의 量田制」, 『東方學志』 16, 1975, 105~106쪽.
21) 呂恩暎, 「高麗時代의 量田制」, 『嶠南史學』 2, 1986, 15~20쪽.
22) 朴興秀, 「李朝尺度의 硏究」, 『大東文化硏究』 4, 1967 ; 『度量衡과 國樂論
　　叢』, 1980, 21쪽.
23) 李宇泰, 「新羅의 量田制 - 結負制의 成立과 變遷過程을 중심으로」, 『國史館
　　論叢』 37, 1992, 37쪽.

산에만 이러한 계산법을 사용한 이유가 무엇인지를 분명하게 밝히지
않은 점이다. 따라서 위의 자료를 정확하게 이해하려면 먼저 일반적인
척의 단위체계가 검토되어야 한다.

　삼국시대 축성의 거리는 明活山城碑에 의하면 '4步-5尺-1寸', '4步
-3尺-3寸'으로 각각 측정되었고,[24] 南山新城碑에도 제1·3비에서 '11
步-3尺-8寸', '21步-1寸'으로 각각 측정되어 있다.[25] 그리고 고려시대
자료이기는 하지만 고려 高宗 8년(1221)에서 13년(1226) 사이에 작성된
것으로 보이는 松廣寺의 伽藍配置狀況에서는 12행과 13행에 '穀食槐
梗五間甲□□ 童足柱貳拾貳 各長陸尺捌寸 上柱拾貳 各長五尺二寸'
으로 기록되어 있고,[26] 顯宗 21년(1030)의 '太平10年銘鐘'에서도 '2尺
-4寸-2□'으로 기록되어 있다.[27]

　그리고 조선초기 척의 길이는 順孝大王의 석실·능지·지대·돌층
계·담 등의 규모에 '4尺-8寸-5分', '2尺-2寸-5分' 등의 단위체계로 측
정하였고,[28] 量田尺에서 1등전의 기준척을 周尺의 '4尺-7寸-7分-5釐'
의 단위체계로 측정하였다.[29] 이러한 단위체계는 앞의 『漢書』 律曆志
에서 언급한 것처럼 중국과 동일한 '分-寸-尺'의 단위체계를 가지고
있다. 따라서 삼국시대 이후부터 조선초기에 걸쳐 척의 단위체계는 '分
-寸-尺-丈'의 십진법을 그대로 사용하였고, 양전식 혹은 거리 측정이
라고 하여 별도의 체계를 가지지 않았음을 알 수 있다.[30]

　왜냐하면 척의 기본체계와 달리 양전식이라 하여 '尺-寸-分'을 혼합
하여 별도의 '1尺=10分'이나, '1步(=6尺)=10分' 등의 복잡한 체계를

---

24) 『譯註 韓國古代金石文(2)』, 慶州 明活山城碑.
25) 『譯註 韓國古代金石文(2)』, 慶州 南山新城碑.
26) 任昌淳,「松廣寺의 高麗文書」,『白山學報』 11, 1971, 47~48쪽에서 高宗 8년
　　(1221)에서 14·15년 사이에 작성된 것으로 보았다. 그리고 李基白,『韓國上
　　代古文書資料集成』, 1987, 61~63쪽에서는 12행의 '穀食槐梗'을 '穀食樓梗'으
　　로, '甲□□'를 '甲向下'로 판독하고 있다.
27) 『韓國金石遺文』, 太平十年銘鐘.
28) 『世宗實錄』 권7, 世宗 2년 1월 壬寅.
29) 『經國大典』 권2, 戶典 量田.
30) 李宗峯,「高麗前期의 結負制」,『釜山史學』 29, 1995, 61쪽.

만들 이유가 없다. 양전은 양전 자체만으로도 대단한 복잡성을 가진다. 때문에 다시 1척을 10등분하여 계산한다는 것은 기준척 자체를 더욱 혼란스럽게 만들 수 있다. 특히 조선초기 貢法의 隨等異尺制(＝周尺)에서도 1척을 10等分하여 기준척을 조정하지 않고, 周尺의 길이에 장단을 조정하여 隨等異尺으로 측정하였다.[31] 특히 고려전기 이전의 양전은 量尺同一制이기 때문에 척의 등분을 조정할 필요는 더욱 없었다. 그렇다면 앞의 자료 문종 23년 양전보수 세주의 기록은 일반적 척의 단위체계(1丈＝10尺, 1步＝6尺, 1尺＝10寸, 1寸＝10分)와 달리 기록되어 있으므로 일반적인 단위체계로 수정되어야 할 것이다. 따라서 통일신라 및 고려시대 척의 단위체계는 중국의 경우와 마찬가지로 10진법으로 운영되었고, 다만 尺과 步의 관계는 1步＝6尺의 체계였고, 양전식이라고 별도의 단위체계를 설정하지 않았음을 알 수 있다.

  2) 종류

  위와 같은 단위체계를 가진 통일신라 및 고려시대의 척은 어떠한 종류가 존재하였는지 살펴보자. 통일신라 및 고려시대의 척의 종류와 길이를 알려주는 기록은 없다. 다만 『高麗史』에 "金尺을 刑杖式에 사용하였다"는[32] 것과 『世宗實錄』에 "前朝에 양전척으로 指尺을 사용하였다"는[33] 기록이 있다. 그리고 李奎報의 文集에 '長尺名'의 기록과[34] 李穡의 詩文集에 "꽃의 길이가 周尺에 넘을까 두렵다"는[35] 단편적인 기록이 있을 뿐이다. 이들 자료만으로 통일신라 및 고려시대 척의 종

---

31) 『經國大典』권2, 戶典 量田, "一等田尺長准周尺四尺七寸七分五釐 二等五尺一寸七分九釐 三等五尺七寸三釐 四等六尺四寸三分四釐 五等七尺五寸五分 六等九尺五寸五分".

32) 『高麗史』권84, 刑法1 名例.

33) 『世宗實錄』권49, 世宗 12年 8月 戊寅.

34) 『東國李相國集』권19, 長尺名.

35) 『牧隱詩藁』권11, 雞頭花有感, "心切看花似老婆 菊前寒態此何多 葩長直恐盈周尺 葉嫩還疑剪越羅".

류를 규명하기란 쉽지 않다.

그런데 일찍이 白南雲은 무엇을 근거로 하였는지 알 수 없지만, 고려시대 척의 종류와 길이로 布帛尺(＝曲 1尺 8寸), 金尺(＝營造尺 ; 周尺 1尺 2寸), 量地尺(＝周 6尺) 등이 각각 사용되었다고 하였다.[36] 이러한 白南雲의 연구성과는 이후의 고려시대 연구자에 의해 척의 종류를 설명하는 데 있어 비판 없이 수용되었다. 그러나 백남운의 견해처럼 통일신라 및 고려시대 척이 그렇게 다양하게 분화되었는지에 대해서는 검토가 있어야 할 것으로 생각된다.

통일신라 및 고려시대 척의 종류를 이해하기 위해서는 먼저 중국 漢代에서 明代까지 척의 종류를 살펴보면 참고가 된다. 중국에서 척의 기준은 漢尺이다. 漢代는 王莽 때 제작된 升(깊이가 1尺)의 표준기에 의하면 1척이 23.09㎝ 정도라고 한다.[37] 漢尺은 晉代(東晉·西晉)에 약 24.5㎝ 전후로 伸長되었다.[38] 唐은 『大唐六典』에 '凡度 以北方秬黍中者 一黍之廣爲分 十分爲寸 十寸爲尺 一尺二寸爲大尺 十尺爲丈'이라 기록하고 있다.[39] 따라서 唐에서는 小尺과 小尺의 1尺 2寸인 大尺이 존재하였음을 알 수 있다.

그러나 唐의 大尺은 당대에 만들어진 것이 아니었다. 『隋書』律曆志에 의하면 '開皇官尺 卽鐵尺一尺二寸'과 '祖孝孫云 平陳后 廢周玉律 便用此鐵尺律 以一尺二寸卽爲市尺'이라고 한다.[40] 이러한 鐵尺은 後(北)周鐵尺(약 24.6㎝)을 말한다. 그리고 開皇(文帝 589~600)官尺은 市尺, 즉 後周市尺(29.5765㎝)으로 後魏後尺이다. 後周鐵尺과 市尺은 10 : 12의 비율이다. 따라서 唐大尺(29.49408㎝)은 이미 隋代에 형성되었으며 周·隋의 제도를 연용한 것에 불과하다.[41]

---

36) 白南雲, 앞의 책, 752쪽.

37) 小泉袈裟勝, 「中國の度量衡」, 앞의 책, 1979, 198~201쪽.

38) 王云, 「魏晉南北朝時期的度量衡」, 앞의 논문집, 1990, 331~337쪽.

39) 『大唐六典』 권3, 金部郎中員外郎.

40) 『隋書』 권16, 律曆 上 審度.

41) 万國鼎, 「唐尺考」, 『中國古代度量衡論文集』, 中州古籍出版社, 1990 ; 楊寬, 「中國歷代尺度考」, 같은 책, 1990.

隋・唐代의 大尺과 함께 사용된 小尺(24.5784cm)은 현재 출토되어 전하는 것은 없다. 이처럼 당대는 대・소척이 존재하였는데, 소척은 音律의 保持, 天文觀測 등의 특수한 경우에만 사용되었고, 그외 민간에서는 주로 唐大尺을 사용하였다.[42] 이러한 唐大尺은 현재 유물로서 남아 있는 일본 正倉院 소장의 尺(29.3~29.7cm)의[43] 길이와 유사하다는 측면에서 신빙성을 가진다. 그러나 당대척은 현재 전해 내려오는 것은 약 29.5cm의 길이만이 아니라 刻花銅尺(中國歷史博物館 所藏)의 경우처럼 31.8cm를 가진 것으로 보아, 당대척은 지역마다 약간의 길이의 차이가 있었음을 알 수 있다.[44]

한편 宋代의 척은 唐代의 제도를 답습하여 官尺의 경우 太府寺가 관장하여 만들고, 이를 내외관리 및 민간에 공급하였다.[45] 송대 정부가 반포한 표준척은 布帛을 징수하는 것이 주요 목적이었기 때문에 '太府寺布帛尺'이라고 하고, 혹 줄여 '太府寺尺' 또는 '布帛尺'이라고도 한다.[46] 宋代의 布帛尺은 약 31.6cm 정도라고 추측하였다.[47] 송대에는

---

42) 小泉袈裟勝, 「中國の尺度」, 앞의 책, 1992, 124쪽.

43) 正倉院 소장척은 현재 唐에서 제작하였다는 입장과 통일신라에서 제작하였다는 견해가 있다. 전자는 중국과 일본의 연구자들이 공통적으로 주장하고 있는데, 정창원 소장척이 唐大尺과 실제 길이가 비슷하다는 점을 주요한 근거로 들고 있다. 후자는 崔在錫(「正倉院 소장의 尺(자)와 그 製作國에 대하여」, 『韓國學報』 78, 1995 ; 『正倉院 소장품과 統一新羅』, 一志社, 1996, 566~587쪽)이 대표된다.

44) 丘光明 編著, 「隋唐的尺度」, 『中國歷代度量衡考』, 科學出版社, 1992, 87~89쪽. 丘光明은 최근 그의 새로운 저서에서 唐大尺은 약 30cm 전후이므로 唐大尺의 길이를 30cm라고 설정하고 있다(『中國古代度量衡』, 商務印書館, 1996, 144쪽).

45) 『宋史』 권68, 律曆志, "度量衡皆太府掌造 以給內外官吏及民間之用".

46) 宋代의 初에 貢賦는 三司를 통해 수취되었기 때문에 이 척을 三司布帛尺 혹은 三司尺이라 칭했다. 삼사를 '號曰計省'이라 했기 때문에 '省尺'이라고도 한다. 또 景祐(1034~1037 ; 인종) 초년 李照가 일찍이 '太府寺布帛尺'을 써서 調音律을 하였기 때문에 '李照尺'이라고도 불렸다. 南宋에 이르러 布帛尺은 '官尺', '京尺'이라 불렸다(楊寬, 앞의 논문, 1990).

47) 丘光明, 『中國度量衡』, 新華出版社, 1993, 123~124쪽 ; 앞의 책, 1992, 98~99쪽에서는 蔡元定의 『律呂新書』에 '布帛尺과 晉前尺과의 비율이 1尺 3寸 5

포백척인 官尺 외에도 각 지방마다 淮尺·浙尺 등이 존재하였는데, 그 길이는 각각 약 36cm와 약 27.5cm라고 한다.[48]

그리고 金·元代 등 이민족 국가의 척은 문헌자료 등이 거의 전해지지 않은 관계로 정확하지 않지만, 송대 척의 길이보다 긴 34.6cm라고 추정하였다.[49] 明代의 척은 宋의 布帛尺의 단일 척에서 보다 길어진 營造尺, 量地尺, 裁衣尺 등으로 분화되었다.[50] 따라서 중국 척의 종류는 明代 이전까지는 분화되지 않고 단일 척을 다양한 용도로 사용하였음을 알 수 있다.

한편 조선전기 척의 종류는 『經國大典』에 "척의 제도는 10釐가 1分, 10分이 1寸, 10寸이 1尺, 10尺이 1丈으로 한다. 周尺을 黃鍾尺에 맞추면 周尺의 6촌 6리가 黃鍾尺 1척이 되고, 營造尺을 黃鍾尺에 비준하면 營造尺의 8촌 9분 9리가 黃鍾尺 1척이 되고, 造禮器尺을 黃鍾尺에 비준하면 造禮器尺의 8촌 2분 3리가 黃鍾尺 1척이 되고, 布帛尺을 黃鍾尺에 비준하면 布帛尺의 1척 3촌 4분 8리가 黃鍾尺 1척이 된다"라고[51] 기록하고 있는 것으로 보아 周尺, 營造尺, 禮器尺, 布帛尺, 黃鍾

分'이므로 宋尺은 31.185cm이고, 趙與峕의 『賓退錄』에 '周尺은 布帛尺에 7寸 5分에 해당한다'고 하므로 30.8cm, 王應麟의 『玉海』에 '布帛尺과 周尺의 비를 1尺 3寸반'이라고 하므로 31.185cm, 郎瑛의 『七修類稿』에 '布帛尺은 周尺의 1尺 3寸 4分이다'라고 하므로 30.954cm, 『稗史』에 '布帛尺과 周尺의 비는 1尺 3寸 5分이다'라고 하므로 31.185cm, 孔尙任의 『享金薄』에는 30.8cm, 朱載堉의 『律呂精義』에 '太府尺 8寸 1分은 明 營造尺의 8寸에 해당한다'고 하므로 31.82cm, 沈括의 『夢溪筆談』에 '秦漢의 度量을 구해 古尺 2寸5分10分之3은 지금의 尺 1寸8分100分之45가 강하고(31.68cm), 周尺 1尺은 지금의 7寸 3分이 조금 강하다'고 하므로 지금의 1尺은 31.6cm이다. 周尺은 23.1cm로 계산하였다. 이 외에도 송대에는 약 28cm의 길이를 가지는 尺이 다소 출토되었다고 하였다. 한편 小泉袈裟勝은 宋尺의 평균 길이를 31.3cm로 파악하였다(小泉袈裟勝,「中國の尺度」, 앞의 책, 1992, 125쪽).

48) 丘光明, 앞의 책, 1996, 160쪽.
49) 丘光明, 앞의 책, 1996, 170쪽.
50) 小泉袈裟勝은 明代 營造尺은 32.1cm, 量地尺은 32.9cm, 裁衣尺은 34.2cm로 각각 파악하였다(小泉袈裟勝, 앞의 책, 1992, 125~126쪽). 그런데 丘光明은 明代 營造尺은 32cm, 量地尺은 32.6cm, 裁衣尺은 34cm로 파악하였다(丘光明, 앞의 책, 1993, 140~143쪽).

尺 등이 존재하였음을 알 수 있다. 이와 같은 조선전기 척의 종류는[52]
통일신라 및 고려시대 척의 종류를 이해하는 데 부분적으로 참고될 수
있다.

통일신라 및 고려시대 문헌자료 등에 王과 王妃의 身長 측정이나
築城 등의 거리 측정에 척이 사용되었다는 사례는 나타나지만, 구체적
으로 어떤 종류의 척이 사용되었다는 근거는 없다. 하지만 이를 분석
하면 漢尺과 唐大尺 등이 身長用尺과 營造用尺[53] 등으로 사용되었음
은 알 수 있다. 따라서 통일신라 및 고려시대 척의 종류를 조선전기 척
의 종류를 토대로 분석하여 보자.

(1) 營造尺

영조척이 언제부터 사용되었는지는 정확하게 알 수 없지만, 신라시
대 궁궐 등의 건축이 이루어지면서부터 사용되었다고 보아야 한다. 그

---

51) 『經國大典』 권6, 工典 度量衡.
52) 尺의 種類는 기능에 따른 분류와 그 시기의 국가의 명칭을 그대로 붙여 부르
는 경우가 있다. 전자는 黃鍾尺・營造尺・量田尺(=周尺)・布帛尺・造禮器
尺 등으로 불리고 있는데, 이러한 명칭은 조선전기 『經國大典』에 기록된 명
칭과 조선전기 자료에 나타나는 예를 그대로 따른 것이다. 반면 후자는 국가
의 명칭(漢尺・晉前尺・唐小尺・唐大尺・金尺 등)을 붙여 사용한 것인데,
이는 중국에서 각 시대마다 사용된 척을 부르는 명칭이다. 그것은 중국의 경
우 위의 본문에서 언급하고 있는 것처럼 明代 이전까지 척이 분화되지 않았
기 때문이다. 예를 들면 통일신라시대에 들어온 것으로 보는 唐大尺은 당나
라에서 사용된 大尺이라는 것이고, 金尺은 금나라에서 사용된 척을 지칭하는
명칭이다. 따라서 본 서의 척의 종류는 조선전기 기능에 따른 분류법에 따르
고, 다만 중국 것을 비교하였을 경우 중국 국가 명칭을 그대로 척에 붙여 사
용하였음을 밝혀둔다.
53) 앞으로 사용하는 營造尺・布帛尺・量田尺 등의 명칭은 조선전기 척의 기능
에 따른 분화가 확연하게 이루어지고 난 이후에 나타난 개념이다. 척의 분화
가 이루어지기 이전인 통일신라와 고려시대의 營造・築城 등에 사용된 尺의
개념은 營造用 尺, 量田用 尺, 布帛用 尺으로 부르는 것이 정확한 것이 아닌
가 한다. 필자가 조선전기 이전 척의 종류를 분류할 때 營造尺・量田尺・布
帛尺 등의 개념으로 사용된 명칭은 營造에 사용된 尺, 量田에 사용된 尺, 布
帛의 측정에 사용된 尺으로 명명하여야 정당하지만 편의상 營造尺・量田尺
・布帛尺 등으로 불렸음을 밝혀둔다.

러나 신라시대와 통일신라시대의 영조척의 길이는 동일하지 않았다.
앞의 서론에서 언급한 것처럼 통일신라시대는 건축물의 실측·분석을
통해 볼 때 唐大尺이 영조척의 기준척으로 사용되었다고 하였다. 다음
의 척의 길이에서도 언급하겠지만, 통일신라시대 금석문 등의 문헌기
록과 현존 유물의 측정을 통해 볼 때 당대척 혹은 그와 유사한 척이
기준척으로 사용되었음을 알 수 있다. 따라서 당대척이 영조척으로 사
용되었음이 분명하다고 하겠다.

당대척은 중국뿐만 아니라 현재 일본 正倉院에 몇 종류가 실물로
보관되어 있는데, 紅牙撥鏤尺·綠牙撥鏤尺·白牙尺 등이 그것이다.
崔在錫은 正倉院 所藏 尺의 製作國을 통일신라라고 파악하고 있다.
그 근거로 紅牙撥鏤尺 飛翔雙鳥의 문양이 안압지 출토 상아장식의 飛
翔雙鳥와 유사한 점을 들고 있다. 즉 두 마리의 새가 병행비상하는 것
이나 새의 머리, 날개, 꽁지 및 비상하는 모습, 그리고 꽃가지를 물고
있는 것까지도 동일하다는 것이다. 또한 紅牙撥縷尺의 飛天像도 신라
기와에 나타난 飛天像과 동일할 뿐만 아니라 紅牙撥縷尺의 화초문양
도 통도사 대웅전의 축대에 새겨진 화초문양과 유사하다고 하였다. 따
라서 正倉院의 儀式用 자인 홍아발루척뿐만 아니라 실용적인 자인 白
牙尺·斑犀尺·木尺도 新羅製였으며, 이러한 正倉院 척의 단위자는
일본의 고대건축의 척으로도 사용되었다고 하였다.[54] 이를 통해 통일
신라에서 제작 사용되었던 당대척이 일본에까지 영향을 끼쳤음을 주
장하였다.

정창원 소장 척의 길이는 모두 唐大尺의 길이이다. 만약 정창원의
소장 척이 통일신라에서 제작되지 않고, 당에서 일본으로 유입되었다
고 하더라도 당대척이 일본에 유입되는 상황과 통일신라와 당과의 대
외관계를 고려할 때 당대척이 통일신라에도 유입되었을 가능성은 충
분하다.

한편 최근 한양대학교 박물관에서 발굴 조사한 경기도 하남시 『二

---

54) 崔在錫, 앞의 논문, 1995, 125~139쪽.

聖山城』에서는 통일신라시대에 만들어진 것으로 보이는 木尺이 출토되었다. 목척은 현재 중국에서 고증되고 있는 당대척의 길이와 유사하다.[55] 따라서 통일신라시대에도 당대척이 전래되었음을 분명하게 알 수 있다. 당대척이 사용되었음은 여러 문헌자료와 현전 건조물의 실측을 통해서도 알 수 있다. 따라서 통일신라시대의 영조척은 당대척이었고, 이러한 당대척의 영조척은 고려시대로 계승되었을 가능성이 많다고 하겠다.

그런데 통일신라시대의 영조척인 당대척은 언제부터 어떻게 사용되기 시작하였는지 궁금하지 않을 수 없다. 현재 일본 정창원에 보관중인 당대척은 日本 孝謙天皇 天平 勝寶 8年(唐 至德 元年, 756)에 皇太后가 東大寺에 헌상한 것인데, 일본의 遣唐使 혹은 당의 사신이 중국에서 가져간 것일 것이라고 한다.[56] 물론 현재 동대사에 보관되어 있는 척이 8세기에 전해진 것이지, 당대척 자체가 8세기에 일본에 전해졌다고는 생각되지 않는다. 따라서 당대척은 이보다 더 이른 시기에 일본에 전해졌을 가능성이 많다.

그러한 양상은 통일신라에서도 마찬가지였을 것이다. 당대척은 척 하나만 독자적으로 수용되었다기보다는 당의 문화수용이라는 측면에서 여러 제자들과 함께 들어온 것이 아닌가 생각된다. 당의 여러 제도의 수용은 이미 삼국통일 이전부터 이루어졌다. 진덕여왕 3년(649)에는 중국의 의관을 수용하였고,[57] 동왕 4년(650) 4월에는 법흥왕 이래 독자적으로 사용하던 연호를 대신하여 당의 永徽를 사용하였다.[58] 이와 같은 당제의 수용은 문무왕에 이르러 계속 추진되었다. 문무왕 4년(664) 정월에는 부인들의 의복을 당식으로 바꿀 것을 하교하였고,[59]

---

55) 목척의 유물 사진은 한양대학교 박물관 윤선영 선생님께서 제공해 주신 자료이다. 윤선영 선생님께 감사의 말씀을 전합니다(본 장 2절을 참조).
56) 丘光明, 앞의 책, 1992, 80~89쪽.
57) 『三國史記』 권5, 新羅本紀 眞德女王 3年 正月.
58) 『三國史記』 권5, 新羅本紀 眞德女王 4年 4月.
59) 『三國史記』 권6, 新羅本紀 文武王 4年 正月.

그해 3월에는 星川과 丘日 등의 28인을 웅진부성에 보내어 당악을 배우게 하였다.60) 그리고 동왕 14년(677) 정월에는 당에 들어가서 숙위하던 대나마 德福이 역술을 배워 돌아와서 새로운 역법을 고쳤다.61) 이처럼 신라의 삼국통일기무렵 당제의 수용은 여러 부분에서 나타났다. 당대척은 이러한 사회적 분위기 속에서 수용되었을 가능성이 많다. 따라서 일본에 당대척이 수용되었던 것처럼 신라에도 삼국통일기에 당대척이 당의 문물과 함께 수용되었을 것이다.

통일신라시대의 당대척은 영조척으로 다양하게 사용되었겠지만, 귀족세력의 집의 크기를 규제하는 데도 사용되었을 것으로 보인다.

   나) 眞骨室長廣不得過二十四尺 …… 六頭品室長廣不過二十一尺
   …… 五頭品室長廣不過十八尺 …… 四頭品至百姓室長廣不過
   十五尺(『三國史記』권33, 雜志2 屋舍)

위의 자료는 신분에 따라 방의 길이와 넓이가 최고 24척에서 15척을 넘을 수 없다는 규정이다. 이를 당대척의 영조척(29.7cm)으로 환산하면 다음과 같이 <표 1>을 만들 수 있다.

<표 1> 신분별 실(방)의 크기

	진골	6두품	5두품	4두품~백성
室의 長廣	24척	21척	18척	15척
길이×너비(m)	7.128×7.128	6.237×6.237	5.346×5.346	4.455×4.455

여하튼 통일신라시대는 다른 척도 영조척으로 사용되었을 가능성이 있지만 당대척이 영조척으로 사용되었을 가능성이 많았던 것으로 생각된다. 이처럼 당대척의 영조척은 통일신라시대에 이미 사용되었다.62)

---

60) 『三國史記』권6, 新羅本紀 文武王 4年 3月.
61) 『三國史記』권7, 新羅本紀 文武王 14年 正月.

고려시대에는 개성의 만월대 건축물의 실측·분석을 통해 唐大尺이 영조척의 기준척으로 사용되었음을 알 수 있다. 다음의 기준척의 길이에서도 언급하겠지만, 고려시대 금석문 등의 기록과 현존 유물의 측정을 통해 볼 때 당대척이나 그와 유사한 길이의 기준척이 사용된 것으로 보아 당대척의 영조척이 존재하였음이 분명하다. 실제 그러한 단위자들이 사용되고 있었음을 여러 실측을 통해서도 알 수 있다. 따라서 고려시대의 영조척은 통일신라시대의 당대척이 계승된 것으로 생각된다.

조선전기의 영조척은 앞의 『경국대전』에서도 기록되어 있는 것처럼 다른 척과 구별되는 척으로 존재하였다. 고려시대의 영조척이 통일신라시대에 사용된 영조척이 계승되었던 것처럼 조선전기의 영조척은 고려시대의 영조척을 계승하였을 것이다. 그러나 조선전기 영조척의 길이는 고려시대 영조척의 길이와 약간의 차이가 있었을 것이다. 하지만 뒤에서 자세하게 검토하는 것처럼 영조척의 길이는 조세의 수취와 관련이 없기 때문에 큰 변화는 없었을 것으로 판단된다.

조선전기 영조척은 건물의 축조 등에 주로 사용되었다. 『세종실록』에 의하면 세종 28년 量器를 경정할 때 새로운 영조척을 사용할 것을 지시하고 있다.[63] 따라서 건물의 축조에 주로 사용되던 영조척은 조선전기에 量器를 제작하는 量尺으로도 사용되었음을 알 수 있다.

(2) 量田尺

통일신라시대에 양전이 실시되었다는 사례들은 다수 나타나지만 어떠한 척을 量田尺으로 사용하였는지는 알 수 없다. 다만 고려의 어느 시기에는 指尺을 양전척으로 사용하기 시작하였다는 사실을 알 수 있을 뿐이다.[64] 기존의 연구에서는 指尺에 의한 隨等異尺制가 양전척으

62) 李宗峯,「統一新羅時代의 尺」,『韓國中世史研究』8, 2000.
63) 『世宗實錄』권113, 世宗 28年 9月 壬辰.
64) 『世宗實錄』권49, 世宗 12年 8月 戊寅, "摠制河演以爲 …… 自前朝 只以上中下三等定制 將農夫手 二指計十爲上田尺 二指計五三指計五爲中田尺 三指計十爲下田尺 六尺一步 三步三寸四方周廻爲一負 二十五步爲一結 而打

로 사용되기 이전, 즉 통일신라 및 고려전기에는 周尺이 양전척으로
사용되었다고 파악하였다.[65] 그러나 周尺이 고려시대에 양전척으로
사용되었다는 근거는 어디에도 나타나지 않는다. 오히려 周尺은 고려
말 이후에 도입되어 세종대에 교정되었을 것으로 파악되고 있다.[66] 따
라서 周尺은 指尺 이전에 양전척으로 사용되지 않았을 가능성이 많다.

중국의 경우 漢代 이후 唐·宋代까지 사실상 모든 척은 漢尺·唐大
尺을 기준척으로 사용하였다. 우리나라는 삼국시대부터 중국의 漢尺
과 唐大尺 등이 전래되어 이용되었다. 따라서 고려전기 이전 통일신라
의 양전척은 周尺에서 구하기보다는 한척 혹은 당대척에서 찾아야 할
것으로 생각된다.

그런 측면에서 조선전기 주척을 貢法에서 隨等異尺의 양전척으로
이용되기 이전에 墳墓 보수의 척으로 이용되었던 점이 주목된다. 통일
신라시대 및 고려전기 이전에도 조선전기의 경우처럼 양전척이 분묘
보수의 척으로 이용되었을 가능성은 없을까. 먼저 고려초기 문무양반
분묘의 보수 규정을 살펴보자.

> 다) 定文武兩班墓地 一品方九十步 二品八十步 墳高並一丈六尺 三
> 品七十步高一丈 四品六十步 五品五十步 六品以下並三十步 高
> 不過八尺(『高麗史』 권85, 刑法2 禁令 景宗 元年 2月)

자료에 의하면 景宗 元年(976)에 文武兩班의 묘지 보수를 최고 1品
90步에서 최저 6품 이하 30步까지 정하였다는 것이다. 그러나 분묘 보
수의 측정에 어떠한 척을 사용하였다는 구체적인 근거를 제시하지 않
아 잘 알 수 없지만, 이를 주척과 당대척으로 계산하면 다음과 같은 분
묘의 면적(평수)과 높이를 가지고 있다. 그런데 아래 <표 2>에서 나타
나는 것처럼 주척을 기준척으로 사용하였을 때와 당대척을 기준척으

로 측정하였을 때는 많은 차이가 있음을 알 수 있다.

<표 2> 경종 원년의 분묘의 규모

	1품	2품	3품	4품	5품	6품 이하
넓이	방 90보	방 80보	방 70보	방 60보	방 50보	방 30보
주척(m²)	343.73	271.16	207.94	152.77	106.09	38.19
당대척(m²)	714.49	564.54	439.74	317.55	220.52	79.39
높이	1장 6척	1장 6척	1장	8척	8척	8척
주척(m)	3.30	3.30	2.06	1.65	1.65	1.65
당대척(m)	4.75	4.75	2.97	2.38	2.38	2.38

* 주척은 조선초기의 기준으로 20.6cm, 당대척은 29.7cm로 계산하였고, 소수점 셋째 자리에서 반올림.

다음으로 분묘 보수는 조선초기 태종 4년에 다시 제정되었다. 태종 4년의 규정은 고려 경종대의 규정과 거의 동일하다. 그러나 태종 4년의 규정은 동왕 18년에 새롭게 제정되었다. 따라서 고려시대 분묘 보수 산정에 사용된 척을 살펴보기 위해서는 조선초기의 자료들에 대한 검토가 있어야 한다.

라-a) 命禮曹 詳定各品及庶人墳墓 禁限步數 一品墓地方九十步 四面各四十五步 二品方八十步 三品方七十步 四品方六十步 五品方五十步 六品方四十步 七品至九品方三十步 庶人方五步 已上步數並用周尺 標內田柴火焚 一皆禁止 用前朝文王三十七年定制也(『太宗實錄』 권7, 太宗 4年 3月 庚午)

라-b) 禮曹上 墳墓步數 上言永樂十二年三月 本曹受判 文武兩班祖父母墳墓隨品步數及庶人父母墳墓步數 定用周尺 定限受敎 然宗室墓地基限 不及詳定 且其文武兩班各品墓地步數 亦甚窄狹 乞自今宗室一品墓地 四面各一百步 二品九十步 三品八十步 四品七十步 文武兩班墓地 一品四面九十步 二品八十步 三品以下 亦各以前定步數 加一倍定限 並於人戶百步之內 毋

得安葬 從之(『太宗實錄』 권35, 太宗 18年 5月 庚午)

위의 자료 a)는 태종 4년 1품에서 9품까지 분묘 보수를 제정하였는
데, 이상의 보수의 길이 측정에는 아울러 周尺을 사용한다. 標內의 田
柴에 불을 놓는 것은 일체 금지한다. 고려 文宗 37年(1083)에 정해진
제도를 사용한다는 것이다. 위의 자료는 조선초기 분묘의 보수에 주척
을 사용하였다는 점에서 주목된다. 이를 통해 고려시대 분묘 보수 측
정에 주척이 사용되었음을 유추할 수 있다.

그러나 위의 자료를 통해 고려시대 분묘 보수 측정에 주척이 사용되
었다고 하기에는 한계가 있다. 왜냐하면 위의 자료는 두 가지 해석이
가능하기 때문이다. 하나는 분묘 보수의 측정에 새롭게 周尺을 함께
사용하였고, 標內의 田柴에 불을 지르는 것을 금하는 것은 고려 문종
37년에 제정된 것을 사용하였다고 할 수 있다. 다른 하나는 분묘 보수
의 측정에 周尺을 사용하는 것과 標內 田柴에 불을 지르는 것을 금하
는 것은 모두 문종 37년에 정해진 제도를 그대로 따랐다고 해석할 수
있다. 문제는 태종 4년 분묘 보수는 문종 37년의 제도를 참고하여 제정
하였는데, 그러한 사례가 『高麗史』·『高麗史節要』 등의 자료에 기록
되어 있지 않다는 점이다. 그러나 문종 37년에 정해진 제도의 내용이
무엇인지를 정확하게 알 수 없다. 따라서 후자의 해석을 따르면 고려
시대부터 周尺을 통해 분묘 보수를 산정하였다고 볼 수 있다.

그런데 앞의 자료 다)에서 분묘 보수 산정은 景宗 元年에 제정되었
다고 하였다. 태종 4년 분묘의 보수와 경종 원년에 제정된 보수가 동일
하다는 점이 주목된다. 만약 문종 37년 분묘 보수가 새롭게 제정되었
다면, 전시과의 田柴 지급규정의 변화를 고려할 때 경종 원년의 분묘
보수 규정보다 전체적으로 보수에 약간의 확대나 축소가 있었음을 유
추할 수 있다. 그러나 태종 4년 분묘 보수는 경종 원년과 전혀 차이가
없고 오히려 경종 원년의 보수 규정과 거의 동일하다. 따라서 문종 37
년에는 분묘 보수에 대한 새로운 제정없이 경종 원년의 규정을 그대로
사용하였고, 그 대신 標內의 田柴에 火焚을 금지하는 내용만 첨가시킨

것이 아닌가 한다.

고려시대 전시과 토지분급의 특징은 중국 唐이나 조선의 과전법과 달리 柴地가 분급되었다는 점이다. 柴地 분급은 단순한 樵採地 채취권만을 가지는 것이 아니라 공유지적 성격의 황무지, 미개간지의 개간권을 가진다.[67] 목종·문종 전시과의 시지분급은 양반 관료층에게 황무지의 개간을 유도하는 의미를 갖는다. 양반관료층은 柴地의 분급권을 통해 柴地를 개간하였을 것으로 추측된다. 이러한 柴地는 火耕의 방법으로 개간되었다. 이로 인해 당시 양반관료층의 묘지 주변이 柴地의 개간으로 불타는 행위가 빈번하게 발생하였을 것으로 생각된다. 그래서 문종 37년에는 경종 원년에 제정된 규정에 "분묘 보수 내의 일정 구역에 '田柴火焚'하는 행위를 일체 금지한다"는 조항을 새롭게 첨가하였다고 생각된다. 따라서 자료 라-a)의 해석은 태종 4년 분묘 보수 산정에 周尺을 새롭게 사용하였고, 標內田柴에 火焚禁止 조항은 문종 37년에 정한 것을 따랐다고 해석할 수 있다.

한편 자료 b)는 태종 18년 禮曹에서 상언하기를 永樂 12년(태종 14, 1414) 문무양반의 묘지 보수를 周尺으로[68] 제정하였는데, 종실의 묘지 터는 상정하지 않았고 또 문무양반의 묘지 보수가 심히 협소하므로 宗室과 1품은 方 100步, 2품은 方 90步, 3품은 方 80步 등을 새로 제정하자고 청하니 이를 따랐다는 것이다. 이에 따라 태종 18년 분묘 보수는 태종 4년 보수의 규정보다 전체적으로 방 10步(＝약 12.49m)씩을 확대하였다.

그런데 궁금한 것은 태종 4년 분묘 보수가 제정된 이후 그 면적이 狹窄하다고 문제가 제기되어 태종 18년에 왜 새롭게 재조정되었을까 하는 점이다. 그것은 태종 4년 분묘 보수 산정 때 기준척을 고려하지 않고, 고려 문종대의 보수를 그대로 수용하였기 때문에 묘지가 좁다는 문제가 제기되었을 가능성이 많다. 따라서 태종 18년에는 태종 4년 이후 분묘의 면적이 고려 때보다 축소되어 신료들이 이에 대한 불만을

---

67) 洪淳權, 「高麗時代의 柴地에 대한 고찰」, 『震檀學報』 64, 1987, 114~121쪽.
68) 朴興秀는 조선초기 세종 때 교정된 주척을 20.81㎝로 산정하였다(朴興秀, 앞의 논문, 1967, 215쪽).

표시하자 이를 약간 확대시킨 것으로 볼 수 있다.

만약 고려 때부터 周尺으로 분묘 보수를 산정하였다면 고려시대와 조선초기의 분묘 면적 자체가 동일하기 때문에 조선초기 종실과 문무 양반들이 불만을 가질 이유가 없다. 그러한 불만이 표출되었다는 것은 기준척을 잘못 이용하여 고려 때보다 조선초기 태종대의 분묘 면적이 축소되었기 때문이다. 조선초기에는 분묘 보수산정에 주척을 잘못 이용하였음을 알 수 있다. 따라서 고려시대 분묘의 기준척은 周尺이 사용되지 않았으므로, 현실적으로 가능한 척은 중국의 唐大尺인 營造尺이 분묘의 기준척으로 사용되었을 것으로 추측된다. 그러나 조선초기 분묘 보수는 아래 <표 3>에서 나타나는 것처럼 周尺을 채택함으로써 실제 면적에서는 고려시대보다 축소되었음을 알 수 있다.

<표 3> 태종 18년의 분묘의 규모

	종실 1품	종실 2품	종실 3품	종실 4품	문무 1품	문무 2품
넓이	방 100보	방 90보	방 80	방 70보	방 90보	방 80보
주척(m²)	424.36	343.73	271.16	207.94	343.73	271.16

* 주척은 20.6㎝로 계산하였고, 소수점 셋째 자리에서 반올림.

한편 조선초기 분묘는 아니지만 順孝大王의 석실·능지·지대·돌층계·담의 규모[69]뿐만 아니라 山陵의 축조[70]·社稷壇[71] 등을 만들 때에는 營造尺을 사용하였다. 분묘의 보수는 周尺으로 측정하는데, 산릉의 축조 등에는 영조척으로 사용하는 이유가 무엇일까. 그것은 아마도 고려시대의 산릉 축조 등에 영조척을 사용하였던 유제가 조선초기에도 계속 남아 있었기 때문이 아닐까 한다. 따라서 조선초기 周尺이 양전척으로 이용되기 이전에 분묘 보수 산정에 이용되었던 것처럼 고려시대 당대척인 營造尺은 분묘 보수 산정뿐만 아니라 量田尺으로도

---

69) 『世宗實錄』 권7, 世宗 2年 1月 壬寅.
70) 『世宗實錄』 권9, 世宗 2年 9月 辛巳 ; 권17, 世宗 4年 9月 庚申.
71) 『世宗實錄』 권57, 世宗 14年 9月 丙辰.

사용되었다고 생각된다.

　실제 고려시대에 사용되었다고 보여지는 당대척의 營造尺이라는 실물은 나타나지 않았지만, 이러한 영조척과 비슷한 기준척의 길이를 가진 금석문의 기록들이 존재하고 있다. 이로써 고려시대 영조척이 존재하였던 것은 분명하다고 볼 수 있다. 중국의 金代에서도 당대척에서 확대된 척(＝營造尺)이 양전척으로 사용되었던 점이 주목된다. 따라서 고려전기 당대척은 指尺에 의한 隨等異尺制가 사용되기 전에 量田尺으로 사용되었던 것이 아닐까 추측된다.

　실제 신라통일기 首露王의 王位田 30頃(結)의 토지가 고려 成宗 때 量田의 결과 ‘26結 12負 9束’으로 측정되어 ‘3結 87負 1束’이 줄어들었다.[72] 이러한 현상은 신라통일기에는 伸長되지 않은 唐大尺의 營造尺으로 양전하였고, 고려 성종대에는 통일신라기의 唐大尺에서 신장된 營造尺으로 양전되었기 때문이다. 기준척 자체가 확대되어 통일신라 문무왕 때 측정된 면적의 결부수와 성종대의 측정된 결부수에 차이가 발생할 수밖에 없다.[73] 따라서 고려시대 隨等異尺인 지척이 양전척으로 사용되기 이전은 당대척이 量田尺(＝영조척)으로 사용되었음을 알 수 있다. 그리고 고려전기 이전, 즉 통일신라시대에는 중국의 당처럼 당대척이 量田尺(＝영조척) 등으로 사용되었다.

　고려는 초기부터 여러 차례 量田을 시행하였다는 문헌기록은 많다. 하지만 어떠한 척을 量田尺으로 사용하였다는 구체적인 근거 자료는 명확하지 않다. 다만 다음의 자료는 고려시대에 지척을 양전척으로 사용하였다는 점에서 주목된다.

　　마) 摠制河演以爲 …… 自前朝 只以上中下三等定制 將農夫手 二指
　　　計十爲上田尺　二指計五三指計五爲中田尺　三指計十爲下田尺
　　　六尺一步 三步三寸四方周廻爲一負 二[74]十五步爲一結 而打量

---

72)『三國遺事』권2, 駕洛國記.
73) 結의 면적 등에 대해서는 제5장 1·2절을 참조.
74) 원문의 ‘二十五步爲一結’은 ‘三十五步爲一結’의 誤字인 것으로 생각된다.

其收租 則皆取三十斗 三等之田差等不遠(『世宗實錄』 권49, 世
宗 12年 8月 戊寅)

위의 자료에 의하면 前朝부터 上·中·下의 三等田制가 정해졌는
데, 그것은 지척에 의한 양전척, 즉 隨等異尺을 이용하였다고 한다. 그
러나 위의 자료를 통해서는 지척에 의한 隨等異尺制가 언제부터 사용
되었는지 그 변화시기를 정확하게 알 수 없다. 양전척은 본서 제5장에
서 언급하겠지만 『磻溪隨錄』 등의 자료를 통해 볼 때 고려 중엽 이후
에 변화되었다고 생각된다.[75] 따라서 고려 중엽 이후는 지척에 의한
隨等異尺을 양전척으로 사용하였음을 알 수 있다.

지척은 2指, 3指의 손가락 폭을 이용하여 산정하였기 때문에 뚜렷한
기준, 즉 長短에 한계를 가질 수밖에 없었다. 이러한 한계는 계속적으
로 지척을 양전척으로 사용하기에 적합하지 않다고 말할 수 있다. 반
면 周尺은 조선전기에 거리의 산정 등에 다양하게 사용되면서 중심적
인 尺의 역할을 하였다. 따라서 길이의 장단에 문제를 가진 지척보다
는 불변적인 확실한 길이를 가진 주척을 양전척에 사용하려 한 것은
당연한 현실이었다. 결국 세종 26년 貢法의 제정과 함께 양전척은 주
척으로 변화되었음을 다음의 자료를 통해 살펴볼 수 있다.

바-a) 戶曹啓量田事目 一量田所用周尺 計五步木尺造作 面刻十分
(『世宗實錄』 권102, 世宗 25年 11月 乙丑)

바-b) 傳旨田制詳定所 … 一以六等田結 實積開方 所得一面之數
各有寸分之奇計筭甚難 故六等田每一面 分爲百 爲其田所量
之尺 一等田尺周尺四尺七寸六分 二等田尺周尺五尺一寸八分
三等田尺周尺五尺七寸 四等田尺周尺六尺四寸三分 五等田尺
周尺七尺五寸五分 六等田尺周尺九尺五寸五分 如此則尺有六
等長短 而數則皆以百尺爲面 萬尺爲積 雖不熟筭者 計之無難
(『世宗實錄』 권106, 世宗 26年 11月 戊子)

---

75) 『磻溪隧錄』 권1, 田制 上, "高麗文宗時 所定量田步數 諸等地廣皆同 而賦稅
隋地品有輕重 則地闊狹之規 必是創於麗氏中葉以後 非自三韓已然也".

앞의 자료 a)에서는 호조가 양전을 위해 周尺을 5步의 단위로 하여 木尺을 만들어 사용할 것을 권하고 있다. 자료 b)에서는 공법의 제정과 함께 周尺을 6등전의 전품에 따라 길이를 달리하는 隨等異尺의 양전척으로 사용하였다는 것이다. 따라서 세종 26년 양전척은 지척에서 주척으로 교체되고, 주척을 기준척으로 이용하였음을 알 수 있다. 이후 주척은 수등이척으로 조선전기 동안에 변함없이 양전척으로 사용되었다.

(3) 布帛尺

布는 삼국시대부터 부세의 중요한 항목으로 취급되었을 뿐만 아니라[76] 물물교환의 기준으로도 기능하였다.[77] 이러한 布의 징수와 교환의 단위는 匹을 기준으로 한다.[78] 포의 징수단위인 匹을 측정하기 위해서는 일정한 척이 필요하였다. 포의 징수를 위해 사용하는 척을 포백척이라 한다. 통일신라시대에는 어떠한 척이 포백척으로 사용되었을까. 통일신라시대의 포백척에 대한 해명은 삼국시대, 즉 신라시대의 포백척을 이해할 수 있는 중요한 근거가 될 수 있다. 이에 대해서는 다음의 자료가 주목된다.

사) 絹布 舊以十尋爲一匹 改以長七步廣二尺爲一匹(『三國史記』 권7, 新羅本紀 文武王 5年).

자료에 의하면 文武王 5년(665)부터 絹布의 1필은 이전의 10尋[79]

---

76) 『隋書』 권81, 東夷 高麗傳, "人稅布五匹 穀五石"; 『周書』 권49, 高麗傳, "賦稅則絹布及粟 隨其所有 量貧富差等輸之".

77) 『三國遺事』 권1, 紀異2 太宗春秋公, "城中市價布一疋 租三十碩 或五十碩 民謂之聖代".

78) 중국에서는 字意上 匹과 疋을 구분한다. 匹은 『說文』에 '匹 四丈也', 『淮南子』에 '四丈爲一匹'이지만 疋은 『小爾雅』에 '五尺謂之墨 倍墨謂之丈 倍丈謂之端 倍端謂之兩 倍兩謂之疋', 『孔叢子』에 '倍兩謂之疋'이라 한다. 전자는 40丈을 1匹로 하지만, 후자는 80丈을 1疋로 한다.

79) 『孔叢子』에 '尋은 양팔꿈치를 편 것이다'라고 하고, 『周禮』에 '仞의 배를 尋이다'라고 하고, 『淮南子』에는 '8尺이 尋이다'라고 하여, 尋은 팔척을 말한다

(80척)에서 길이 42尺(7步), 폭 2尺을 기준으로 한다는 것이다. 문무왕 5년은 신라가 삼국을 통일하기 이전이다. 통일신라시대에는 1필에 대한 새로운 규정이 보이지 않는다. 따라서 문무왕 5년에 제정된 1필의 규정은 이후 통일신라시대 布의 수취 척도로 사용되었을 것이다. 위의 자료에 나타나는 것처럼 신라통일기 布 1필의 징수량은 산술적으로 볼 때 길이 80척에서 7步(42척)로 거의 반 정도 축소되었다.

그런데 견포 1필의 길이를 문무왕 5년에 산술적으로 크게 축소시킨 요인이 무엇인지 궁금하지 않을 수 없다. 기존의 연구에서는 그 요인을 신라가 삼국의 통일전쟁으로 파탄지경에 이른 백성의 부세부담을 경감시키기 위한 일련의 정책에 있다고 해석하고 있다.[80] 그러나 이를 백성들 조세부담의 경감 차원에서만 파악하기보다는 다른 측면에서 해석하여야 할 것으로 생각된다. 그것은 포의 수취에 사용되는 척, 즉 새로운 포백척의 사용과 연관지어 설명하지 않으면 안된다.

포백척은 어떻게 변화되었을까. 포백척은 포가 조세의 항목이나 물가의 가치기준으로 설정되면서 존재하였을 것이다. 그러나 이러한 시기에 어떠한 포백척이 사용되었는지는 알 수 없다. 시기가 이르지만 삼한시대 진한은 漢人 포로 500명의 죽음에 대한 몸값으로 진한사람만 5천 명과 진한포 15,000匹로 변상하려고 하였는데,[81] 이때 1필은 포의 수취용 척으로 계산되었을 가능성이 많다. 삼한시대에는 독자적으로 척을 만들어 사용하였다는 기록은 없다. 다만 삼한은 중국 한과 활발한 교역을 전개하였다. 이는 한반도 각 지역에서 출토되는 한의 유물을 통해 이해할 수 있다. 이러한 시점에 한의 척이 도입되어 교환의 가치 척도로 이용되었을 가능성이 많다. 이 시기의 진한포 1만 5천 필도 한척으로 계산되었을 것으로 생각된다. 따라서 삼한 및 삼국시대의 포백척은 한척이 사용되었음을 알 수 있다.

앞에서 언급한 것처럼 신라통일기 문무왕대에는 당의 제도가 신라

(小泉袈裟勝, 「中國の尺度」, 『單位の起源事典』, 1992, 113쪽).

80) 李宇泰, 「韓國古代의 尺度」, 『泰東古典研究』 창간호, 1984, 13쪽.

81) 『三國志』 魏志 東夷傳 韓傳.

의 내외에서 실시되면서 당대척이 수용되었다고 하였다. 그런데 당대척은 영조척으로만 사용된 것이 아니라 위의 사료에 나타나는 것처럼 포 1필의 규격단위가 축소된 점을 통해 볼 때 포백척으로도 사용되었음을 유추할 수 있다. 따라서 문무왕 5년에 이르러 포백척은 이전의 기준척인 漢尺을 대신하여 唐과 교류를 통해 들어온 唐大尺을 새로운 포백척으로 교체하였다. 결과적으로 문무왕대에 이르러 이전보다 포백척의 길이 자체가 크게 확대되었기 때문에, 통일전쟁 등의 노고를 고려하여 1필의 길이를 축소하였다고 생각된다.[82]

이와 같은 포백척의 변화는 다음 절에서 문헌자료의 기록을 통해 현존 유물의 실측의 길이와 유사하다는 점에서 주목된다. 그런데 문무왕 5년 포 1필의 길이는 산술적으로 약 반으로 줄어들었지만, 전체적인 절대적 길이는 1/3 정도의 축소밖에 없었음을 알 수 있다.

문무왕 5년에 포 1필의 길이를 '7步'로 규정한 이유는 어디에 있을까. 이에 대한 자료는 없다. 다만 중국의 경우 포 1필은 길이 4丈, 폭 2尺 2寸에서 폭이 약간 줄어드는 경우는 있었지만, 漢代부터 송대까지 거의 동일하였다.[83] 이처럼 중국이 산술적 길이를 늘이지 않은 것은 기준척 자체가 계속 확대되었기 때문에 포의 수취량을 약간 증대시킬 수 있었기 때문으로 보인다. 따라서 문무왕대의 絹布 1匹은 중국의 1

---

82) 신라시대 포백척은 민의 신장척 등에 한척이 사용되었던 것으로 보아 한척이 사용되었음을 유추할 수 있다.

83) 『漢書』食貨志 下, "布帛廣二尺二寸爲幅 長四丈爲匹"; 『魏書』권116, 食貨志, "舊制 民間所織絹布 皆幅廣二尺二寸 長四十尺爲一匹 六十尺爲一端"; 『隋書』권24, 食貨, "開皇三年[文帝 ; 583]正月 …… 減調絹一疋爲二丈"; 『舊唐書』권48, 食貨 上, "開元八年[玄宗 8年 ; 720]正月 敕 …… 而諸州送物 作巧生端 苟欲副於斤兩 遂則加其丈尺 至有五丈爲疋者 理甚不然 闊一尺八寸 長四丈 同文共軌 其事久行 立樣之時 亦載此數 若求兩而加尺 甚暮四而朝三 宜令所司簡閱 有踰於比年常例 丈尺過多 奏聞"; 『新唐書』권51, 食貨1, "開元八年[玄宗 8년 ; 720] 頒庸調法于天下 好不過精 惡不至濫 闊者一尺八寸 長者四丈"; 『宋史』권174, 食貨3 布帛, "自周顯德[後周 世宗 ; 954~959]中 令公私織造並須幅廣二尺五分 民所輸絹匹重十二兩 疏薄短狹 塗粉入藥者禁之 河北諸州軍重十兩 各長四十二尺 宋因其舊".

필의 長·廣을 고려하여 정한 것으로 추측된다.

그런데 통일신라시대 포백척의 길이는 별도 제정되었는지는 알 수 없다. 다만 중국의 경우 일반 척과 포백척은 한·당에서 明代까지 분리되지 않고 함께 통용하였다. 따라서 통일신라시대 포백척은 새로운 포백척을 만들어 사용하였다기보다 唐·宋代의 경우처럼 기존의 唐大尺(=營造尺)을 포백척으로 겸용하였던 것으로 생각된다.

고려시대 포백척은 조선시대의 경우처럼 별도의 포백척이 존재하였는지를 살펴보자. 布는 고려시대에도 賦稅 중의 하나로 중요한 기능을 담당하였다.[84] 고려시대의 문헌자료에는 布의 수취에 여러 종류의 척을 사용하였다는 기록은 없다. 따라서 고려도 布의 수취를 위해 별도의 기능을 가진 척을 사용하였다기보다는 통일신라시대처럼 기존에 통용된 척을 그대로 사용하였을 가능성이 많다. 통일신라시대에는 포의 수취에 당대척을 포백척으로 이용하였다. 따라서 고려시대 布의 수취에 이용되는 척, 즉 布帛尺도 이 시기의 기본 척인 唐大尺이 통용되었다.[85]

고려시대 포 1필은 어느 정도의 규격이었을까. 1필의 길이는 명확하지 않지만 40척이라는 견해가 있다.[86] 그런데 고려시대는 明宗 9년(1179) "貢中布 1匹은 貢平布 1匹 15尺으로, 貢紵布 1필은 貢平布 2필로, 貢綿紬 1필은 貢平布 2필로 절납한다"는[87] 규정이 있지만, 포 1필의 규격은 정확하게 규정하고 있지 않다. 앞에서 통일신라시대에는 1匹을 42尺이라 하였고, 중국의 경우 기준척에 따라 다르지만 대체적

---

84) 『高麗史』 권78, 食貨1 田制 租稅 靖宗 7年 正月, "三司奏 諸道外官員僚所管 州府稅貢 一歲 …… 布五十匹 ……".

85) 李宗峯, 「高麗時代의 尺」, 『釜大史學』 24, 2000.

86) 金載名, 「高麗時代 調의 收取와 그 性格」, 『京畿史學』 2, 1998, 39~41쪽에서 고려시대에도 견직물 1필은 40자였다고 하고, 그 근거로 '五升布三疋買生絹卅四尺 又五疋買絹一疋 是至正己丑歲也 若鄕綿紬四十尺直五升布四疋而已 今則絹一疋 直布七十疋 綿紬四十尺 直三十疋 衣服安得如舊哉'(『牧隱詩藁』 권30, 錄婦言幷序)라는 기록을 들고 있다.

87) 『高麗史』 권78, 食貨1 貢賦 睿宗 9年 10月, "判貢中布一匹折貢平布一匹十五尺 貢紵布一匹折貢平布二匹 貢縣紬一匹折貢平布二匹".

으로 4丈(40尺)을 기준하였다. 따라서 고려전기 1필은 통일신라시대의 1필인 42척을 계승하였을 것으로 추측된다. 왜냐하면 고려 태조는 고려를 건국한 이후 궁예 때의 부세도의 문란을 지적하였는데 '궁예가 백성을 마음대로 하여 聚斂을 일삼고 옛제도를 따르지 않아서 1頃의 토지에 조세가 6석이나 되고 管驛의 戶에서 絲를 3束이나 거두게 되어 마침내 백성들이 밭갈고 베짜는 일을 그만두고 잇달아 유망하게 되었다. 지금부터 조세와 征賦는 마땅히 옛법을 쓰도록 하라"고 지시하고 있다.[88] 궁예는 백성들에게 絲를 3束이나 수취하고 있었다. 束은 피륙 5필 또는 10필을 단위로 한다.[89] 이를 통해 궁예 때의 絲의 수취가 가혹하게 자행되었음을 알 수 있다. 그런데 고려 태조는 궁예 때의 가혹한 조세수취를 바로잡는다는 의도에서 옛 법을 쓰도록 하고 있다. 이러한 구법은 통일신라시대의 제도가 아닐까 생각된다. 따라서 태조는 1필을 42척으로 규정하여 수취하였을 것이다.

한편 고려후기 1필의 규격은 40척으로 변화되었을 것으로 추측된다. 그것은 『牧隱詩藁』에 의하면 "五升布 三疋은 生絹卄四尺을 살 수 있고, 또 五疋은 絹一疋을 살 수 있는데 이것은 至正 己丑, 즉 忠定王 1년(1349)이다"[90]라고 하였기 때문이다. 이것은 14세기 이후 척의 문란으로 나타난 현상일 것이다. 통일신라가 당대척인 영조척을 포백척으로 사용한 것처럼 고려도 당대척류인 영조척으로 포 1필을 수취하였지만 고려후기에 전체적인 도량형의 문란으로 포백척이 확대되었기 때문이다. 따라서 고려후기 布帛尺은 당대척에서 확대된 척을 통용하였을 것으로 추측된다.

고려시대 포백척은 여말 수취제도의 혼란기를 거치면서 크게 신장되었을 것으로 추측된다. 그것은 앞에서 언급한 것처럼 조선초기 세종 13년(1431)에 새롭게 竹尺으로 교정되었는데,[91] 다음 절에서 살펴보는

---

88)『高麗史』권78, 食貨1 租稅 太祖 元年 7月.

89) 朴成勳,『單位語辭典』, 民衆書林, 1997, 275쪽.

90)『牧隱詩藁』권30, 錄婦言幷序.

91)『世宗實錄』권52, 世宗 13年 4月 辛丑.

것처럼 다른 어떤 척보다 길게 교정되었기 때문이다. 이와 같은 죽척, 포백척의 신장은 1필의 길이를 새롭게 조정하지 않으면 안 되게 만들었다. 그리하여 조선초기의 1필은 세종 13년 포백척을 기준하여 35尺으로 규정하였다.[92] 이는 1필의 규격이 신라시대 이후보다 산술적으로 약 절반 이상이 줄었고, 통일신라 및 고려시대보다 약간 축소된 것이다. 그것은 포백척 자체의 신장으로 1필의 길이를 산술적으로 축소할 수 있었기 때문이다. 그러나 뒤에서 살펴보는 것처럼 조선전기에는 포백척 자체가 이전보다 크게 신장되었기 때문에 실질적인 포 1필의 길이는 오히려 늘어났다.

이상에서 살펴본 것을 종합하면 통일신라 및 고려시대는 새로운 포백척을 만들어 사용하였다기보다는 唐·宋代의 경우처럼 기존의 唐大尺(=營造尺)을 布帛尺으로 겸용하였던 것으로 생각된다. 그러나 여말선초의 혼란기를 거치면서 포의 수취용 포백척은 크게 확대되었고, 척의 통일성도 없었다. 따라서 세종 13년에는 여러 척이 교정되는 가운데 포백척 자체가 혼란스럽게 통용되어 포의 수취기준이 없자 새로운 布帛尺(=竹尺)을 교정하여 사용하게 하였다.

(4) 金尺

고려시대에는 앞에서 살펴본 척의 종류와는 이질적인 金尺이 존재하고 있었다. 금척에 대해서는 다음의 자료가 주목된다.

아) 刑杖式(尺用金尺)(『高麗史』 권84, 刑法1 名例)

위의 자료에 의하면 刑杖, 즉 죄인을 심문할 때 쓰는 막대기를 만들

---

92) 『世祖實錄』 권23, 世祖 7年 2月 戊寅, "傳旨戶曹曰 今頒降大典國幣條 幣布 一匹 長三十五尺 或以一十七尺五寸爲半匹";『增補文獻備考』 권160, 財用 考7 附布帛, "世宗二十八年 定布帛尺 …… 只以綿布爲貨 綿布三十五尺爲 一疋";『大東野乘』, 諛聞瑣錄, "吾東方不産金銀 本朝不行錢法 只以綿布爲 貨 綿布三十五尺一疋";『大典續錄』, 戶典 雜令, "公私行用綿布 升數則五 升 長則三十五尺 廣七寸以上".

때 金尺을 사용하였다고 한다. 위의 자료는 無編年 기사이므로 金尺 도입 시기뿐만 아니라 정확한 사용시기를 알 수 없다. 다만 고려는 예종 12년(1117) 금으로부터 거란이 점령하였던 保州, 즉 의주를 양도받은 이후 고려와 금은 점차 외교적으로 긴장관계에 놓이게 되었다. 결국 고려는 仁宗 4년(1126)에 金과 군신관계를 맺으면서 금을 사대하였다.[93] 이후 고려는 금과 활발한 교역을 전개하였다. 金尺은 이 시기에 받아들였을 것으로 추측된다.

금척의 성격에 대해서는 여러 가지 견해가 제시되어 있다. 白南雲은 金尺을 주척의 1척 2촌인 營造尺으로 사용되었다고 추측한 바 있고,[94] 呂恩暎은 金에서 隋·唐의 大·小尺이 법척으로 채택되었는데, 唐大尺은 이미 통일신라 이래 사용되어 온 것인 만큼 새로 수용된 금척은 小尺일 것이라고 하였다.[95]

그렇다면 12세기 이후 고려에 들어온 척인 金尺은 어떤 특성을 가졌는지를 살펴보자. 금의 척은 大尺과 小尺으로 나눈다. 금의 소척에 대해서는 "송대 李照가 太府尺으로 音律을 정했는데, 그후 范鎭 등이 李照가 만든 太府尺을 다시 사용하였다. 그것은 後周의 鐵尺이다"라고[96] 한다. 그런데 唐의 小尺인 후주의 철척(=24.578㎝)은 음률의 校

---

93) 『高麗史』 권15, 仁宗 4年 3月 辛卯, "召百官 議事金可否 皆言不可 獨李資謙拓俊京曰 金昔爲小國 事遼及我 今旣暴興滅遼與宋 政修强兵日以强大 又與我境壤相接勢不得不事 且以小事大先王之道 宜先遣使聘問 從之".

94) 白南雲은 金尺(周尺의 1척 2촌)의 용도를 영조척으로 보았다(白南雲, 앞의 책, 1937, 752쪽). 그러나 통일신라시대 이래 營造에는 당대척을 사용하였고, 고려전기에도 당대척을 계승한 척을 사용한 것으로 보아 금척이 영조척으로 사용되지 않은 것 같다. 그리고 조선시대에도 영조척은 약 24.5㎝가 아니라 약 31~32㎝로 많이 나타나고 있다. 따라서 고려시대 營造尺은 약 31㎝ 정도로 파악하여야 할 것이다.

95) 呂恩暎은 白南雲의 논리를 보다 확대 발전시켜 金尺은 王莽 周尺(=晉前尺, 23.1㎝)의 1,064배 늘어난 隋唐의 小尺인 24.58㎝로 파악하였다. 그래서 金尺은 周尺보다 근소하게 伸長된 尺이며, 이러한 金尺은 고려후기 量田尺으로도 이용되었다고 보았다(呂恩暎, 「高麗時代의 量田制」, 『嶠南史學』 2, 1986, 49~50쪽).

96) 『金史』 권39, 樂上 雅樂, "明昌五年(1194) 詔用唐宋故事 置所 講議禮樂 有

正 등 특수한 경우에만 사용되었고, 민간에서는 널리 사용되지 않은 척이다. 그리고 金에서는 "量田에서 營造尺으로 五尺을 步로 하고, 넓이 一步와 길이 二百四十步를 畝로 하고 百畝를 頃으로 한다"[97) 하여 營造尺이 量田尺으로 널리 사용되었다. 금의 영조척은 5척을 1보로 산정하고 있는 것으로 볼 때 대척의 계열이다. 이로 볼 때 금은 영조척을 사실상 기준척, 즉 양전척 등으로 사용하였음을 알 수 있다. 그것은 宋代의 布帛尺이 營造尺・量田尺 등으로 다양하게 사용된 것처럼 금의 營造尺도 동일한 양상이었음을 알 수 있다. 앞에서도 언급한 것처럼 금의 營造尺은 송의 布帛尺보다 약간 긴 척이다.[98) 그것은 전통적으로 북방지역은 위진남북조시대 이래 남쪽지역보다 긴 척이 이용되었고, 척이 급작스럽게 신장된 지역이기 때문이다.

그러면 고려에 수용된 금척은 小尺 혹은 大尺(=營造尺)일까. 그것은 금척을 수용하여 만든 고려 형장식의 척의 길이와 중국에서 통용되던 형장식의 척 및 조선시대 형장식의 척의 길이 등을 비교 검토함으로써 어느 정도 추정할 수 있다.

자-a) 刑杖式(尺用金尺) 脊杖長五尺 大頭圍九分 小頭圍七分, 臀杖長五尺 大頭圍七分 小頭圍五分, 笞杖長五尺 大頭圍五分 小頭圍三分(『高麗史』 권84, 刑法1 名例)

자-b) 凡拷訊(訊杖長三尺三寸 上一尺三寸則圓徑七分 下二尺則廣八分厚二分 用營造尺(『經國大典』 권5, 刑典 推斷)

자-c) 凡杖皆長三尺五寸 削去節目 訊杖 大頭徑三分二釐 小頭二分二釐 常行杖 大頭二分七釐 小頭一分七釐 笞杖 大頭二分 小頭一分有半(『新唐書』 권56, 刑法)

司謂 …… 李照以太府尺制律 人習舊聽疑於太重 其後范鎭等論樂 復用李照所用太府尺 即周隋所用鐵尺 牛弘等以謂近古合宜者也 今取見有樂 以唐初開元錢校其分寸亦同 則漢律所用指尺 殆與周隋唐所用之尺同矣 ……".

97)『金史』 권47, 食貨2 田制, "量田以營造尺 五尺爲步 闊一步 長二百四十步爲畝 百畝爲頃".

98) 丘光明, 앞의 책, 1996, 170쪽.

　자-d) 太祖受禪 始定折杖之制 …… 常行官杖如周顯德五年制 長三
　　　 尺五寸 大頭闊不過二寸 厚及小頭徑不得過九分 徒流笞通行
　　　 常行杖 徒罪決而不役(『宋史』 권196, 刑法1)
　자-e) 諸獄具 枷長五尺以上 六尺以下 闊一尺四寸以上 一尺六寸以下
　　　 …… 杻長一尺六寸以下 二尺以下 橫三寸 厚一寸 鎖長八尺以上
　　　 一丈二尺以下 …… 訊杖大頭徑四分五厘 小頭徑三分五厘 長
　　　 三尺五寸 並刊削節目 無令筋膠諸物裝釘(『元史』 권103, 刑法2)

　위의 자료 a)는 金尺으로 막대기의 길이가 5尺, 둘레는 9分에서 3分
까지이다. 자료 b)는 조선전기 營造尺으로 訊杖의 막대기의 길이가 3
尺 3寸인데, 위의 지름은 7分이라는 것이다. 자료 c)·d)·e)는 당·송
·원대 막대기의 길이가 3尺 5寸이라는 것이다. 그런데 금의 경우는
刑杖의 척이 나타나지 않기 때문에 직접 비교할 수 없다. 다만 당·송
·원대의 경우는 형장척 길이의 변화가 나타나지 않는 것으로 보아 동
일한 척, 즉 당대척을 사용한 것으로 추측된다.

　한편 위의 자료에서 주목되는 점은 형장척의 길이가 고려시대 금척
의 5척이 조선전기 영조척 3척 5촌으로 축소되었다는 것이다. 이는 고
려와 조선에서 사용되는 형장척의 길이의 변화 없이는 이렇게 축소될
수 없을 것으로 생각된다. 하지만 형장 막대기의 절대적 길이는 중국
의 경우를 고려할 때 거의 변화가 없었던 것이 아닌가 여겨진다. 따라
서 조선전기 營造尺을 金尺과 비교한다면 고려시대에 통용된 金尺의
길이를 추측할 수 있다.

　뒤에서 살펴보는 것처럼 조선전기 영조척의 길이는 약 30.8cm이며,
이를 통한 조선시대 형장의 길이는 103.092cm이다. 중국 唐代의 형장
의 길이는 당대척을 29.5cm라고 한다면 103.25cm로, 이는 공교롭게도
조선전기 형장의 길이 103.092cm와 비슷하다. 宋·元代의 형장 막대기
의 길이도 약간의 변화는 있지만 이와 유사하였다. 그러면 고려시대
형장 막대기의 길이는 조선과 唐·宋·元代의 형장 막대기 길이를 고
려할 때 그와 비슷할 것으로 추정된다.

金의 營造尺, 즉 大尺의 길이는 정확하지는 않지만 약 34.6㎝ 정도라고 추정한다.[99] 만약 금척을 대척이라고 한다면 고려 형장 막대기의 길이는 약 173㎝ 정도이다. 이는 조선이나 중국의 형장 막대기 길이와 너무 많은 차이가 있다. 반면 金의 小尺은 약 24.5~24.6㎝ 내외이므로 고려 형장 막대기의 길이는 122.5㎝ 내외로 계산된다. 이러한 형장 막대기의 길이는 약간 차이가 있지만 宋·朝鮮 등과 비슷하다. 따라서 고려시대 형장식의 제작에 사용된 金尺은 隋·唐代의 小尺을[100] 계승한 小尺임을 알 수 있다.

(5) 長尺

고려시대는 長尺이란 척의 명칭이 나타난다. 이러한 장척은 李奎報에 의해 언급되고 난 이후 그 명칭은 전혀 나타나지 않는다. 長尺은 기존 척과 어떤 관계를 가지고 있는지를 살펴보자.

> 차) 爾名長尺幾許長 蠖吾指而量 則纔尺有咫 名長實短 得無慙頗 爾主人隴西子(『東國李相國集』 권19, 雜著 長尺銘)

위의 자료의 해석은 네 이름이 長尺이라니 얼마나 길어서일까. 길이는 손가락을 구부려 헤아리면 겨우 척은 咫[101]가 넘는다. 이름은 길지만 실제는 짧으니 그 아니 부끄러우냐는 것이다. 그런데 장척을 이해하기 위해서는 위의 자료 '纔尺有咫 名長實短'이란 구절을 어떻게 해

---

99) 丘光明, 앞의 책, 1996, 170~171쪽.
100) 隋·唐代는 기존의 小尺을 '1尺 2寸' 확대시켜 大尺을 만들어 사용하였다. 隋·唐代의 小尺(약 24.5·6㎝ 전후)은 大尺(약 29.5㎝)이 사용되기 이전의 척도를 말하는 것이다. 大尺은 量田尺·營造尺 등의 일반적인 척도로 사용되었고, 반면 小尺은 특수한 음률의 제조 등의 특수한 경우에 사용되면서 후대로 계승되었다.
101) 小泉袈裟勝은 '咫'는 『說文』에 '보통 부인의 손 8寸을 咫라 말한다'고 한다. 이것은 손의 하단에서 中指의 앞까지로, 손의 길이이다. 또 『說文』에는 '周制 寸·尺·咫·尋'이 있는데, 척에 가까운 길이이었지만 제도로 된 것은 아닐 것이다고 하였다(小泉袈裟勝, 「中國の尺度」, 앞의 책, 1992, 112쪽).

석할 것인가에 달려 있다. 이에 대한 해석은 두 가지가 가능하다. 하나
는 겨우 尺은 喫가 있는데, 이름은 길지만 실제는 짧다는 것이다. 다른
하나는 겨우 尺은 喫이므로 이름은 길지만 실제는 짧다는 것이다. 전
자는 尺에 喫가 더 있다고 해석할 수 있다. 이러한 해석은 喫가 상징
적 표현일 수 있지만, 당시에 통용되는 척을 고려할 때 문제가 약간 발
생한다. 고려에서 사용하던 尺인 唐大尺의 길이는 隋·唐代의 小尺인
金의 小尺을 제외하고는 宋(布帛尺)·金(營造尺＝量田尺) 등에서 사
용되는 척의 길이보다 짧거나 거의 유사하다고 할 수 있다. 이러한 척
이 고려에 유입되었다면 長尺이라고 하여 이름은 길지만 실제는 짧다
고 표현하지 않았을 것이다. 그리고 이러한 해석은 '名長實短'을 만족
시켜 주지 못한다. 따라서 전자의 해석은 약간 한계를 가진다고 할 수
있다.

　오히려 후자는 겨우 尺은 喫밖에 되지 않으므로 이름은 길지만 실
제는 짧다고 해석하는 것이 무난하다. 후자의 해석을 따르면 '길이가 8
寸(喫)이다'는 것은 척의 실제 길이를 말하는 것일까 아니면 상징적으
로 표현해 준 것일까가 궁금하다. 당시 고려시대 통용되고 있던 營造
尺은 뒤에서 설명하겠지만, 약 31㎝라고 한다. 이러한 長尺은 고려 영
조척과 비교할 때 8寸(喫)이므로 그 길이는 약 24.8㎝이다. 이는 앞에
서 설명한 金의 小尺의 길이와 유사하다는 측면에서 주목된다.

　그러면 이러한 長尺은 어떠한 척일까. 분명한 것은 고려에서 사용되
어 왔던 척을 長尺이라고 부르지는 않았을 것이다. 그것은 기존의 척
과 새로운 척을 서로 구별하려는 의도에서 이규보가 長尺이라 불렀을
것이기 때문이다. 이러한 장척은 기존의 척과 다르면서 비슷한 시기에
도입된 것은 金尺밖에 없다. 12세기 이후 금척이 수용되어 형장식에
사용되었다는 점을 고려할 때 금척과 고려에서 사용한 척을 비교하였
을 가능성은 많다고 하겠다. 따라서 장척을 8寸이라고 한 것은 고려에
수용된 金의 小尺의 길이를 암시하는 것이 아닐까 한다.

　그러면 12세기 이후 소위 장척으로 불린 金尺의 길이는 어느 정도

인지를 살펴보자. 앞에서 고려에 도입된 金尺은[102] 金의 小尺이라고 하였다. 금의 소척의 길이에 대해서는 周尺의 1尺 2寸이라는 입장과[103] 王莽 周尺(=23.1㎝)의 1.064배 늘어난 隋·唐代의 小尺(24.58㎝)을 가리킨 것 같다는 입장이 있다.[104] 앞에서도 언급한 것처럼 고려의 형장식에 도입된 金尺은 小尺이라고 하였다. 李奎報는 이러한 금척의 크기를 '爾名長尺幾許長 蠻吾指而量 則纔尺有咫 名長實短'이하여, 금척을 咫(8촌)에 불과하다고 하였다. 그런데 이러한 '8寸'은 기존 고려의 영조척(약 31㎝)과 비교되었을 것이다. 이로 볼 때 금의 소척은 약 24.8㎝ 정도인 것으로 추측된다. 이러한 길이는 고려의 영조척이 정확하지 않지만 약 31㎝라고 추론하여 산출하였기 때문에 약간의 오차는 있을 수 있다. 따라서 고려에 도입된 金尺은 小尺으로 약 24.8㎝ 전후인 것임을 알 수 있다.

한편 고려시대는 武人選拔 弓弩 거리의 산정에도 어떤 척이 이용되었을 것으로 추측된다.

> 카) 各州鎭 於農隙每月六衙日 習弓弩 令界官行首員與色員親監 弓四十步 弩五十步置的 十射五中者及連中者 兩京職事員將 則進祿年加轉 散職東南班 則內外職絞用 人吏則從自願任其職事 散職將相將校 則進其年限加轉 無職員則隨宜用之(『高麗史』권82, 兵2 鎭戍 序頭)

위의 자료는 각 州鎭에서 弓과 弩를 연습하게 하였는데, 弓은 40步를 弩는 50步를 기준하여 10개의 화살 중에 5개를 맞춘 자와 연속으로 맞춘 자를 관리로 선별하거나 승진시킨다는 것이다. 步의 산정에 이용된 기준척과[105] 시행시기를 알 수 없지만, 척이 사용되었다는 점에서

---

102) 『高麗史』권84, 刑法1 名例, "刑杖式(尺用金尺)".
103) 白南雲, 앞의 책, 1937, 752쪽.
104) 呂恩暎, 앞의 논문, 1986, 22쪽.
105) 呂恩暎은 기준척을 新大尺(高句麗尺 ; 35.5㎝)으로 계산하였다(呂恩暎, 앞의 논문, 1986, 46쪽). 그런데 그의 견해의 문제점은 기준척의 설정에 일관성이

주목된다.

　그런데 고려시대 자료에서는 弓弩의 거리 산정에 사용된 척을 기록한 자료가 나타나지 않는다. 이와 유사한 자료가 조선초기에 나타난다. 이를 통해 고려시대 궁노의 거리 산정에 사용된 척을 해명할 수밖에 없다. 조선초기에는 弓의 射거리 산정의 기준척으로 주척이 사용되었음을 다음의 자료를 통해 알 수 있다.

　　타-a) 命禮曹兵曹別試文武科 上曰 …… 上曰 重試則子昔者 已爲之矣 其外方之人 則來式年 亦有之矣 今姑將京中人試取 以垂陰德可也 文科則試對策 武科騎步射弄槍耳 …… 上然之 於是兵曹 進啓曰 今武科赴試人員 始以八月初三日 同訓鍊觀取才 以兵書三經以上 步射一百五十步 騎射三革弄槍入格者 許令赴試 從之 …… 兵曹啓 …… 赴試人 武經通三書以上試取 曾有敎其鄕貢 則七書 二百步中有能者 方許赴試 親試之時 步射三箭 用二百步及一百五十步 七十步各一箭 騎射三革一次 弄槍一次 分數依曾降敎旨 皆從之(『太宗實錄』 권32, 太宗 16年 8月 辛酉)

　　타-b) 訓鍊觀敎場步數 用周尺 在前朝二百步 作二百四十步 一百五十步作一百八十步 七十步作八十五步 然稱號仍舊(『太宗實錄』 권33, 太宗 17年 2月 丁丑)

　위의 자료 a)는 태종 16년 무과 별시 때 친시할 때에는 步射의 3箭은 200보·150보·70보에 한 화살을 쏘는 것을 쓴다지만,[106] 기준척이

　　없다는 것이다. 그는 기준척을 전기에는 周尺과 新大尺, 후기에는 金尺이라고 파악하고 있다.

106) 呂恩暎은 기준척을 金尺(진전척의 1.06배, 24.5784㎝)으로 파악하였다(呂恩暎, 앞의 논문, 1986, 46쪽). 그러나 그의 문제점은 金尺의 1步가 5尺이었다고 한 점이다. 그것은 隋·唐이 기존의 小尺을 1.2배 증가시켜 大尺을 만들었는데, 小尺은 1步=6尺이고, 唐大尺은 1步=5尺이다. 呂恩暎의 경우처럼 金의 小尺은 唐의 小尺을 계승하였다고 한다면 1步=5尺이 아니라 1步=6尺이다. 따라서 1步=5尺을 기준으로 하여 고려척을 계산한 것은 문제가 있음을 알 수 있다.

제시되지 않아 어떤 척을 사용하였는지 정확하게 알 수 없다. 자료 b)
는 훈련교장의 보수를 周尺으로 산정하는데, 前朝(고려)의 거리를 각
각 1.2배씩 증가시켜 240보·180보·85보로 한다는 것이다. 다만 조선
초기 周尺을 기준으로 弓의 사거리가 70步→85步, 150步→180步, 200
步→240步로 재조정되었다면 前朝는 궁의 사거리 측정에 周尺을 사용
하지 않았음이 명백하다.

　고려시대에 周尺 외의 다른 척이 사용되었다면 그것은 앞에서도 언
급한 바와 같이 단일 척으로 사용된 당대척류의 영조척이 사용되었다
고 볼 수밖에 없다. 그런데 중국 唐의 경우는 사거리가 산정되고 있지
만,107) 전체적 길이에서 고려보다 길다. 당의 경우도 구체적 척을 기록
하지 않아 정확하게 알 수 없지만 唐大尺이 영조척·양전척 등으로 사
용된 점을 고려할 때 사거리의 산정에 사용되었을 것으로 추측된다.

　이상에서 살펴본 것처럼 중국의 唐·宋代에 척의 분화가 이루어지
지 않았던 점과 조선초기 척의 교정과정을 살펴볼 때 통일신라 및 고
려전기의 척은 분화되지 않고 唐大尺을 營造尺, 布帛尺, 그리고 量田
尺 등으로 공용하였다고 생각된다. 그러나 12세기 이후 指尺이 量田尺
으로 사용됨으로써 量田尺과 營造尺(＝布帛尺) 등으로 분화되었고,
고려말기에 이르러 布帛尺이 크게 늘어남으로써 조선초기에 布帛尺이
새롭게 교정되게 되었고, 이에 따라 布帛尺과 營造尺이 완전히 분리되
었다. 따라서 척은 조선초기에 이르러 기능에 따라 다양하게 분화되었
음을 알 수 있다.

---

107)『新唐書』권50, 兵1 府兵之制, "玄宗十三年 …… 又擇才勇者爲番頭 頗習弩
　　射 又有羽林軍飛騎 亦習弩 凡伏遠弩自能施張 縱矢三百步 四發而二中 擘
　　張弩二百三十步 四發而二中 角弓弩二百步 四發而三中 單弓弩百六十步 四
　　發而二中 皆爲及第 諸軍皆近營爲堋 士有便習者 敎試之 及第者有賞".

2. 遺物의 기록과 실측을 통해 본 基準尺

1) 통일신라시대 척의 용례

통일신라시대 척의 길이는 앞의 서론에서 언급한 것처럼 상당 부분 연구되었다. 삼국시대는 漢尺·高句麗尺을 사용하였고, 통일신라시대에는 唐大尺·高句麗尺이 사용되었다고 하였다. 그러나 이러한 연구는 관련 유물자료에 기록된 자료의 분석을 통해 척의 길이를 이해하였다기보다는 척의 기록 등을 막연하게 분석하거나, 혹은 당시의 건조물인 탑·건축물 등의 실측 분석을 통해 기준척을 검토하였다. 이는 통일신라시대의 척을 명확하게 규명하는 것이 아니라 오히려 척에 대한 이해를 혼란스럽게 하였다고 생각된다.[108) 따라서 필자는 금석문 등의 문헌자료 속에 나타나는 척의 기록을 살펴보고, 이러한 문헌자료와 현존 유물을 실측하여 이를 비교·검토하고, 이 시기의 척을 검토하고자 한다. 이러한 방법론은 신라 및 통일신라시대 척의 실체를 보다 명확하게 이해할 수 있을 것으로 생각된다.

첫째, 斷石山 神仙寺 造像銘記의 기록을 통해[109) 척의 실체를 살펴보자.

가) 仍於山巖下　創造伽藍　□靈虛名神仙寺　作彌勒石像一區高三
　　丈·菩薩二區　明示微妙相相(『譯註 韓國古代金石文(2)』, 斷石山

---

108) 그러한 사례로 8세기에 창건된 佛國寺와 石窟庵은 창건 목적과 시기 등을 살펴볼 때 동일한 척도를 사용하였다고 생각된다. 그런데 佛國寺는 唐大尺, 石窟庵은 高句麗尺 등을 사용하였다는 견해도 있다(朴興秀, 앞의 논문, 1977).

109) 단석산의 정상부근에서 서남쪽으로, 해발 700m 지점에 10m 높이의 커다란 자연바위 4개가 천연적으로 ㄷ 자형 석실을 이루고 있다. 석실벽에 10구의 불상이 조성되어 있고, 한쪽면에 명문이 새겨져 있다. 이 불상들을 '단석산신선사마애불상군'이라 한다. 석실의 꼭대기에는 나무로 지붕이 이어져 인공과 천연이 어우러진 석굴법당을 이룬다하여 신라 최초(7C)의 석굴사원으로 알려져 있다(黃壽永, 「斷石山神仙寺石窟磨崖像」, 『韓國의 佛像』, 文藝出版社, 1989).

神仙寺 造像銘記)

위의 자료에 의하면 이내 산바위 아래에 가람을 창조하였는데, 靈虛
로 이름을 神仙寺라 부르고, 높이 3丈(＝30尺)의 彌勒石像 1구와 菩薩
像 2구를 만들었다고 한다. 본 자료에서 주목되는 점은 높이 3丈(＝30
尺)의 미륵석상 1구를 만들었다는 것이다. 왜냐하면 3장이라는 미륵석
상의 높이를 알면 이 시기의 기준척을 추정할 수 있기 때문이다. 물론
이러한 기록이 정확한 수치를 기록하였다고는 할 수 없지만, 거의 비
슷한 수치일 것으로 생각된다.

위의 자료에서 언급한 높이 3장의 미륵석상은 다음 그림에 제시된
北巖(1)의 如來立像을 말한다. 黃壽永의 조사보고서에 의하면 北巖(1)
여래입상의 높이는 약 7m고, 그외 東巖의 菩薩立像이 약 3m, 南巖의
菩薩立像이 약 2.1m다.[110]

그러나 기준척 파악의 중요한 단서인 북암(1) 여래입상의 높이는(그
림 참조)[111] 이 외에도 여러 자료에서 언급되고 있는데, 각 자료마다
실측의 기록이 다르다.[112] 이에 따라 필자는 직접 1998年 1月 21日에
미륵석상을 실측하였는데, 그 높이는 약 6.72m였다.[113] 따라서 7세기
미륵입상의 彫像 때 사용된 기준척 1척은 약 22.4㎝라고 할 수 있다. 3
丈(＝30尺)은 불상의 실제 높이보다 조금 과장되었다는 점을 고려한다

---

110) 黃壽永, 앞의 책, 1989, 280~281쪽.
111) 黃壽永, 앞의 책, 1989, 276쪽에서 재인용.
112) 黃壽永, 앞의 책, 1989, 281쪽에서는 여래입상의 높이를 약 7m로 파악하고
    있으나, 419쪽의 도판 54의 설명에서는 像高가 8.2m라고 하였다.『譯註 韓國
    古代金石文(2)』, 194쪽과 그외 대다수의 책에서는 여래입상의 높이를 6m라
    고 하였다. 그리고 東潮・田中俊明 編著,『韓國の古代遺跡(新羅 篇)』, 1988,
    178쪽에서는 여래입상의 높이를 7.25m라고 하였다.
113) 필자가 실측한 6.72m는 여래입상의 실제 높이(발에서 나발 끝까지)만 말하는
    것이고, 입상의 발 아래의 암반 길이와 나발 위의 암반 길이는 계산하지 않았
    다. 발 아래의 길이는 현재 다른 단을 쌓아 놓았기 때문에 정확하게 실측하는
    것은 무리였는데, 대강 약 80~100㎝였고, 나발 위는 약 50~60㎝ 정도였다.
    따라서 북암 전체 바위의 길이는 黃壽永의 앞의 책, 1989에서 언급하고 있는
    것처럼 8.2m 정도일 것이라고 추측된다.

<그림 1> 斷石山 神仙寺 石室 內의 佛菩薩像 配置圖

면 여래입상을 통한 1척, 기준척은 앞에서 언급한 漢尺(약 23㎝ 전후)
에 가깝다고 할 수 있다.114) 따라서 7세기 불상의 조상 때 사용된 기준
척이 漢尺이므로, 통일신라 이전의 기준척(法尺)은 漢尺이 사용된 것
으로 추측된다.

　둘째, 고고학적 발굴유물의 銘文기록과 현존 유물의 실측을 통해 척
의 관계를 해명하여 보자.

　　나) 神文大王 五戒應世 十善御民 治定功成 天授三年(孝昭王 元年,
　　　　692)壬辰七月二日乘天 所以神睦太后 孝照大王 奉爲宗廟聖靈
　　　　禪院伽藍 建立三層石塔 聖曆三年(孝昭王 9, 700)更子六月日 神
　　　　睦太后 遂以長辭 高昇淨國 大足二年(聖德王 元年, 702)壬寅七

---

114) 만약 전체 북암 바위의 높이(8.2m)를 3장이라고 하였다면, 이때 사용된 기준
　　　척은 27.3㎝ 정도라고 할 수 있다. 역시 3장이라는 기록에서 약간의 오차를
　　　고려한다면 唐大尺(약 29.5㎝ 전후)에 가까운 척도라고 할 수 있다.

月卄七日 孝照大王登霞 神龍二年(聖德王 5, 706)丙午五月卄日
今主大王 佛舍利四 全金彌陀像六寸一軀 無垢淨光陀羅尼經一
卷 安置石塔第二層(『譯註 韓國古代金石文(3)』, 皇福寺 金銅舍
利函記)

위의 명문은 神文王이 승하하자 神文王의 사후에 神睦太后와 孝昭
大王이 삼층석탑을 건립하였고, 孝昭王 9년(700)에는 신목태후가 승하
하고, 또 聖德王 元年(702)에 효소왕이 승하하자 성덕왕이 석탑에 불
사리와 6寸의 순금 미타상 1구를 안치하였다는 것이다. 본 명문은 聖
德王 5年(706)에 작성되었던 것인데, 1942년 황복사지 석탑을 해체 복
원할 때 2층 탑신 윗면의 방형 舍利孔에서 금제불상 2구, 사리, 구슬,
금은제 高杯 등과 함께 발견된 사리함에 새겨진 것이다. 위의 명문에
서 주목되는 것은 6寸의 순금제 미타상 1구를 안치하였다는 것이다.
그러나 실제 출토 유물로는 14㎝의 금동여래입상과 12.2㎝의 금동여래
좌상이 각각 1구씩 출토되었다.[115] 어느 유물이 사리함기의 명문의 내
용과 정확하게 부합되는지는 알 수 없지만, 양 유물을 6寸의 기록과
서로 비교하면 기준척은 약 23.3㎝와 20.3㎝임을 알 수 있다. 이러한 기
준척의 길이는 전자는 漢尺과[116] 후자는 조선시대 周尺과 유사하다.
그러나 기존의 연구에서 통일신라시대에는 唐大尺이 유입되어 영조
척 등으로 사용되었다고 하였다.[117] 따라서 금동불상의 조상에 사용된
기준척은 통일신라시대 唐大尺이나 高句麗尺이 營造尺에 사용되었다
는 것과는 차이가 있음을 알 수 있다. 신라는 통일기에 唐과의 외교관
계를 통해 唐의 제도를 도입하였는데, 이 시기에 唐大尺도 도입되어
점차 주도적으로 사용하였다. 하지만 唐大尺이 전면적으로 사용되었

115) 李弘稙, 「慶州南山東麓 三層石塔內發見品」, 『韓國古文化論考』, 1954 ; 金理
    那, 『한국민족문화대백과사전』 2, 한국정신문화연구원, 1991, 101~103쪽.
116) 丘光明은 漢代의 1尺은 23㎝ 전후이고, 後漢代는 척도가 점차 증가하여 약
    23.5㎝라고 하였다(丘光明, 앞의 책, 1992, 54~57쪽 및 앞의 책, 1993, 78쪽).
117) 米田美代治(申榮勳 譯), 앞의 책, 1976, 172~177쪽 ; 朴興秀, 앞의 논문,
    1977, 224쪽.

다기보다는 기존에 사용되어 온 漢尺과 과도적인 양상이 있었을 것이다. 즉 8세기 초반까지는 漢尺과 唐大尺이 함께 통용되는 양상이 있었을 것으로 생각된다.

한편 삼국시대 왕의 신장은 『三國史記』와 『三國遺事』 등에 7~11척에 이른다고 기록되어 있다.118) 왕의 신장인 7척·7.5척을 唐大尺·高句麗尺 등으로 계산하면 아래 주)에서 알 수 있는 것처럼 대단히 큰 키이다.119) 반면 이를 漢尺을 기준척으로 계산하면 7尺·7尺 5寸만 하더라도 160~170㎝ 정도가 되고, 8척이면 180㎝를 넘는다.120) 따라서 삼국시대의 漢尺은 身長尺으로도 사용되었음을 알 수 있다.

그리고 통일신라 성덕왕대의 貧民救濟穀 지급량과 중국 한대의 貧民救濟穀 지급량은 하루 3升으로 동일하였다. 이는 통일신라시대와 漢代 1升의 용적이 동일하고, 아울러 통일신라시대의 量尺과 漢代의 量尺이 동일하기 때문이다.121) 따라서 통일신라시대 초기에는 과도기

---

118) 脫解尼師今 …… 及壯身長九尺 風神秀朗(『三國史記』 권1, 新羅本紀)
阿達羅尼師今 …… 身長七尺 豊準有奇相(『三國史記』 권2, 新羅本紀)
實聖尼師今 …… 實聖身長七尺五寸(『三國史記』 권3, 新羅本紀)
法興王 …… 王身長七尺(『三國史記』 권4, 新羅本紀)
眞德王 …… 勝曼姿質豊麗 長七尺(『三國史記』 권5, 新羅本紀)
故國川王 …… 王身長九尺 姿表雄偉(『三國史記』 권16, 高句麗本紀)
安原王 …… 身長七尺五寸 有大量(『三國史記』 권19, 高句麗本紀)
仇首王 …… 身長七尺 威儀秀異(『三國史記』 권24, 百濟本紀)
武寧王 …… 身長八尺 眉目如畵(『三國史記』 권26, 百濟本紀)
智哲老王 ……此部相公之女子 …… 尋其家檢之 身長七尺五寸(『三國遺事』 권1, 紀異2)
第二十六白淨王 諡眞平大王 …… 身長十一尺 (『三國遺事』 권1, 紀異2 天賜玉帶).

119) 척과 신장기록의 길이표

척 도	7척(최소)	11척(최대)
漢　尺	7 × 약 23cm ＝ 161cm	11 × 약 23cm ＝ 253cm
唐大尺	7 × 약 29.5cm ＝ 206.5cm	11 × 약 29.5cm ＝ 324.5cm
高句麗尺	7 × 약 35.5cm ＝ 248.5cm	11 × 약 35.5cm ＝ 399.5cm

120) 米田美代治(申榮勳 譯), 앞의 책, 1976, 155~158쪽 ; 金容雲·金容局 共著, 앞의 책, 1977, 77쪽.

적으로 漢尺이 사용되었음을 알 수 있다.

셋째, 關門城의 축성 때 작성한 척의 기록을 통해 통일신라시대의 기준척을 살펴보자. 觀門城의 축성에 대한 분석은 朴方龍의 논문이 참고된다.[122] 관문성은 聖德王 21년(722)에 일본의 침입을 막기 위해 축성되었다.[123] 關門城의 길이는 6,792步 5尺이었고 축성공사에 동원된 人夫數는 39,262명이었다.[124] 關門城에는 축성 때 작성된 것으로 보이는 다음의 10여 개 바위에 명문이 기록되어 있다.

다-a) 骨伖南界 居七山北界 受地七步一尺
다-b) 熊南界 骨伖北界 受地四步一尺八寸
다-c) □□ 北界 □□□□ □□□□
다-d) 押啄南界
다-e) 金京元千毛主作北堺 受作五步五尺
다-f) 金京道□ 作北界 五步五尺
다-g) 切火郡北界 受地十步二尺七寸
다-h) 退火南界
다-i) 西良郡
다-j) □□郡 受地五步□尺 北界
　　　　(『譯註 韓國古代金石文(3)』, 大岾城石刻)

위의 자료에서 주목되는 것은 신라 王京을 포함한 梁州(현 慶南 梁

121) 李宗峯,「高麗時代의 量制」,『國史館論叢』82, 1998.
122) 朴方龍,「新羅關門城의 銘文石 考察」,『美術資料』31, 1982, 24~30쪽에서 大岾城은 원래 관문성이라 불렸으나, 현지 조사 결과 관문성은 단일한 성이 아니라 鵄述嶺과 毛火里 동편의 산 사이에 있는 약 12㎞ 정도의 長城과 남양면 신대리의 산 정상에 있는 길이 약 1.8㎞의 大岾城(혹은 新垈里城) 등의 축조 시기가 다른 성으로 구성되었다고 하였다. 長城은 聖德王 21年에 축성되었는데, 후대에 이를 關門城이라 불렀다고 한다.
123)『三國史記』권8, 新羅本紀 聖德王 21年 10月, "築毛伐郡城 以遮日本賊路".
124)『三國遺事』권2, 孝成王, "開元十年壬戌十月 始築關門於毛火郡 今毛火村 屬慶州東南境 乃防日本塞坦也 周廻六千七百九十二步五尺 役徒三萬九千 二百六十二人 掌員元眞角干".

山) 소속의 7개 군현민을 力役에 징발하여 축성을 하였는데,[125] 이들
에게 각각 축성의 영역을 배정하였다는 것이다. 이러한 작업거리(=受
地距離)는 1步＝6尺에 의해 계산되었고,[126] 명문이 발견된 약 350m의
지세가 비슷하다. 그러나 작업거리가 조금씩 차이나는 것은 축성에 동
원된 지역의 역량에 의해 결정된 듯하다. 朴方龍은 제2명문석을 통해
시작하는 지점과 끝나는 지점의 추론을 통해 작업거리의 측정에는 당
대척(29.4cm)이 사용되었다고 하였다.[127] 이러한 당대척의 길이를 통해
볼 때 앞의 關門城의 길이가 ‘6,792步 5尺’이라 하였는데, 이는 長城
(약 12km)과 新垈里城(1.8km)을 포함하는 길이가 아니고 長城(40,757尺
×29.4cm＝11.98km)만을 지칭한 길이라고 하였다.[128] 따라서 통일신라
시대에는 약 29.5cm 전후의 당대척이 사용되었음을 유추할 수 있다.

　넷째, 통일신라시대 말기의 자료에도 기준척을 이해할 수 있는 기록
이 나타나고 있어 주목된다.

　　라) 海印寺妙吉祥塔記 崔致遠撰 …… 時乾寧二年(眞聖女王 9, 895)
　　　申月旣望記 大匠 僧蘭交 寧二卯年相月雲陽臺吉祥塔記 石塔三
　　　層都高一丈三尺 都費 黃金三分 水銀十一分 銅五鋌 鐵二百六
　　　十秤 炭八十石 作造料幷 租百卅石(『譯註 韓國古代金石文(3)』,
　　　海印寺 妙吉祥塔誌)

　위의 자료는 해인사 일주문 앞 길상탑 안에 봉안되어 있었는데, 어
느 때인가 도굴되었던 것을 1966년 탑지와 소탑 157기를 함께 압수함
으로써 알려진 것이다. 탑지의 내용은 통일신라 말기 진성여왕 때 해

125) 명문석에 나타나는 지명의 비정은 朴方龍, 앞의 논문, 1982, 39～42쪽을 참고
　　바람.
126) 앞에서 언급한 것처럼 통일신라시대 당대척은 1步＝5尺이 아니고, 1步＝6尺
　　의 체계였음을 알 수 있다. 그것은 제5, 6명문석에서 각각 ‘5步 5尺’ 등으로
　　기록되어 있기 때문이다.
127) 朴方龍, 앞의 논문, 42～44쪽.
128) 朴方龍, 위의 논문, 49～50쪽.

인사 부근에서 치열한 전란이 있었고, 이 전란에서 사망한 승군들의 넋을 위로하고자 탑을 세웠다는 것이다.[129] 위의 탑지에서 주목되는 점은 석탑 3층의 높이가 1丈(=10尺) 3尺, 즉 13尺이라는 것이다. 탑을 세운 이후의 기록이라 길상탑의 높이는 어느 정도 신빙성을 가진 것으로 여겨진다. 그러나 탑은 현재 상륜부 중의 윗부분이 부분적으로 파손되어 완전하지 않다. 현존하는 석탑에 대한 문화재관리국 조사보고서에 의하면, 지대석(150㎜), 기단부(930㎜), 탑신부(1,660㎜), 상륜부(555㎜) 등의 전체 높이는 3,295㎜이라고 한다.[130] 전체 3층석탑 중 상륜부가 완전하지 않아 정확하게 기준척을 계산하는 것은 한계가 있지만, 현재 남아 있는 석탑의 높이만 계산하면 기준척은 약 25.35㎝이다. 윗부분이 파손된 것을 고려한다면 길상탑 조성에 사용된 기준척은 25.35㎝보다 길었음을 유추할 수 있다. 따라서 전체적인 탑의 비율을 고려할 때 석탑의 전체 높이가 329.5㎝보다 50㎝ 정도 높았다고 상정한다면 통일신라 말기의 석탑조성에 사용된 기준척은 당대척이었음을 알 수 있다. 이러한 기준척은 앞의 7·8C 초의 불상제조에 사용한 한척과는 차이가 있음을 알 수 있다. 이는 통일신라시대 어느 시기부터 점차 당대척을 기준척으로 사용한 결과 나타난 현상이 아닐까 생각된다.

다섯째, 문헌자료상의 기록과 고고학적인 발굴성과를 통해 기준척의 관계를 살펴보자. 그런 점에서 다음의 자료가 주목된다.

마) 於金城東南築城 號月城 或號在城 周一千二十三步(『三國史記』 권34, 地理1 婆娑王 22年)

위의 자료에 의하면 月城(혹은 在城)의[131] 둘레를 1,023步로[132] 파

---

129) 통일신라시대 말기 해인사의 전란에 대해서는 다음의 글이 참고된다. 李弘稙,「羅末의 戰亂과 緇軍」,『史叢』 12·13, 1968 ;『韓國古代史의 硏究』, 新丘文化社, 1987.
130) 文化財管理局,「海印寺 吉祥塔 調査報告書」, 1996의 보고서에서는 3층석탑 조성에 사용된 척은 唐大尺이라고 추론하고 있다.
131) 月城의 명칭은『三國史記』에 婆娑尼師今 22년(101)에 나타나서 太宗武烈王

악하고 있다. 현재 조사된 바에 의하면 月城의 둘레는 1,841m이다.[133] 『三國史記』의 月城을 在城이라고 부른 것으로 보아 月城의 둘레는 婆娑王 22년(101) 때의 길이라기보다는 최소한 文武王 13년(673) 이후에 측정된 길이를 말하는 것으로 여긴다.[134] 통일신라는 唐大尺(1보=5척)을 수용하였지만 앞에서 언급한 것처럼 1步=6尺의 체계가 사용되었다. 따라서 『三國史記』 지리지를 작성할 때, 월성·재성의 측정에 사용된 기준척은 약 30㎝의 당대척임을 알 수 있다.

한편 월성 내에 위치하고 있던 臨海門은 臨海殿이[135] 있던 동궁으로 통하는 성문으로 추측하는데, 1979~1980년에 걸쳐 문화재연구소에서 발굴한 東北門址가 아닌가 추정된다. 평면은 정면이 1칸, 측면이 2칸이고 남아 있는 초석으로 보아 柱間은 4.7m(16당대척, 1척=약 29.4㎝), 측면도 같은 4.7m를 2칸으로 나누어 당대척으로 8척×2칸으로 되어 있다고 한다.[136] 따라서 양 건조물의 내용을 분석하여 볼 때 통일신

2年(655) 이후에 보이지 않지만 『三國遺事』 권2, 萬波息笛條에 神文王이 萬波息笛을 월성 천존고에 보관하였다는 기록이 보인다. 이후 월성은 在城이란 명칭으로 文武王 13年(673)부터 나타나기 시작하는데, 이는 문헌 외에 월성 내에서 출토된 숫막새와 숫기와 배면의 명문에도 기록되어 있다고 한다 (閔德植, 「新羅의 慶州 月城考-新羅王京研究를 위한 일환으로-」, 『東方學志』 66, 1990, 6~7쪽).

132) 『新增東國與地勝覽』 권21, 慶州府 古跡條에 '月城 …… 土築周三千二十三尺'이라 하여 월성의 둘레를 '3千 23尺'이라 기록되어 있다. 반면 『東京雜記』 城郭條에는 흙으로 성을 쌓았고, 둘레가 '2千 23尺'이라 기록하고 있다. 따라서 월성의 둘레는 문헌자료마다 기록의 차이가 있음을 알 수 있다.

133) 閔德植, 앞의 논문, 3쪽.

134) 재성의 건설시기에 대해서는 破娑王代가 아니고 文武王代에 건설되었다는 설이 있다(南天祐, 「仁旺洞 왕궁(在城 혹은 半月城)의 건조 시기에 대하여」, 『歷史學報』 123, 1989 ; 「월성과 재성」, 『유물의 재발견』, 학고재, 1997).

135) 臨海殿에 대해서는 孝昭王 6년(697), 惠恭王 5년(769), 憲安王 4년(860), 憲康王 7년(881)에 군신에게 饗宴하였다는 기록이 있고, 또 敬順王 5년(931)에는 고려 太祖 王建에게 연회를 베풀었다는 기록도 있다(『三國史記』 권12, 新羅本紀 敬順王 5年 2月). 그렇지만 건립연대에 대해서는 雁鴨池(月池 ; 文武王 14년, 674) 완성 이후인 것으로 추측하고 있다(李基白, 「望海殿과 臨海殿」, 『考古美術』 129·130, 1976, 5쪽).

136) 閔德植, 앞의 논문, 12쪽에서 재인용.

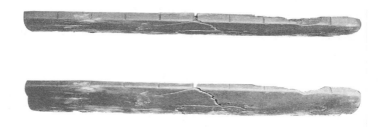

<사진 1> 하남시 이성산성 출토 당대척의 측면(上)과 정면(下)

라시대는 당대척을 영조척으로 통용하였음을 알 수 있다.

이러한 통일신라시대의 당대척은 앞에서 언급한 것처럼 현재 日本 正倉院 국가진보장에 기록되어 있는 紅牙撥鏤尺·綠牙撥鏤尺·白牙 尺 등의 길이와 유사하다는 측면에서 주목된다.[137]

최근 경기도 하남시 이성산성의 발굴현장에서 한양대학교 박물관이 발굴한 당대척이 있어 주목된다. 이 자의 형태는 단면이 납작한 장방 형으로, 눈금은 아래 도면에서 알 수 있는 것처럼 측면에 1촌 단위로 선각되어 있다. 측정한 바에 의하면 당대척의 길이는 29.8cm이다(사진 1 참조).[138] 이는 통일신라시대 당대척의 전래뿐만 아니라 그 길이까 지도 명확하게 밝혀주었다는 측면에서 중요한 의미를 가진다. 이성산 성 출토 당대척은 중국 신강성 吐魯番市 阿斯塔郡 191號 唐墓에서 출 토된 木尺(29.3cm·29.5cm)이 10촌을 나타내고 있고 分을 표시하지 않 은 것과[139] 유사하다(사진 참조). 따라서 통일신라시대는 당대척을 수 용하여, 이를 기준척으로 사용하였음을 알 수 있다

한편 충남 부여시 쌍북리 유적의 발굴조사에서도 백제시대 자로 추

---

137) 崔在錫, 앞의 책, 567~570쪽.

138) 金秉模·尹善映, 『二聖山城 - 7차발굴조사보고서 - 』, 한양대학교박물관·하 남시, 2000.

139) 邱隆·丘光明·顧茂森·劉東瑞·巫鴻(金基協 譯), 『中國度量衡圖集』, 1993, 注仁文化社, 68~69쪽의 圖 47과 48.

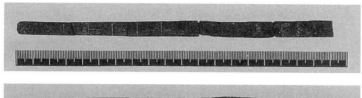

<사진 2> 부여시 쌍북리 출토 당대척의 앞면(上)과 옆면(下)

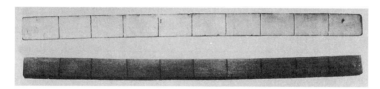

<사진 3> 중국 신강성 출토 당대척

정되는 당대척이 출토되었다. 발견된 당대척은 가는 나무로 만들었는데, 완형이 아니라 5.5치에 해당하는 일부분만 남아 있다.

현재 남아 있는 총 길이는 19.20㎝이다. 이를 바탕으로 복원하면 당대척은 29.0~29.5㎝의 길이를 가진 것으로 파악된다. 자의 형태나 제작솜씨로 보아 백제시대 관청에서 사용한 것이 아니고, 사적으로 만들어 사용한 것으로 추정된다고 한다(사진 참조).140)

그러므로 통일신라시대의 당대척은 日本 正倉院 국가진보장 紅牙撥鏤尺 등의 길이와 부여시 쌍북리 및 하남시 이성산성의 당대척의 길이 등을 고려할 때 약 29.5~29.8㎝ 내외였을 것으로 추정된다.

이상에서 통일신라시대 문헌자료와 현존하는 유물 등을 중심으로 척의 용례를 비교·검토하였다. 통일신라시대에는 약 23㎝ 전후의 漢

---

140) 이강승, 「백제시대의 자에 대한 연구 - 부여 쌍북리출토 자를 중심으로 - 」, 『한국고고학보』 43, 2000, 209~214쪽.

尺과 약 29.5~29.8cm 전후의 唐大尺이 사용되었음을 알 수 있다. 그런데 漢尺은 과도기적 성향이 강했던 것으로 생각되기 때문에 삼국통일이후 7세기 말·8세기 초반 이전까지 사용되었고, 이후부터는 점차 당대척을 중심으로 사용되었을 것으로 추측된다. 이를 표로 작성하면 다음의 <표 4>와 같다. 이러한 당대척은 앞의 척의 종류에서도 언급한 것처럼 唐·宋代 척의 용례를 고려할 때 量田尺·營造尺·布帛尺 등의 기준척으로 사용되었을 것이다.

<표 4> 통일신라시대 遺物의 실측을 통한 基準尺

유물 명칭	기록 (A)	실측 길이 (B)cm	척 길이 B/A(cm)
斷石山 神仙寺 造像銘記(7C말)	高 3丈	672	22.4
皇福寺 金銅舍利函記(聖德王 5年 ; 706)	6寸	14, 12.2	23.3, 20.3
長城(觀門城 聖德王 21年 ; 722)	6792步 5尺	약1,200,000	29.5
海印寺 妙吉祥塔記(眞聖女王 9年 ; 895)	高 1丈 3尺	329.5+(?)	25.35+(?)
月城 或 在城(7C말)	周 1,023步	184,100	29.99
京畿道 二聖山城 출토 唐大尺			29.8
부여시 쌍북리 출토 唐大尺			29.0~29.5

2) 고려시대 척의 용례

앞에서 통일신라시대 척의 용례를 살펴보았다. 본 항에서는 고려시대 척의 사례를 통해 기준척의 길이를 살펴보고자 한다. 고려시대의 척은 기본적으로 통일신라에서 계승 발전되었을 가능성이 많다. 하지만 고려시대는 앞에서 언급한 것처럼 12세기 이후 금과의 외교관계가 맺어짐으로써 金尺이 수용되었다는 것과[141) 고려중기 이후 指尺을 양전척으로 사용하였다는 기록 만이 있을 뿐이다. 척과 밀접한 관계를 가지고 있는 量制와 衡制는 고려 靖宗 6년(1040)에 정비의 명령이 있은 이후,[142) 靖宗 12년(1046)부터는 각 지역의 계수관으로 하여금 이

---

141) 『高麗史』 권84, 刑法1 名例.

를 매년 춘추로 검사하여 사용하게 하였다.[143] 따라서 고려전기 양제
와 형제는 어떤 형태로든지 변동되었음을 알 수 있다.[144] 고려전기에
양제와 형제 등이 정비된 점을 고려할 때 척에 대해서도 어떤 형태로
든지 정비되었을 것임을 추측할 수 있다.

고려시대 척의 길이에 대해서는 어떠한 자료에도 나타나지 않는다.
다만 앞에서 통일신라시대에는 唐大尺을 사용하였다고 하였다. 고려
초기 여러 제도들이 통일신라의 제도를 그대로 사용하였던 점을 고려
할 때, 아마 척도 고려초기에 새로운 척을 제정하여 사용하였다기보다
는 오히려 앞 시기에 사용하던 것을 계승하여 사용하였던 것이 아닌가
생각된다. 그런 점에서 먼저 고려전기의 유물 자료를 통해 이 시기에
사용된 척에 대해 살펴보자.

첫째, 고려초기 금석문 기록을 통해 고려시대 유물 제작에 사용된
기준척을 이해할 수 있다는 점에서 다음의 자료는 주목된다.

　　바) 遂令鑄成三十段之鐵筒　連立六十尺之幢柱(『朝鮮金石總覽』上,
　　　　龍頭寺幢竿記)

위의 자료는 光宗 13년(962)에 龍頭寺의 幢竿을 만들었는데, 30段
의 철통으로 60尺의 기둥을 세웠다는 것이다. 기존 연구에서 龍頭寺의
幢竿은 30段의 鐵筒을 세웠지만 현재 20段이 남아 있고, 전체 높이가
12.7m이고, 1段(2尺)의 높이는 63cm라고 한다.[145] 이에 의하면 용두사
의 당간 조성에 사용된 기준척은 31.5cm 정도가 된다. 이는 통일신라시
대에 사용된 唐大尺보다 약간 늘어난 기준척임을 알 수 있다.[146]

142) 『高麗史』 권6, 靖宗 6年 2月 壬子.
143) 『高麗史』 권84, 刑法1 職制 靖宗 12年.
144) 본서 제2장과 제3장을 참고.
145) 李宇泰, 「新羅 '村落文書'의 村域에 대한 一考察」, 『金哲埈博士華甲紀念史
　　 學論叢』, 1983, 146쪽.
146) 중국에서 당대척의 경우도 29.5(6·7)cm이라고는 하지만, 실제 유물들은 32cm
　　 (刻花銅尺은 31.8cm)에 가까운 척도 있다(丘光明, 앞의 책, 1992, 89쪽의 隋

둘째, 11세기 전반기 금석문 기록을 통해 기준척을 이해할 수 있다는 측면에서 다음의 자료가 주목된다.

　사) 太平十年二月[147]日 寺棟梁元廉節□ 靑金鍾入三百斤 長二尺四
　　　寸二□[148](『韓國金石遺文』, 太平10年銘鐘)

위의 자료에 의하면 太平 10年, 즉 고려 현종 21년(1030)에 '2尺 4寸 2分' 크기의 종을 만들었다는 것이다. 이 종은 현재 日本 大阪市 大淀區 長柄 鶴滿寺에 소장되어 있다. 위의 자료에서 주목되는 점은 종의 크기를 기록하고 있는 부분인데, 이는 고려시대의 유일한 사례이다. 현재 종의 전체 높이는 92.4㎝이지만,[149] 身高는 曲尺(=30.3㎝)으로 2尺 3寸 1分(69.993㎝)이라는 견해와[150] 74.2㎝로 측정한 견해가 있다.[151] 이를 통한 기준척은 28.92㎝와 30.66㎝로 계산된다. 전자는 당대척의 길이보다 짧지만 후자는 당대척의 길이보다 약간 신장된 길이이다. 그런데 종의 身高는 坪井良平이 더 정밀하게 측정하였다고 생각된다. 따라서 11C초 종의 조성에 사용된 기준척은 당대척보다 신장된 30.66㎝ 정도이다.

위의 두 자료를 살펴볼 때 고려초기에 조성된 용두사 당간에는 당대척보다 약간 신장된 척이 사용되었고, 현종 21년(1030)에 조성된 鐘에도 당대척보다 약간 신장된 척이 사용되었음을 알 수 있다. 이는 전체적 길이에서 약간의 차이가 있지만, 통일신라시대의 당대척이 고려에

　　唐尺度一覽表 참고). 따라서 우리나라에서 사용된 당대척도 정확하게 29.5㎝의 길이라고 할 수 없고, 각 지역마다 약간의 오차가 존재하였음을 인정하여야 한다.

147) 태평 10년 '二月'은 藤田亮策,「高麗鐘の銘文」,『朝鮮金石瑣談』, 亞細亞文化社, 1979, 84쪽에서는 동일하게 '二月'로 기록하고 있으나, 坪井良平,『朝鮮鐘』, 角川書店, 1974, 91쪽에서는 '十二月'로 기록하고 있다.

148) 척도의 기본 체계인 '尺·寸·分'의 관계로 보아 □은 '分'이라고 생각된다.

149) 坪井良平, 앞의 책, 91쪽.

150) 藤田亮策, 앞의 책, 85쪽.

151) 坪井良平, 앞의 책, 91쪽.

계승된 것으로 파악할 수 있다.

셋째, 문헌자료의 기록과 고고학적인 실측보고서를 비교하여 기준척을 살펴보자.

아-a) 顯宗二十年 京都羅城成 王初卽位 徵丁夫三十萬四千四百人
築之 至是功畢 城周二萬九千七百步 羅閣一萬三千閒 大門四
中門八 小門十三曰 …… 又皇城二千六百間 門二十曰廣化 …
… 一云 丁夫二十三萬八千九百三十八人 工匠八千四百五十
人 城周一萬六百六十步 高二十七尺 厚十二尺 廊屋四千九百
十一閒(『高麗史』권56, 地理1 王京開城府)

아-b) 其城 周圍六十里(『高麗圖經』권3, 城邑 國城)

자료 a)에 의하면 顯宗 20年(1029)[152] 개경에 丁夫 304,400인 동원하여 29,700步의 羅城을 쌓았는데 羅閣 13000간이고, 혹은 丁夫 238,938인을 동원하여 둘레 10,660步, 높이 29尺, 두께 12尺, 廊屋 4,910간이라고 한다는 것이다. 그후 개성의 성곽은 여러 차례 수축되었다.[153] 자료 b)에서는 宋의 徐兢이 개경의 둘레를 60里라 하였다. 현재 우리나라에서 성의 둘레 등을 기록한 문헌자료와 성의 실제 모습이 함께 보존되어 있는 것이 거의 없다. 그런 측면에서 개성의 나성은 문헌자료의 기록과 성의 실체가 잘 보존되어 있다는 측면에서 주목되는 자료이다.

자료 a)에서는 나성의 둘레를 29,700步·10,660步로 서로 다른 길이

<hr/>

152) 開城의 羅城은 顯宗 卽位年(1009) 3月에 축성 논의(『高麗史』권4, 顯宗 卽位年 3月條에 '是月 議築開京羅城')를 시작하여 顯宗 20年 8月(『高麗史』권5, 顯宗 20年 8月條 '是月 開京羅城成 凡二十一年而功畢')에 공사를 마쳤기 때문에 21년의 공사 기간이 소요되어 완성되었다.

153) 顯宗代에 축성한 이후 開城城(외성)의 수축은 文宗 19년(1065), 文宗 31년(1077), 『高麗史』권39, 恭愍王 7年 7月 甲子條 '命修京都外城', 『高麗史』권133, 禑王 3年 10月條에 '修京城'에 각각 이루어졌으며, 『高麗史』권39, 恭愍王 10年 10月 己亥條에는 성문과 『高麗史』권46, 恭讓王 3年 8月 己卯條에는 內城을 수축하라는 명령이 있다. 따라서 개성성은 고려시대 대대적으로 수리되었음을 알 수 있다(전룡철, 「고려의 수도 개성성에 대한 연구(1)」, 『력사과학』1980년 2호, 21쪽).

를 함께 기록하고 있다. 그런데 『신증동국여지승람』에는 29,700步를 기록하고 있고,154) 『고려사절요』와 『세종실록지리지』 등에는 10,660步로 기록하고 있다.155) 왜 『고려사』의 찬자는 29,700보를 기록하면서 10,660보의 기록을 함께 기록하였을까. 이에 대한 이유는 정확하게 알 수 없지만, 『신증동국여지승람』은 29,700보의 기록을, 『고려사절요』와 『세종실록지지지』는 10,660보의 기록을 인정하고 있다. 따라서 어느 기록의 둘레를 取信하느냐에 따라 성의 둘레의 측정에 사용된 기준척이 달라질 수 있다는 측면에서 신중한 접근이 요구된다.

반면 자료 b)의 서긍은 개경의 둘레를 60里라 하였다. 徐兢이 아마도 개경의 둘레를 측정하였을 때 고려의 척을 사용하였다기보다는 宋의 尺을 이용하여 개경의 둘레를 측정하였을 가능성이 많다. 宋의 1里는 300보이다. 宋은 唐의 1步=5尺을 계승하였다.156) 1리는 300×5尺, 즉 1,500尺이므로 60리는 90,000척이다.

개성의 나성에 대한 실측보고서는 外城 총길이가 23㎞와 內城은157) 11.2㎞이며, 동대문과 오정문 성벽을 조사발굴한 것에 기초하여 추측한다면 평균높이가 9~10m, 성의 폭은 밑넓이가 8~10m, 윗너비가 4m

---

154) 개성의 둘레를 29,700步로 기록한 문헌은 『新增東國輿地勝覽』 권4, 開城府 上 城郭 羅城條에 '卽外城高麗顯宗時 姜邯贊請城京都 王命李可道築土爲城 凡二十一年而畢 城周二萬九千七百步 羅閣一萬三千間' 등이 있다.
155) 개성의 둘레를 10,660步로 기록한 문헌은 『高麗史節要』 권3, 顯宗 20年 8月條 "參知政事 李可道·左僕射異膺甫·御史大夫皇甫兪義·尙書左丞黃周亮 徵丁夫二十三萬八千八百三十八人 工匠八千四百五十人 築開京羅城 先是 平章事姜邯贊 以京都無城郭 請築之 可道初定城基 令人持傘環立 登高而進退之 均其闊陜 周一萬六百六十步 高二十七尺 廊屋四千九百一十間"과 『世宗實錄』 권148, 地理志 舊都開城留後司條 "侍中姜邯贊請城京都 王乃命參知政事 李可道等 徵丁夫二十三萬八千八百三十八人 工匠八千四百五十人 築羅城 周一萬六千六十步 高二十七尺"가 있다. 그런데 『世宗實錄』 지리지의 개성의 둘레 16,060보는 10,660步의 오류로 생각된다.
156) 『大唐六典』 권3, 戶部, "凡天下之田 五尺爲步 二百有四十步爲畝 百畝爲頃".
157) 『新增東國輿地勝覽』 권4, 開城府 上 城郭 內城, "我太祖開國二年癸酉以甓等 內城周二十里四十步".

정도였을 것이라고 한다.[158]

呂恩暎은 이러한 문헌기록과 실측보고서를 통해 개성의 축성에 사용된 기준척을 각각 12.91cm, 35.96cm, 21.30cm, 66.67cm, 100cm, 33.33cm, 37.04cm 등으로 파악하였다. 이러한 기준척 중에서 신빙성이 있는 것은 21.30cm의 周尺과[159] 35.96cm의 高句麗尺(=新大尺)이라고 보았다.[160] 그리고 고려시대는 이러한 주척, 고구려척과 함께 32.58cm의 營造尺이 별도 존재하였다고 파악하고 있다.[161]

그런데 呂恩暎의 견해는 다음과 같은 몇 가지 한계점을 가지고 있다. 첫째, 하나의 도성 건설에 서로 다른 기준척이 사용될 수 있는가 하는 점이다. 둘째, 도성의 건설은 營造尺이 사용되어야 하는데, 어느 척이 營造尺인지 구분되지 않을 뿐더러 또한 量尺의 營造尺은 별도로 32.58cm가 존재하였다고 한 점도 의문이다. 셋째, 외성의 문헌 자료의 기록은 현종 당시의 것이고, 앞에서 언급한 것처럼 개성의 외성은 현종 이후에 여러 차례 정비가 되었으므로 전체적인 길이·넓이·높이

---

158) 전룡철, 「고려의 수도 개성성에 대한 연구(2)」, 『력사과학』 1980년 3호, 24~ 25쪽.

159) 呂恩暎, 앞의 논문, 1986, 46쪽에서 1里를 1800尺으로 계산하여 21.30cm의 주척 기준척을 도출하였다. 그러나 송대의 척은 당대척을 계승하였기 때문에 1 步=5尺이었다. 따라서 1步를 6尺으로 기준하여 1里를 계산하는 것은 근본적인 한계가 있다. 고려시대의 경우 이정법은 알 수 없다. 다만 『태종실록』 권 30, 태종 15년 12월 정축조에 의하면 중국 조정의 里數에 준하여 周尺 6척으로 步를 삼고, 1里를 360보로 하였다고 한다. 이때에는 1里=360步로 하였다.

160) 呂恩暎, 앞의 논문, 1986, 45쪽에서
　　A尺 ; 外城總延長 23km/羅城 城周(29,700步)＝12.91cm(尺)
　　B尺 ; 外城總延長 23km/羅城 一云 城周(10,660步)＝35.96cm(尺)
　　C尺 ; 外城總延長 23km/國城 周 60里＝21.30cm(1里＝1.800尺)
　　D尺 ; 城厚 城底-최소 8m/12尺＝66.67cm(尺)
　　　　　　　최대 12m/12尺＝100cm(尺)
　　E尺 ; 城高-최저 9m/27尺＝33.33cm
　　　　　　　최고 10m/27尺＝37.04cm 양자 평균 ; 35.19cm
　　F尺 ; 城石 ; 35cm, 36cm로 파악하였다.

161) 呂恩暎, 「高麗時代의 量制 - 結負制 이해의 기초로서」, 『慶尙史學』 3, 1987, 17쪽에서는 量尺의 營造尺으로 32.58cm가 사용되었다고 파악하였다.

등이 다소 변형된 점을 무시한 점도 문제이다. 따라서 개성 나성의 실측보고서는 기준척 자체가 통일되지 못하고 있으므로, 즉 이를 통해 기준척을 구한 여은영의 견해는 문제가 있다고 할 수 있다.

한편 북한에서는 羅城의 실측보고서를 통한 고려시대의 기준척을 언급하지 않고 있다. 북한의 최근 연구에 의하면 滿月臺의 營造에는 31.0cm의 단위자가 사용되었다는 견해는 주목된다.[162] 이 견해를 받아들인다면 문헌자료의 기록과 발굴보고서의 거리와는 부합되지 않지만 滿月臺의 營造에 약 31cm의 단위자가 사용된 것으로 보아 羅城의 축조에도 약 31cm의 營造尺이 사용된 것이 아닌가 추측된다. 조선초기 한양의 축성은 영조척이 사용되었다.[163] 따라서 고려시대 나성의 축조에 사용된 척은 營造尺이었다고 생각된다.

넷째, 현존하는 고려시대 건축물의 실측을 통해 기준척을 추측하여 보자. 尹張燮은 고려시대 현존 건축물의 실측을 통해 安東 鳳停寺 極樂殿의 기준척은 약 30.944cm,[164] 榮州 浮石寺 祖師堂의 기준척은 약 30.977cm,[165] 禮山 修德寺 大雄殿의 기준척은 약 30.790cm,[166] 江陵 客舍門의 기준척은 31.027cm[167] 등인데, 이를 평균하면 약 30.936cm의 기준척이 사용되었다고 한다.[168] 이것은 통일신라시대의 佛國寺와 石窟

---

162) 조선기술발전사편찬위원회, 『조선기술발전사』 3, 과학백과사전종합출판사, 1994, 84~85쪽.

163) 朴興秀, 「度量衡」, 『서울六百年史』 1, 서울특별시사편찬위원회, 1977, 534~539쪽에서 太祖 5년의 도성축조에 사용된 영조척은 32.21cm라고 하였다.

164) 正面 3칸 38.88 曲尺＝38×1.0210, 38척(기준척, 31.002)
　　　御間　　14.30 曲尺＝14×1.0215, 14척(기준척, 30.949)
　　　邊間　　12.25 曲尺＝12×1.0208, 12척(기준척, 30.931)
　　　側面 4칸 23.45 曲尺＝23×1.0195, 23척(기준척, 30.893)

165) 正面 3칸 30.67 曲尺＝30×1.002, 30척(기준척, 30.977)
　　　側面 1칸 13.29 曲尺＝13×1.022, 13척(기준척, 30.976)

166) 正面 3칸 46.75 曲尺＝46×1.0163, 46척(기준척, 30.794)
　　　側面 4칸 35.56 曲尺＝35×1.0163, 35척(기준척, 30.785)

167) 正面 3칸 38.912 曲尺＝38×1.024, 38척(기준척, 31.027)
　　　側面 2칸 15.360 曲尺＝15×1.024, 15척(기준척, 31.027)

168) 尹張燮, 「한국건축에 대한 고찰」, 『한국건축연구』, 1983, 264~266쪽 ; 「고려

庵에 사용된 營造尺의 길이가 29.70076㎝와 29.7597㎝라는 점을 염두
에 두면 약간 늘어난 것을 알 수 있다.169) 또 이러한 길이는 조선전기
세종대 교정된 영조척인 약 30.8㎝와 비슷하다는 점에 주목된다. 이와
같은 고려시대의 건축에 사용된 營造尺의 약 31㎝는 앞에서 언급한 현
존 유물과 유물에 기록된 척의 기준척과 비슷하다는 점에서 주목된다
고 할 수 있다.

　최근 북한에서는 고려시대 건축물과 유적의 영조에 쓰인 尺을 연구
하였다. 이러한 연구는 고려시대 척을 더욱 분명하게 이해할 수 있을
것으로 생각된다. 滿月臺 회경전은 31.2~31.25㎝170) 장화전은 31㎝ 또
는 그보다 조금 큰 크기의 척을 사용하였고,171) 開城 滿月臺는 31㎝,
金剛山 長安寺 大雄寶殿은 31.2㎝, 開城 玄化寺 7층 石塔에는 31.1㎝
의 단위자가 사용되었다고 하였다.172) 이러한 기준척은 남한에 현존하
는 고려시대 건축물 영조척의 기준척과 유사하다는 측면에서 주목된
다. 따라서 고려시대 營造尺에 사용된 기준척은 약 31㎝임을 확신할
수 있다.

　고려후기 양전척인 指尺은 어느 정도의 길이였을까. 고려시대 지척
의 길이를 지금의 단계에서 구하는 것은 상당히 어렵다. 이는 앞에서
언급한 것처럼 척의 기원에서 "손을 펴서 사물을 헤아리는 모양을 상
형화하였다"고 하였는데, 이러한 척의 길이는 손을 펴서 사물에 적용
하였을 경우 엄지손가락 끝에서부터 中指 끝까지를 말한다. 따라서 指
尺은 사람의 신체의 크기에 따라 달라질 수 있지만, 그렇게 많은 차이
는 없다.

의 목조건축형식」,『韓國의 建築』, 서울대 출판부, 1996, 286쪽.
169) 米田美代治(申榮勳 譯), 앞의 책, 1976 ; 申榮勳, 「石窟庵의 建築的인 營造
　計劃」,『考古美術』7-7, 1966 ; 南天祐, 앞의 논문, 1969.
170) 장상렬, 「만월대 회경전 건축군에 쓴 자에 대하여」,『조선고고연구』, 1989-3.
171) 장상렬, 「만월대 장화전 건축군의 배치와 거기에 쓴 자에 대하여」,『조선고고
　연구』1986-4.
172) 과학기술발전사편찬위원회,『조선기술발전사(고려편)』3, 과학백과사전종합
　출판사, 1994, 84~109쪽.

그러나 고려시대 양전척의 指尺은 엄지손가락 끝에서부터 중지 끝까지의 길이로 파악하는 견해도 있지만,[173] 그것보다는 2指(食指·長指)와 3指(食指·長指·無名指) 등의 손가락 폭을 가리키는 견해도 있는데,[174] 후자의 견해가 타당하다고 생각된다. 그리하여 金載珍은 자기 손가락의 폭을 토대로 2指를 약 4.5㎝, 3指를 7㎝ 정도로 산정하여 上田尺은 약 45㎝, 中田尺은 약 58㎝, 下田尺은 약 70㎝로 추정하였다.[175]

朴興秀는『龍飛御天歌』의 기록을 주목하여 指尺의 길이를 周尺과 비교하여 추정하였다.

> 자) 舊制 田品只有上中下所量田之尺 三等各異 上田尺二十指 中田二十五指 下田三十指 而皆以實積四十四尺一寸爲束 十束一負 百負一結 準諸中朝畝法 上田之結 二十五畝四分有奇 實積周尺十五萬二千五百六十八尺 中田 三十九畝九分有奇 實積周尺二十三萬九千四百一十四尺 下田 五十七畝有奇 實積周尺三十四萬五千七百四十四尺(『龍飛御天歌』73章 註)

위의『龍飛御天歌』기록은『田制詳定遵守調劃』에도 기록되어 있다.[176] 여기서 계산해 보면

上等田 1結 : 6,102步＝152,568(周尺)^2＝(390.6周尺)^2＝(210[177]）×1.86周尺)^2

---

173) 白南雲은 二指는 엄지와 식지를, 三指는 엄지와 장지를 각각 뻗친 길이를 말한다고 하였고(白南雲, 앞의 책, 1937), 朴克采는 1指는 손가락 마디의 길이를 말한다고 하였다(朴克采, 앞의 논문, 1946).

174) 金載珍, 「田結制研究」, 『慶北大論文集』 2, 1958.

175) 金載珍, 앞의 논문, 1958, 89쪽. 그런데 자기 자신의 2指와 3指를 측정하여 기준척을 산정하였다는 점에서 일정한 한계성을 가지기는 하지만, 실제 指尺의 크기는 이 범주를 크게 벗어나지 않을 것으로 추정된다. 그것은 후술하는 것처럼 朴興秀의 指尺 표준 오차와 큰 차이가 없는 점을 통해서도 알 수 있다.

176) 『田制詳定所遵守條劃』(규장각 9915).

177) 210의 계산의 수치는 위의 자료『龍飛御天歌』에서 1束의 실적이 44尺 1寸이라 하였으므로 1負는 441尺이고, 1結은 44,100尺이므로 1結은 (210尺)^{2}이다.

中等田 1結 : 9,576步 = 239,414(周尺)^2 = (489.3周尺)^2 = (210×2.33周尺)^2
下等田 1結 : 13,829步 = 345,744(周尺)^2 = (588 周尺)^2 = (210×2.8周尺)^2

이므로 20指=周尺 1尺 8寸 6分, 25指=周尺 2尺 3寸 3分, 30指=周尺 2尺 8寸으로 계산된다. 또한 壯年農夫 50명의 지폭을 실측한 결과 얻어진 평균치 7.80cm를 통하여 계산된 지척이 19.50cm±2.3mm(=7.80cm×2.5)가 되어 주척의 길이와 유사함을 보여준다고 하였다. 아울러 이러한 양전용 指尺은 19.423cm로 추측하였다.[178] 이를 토대로 隨等異尺制下의 上等田 20指의 기준척은 38.71cm, 中等田 25指의 기준척은 48.49cm, 下等田 30指의 기준척은 58.27cm로 환산하였다. 따라서 고려시대 양전척의 指尺은 金載珍과 朴興秀의 추산길이가 서로 비슷함을 고려할 때 양자의 추산길이를 크게 벗어나지 않을 것으로 생각된다.

이와 같이 고려시대의 尺은 唐大尺이 宋代에 이르면서 증가된 현상을 고려할 때 통일신라 때보다 약간 길어진 척임을 유추할 수 있다. 그리고 고려시대 척은 '龍頭寺幢竿記'의 기록이나 '太平 10年銘鐘' 척의 길이 등을 고려할 때, 기준척에서 약간 차이가 있지만 모두 唐大尺을 계승한 척이라고 생각된다. 이는 앞에서 언급한 것처럼 중국 당대의 唐大尺의 경우도 지역에 따라 기준척에 약간의 차이가 있었던 점을 고려할 때 큰 문제는 아니라고 생각된다.

<표 5> 고려시대 遺物의 실측을 통한 基準尺

유물명칭	기록 (A)	실측길이 (B)cm	척 길이 B/A(cm)
龍頭寺幢竿記 (光宗 13, 962)	30段, 連立60尺 (1段=2尺)	63	31.5
太平十年銘鐘 (顯宗 21, 1030)	長 2尺4寸2分	74.2	30.66

---

178) 朴興秀, 앞의 논문, 1972, 167~169쪽에서 指尺의 길이를 구하기 위해 사용된 周尺의 길이는 20.81cm로 계산하였다.

<표 6> 고려시대 건축물의 실측 基準尺

건축명	기준척(㎝)	근거
安東 鳳停寺 極樂殿	30.94	『韓國의 建築』
榮州 浮石寺 祖師堂	30.98	同上
禮山 修德寺 大雄殿	30.79	同上
江陵 客舍門	31.03	同上
開城 滿月臺	약 31	『조선기술발전사』
金剛山 長安寺 大雄寶殿	약 31.2	同上
開城 玄化寺 7層 石塔	약 31.1	同上
滿月臺 회경전	약 31.2~31.25	『조선고고연구』
滿月臺 장화전	약 31	同上

이상에서 살펴본 것처럼 고려시대는 통일신라시대에 사용된 唐大尺을 계승하고, 이를 기준척으로 사용하였음을 위의 <표 5>와 <표 6>을 통해서 알 수 있다. 이러한 기준척(약 31㎝)은 量田과 布帛尺·營造尺 등으로 다양하게 사용되었다. 그러나 12세기 이후에는 指尺(19.5㎝±2·3)이 量田尺으로 사용됨으로써 기존의 척은 布帛尺·營造尺 등으로만 사용되었다. 이러한 척의 伸長과 분화는 조선초기에 이르러 더욱 다양화될 수 있었다.

3) 조선전기 척의 용례

조선전기 도량형을 법제적으로 정리하고 있는 것은 『經國大典』 권6, 工典 度量衡條이다. 그것에 의하면 "諸司·諸邑의 도량형은 本曹에서 제조하고, 제읍에 소용되는 것은 여러 도에 하나씩 내려 보내어서 관찰사로 하여금 제도에 따라 평교와 낙인을 한다. 개인이 만든 것은 매년 추분일에 서울에서는 平市署가 지방에서는 巨鎭에서 평교와 낙인을 한다"고 기록하고 있다.[179] 이와 같은 기록을 살펴볼 때 조선전

---

179) 『經國大典』 권6, 工典 度量衡, "諸司諸邑度量衡本曹制造 諸邑量則各送一件于諸道 令觀察使依制平校烙印 私處所造 每歲秋分日京平市署 外巨鎭平

기 도량형은 본조, 즉 工曹에서 제작하기도 하지만 개인적으로도 제작하였음을 알 수 있다. 그런데 후자의 경우 매년 평시서와 거진에서 각각 검인을 받았다는 점에서 조선전기 도량형의 제조는 국가의 주도에 의해 관장되었음을 알 수 있다.

조선전기 척은 『조선왕조실록』·『경국대전』 등에 의하면 전기부터 다양한 명칭이 나타나고 있다. 이를 통해 볼 때 척은 조선전기에 상당히 많이 제작되어 사용한 것으로 생각된다. 하지만 조선전기에 제작된 척은 임진왜란을 거치면서 대부분 소실되어 영조 16년(1740) 삼척부에 남아 있는 포백척을 기준으로 교정하여 보급하였다고[180] 한 것을 고려할 때 조선후기 이후에 거의 현존하지 않았다고 보아야 한다. 실제 조선후기 관에서 제작된 척도 흔하지 않다. 따라서 조선전기 척에 대한 여러 가지 문제를 해명하는 것은 쉽지 않다.

조선전기 척의 종류와 길이에 대해서는 『經國大典』에 정리되어 있는데, 다음의 자료를 통해 살펴볼 수 있다.

차) 度之制十里爲分 十分爲村 十寸爲尺 十尺爲丈 以周尺準黃鍾尺 則長六寸六釐 以營造尺準黃鍾尺 則長八寸九分九釐 以造禮器尺準黃鍾尺 則長八寸二分三釐 以布帛尺準黃鍾尺 則長三寸四分八釐(『經國大典』 권6, 工典 度量衡)

위의 자료에 의하면 척은 10釐가 1分, 10分이 1寸, 10寸이 1尺, 10尺이 1丈으로 한다. 周尺을 黃鍾尺에 맞추면 周尺의 6촌 6리가 黃鍾尺 1척이 되고, 營造尺을 黃鍾尺에 비준하면 營造尺의 8촌 9분 9리가 黃鍾尺 1척이 되고, 造禮器尺을 黃鍾尺에 비준하면 造禮器尺의 8촌 2분 3리가 黃鍾尺 1척이 되고, 布帛尺을 黃鍾尺에 비준하면 布帛尺의 1척

校並烙印".

180) 『英祖實錄』 권51, 英祖 16年 4月 乙亥, "拓基言 世宗朝所造布帛尺在三陟府 令該曹取來 令巧手如崔天若者 依大典分寸較正 則黃鍾尺周尺禮器尺營造尺 皆可以得其制而不差 旣成 可頒布中外也".

3촌 4분 8리가 黃鍾尺 1척이 된다는 것이다. 따라서 조선전기의 척은 黃鍾尺, 周尺, 營造尺, 禮器尺, 布帛尺 등이 존재하고 있고, 이러한 모든 척의 기준은 황종척임을 알 수 있다. 황종척의 길이를 알 수 있으면 다른 척의 길이에 대해서도 부분적으로 이해할 수 있다.

첫 번째, 위의 자료에서 조선전기 척의 기준은 황종척이라고 하였으므로 이에 대해 검토하여 보자. 황종은 12음률 중 양기를 나타내는 6율의 하나이다. 황종척은 황종이라는 음률의 笛을 표준의 원기로 삼아 제작하였다. 이 笛의 길이는 秬黍 90粒分에 해당한다.[181] 黃鍾尺의 제작과 관련하여서는『增補文獻備考』에 의하면 "世宗 7년에 經筵講義를 통해 황종척을 이해한 왕이 옛 중국 음악과 도량형의 관련성에 대해 감탄하고 藝文館 柳思訥과 集賢殿 鄭麟趾, 奉常寺判官 朴堧, 京市署主簿 鄭穰 등에게 명하여 黃鍾尺을 만들게 하고 구악을 정돈케 하였다"고 하는 기록을 통해 볼 때 세종 7년(1425)에 정비의 단서가 마련되었음을 알 수 있다.[182] 그런데 황종척은『세종실록』에 의하면 "이에 해주의 秬黍 모양에 의하여 蠟을 녹여 다음으로 큰 낱알을 만들어서 分을 쌓아 관을 만들었는데, 그 모양이 우리나라 붉은 기장의 작은 것과 꼭 같았다. 곧 한 알을 1분으로 삼고 10알을 1촌으로 하는 법을 삼았는데, 9촌을 황종의 길이로 삼았으니 곧 90분이다. 1촌을 더하면 황종척이 된다"고 하였다.[183] 그리고 후술하는 것처럼 세종 19년(1437) 주척의 연원을 설명하는데, 세종 19년 관척, 즉 황종척을 통해 주척을 비교하고 있음을 통해 볼 때 황종척은 세종 19년 이전에 교정되었음을 알 수 있다. 따라서 황종척은 세종 15년(1433)에 이르러 海州産 검은 기장을 이용하여 교정하였음을 알 수 있다.[184] 이러한 황종척을 제작

---

181)『漢書』권21, 律曆志 度量衡.

182)『增補文獻備考』권90, 樂考1 律呂製造.

183)『世宗實錄』권59, 世宗 15年 1月 乙卯.

184) 朴興秀, 앞의 논문, 1967, 4~6쪽에서는 황종척이 세종 7년에 교정되었을 것으로 파악하였다. 그러나 이 때는 황종척의 교정 지시가 내려졌을 뿐 바로 이 때 교정되었다고 파악하는 데에는 한계가 있다고 생각된다.

하게 된 계기는 악기의 음률의 불안이 제기되자 이를 바로 잡기 위한
의도였다. 그러나 황종척은 음률의 교정뿐만 아니라 뒤에서 설명하는
것처럼 검시용 척으로도 이용되었다.

그런데 황종척은 과연 해주산 기장만을 토대로 교정하였을까. 기장
은 중국 한대에서부터 황종 음률을 잡을 때 이용되었다. 우리나라 황
종척은 해주산 기장을 이용하여 만들었지만, 왜냐하면 기준은 元代의
尺이 참고되었을 가능성이 있다.[185] 그것은 세종대 교정된 황종척과 중
국에서 연구된 바에 의하면 元代의 尺의 길이가 서로 유사하기 때문이다.

황종척은 관척으로 명명되었다. 『增修無冤錄諺解』에 의하면 "官尺
이 곧 黃鍾尺이니, 傷處를 자히는 거시니 周尺으로 黃鍾尺에 준ᄒᆞ면
長이 6寸 6釐이니"라고[186] 기록하고 있기 때문이다. 『增修無冤錄諺
解』은 무엇을 근거로 관척이 곧 황종척이라고 단정하였는지는 알 수
없다. 다만 『無冤錄』은 元의 王與가 宋代의 『洗冤錄』・『平冤錄』・
『結案程式』 등을 종합하여 편찬한 법전류이다.[187] 그러나 『無冤錄』은
원나라 때 검험한 조례를 중심으로 편성되었던 만큼 이는 조선의 현실
과 차이가 있었다. 세종 21년(1439)에는 최치운・이세형・변효문・김
황 등에 의해 이를 발췌하여 『新主無冤錄』을 편찬하였다. 이를 조선후
기 정조 때 『증수무원록언해』로 다시 편찬하였다.[188]

황종척은 이미 조선전기부터 관척으로 널리 불리어졌다. 官尺에 대
해서는 漢城府 判尹 李克均이 형옥의 폐단들과 그 대책에 대한 箚子
를 올린 글에 의하면 "신이 명을 받아 외방에 있으면서 檢驗하는 척을
살펴보니 혹은 주척을 쓰고 혹은 營造尺을 쓰는데, 『無冤錄』을 상고하
니 모두 법에 맞는 자가 아닙니다. 『無冤錄』에 의논한 官尺은 모두 주

185) 원대의 척은 문헌자료와 유물도 현재 전하는 것이 거의 없다. 따라서 원대의
척은 약 34㎝라고 추정하는 견해와 『遼史』 地理志 소재 성의 길이와 현재 성
의 실측을 추산하여 遼・金・元代의 1척은 34.6㎝라고 추산하는 견해가 있다
고 한다(丘光明, 『中國古代度量衡』, 商務印書館, 1996, 170~171쪽).
186) 『增修無冤錄諺解』, 應用法物.
187) 金斗鍾, 『한국민족문화대백과사전』 14책, 한국정신문화연구원, 1991.
188) 金信根, 『韓國科學技術史資料大系(의약학편 49)』, 驪江出版社, 1988.

척에 견주어 계산하면 1尺 6寸에 남는 것이 있으니, 이는 고금을 통하여 행하는 척도입니다"라고 하거나,[189] 刑曹에 전교하기를 "檢屍할 때 외방의 관리가 혹은 營造尺을 쓰거나 혹은 周尺을 쓰거나 장단의 표준이 없으니, 일체『無寃錄』에 의하여 官尺을 쓰도록 거듭 밝혀서 거행하라"고 하고 있다.[190] 官尺은 주척과 영조척 등과 구별되는 척으로, 주척과 관척의 길이가 1 : 1.6의 비율을 통해 황종척임을 알 수 있다. 따라서『증수무원록언해』에서 밝히고 있는 것처럼 관척은 황종척으로 검시용 척으로 이용되었다.

音律 및 檢屍用 척으로 이용되었던 황종척은 어느 정도의 길이를 가졌는지를 살펴보자. 먼저 현존하는 황종척의 실물을 통해 그 길이를 추정할 수 있다. 황종척은 뒤에서 검토되고 있는 것처럼 다른 척과는 달리 많은 척이 현존하고 있지 않다. 현존하는 황종척의 실물을 측정한 것을 표로 제시하면 다음과 같다.

<표 7> 황종척 실물 측정 길이

출전 및 소장처	길이	실물 제작시기	비고
창덕궁 소장 家 1052	반척 171.76㎜	불명	호조 황종척
〃 家 1053	반척 173.04㎜	불명	四角鍮尺

* 위의 <표>는 남문현,『同律度量衡 - 조선시대척도용역조사보고서 - 』, 문화재관리국, 1992 ; 남문현,『한국의 물시계』, 건국대 출판부, 1995에서 황종척 관련 내용을 조사하여 정리한 것임.

조선시대 남아 있는 척의 대부분은 木尺이지만 창덕궁 소장(家 1053) 황종척은 사각으로 된 鍮尺이다. 유척은 제작된 솜씨가 매우 정교하며 황종척과 함께 다른 면에도 주척·조례기척·영조척·포백척 등을 새겨 놓았다. 조선시대 다섯 가지 표준 척도를 한 개의 사각기둥에 적절히 배치한 것은 관에서 척을 제작하여 관청과 각 지방에 보급하기 위한 것이었을 것으로 보고 있다.[191] 특히 조선전기는 척의 변조

189)『成宗實錄』권159, 成宗 14年 10月 癸酉.
190)『成宗實錄』권159, 成宗 14年 10月 癸酉.

를 방지하기 위해 관에서 鐵尺 등을 보급하자는 논의가 여러 차례 제기되었다.[192] 그런 측면에서 황종척의 사각 鍮尺은 언제 제작되었는지는 알 수 없지만 관에서 제작하였을 가능성이 많다는 점에서 다른 어떤 황종척보다도 정확성이 높다고 하겠다. 또 다른 창덕궁 소장(1052)의 유척인 황종척은 '호조 황종척'이라는 글이 쓰여 있는데, 이 또한 관에서 제작한 황종척일 가능성이 많다. 그런데 양 황종척은 제작시기를 정확하게 알 수 없지만 앞에서도 잠간 언급한 것처럼 임란 이전에 제작된 척이 임란 이후에 남아 있지 않았던 점을 고려할 때 임란 이후에 제작된 것임을 유추할 수 있다. 이러한 황종척은 수취와 관련 없기 때문에 조선후기에 제작된 척이라 할지라도 길이에 큰 변화는 없었을 것이다. 황종척의 반척이 171.76㎜·173.04㎜로 각각 측정되었는데,[193] 이를 통한 황종척은 각각 343.52㎜·346.08㎜로 추정된다. 특히 두 황종척은 오차가 거의 없다는 측면에서 주목된다.

　다음으로 황종척은 도본에도 나타나고 있다. 이를 표로 작성하면 다음과 같다.

<표 8> 황종척 도본 측정 길이

출전 및 소장처	길이	도본 작성시기	비고
『詩樂和聲 度量衡譜 本朝尺制』	척　33.45㎝	정조 4(1780)	본조 황종척
『增修無寃錄諺解』	반척 15.4 ㎝		관척

　* 국립민속박물관, 『한국의 도량형』, 1997의 황종척 관련 내용을 조사하여 <표>
　　로 정리한 것임.

　『詩樂和聲 度量衡譜 本朝尺制』는 정조 4년(1780) 서응명이 편찬한 음악서로 악제·악보·악기·악무·도량형보 등을 정리하고 있다. 본서에는 다른 척의 도본도 있는데, 도본의 실측치에 의하면 황종척은 33.45㎝이다.[194] 그러나 도본 황종척은 실물 황종척과 비교할 때 길이

191) 남문현, 앞의 책, 1995, 277~279쪽.
192) 『成宗實錄』 권50, 成宗 5년 11월 己巳.
193) 南文鉉, 『同律度量衡 - 조선시대척도용역보고서 - 』, 문화재관리국, 1992.

가 다소 짧음을 알 수 있다.

그리고『增修無寃錄諺解』에는 官尺半이라는 도판이 있다. 도판은 5寸(1寸＝10分)으로 제작되어 있다. 관척 반의 길이는 필자가 측정한 바에 의하면 15.4cm이므로 관척은 30.8cm로 추정된다. 그러나 영인되어 있는『增修無寃錄諺解』의 관척 반이라는 도본의 내용이 실제 조선전기 황종척의 길이를 정확하게 도판에 옮긴 것인지가 의문이다. 도본 관척은 실제 위에서 설명한 황종척의 길이와는 너무나 큰 오차를 가지고 있다. 따라서 황종척 도본 길이는 자료의 신뢰성에 문제를 가지고 있기 때문에 이를 이용하기에는 한계가 있음을 알 수 있다.

한편 조선전기에 작성된 다른 척의 도본을 통해 황종척의 길이를 추정할 수 있다.『세종실록』권128, 오례 길례·서례조에는 조선전기 척의 길이를 정확하게 알 수 있는 유일한 자료인 造禮器尺圖가 실려 있다(그림 참조).

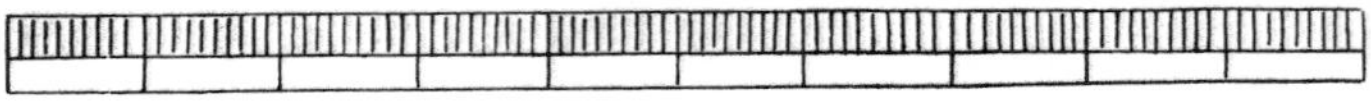

<그림 2>『世宗實錄』에 수록된 조례기척의 도본

강화도 정족산본『세종실록』(규장각 12722)의 조례기척도가 어느 정도 정확하게 그려진 것인지는 의문이 없지 않지만 당시 조례기척의 실상을 나타낸 것이란 점에서 주목된다. 이에 대한 측정의 길이는 28.67cm(태백산본은 28.93cm),[195] 28.9cm,[196] 및 28.75cm로[197] 각각 다양하다. 기존의 연구에서 이러한 조례기척의 길이를 통해 황종척의 길이를 추정하였는데, 그 길이는 각각 34.76cm[198]·35.11cm[199] 등이다.

---

194) 국립민속박물관,『한국의 도량형』, 1997, 43쪽.
195) 朴興秀, 앞의 논문, 1967, 206쪽.
196) 全相運,『韓國科學技術史』, 정음사, 1984, 138쪽.
197) 남문현,『한국의 물시계』, 건국대 출판부, 1995, 288쪽.
198) 朴興秀, 앞의 논문, 1967, 206쪽. 그런데 그는 동 논문에서 조선 세종대 교정된 황종척의 길이는 여러 가지 사례를 검토하여 34.72cm로 추정하였다. 이를

　따라서 조선전기에 교정된 황종척의 길이는 정확하게 알 수 없지만 황종척 실물 및 조례기척 도본 측정 등의 사례를 검토하여 볼 때 약 34㎝에서 ±의 오차를 가지고 있음을 알 수 있다. 그런데 황종척의 길이는 도본보다는 실물, 특히 사각 유척과 호조 황종척이 더 정확성이 있다고 생각된다. 그것은 사각 유척과 호조 황종척이 관에서 제작된 것으로 생각되기 때문이다. 그런데 앞에서 언급한 것처럼 조선후기에 제작된 실물 황종척은 제작시기에 따라 길이가 변화될 수 있지만 수취와 관련이 없기 때문에 길이의 큰 변화가 없었을 것으로 생각된다. 따라서 조선전기 황종척은 약 34.48㎝에서 ±적 요소가 있음을 알 수 있다.

　두 번째, 조선전기에 중요하게 사용된 周尺에[200) 대해 살펴보자. 주척에 있어서 중요한 문제는 주척이 언제부터 사용되었는가 하는 점이다. 주척은 조선전기 各品과 庶人의 墳墓 步數를 산정하는 데[201) 사용

<표>로 제시하면 다음과 같다.

<표> 世宗代 黃鍾尺의 測定値 一覽表

尺類	측정자료	재현척의 종류 및 측정치(cm)		평균치 (cm)	해당황종척(cm)	전평균치 (cm)
참고척	編鐘, 編磬	영조척	30.37		33.78	34.75
	水標橋 水位計	주척	21.79		35.95	
	癸丑年代編鐘, 編磬	영조척	31.06		34.51	
제1類	世宗實錄鼎足山城本	조례기척	28.67	28.67	34.76	34.72
제2類	世宗測雨器石臺	주척	20.82	20.82	34.76	
제3類	圓覺寺10層石塔	영조척	31.22	31.21	34.69	
	圓覺寺 石碑	영조척	31.19			
제4類	南大門樓	영조척	31.22	31.22	34.70	

199) 全相運, 앞의 책, 1984.
200) 周尺은 周代의 尺이라는 의미와 여말 이후에 전래되어 조선초기 사용된 척이라는 개념이 혼용되고 있다. 前者는 趙與峕의『賓退錄』에 '周尺은 布帛尺에 7寸5分에 해당한다'고 하거나, 王應麟의『玉海』에 '布帛尺과 周尺의 비를 1尺3寸半'이라고 하거나, 郞瑛의『七修類稿』에 '布帛尺은 周尺의 1尺3寸4分이다'라고 하는 것처럼 중국 漢代 이전에 사용된 척의 명칭이라는 의미인 약 23㎝ 내외를 가르킨다. 後者는 周代에 사용된 의미와는 달리 세종대 교정되어 사용된 척을 가르킨다. 후자는 전자보다 그 길이가 짧기 때문에 양자를 동일하게 파악할 수 없다. 여기서 周尺이라는 것은 조선전기에 교정된 척의 명칭을 지칭한 것이다.

된 것을 비롯하여 훈련장 교장의 거리 측정202)·세공마 크기 측정
203)·무덤의 穿壙204)·測雨器 製造205)·양전을 위한 隨等周尺206) 등
으로 아주 다양하게 사용되었다. 이처럼 周尺이 조선전기부터 다양하
게 사용된 것으로 파악되자 일반적으로 주척은 고려시대부터 사용되
었다고 이해하였다.207)

그러나 주척이 고려시대부터 사용되었는지에 대해서는 이에 대한
자료 검토가 먼저 있어야 할 것으로 생각된다. 조선전기 주척의 등장
과 관련하여는 다음의 자료가 주목된다.

> 카-a) 命集賢殿副提學鄭麟趾奉禮鄭穰 考正周尺于集賢殿(『世宗實
>   錄』 권49, 世宗 12年 9月 丁卯)
> 카-b) 上曰 周尺之制 歷代皆不同 黃鐘之管亦異 古人因聲制樂 我
>   國之人 聲音異於中國 雖考古制而造官 恐未得其正也 與其制
>   之而取笑於後寧不造 命停鄭麟趾鄭穰等 造周尺管(『世宗實
>   錄』 권50, 世宗 12年 10月 乙酉)

위의 자료 a)는 세종이 집현전의 인물인 정인지·정양 등에게 주척
을 새롭게 교정하라는 지시를 내렸다는 것이다. 반면 자료 b)는 주척
의 제도가 역대로 모두 같지 않고, 황종관도 또한 다르므로 옛날의 제
도를 고찰하여 관을 만든다고 할지라도 정확성을 얻기 어려우므로 주
척관을 만드는 것을 정지시켰다는 것이다. 자료에서도 언급하고 있는
것처럼 주척의 제도, 즉 길이가 너무 많은 차이를 가지고 있기 때문에
성급한 교정은 혼란을 부채질할 수 있기 때문에 이를 정지시킨 것이

---

201) 『太宗實錄』 권7, 太宗 4年 3月 庚午 ; 권35, 太宗 18年 5月 庚午.
202) 『太宗實錄』 권33, 太宗 17年 2月 丁丑.
203) 『世宗實錄』 권49, 世宗 12年 8月 壬辰.
204) 『端宗實錄』 권2, 端宗 卽位年 7月 丙辰.
205) 『世宗實錄』 권96, 世宗 23年 5月 丁卯.
206) 『世宗實錄』 권106, 世宗 26年 11月 戊子.
207) 白南雲, 앞의 책, 1937 ; 金容燮, 앞의 논문, 1975.

다. 따라서 주척의 교정을 위한 주척관의 제작은 세종 12년 9월에 시행되었다가 다음달인 10월에 중지되었음을 알 수 있다.

한편 다음의 자료에서는 세종 12년 10월 주척의 교정이 중단된 이후 다시 시도되었음을 파악할 수 있다.

> 타) 其制器尺式 昔人於法度之器 必用周尺 而校定式 自古爲難 子朱子取司馬文正公家石刻本尺法 載之家禮 以爲後法 然家禮板本行於世者不一 而周尺長短 皆不同 亦難爲據 判中樞院事許稠於洪武癸酉年間 丁父憂 求得陳友諒子陳理家廟神主式假作尺本 又於議郎姜天霔家得紙本周尺 乃其父判三司姜碩弟有元院使金剛所藏象牙尺所傳本也 面書云神主尺定式 以令官尺去二寸五分用七寸五分 卽與家禮附註 潘時擧所云 周尺當令省尺七寸五分弱之語同 二本相校不差 始定造主之制上之 自是凡大夫士家廟神主 與夫道路里數射場步法 皆據以爲定式 近又判司譯院事趙忠佐赴京 買得新造神主來 復以此尺校之 十分上合 則此尺 亦當今中國所用也 故今所制儀象表漏等器 幷用此尺制定云(『世宗實錄』 권77, 世宗 19年 4月 甲戌)

위의 자료에서는 의기를 만든 尺式을 설명하면서, 즉 주척은 주자가 사마 문정공의 집 석각본 척식을 얻어 가례에 실어 후세에 전하였는데 가례의 판본이 세상에 행하는 것이 하나가 아니어서 주척의 장단이 같지 않고 의거하기 어려웠는데, 判中樞院事 許稠(恭愍王 18년~세종 21년, 1369~1439)가 洪武 계유년(太祖 2, 1393)에 아버지 상을 당하여 陳友諒의 아들 陳理의 가묘에 신주를 만드는 척식을 구해 얻어서 假尺本을 만들었다. 또 議郞 姜天霔 집에서 紙本 周尺을 얻으니, 그것은 바로 그 아버지 姜碩의 아우 姜有元이 元使 金剛이 간직한 상아척본을 전한 것으로, 전면에 '神主尺定式'이라 쓰여 있었다. 지금의 官尺에서 '2촌 5분'을 없애고 '7촌 5분'을 쓰면, 바로『家禮附註』에 潘時擧가이른바 "周尺은 지금 省尺의 7촌 5분 弱이라"고 한 말과 같다. 두 척본을 비교해 보니 어긋나지 아니하므로 비로소 신주 만드는 제도를 정하여 올리니, 이로부터 무릇 사대부집 사당의 신주와 도로의 里數와 射場의 보법을 모두 여기에 의거하여 정식을 삼는다. 근래 또 판사역 원사 조충좌가 북경에 가서 새로 만든 신주를 사 가지고 왔는데 이 자와 비교하니, 촌·분이 서로 동일하다는 것이다.

여하튼 조선전기 周尺은 許稠가 태조 2년(1393) 陳理의 가묘로부터 얻은 假尺本과 姜天澍 집에서 얻은 紙本周尺을 토대로 삼은 것이다. 姜天澍는 紙本周尺을 元使 金剛으로부터 얻었다고 한다. 金剛은 고려에 언제 왔는지 정확하게 알 수 없다. 다만 우왕 9년(1383) 6月에 皇甫加의 딸에게 장가를 가려고 하다가 실패하였고,[208] 우왕 14년(1388) 4月에 참수되었다는 기록이 보인다.[209] 이러한 사실을 통해 볼 때 김강이 고려에 온 시기는 恭愍王 말기이거나 禑王 초기일 것으로 추정된다. 따라서 金剛이 가져온 주척 도본은 빨라도 恭愍王 말기와 禑王 초기라고 생각된다. 강석도 공민왕 원년(1352) 天秋節을 하례하기 위해 원에 갔다 온 적이 있는데,[210] 이 때 주척본을 가져왔을 가능성도 있다. 여하튼 원사 김강이 고려에 온 시기와 강석이 원에 갔다 온 시기가 비슷하다는 측면에서 주목된다.

그런데 세종 19년에 이르러 주척의 연원에 대해 이렇게 자세하게 언급한 이유가 궁금하지 않을 수 없다. 그것은 주척의 도입 경로 등의 차이로 인해 주척의 길이에 차이가 있었고, 이로 인해 의기를 만드는 데 尺式 사용의 어려움이 파생되었기 때문일 것이다. 그리고 이때 주척의 연원에 대해 언급하면서 고려시대에 사용된 주척에 대해서는 전혀 언급되고 있지 않다는 점 또한 궁금하다. 고려시대로부터 계승된 주척이 존재하였다면 그러한 길이에 대해서도 언급하였을 뿐만 아니라 비교의 주요 자료로 이용되었을 것이다. 그러나 전혀 그러한 언급이 없었다는 것은 고려시대에 주척이 사용되지 않았기 때문이라고 봐야 한다. 즉 고려시대는 주척이 제도적으로 사용되지 않았던 것이다. 중국에서

---

208) 『高麗史』 권135, 禑王 9年 6月.
209) 『高麗史』 권137, 禑王 14年 4月.
210) 『高麗史節要』 권26, 恭愍王 元年 10月.

도 송대 이전에 주척이라는 명칭은 나타나지 않았고, 사용되지도 않았다. 따라서 중국 宋·元代의 紙本 周尺은 고려후기에 주자학과 함께 전래되었고, 우리나라는 여러 주척본 중에서 조선 태조 2년 許稠가 얻어 소유하고 있던 도본을 정식으로 삼았던 것이다.

위의 자료를 종합하여 볼 때 周尺의 판본은 여러 경로를 통해 고려후기에 도입되어 유행하던 것을 허조가 洪武 癸酉年(태조 2)에 획득한 것을 정식으로 삼았고, 이를 세종 19년에 이르러 다시 당시의 관척(= 황종척)과 『가례부주』 등과 비교하여 교정하였음을 알 수 있다. 그렇다면 주척은 고려시대부터 사용되지 않았다고 보아야 한다. 즉 주척은 고려시대부터 존재한 척이 아니라 여말 이후에 주자성리학 등이 보급되면서 도입된 척이라 생각된다.

주척은 어느 정도의 단위 길이를 가졌는지 살펴보자. 먼저 문헌 속에 기록되어 있는 내용을 검토하면 앞에서 주척의 길이는 황종척(34.48cm)의 6촌 6리이므로, 즉 약 20.89cm가 된다. 성종대 官尺과 周尺의 비율은 1 : 1.6의 관계라고 하였다. 이는 약간의 오차는 있지만 관척과 주척의 관계와 거의 비슷하게 추정된다.

그리고 앞의 자료에서 주척은 지금의 官尺을 '2寸 5分'을 없앤 것과 같고, 省尺의[211] '7寸 5分 弱'과 같다고 하였다. 省尺은 宋의 三司 布帛尺을 지칭한다. 송의 삼사 포백척은 실제 다양한 길이를 가졌지만 약 31.6cm와[212] 31.3cm로[213] 파악되고 있다. 이를 통한 주척의 길이는 약 23cm 내외이다.[214] 주척은 지금 官尺의 2촌 5분을 줄인 것과 같다고 하였다. 관척은 앞에서 황종척이라고 하였고, 그 길이는 약 34.48cm라 하였다. 이는 너무나 많은 오차를 가진다. 따라서 조선전기 문헌자

---

211) 省尺에 대해서는 趙與峕(송 태조의 7세손)의 『賓退錄』에 이르기를 '省尺者三司布帛尺也 周尺當七寸五分弱 於今浙尺爲八寸四分'이라는 기록이 있다 (吳承洛, 『中國度量衡史』, 1937, 250쪽).

212) 丘光明, 『中國度量衡』, 1993, 123~124쪽.

213) 小泉袈裟勝, 「中國の尺度」, 『單位の起源事典』, 1992, 125쪽.

214) 이러한 주척의 길이는 조선초기 주척의 연원을 언급하면서 중국, 즉 송의 자료를 그대로 인용하였기 때문에 발생된 오류라고 생각된다.

료 속에 기록된 周尺은『경국대전』황종척의 6촌 6리와 많은 오차가 있음을 알 수 있다. 반면 주척이 지금의 官尺의 '2寸 5分'을 줄인 것과 같다는『世宗實錄』의 기록은 잘못 기록되었을 가능성이 많다고 하겠다.

<표 9> 주척 실물 측정 길이

소장처	길이	제작시기	비고
창덕궁소장　家 1053	반척 103.10㎜	불명	사각유척, 周尺准黃鍾尺長六寸六里이라는 명문
〃　　家 1062	척 205.4㎜	〃	유척
〃　　家 1063	척 205.9㎜	〃	유척
〃　　家 1064	척 205.0㎜	〃	유척
〃　　家 1065	척 204.9㎜	〃	유척
〃　　家 1066	척 204.6㎜	〃	유척
〃　　家 1067	척 206.0㎜	〃	유척
〃　　家 1068	척 206.4㎜	〃	유척
국·박 소장 1969	척 193.42㎜	〃	
고려대 박물관 소장 2320	척 203.7㎜		木尺, 柳磻溪遺品周尺이라는 명문
〃　781	척 200.7㎜	불명	
〃　1433	척 200.38㎜	〃	
〃　1593	반척 108.38㎜	〃	

* 위의 <표>는 남문현, 앞의 책, 문화재관리국, 1992 ; 남문현, 앞의 책, 1995와 국립민속박물관, 앞의 책, 1997의 주척 관련 내용을 조사하여 정리한 것임.

둘째, 주척 도본은 조선전기에서 후기에 걸쳐 많은 사례들이 남아 있다. 이를 표로 작성하면 다음의 <표 10>과 같다. 이러한 주척 도본의 길이는 주척 실물보다는 오차가 많기는 하지만 20.3～20.6㎝의 범위에 있음을 알 수 있다. 주척이 양전척으로 사용되었다는 측면에서『田制詳定所遵守條劃』의 도본이 주목된다. 『전제상정소준수조획』은 전제상정소를 세종 25년(1443)에 설치하고 그에 대한 수척을 구획한 것이다. 조획에는 주척뿐만 아니라 영조척·포백척의 도본이 함께 수록되어 있다. 특히 『전제상정소준수조획』의 주척 도본이 20.6㎝라는 점은 주목된다.

<표 10> 주척 도본 측정 길이

출 전	척의 길이	도본 작성시기	비 고
家禮	주척 16.8cm	임란 이후	성암문고 소장
國朝五禮序例	주척 202㎜	성종 5(1474)	성암문고 소장
家禮	주척 204.0㎜	영조 35(1759)	서울대 규장각 소장
喪禮備要	주척 19.7cm	인조 26(1648)	성암문고 소장
〃	주척 19.8cm		국립 민속·박 소장
〃	주척 200㎜		柳景老 소장
磻溪隨錄권2田尺	주척 213.0㎜		건국대 소장
〃 훈련원사장석표보수	주척 204.2㎜		〃
〃 세종조 주척	주척 199.0㎜		〃
〃 수표석 주척	주척 199.5㎜		〃
田制詳定所遵守條劃	주척 206.4㎜	효종 4(1653)	서울대 규장각(9915)
〃	주척 206.0㎜	〃	〃 (9916
〃	주척 200.5㎜	〃	〃 (15363
詩樂和聲 度量衡譜 本朝尺制	주척 20.45cm	정조 4(1780)	서울대 규장각 소장
四禮便覽	주척 204.0㎜	헌종 10(1844)	서울대 규장각 소장
〃	주척 20.6cm	〃	국립 민속·박 소장

* 위의 <표>는 남문현, 앞의 책, 1992 ; 남문현, 앞의 책, 1995와 국립민속박물관, 앞의 책, 1997의 주척 관련 내용을 조사하여 정리한 것임.

마지막으로 문헌자료 속에 기록된 주척의 길이와 현존하는 유물의 측정을 통해 주척의 길이를 유추하여 보자.

첫째, 錦營測雨器에 기록된 "高一尺五寸 徑七寸 道光丁酉製 重十一斤"이라는 내용이 주목된다.[215] 금영측우기는 道光 丁酉, 즉 헌종 5년(1837)에 제작되었다. 측정된 길이는 높이 322.5㎜, 외경 155.18㎜, 내경 139㎜이다.[216] 금영측우기의 기록과 측정된 높이 등을 비교하였을

215) 한국과학문화재단, 『우리의 과학문화재』, 서해문집, 1997(중앙기상청 소장).

때 금영측우기 제작에 사용된 기준척은 주척임을 알 수 있다. 따라서 조선후기 주척은 측우기 높이를 기준으로 할 때 약 21.7cm임을 알 수 있다.

둘째, 현재 세종대왕기념사업회에 보관되어 있는 수표석을 통해 주척의 기준척을 파악할 수 있다. 수표는 세종 23년 나무로 만든 것으로, 주척을 기준하여 척·촌·분의 단위까지 눈금을 새겨 세웠는데,[217] 목재가 쉽게 부식됨에 따라 성종 13년 석재로 척·촌을 새겨 장통교의 동쪽에 세웠다고 한다.[218] 그러나 현재의 수표석은 조선후기에 세워진 것으로 추측되는데, 10척까지 척 단위로 눈금이 새겨 있다. 박흥수는 수표를 두 차례에 걸쳐 아주 정밀하게 측정하였는데, 수표의 주척을 21.788cm라고 하였다.[219] 따라서 조선후기 문헌 기록과 실물 측정을 통한 주척은 21.7~21.78cm로 추정되고 있다. 이러한 주척의 길이는 주척의 실물과 도본 길이와 약간의 오차가 있음을 알 수 있다.

앞의 주척의 실물들은 제작시기를 알 수 없기 때문에 이를 통해 조선전기 주척의 길이를 추정하기에는 일정한 한계가 있다. 그런데 앞의 <표 10>에서 나타나는 것처럼 도본 중『가례』주척의 길이를 제외하고는 그렇게 큰 길이의 차이를 보이지 않고 있다. 특히 제작된 시기를 알 수 없는 실물 주척에서도 그러한 점이 나타난다는 것은 이를 통해 주척의 길이를 유추하여도 무방하다고 할 수 있다. 따라서 조선전기 주척의 길이는 약 20cm ±의 오차를 가지겠지만 20.6cm에서 ±적 요소를 가진 것으로 유추된다.[220]

---

216) 남문현, 앞의 책, 1995 ; 한국과학문화재단, 앞의 책(서해문집), 1997에서는 금영측우기를 높이 32cm, 안지름 14cm, 바깥지름 15cm라고 측정하고 있다. 이를 통한 주척은 21.2cm 정도라고 추정할 수 있다.
217)『世宗實錄』권93, 世宗 23年 8月 壬辰.
218)『新增東國輿地勝覽』권3, 漢城府 橋梁.
219) 朴興秀,「李朝尺度 基準으로서의 現水標의 價値」,『科學技術研究』3, 1975 ; 앞의 책, 1980, 158~160쪽.
220) 주척의 길이는 현재 정확하게 알 수 있지만, 朴興秀는 주척의 길이를 앞의 논문(1967)에서는 20.81cm로, 그 후 논문(1994)에서는 20.795cm로 수정하였다. 남문현은 「주척연구」,『한국의 물시계』, 1995에서 20.7cm로 추정하였다.

세 번째, 營造尺이란 척의 명칭은 언제부터 사용되었고, 어느 정도의 길이를 가졌는지를 살펴보자. 여기서 영조척은 단순하게 건물 축조 등에 사용되었다고 하여 영조척이라는 것이 아니라 조선전기 척을 개념에 따라 분화되고 난 이후에 등장하는 의미를 지닌다. 이러한 원칙에 따른다면 통일신라 및 고려시대의 건물 축조 등의 기준척으로 사용된 척은 영조척이 아니라 '營造用 尺'이라고 불러야 타당할 것이다. 실제 조선전기 이전 통일신라 및 고려시대 등의 여러 자료에서는 척의 사용 흔적만 나타날 뿐이지 영조척이라는 용례는 찾아볼 수 없다. 따라서 조선전기 이전에는 영조척이라는 명칭으로 사용되지 않았음을 알 수 있다.

조선시대 영조척이 언제부터 사용되었는지를 파악할 수 있는 근거 자료는 없다. 다만 태종 14년(1414) 雩祀壇을 쌓는 데 영조척을 사용하자고 하니 이를 따랐다는[221] 기록이 처음으로 나타난다. 이후 영조척은 산릉의 축조,[222] 대소 신료의 第宅의 규격,[223] 量器의 제작, 都城의 둘레 측정[224] 등에 기준척으로 사용되었다. 따라서 영조척은 조선 초기부터 건물 축조 등의 기준척으로 사용되었음을 알 수 있다. 이러한 영조척은 고려시대에 건물 營造 등에 사용된 기준척이 조선시대로 계승되었던 것으로 생각된다.[225]

조선전기에 이르러 앞의 황종척·주척과 마찬가지로 영조척에 대해서도 교정을 시도하였다. 朴興秀는 세종 12년(1430) 周尺을 기준으로 營造尺이 교정되었다고 한다.[226] 그러나 세종 13년 포백척만이 교정된

221) 『太宗實錄』 권27, 太宗 14年 5月 乙酉.
222) 『世宗實錄』 권7, 世宗 2年 1月 壬寅.
223) 『世宗實錄』 권90, 世宗 22年 7月 丁卯.
224) 『世宗實錄』 권122, 世宗 32年 12月 庚午.
225) 李宗峯, 앞의 논문, 2000.
226) 朴興秀는 세종 13년 4월의 '모든 秤子斗升은 교정되었으나, 布帛尺만은 교정되지 못했으므로 世宗 13年에 竹尺을 만들어서 京市署로 보내면 그것에 준하여 교정한 것을 환송하게 하소서 하니 그대로 따랐다'는 자료에 근거하여 世宗 12年에는 주척을 위시하여 영조척·조례기척과 量衡의 제도도 이때 전부 공포되어 실시되었다고 보았다(朴興秀, 「李朝尺度에 關한 硏究」, 앞의

다고 하여 세종 12년에 영조척이 새롭게 교정되었다는 朴興秀의 견해
는 의문의 여지가 많다. 왜냐하면 세종 28년(1446)에 新營造尺이라는
명칭이 나타나고 이를 통해 量制, 즉 斛·斗·升·合을 更定하였다는
것과[227] 또한 세종 28년에는 새로 만든 營造尺 40개를 서울과 지방에
나누어 주도록 명령하였다는 기록이 있기 때문이다.[228] 만약 세종 12
년에 營造尺이 고증되었다면, 이 시기에 영조척의 통일을 위해 새로운
尺을 반드시 중외에 나누어 주었을 것이다. 실제 형제와 포백척을 교
정하면 국가에서는 도량형의 통일을 위해 이를 중외에 널리 보급하는
것이 관례였다. 그러나 세종 28년에 새로 만든 영조척을 중외에 나누
어 주었다는 것은 이 시기에 와서 새롭게 영조척을 교정하였기 때문인
것으로 생각된다. 따라서 영조척은 세종 28년에 교정되었다.

영조척은 세종 28년 이전과 그 이후에 약간의 길이가 달랐을 가능성
은 있다. 실제 조선전기에 건축된 南大門樓는 1962년 대수리시에 태조
7년(1397)의 상량문과 세종 30년(1448)의 상량문이 각각 발견되었는데,
태조 때는 32.21㎝의 營造尺을, 세종 때에는 31.22㎝의 營造尺을 각각
사용하였다고 파악한 박홍수의 견해가 주목된다.[229] 태조 7년과 세종
30년에 기록된 남대문 상량문에서 이들의 기준척이 다르다는 것은 세
종 30년 이전에 교정되었음을 알 수 있다. 따라서 영조척은 세종 28년
에 교정되었다고 보아야 한다.

그러면 세종 28년에 교정된 영조척은 어느 정도의 길이를 가졌는지
를 살펴보자.[230] 그런데 세종 28년에 교정된 영조척은 그 길이를 기록

책, 1980, 200~201쪽).
227) 『世宗實錄』 권113, 世宗 28年 9月 壬辰.
228) 『世宗實錄』 권114, 世宗 28年 11月 戊辰.
229) 朴興秀, 앞의 논문, 1967, 210~214쪽.
230) 조선초기의 營造尺에 대해서는 다양한 연구가 진행되었다. 朴興秀는 앞의
논문(1975)에서 남대문수리보고서의 분석을 통해 조선초기 營造尺의 길이는
32.21㎝였다고 하였다. 이러한 연구성과는 거의 모든 연구자들이 수용하였다.
그러나 그 후 「도량형」, 『서울육백년사』 제1권, 서울시사편찬위원회, 1977,
534~539쪽에서는 太祖 5年의 도성축조에 사용된 영조척은 32.21㎝이고, 세
종대의 營造尺은 31.22㎝로 파악하였다. 그리고 田大熙는 「朝鮮代 度量衡器

한 자료나 실물 등이 남아 있지 않기 때문에 이를 추정하기란 쉽지 않다. 먼저 영조척의 제작 시기는 알 수 없지만 실물 길이를 통해 추정하여 보자. 이를 정리하면 아래의 <표 11>과 같다.

<표 11> 영조척 실물 측정 길이

소 장 처	길 이	제작시기	비 고
창덕궁소장 家 1051	반척 151.41㎜	불명	戶營造尺이라는 명문
〃 家 1053	반척 154.38㎜	〃	사각유척, 營造尺·金銀銅鐵骨角鯨鬚燭墨藤玉石螺蛤瓦塼의 명문
〃 家 1054	척 305.9㎜	〃	유척, 營造尺의 명문
〃 家 1055	척 306.85㎜	〃	〃
〃 家 1056	척 305.92㎜	〃	〃
〃 家 1057	척 305.6㎜	〃	〃
〃 家 1058	척 305.75㎜	〃	〃
〃 家 1059	척 306.6㎜	〃	〃
〃 家 1060	척 305.15㎜	〃	〃
〃 家 1061	척 305.75㎜	〃	〃
국·박 소장 492	尺 308.60㎜	〃	
고려대 박물관 소장 781	반척 150.25㎜	불명	
〃 1433	반척 149.57㎜	〃	
〃 1593	반척 154.66㎜	〃	工部營造尺이라는 명문

* 위의 <표>는 남문현, 앞의 책, 1992 ; 남문현, 앞의 책, 1995와 국립민속박물관, 앞의 책, 1997의 영조척 관련 내용을 조사하여 정리한 것임.

하지만 임란 이후에는 임란 이전에 제작된 모든 척들이 없어졌다는 것을 고려한다면 아래의 실물 영조척들은 모두 조선후기 이후에 제작된 자들이 아닌가 생각된다. 이러한 사례를 이용하여 조선전기 영조척

의 實크기에 관한 硏究」, 『韓國海洋大 論文集』 18, 1983에서 영조척을 27.6㎝였다고 파악하였다. 남문현은 앞의 책, 1995에서 조선초기 영조척을 30.8㎝라고 하였다.

을 추정하는 것은 한계가 없는 것은 아니다. 하지만 주목되는 것은 영조척 실물 측정치들이 거의 대다수가 약 31㎝에 약간 미치지 못하다는 점이다. 이는 조선시대 영조척의 길이가 약 31㎝를 넘지 못하였음을 암시한다

<표 12> 영조척 도본 측정 길이

출 전	척의 길이	도본 작성시기	비 고
國朝五禮儀序	척 275(290)㎜	성종 5(1474)	한국정신문화원 소장
國朝五禮序例	척 29.9㎝	성종 5(1474)	성암문고 소장
喪禮備要	반척 14..8㎝	인조 26(1648)	성암문고 소장
〃	반척 14.7㎝	〃	국립 민속·박 소장
〃	반척 148.5㎜	〃	柳景老 소장
田制詳定所遵守條劃	척 308.0㎜	효종 4(1653)	서울대 규장각(9915)
〃	척 308.0㎜	〃	〃 (9916)
〃	척 302.8㎜	〃	〃 (15363
詩樂和聲度量衡譜 本朝尺制	척 30.7㎝	정조 4(1780)	서울대 규장각 소장
四禮便覽	반척 152.0㎜	헌종 10(1844)	서울대 규장각 소장
〃	반척 15㎝	〃	국립민속·박 소장

* 위의 <표>는 남문현, 앞의 책, 1992 ; 남문현, 앞의 책, 1995와 국립민속박물관, 앞의 책, 1997의 영조척 관련 내용을 조사하여 정리한 것임.

다음으로 영조척의 도본 실측길이는 성종 5년과 인조 26년에 편찬된 『國朝五禮序例』와 『喪禮備要』에 영조척의 도본이 30㎝를 넘지 못하는 반면 효종 4년과 정조 4년에 편찬된 『田制詳定所遵守條劃』과 『詩樂和聲 度量衡譜 本朝尺制』의 영조척의 도본은 약 30.8㎝와 30.7㎝이다. 특히 『전제상정소준수조획』의 영조척은 국가에서 양전을 실시하면서 포백척·주척과 함께 도본을 작성하였다는 측면에서 주목된다. 따라서 세종 28년에 교정된 영조척의 길이는 약 31㎝에서 ±의 오차를 가지지만 '사각유척'과 『전제상정소준수조획』의 영조척의 길이를 고려할 때 약 30.8㎝의 ±적 요소가 많은 것으로 생각된다. 이러한 추정은

고려시대의 영조척이 약 31㎝였다는 점을 염두에 둔다면 타당성이 있다고 생각된다.

네 번째, 禮器尺(＝造禮器尺)은[231] 태종 11년 禮曹에서 幣帛의 제도를 상정하면서 "지금 우리 조정에서 쓰는 폐백이 예전 제도에 어긋나니, 그 빛과 길이를 한결같이 예전 제도에 의하고, 모두 朱文公의 造禮器尺을 사용하소서"라고 하였고,[232] 세종 4년 儀仗제도를 造禮器尺으로 만들도록 하였다는[233] 것을 통해 볼 때 조선전기부터 사용되었음을 알 수 있다. 조례기척은 세종 12년 여러 척도가 고증될 때 함께 고증되었다고 하지만,[234] 정확한 교정시기는 알 수 없다. 다만 조례기척은 다른 종류의 척들이 세종대에 교정되었던 점을 염두에 둔다면 세종대에 교정되었을 가능성이 많지만, 조례기척은 의장 등의 특수한 경우에만 사용되는 점을 고려한다면 교정이 없었을 가능성도 있다.

먼저 조례기척의 실물 길이를 살펴보자. 현존하는 조례기척의 실물은 그렇게 많지 않다. 그것은 조례기척 자체가 특수한 경우에만 사용되었기 때문일 것이다. 다음의 두 자료는 제작시기를 정확하게 알 수 없지만 길이가 각각 27.474㎝와 27.876㎝로 비슷하다는 측면에서 주목된다. 그런데 조례기척의 실물 길이는 『경국대전』에 기록된 황종척의 비율과 너무 오차가 많다는 점에서 한계가 있다.

<표 13> 조례기척 실물 측정 길이

소장처	길이	제작시기	비고
창덕궁소장 家 1053	반척 137.37㎜	불명	사각유척
국·전주 박 덕 6180	반척 139.38㎜	불명	

* 위의 <표>는 남문현, 앞의 책, 1992 ; 남문현, 앞의 책, 1995를 참고하여 정리한 것임.

---

231) 宗廟 및 文廟 등의 각종 禮器를 제작하는 데 사용하는 자이다.
232) 『太宗實錄』 권22, 太宗 11년 8月 甲寅.
233) 『世宗實錄』 권17, 世宗 4年 9月 庚申.
234) 朴興秀, 앞의 논문, 1967.

다음으로 조례기척의 도본 길이를 살펴보자. 조례기척의 도본은 여러 자료에 수록되어 있는데, 이를 표로 작성하면 다음 <표 14>와 같다.

<표 14> 조례기척 도본 측정 길이

출 전	척의 길이	도본 작성시기	비 고
國朝五禮儀序	척 272.5㎜	성종 5(1474)	한국정신문화원 소장
國朝五禮序例	척 29.9cm	성종 5(1474)	성암문고 소장
喪禮備要	반척 13.3cm	인조 26(1648)	성암문고 소장
〃	반척 13.9cm		국립 민속·박 소장
〃	반척 136㎜		柳景老 소장
詩樂和聲 度量衡譜 本朝尺制	척 28.05cm	정조 4(1780)	서울대 규장각 소장
四禮便覽	반척 13.9cm	헌종 10(1844)	서울대 규장각 소장
〃	반척 13.8cm	〃	국립민속박물관 소장

* 위의 <표>는 남문현, 앞의 책, 1992 ; 남문현, 앞의 책, 1995와 국립민속박물관, 앞의 책, 1997의 조례기척 관련 내용을 조사하여 정리한 것임.

위의 <표 14>에서 나타나는 것처럼 조례기척의 도본 측정 길이는 짧은 것은 27.25cm에서 긴 것은 29.9cm이다. 그런데 『국조오례서례』(성암문고 소장본)의 조례기척 도본은 29.9cm로 측정되었는데,[235] 같은 도본에서 조례기척보다 긴 영조척도 29.9cm로 측정되었다.[236] 따라서 『국조오례서례』(성암문고 소장본)의 조례기척의 도본 길이는 잘못 측정된 것으로 생각된다. 이를 제외하면 조례기척의 도본 길이는 대부분 27~28cm 사이에 있음을 알 수 있다.

앞에서 언급한 것처럼 『세종실록』 권128, 오례·길례·서례조에 조례기척의 도본이 실려있다. 도본의 실측은 28.67(태백산본은 28.93)cm,[237] 28.9cm,[238] 및 28.75cm(정족산본)로[239] 측정되었다. 이는 앞의 조

235) 국립민속박물관, 앞의 책, 1997, 41쪽.
236) 국립민속박물관, 앞의 책, 1997, 41쪽.
237) 朴興秀, 앞의 논문, 1967, 206쪽.
238) 全相運, 앞의 책, 1984.

례기척의 실물과 도본 측정 길이와 오차가 너무 많다. 그리고 황종척은 34.48㎝라고 하였다. 이를 통한 조례기척의 길이는 28.38㎝로 추정할 수 있다. 그렇다면 조례기척의 도본 중에서는 황종척과의 비율을 고려할 때『세종실록』도본의 길이가 조례기척의 실체에 가까운 것으로 생각된다. 따라서 조례기척의 길이는 약 28.63㎝ ±적 요소를 가진 것으로 유추된다.

다섯 번째, 布帛尺은[240] 고려시대에는 그 명칭이 존재하지 않았다. 반면 중국 송대에는 포백척이란 이름이 널리 사용되었다. 포백척은 조선전기 세종 4년 '왕실의 의장제도인 喪帷에 포백척을 사용한다'[241]라는 기록이 처음으로 나타나고 있다. 그후 포백척의 교정은 세종 13년에 이루어졌음을 다음의 자료를 통해 알 수 있다.

> 파) 工曹啓 各官稱子斗升則 各其長官 平校分給 而布帛尺體制則 不曾平校 故京外尺度不一 瓦有長短 請令各官 造竹尺上送 令 京市署 校其市 准尺度還送 從之(『世宗實錄』권52, 世宗 13年 4 月 辛丑)

자료에 의하면 각 고을의 저울·말·되는 각각 그 長官을 바르게 교정하여 나누어 주었으나, 布帛尺의 제도는 일찍이 바르게 교정하지 않았기 때문에 경외의 척도가 한결같지 못하여 서로 길고 짧다. 청컨대 각 고을로 하여금 竹尺을 만들어 올려 보내게 하여 京市署로 하여금 그 市의 표준 척도에 준하여 바로잡아 환송하게 하소서 하니, 그대로 따랐다고 한다. 이를 통해 볼 때 布帛尺은 조선전기 언제부터 포백척이라는 이름으로 사용되었는지는 분명하지 않지만 세종 13년에 교정된 것은 분명하다.

포백척의 교정은 세종 13년의 자료에서도 언급한 것처럼 경외의 척

---

239) 남문현, 앞의 책, 1995, 288쪽.
240) 포목·의복 등의 길이를 재는 데 사용되는 자이다.
241)『世宗實錄』권17, 世宗 4年 9月 庚申.

도가 한결같지 않아 布의 수취에 많은 문제점이 드러났기 때문에 이를 시정하기 위한 것이었다. 포의 수취는 1필 단위로 수취되기 때문에 포백척의 장단 여하에 따라 엄청난 수취의 문란을 가져오게 된다. 따라서 포백척의 교정은 대민지배차원에서 시급한 일이다.

조선전기 교정된 포백척은 어느 정도의 길이였을까. 먼저 여러 곳에서 소장 중인 포백척의 길이는 아래 <표 15>에 나타나는 것을 제외하고는 짧은 것은 국립 민속박물관 소장의 나전자인 51㎝에서242) 죽척의 61㎝까지243) 아주 다양하고 차이도 많다. 그런데 이러한 포백척은 언제 제작된 것인지 정확하게 알 수 없지만 자의 모양 등을 통해 볼 때 주로 조선후기 이후에 제작한 것으로 유추된다. 따라서 조선후기 포백척의 길이는 상당히 신장되었으며, 이를 통한 조선전기 포백척의 길이를 유추하는 것은 일정한 한계가 있음을 알 수 있다.

그러나 아래 <표 15>에 나타나는 포백척의 실물은 위에서 언급한 국립 민속박물관 소장 포백척들보다 길이가 짧고, 포백척 도본의 측정 길이보다는 길다는 점이 주목된다. 그리고 포백척의 실물은 앞에서 언급한 것처럼 조선후기에 제작되었을 것이라는 점에서 한계가 있지만 관에서 제작하였기 때문에 조선전기의 포백척 길이에서 크게 신장되지는 않았을 것으로 생각된다. 따라서 <표 15>의 포백척의 실물 길이는 조선전기 포백척의 길이를 추정하는 데 상당히 유효하다고 할 수 있다.

<표 15> 포백척 실물 측정 길이

소장처		길이	제작시기	비고
창덕궁소장 家 1050	척	488.75㎜	불명	유척, 호조포백척의 명문
〃 家 1053	반척	246.18㎜	불명	사각유척, 紙苧竹氈席皮物金絲樺皮繩索의 명문

* 위의 <표>는 남문현, 앞의 책, 1992 ; 남문현, 앞의 책, 1995를 참고하여 정리한 것임.

---

242) 국립 민속박물관, 앞의 책, 35쪽의 도면 63.
243) 국립 민속박물관, 앞의 책, 37쪽의 도면 65.

　다음으로 포백척 도본을 통해 포백척의 길이를 살펴보자. 포백척 도본의 사례는 다음의 <표 16>과 같이 정리할 수 있는데, 포백척 도본에 나타나는 길이는 대체로 약 44.4~47.4㎝ 이다. 이는 약간의 오차는 있지만 포백척의 실물 측정 길이와 비슷하고, 특히 관에서 편찬한 서적인『국조오례서례』·『전제상정소준수조획』의 포백척 도본 길이가 비슷하다는 점에서 더욱 주목된다. 따라서 조선전기 포백척의 길이는 포백척의 도본 사례와 황종척의 비율 등을 고려할 때 약 46.66㎝에서 ± 의 오차를 가지고 있음을 알 수 있다.

<표 16> 포백척 도본 측정 길이

출 전	척의 길이	도본 작성시기	비 고
國朝五禮儀序	반척 230㎜	성종 5(1474)	한국정신문화원 소장
國朝五禮序例	반척 23.1㎝	성종 5(1474)	성암문고 소장
喪禮備要	반척 22.2㎝	인조 26(1648)	성암문고 소장
〃	반척 23.7㎝		국립 민속·박 소장
〃	반척 224㎜		柳景老 소장
田制詳定所遵守條劃	반척 235㎜	효종 4(1653)	서울대 규장각(9915)
〃	반척 235㎜	〃	〃 (9916)
〃	반척 225㎜	〃	〃 (15363
詩樂和聲 度量衡譜 本朝尺制	8촌 36.15㎝	정조 4(1780)	서울대 규장각 소장
四禮便覽	반척 225㎜	헌종 10(1844)	서울대 규장각 소장
〃	반척 22.5㎝	〃	국립 민속·박 소장

　* 위의 <표>는 남문현, 앞의 책, 1992 ; 남문현, 앞의 책, 1995와 국립민속박물관, 앞의 책, 1997의 포백척 관련 내용을 조사하여 정리한 것임.

　이상에서 살펴본 것처럼 조선전기 척의 종류는 황종척·주척·영조척·조례기척·포백척 등으로 분류되었음을 알 수 있다. 조선전기에 그러한 명칭들이 등장하고 있음을 고려할 때, 척의 종류는 조선전기에 분류되었음을 알 수 있다. 그것은 중국의 경우 明代에 이르러 量地尺, 營造尺, 布帛尺 등으로 분화되었던 것을 고려한다면 일정한 가능성이

있다고 생각된다. 따라서 조선전기의 척은 기능에 따라 세종대에 다양
한 종류로 교정되었음을 알 수 있다.244)

<표 17> 조선전기 尺의 길이

척의 종류	經國大典	길이(cm)
黃鍾尺	1.000	약 34.48
周 尺	0.606	약 20.62
營造尺	0.899	약 30.8
禮器尺	0.823	약 28.63
布帛尺	1.348	약 46.66

3. 척의 변화

앞의 두 절에서 척의 종류와 길이를 검토하였다. 척의 종류는 점차
분화하는 경향으로 발전하였고, 길이도 점차 증가하는 방향으로 나타
났음을 엿볼 수 있다.245) 전자의 경우는 전근대사회의 성장·발전에
따라 척도 그에 따라 발전되어 가는 방향이라고 생각된다. 후자의 경
우는 수취제도와 연관되지 않을까 생각된다. 중국의 경우 척의 급격한
증가는 수취제도에서 그 요인을 파악하기도 하지만,246) 척은 짧은 것

---

244) 조선초기 黃鍾尺은 한제의 영향이고, 造禮器尺은 당의 小尺이고, 營造尺과
布帛尺은 수·당의 大尺을 계승한 송대의 영향이라고 보았다(小泉袈裟勝,
앞의 책, 1974, 264~266쪽). 그러나 『增修無寃錄諺解』에 의하면 황종척은
官尺이라고 하고, 관척은 周尺의 '6寸 6釐'라고 하는 것으로 보아 한제의 영
향이라기보다는 元 官尺의 영향을 받아 교정되었다고 생각된다. 또 그것은
원의 관척과 조선 황종척의 길이가 유사하기 때문에 황종척은 원 관척의 영
향을 받았을 것으로 보인다.
245) 梁方中은 중국의 尺은 짧은 것에서 긴 것으로, 量制는 작은 것에서 큰 것으
로, 그리고 衡制는 가벼운 것에서 무거운 것으로 변화되었다고 하였다(梁方
中, 「中國歷代度量衡之變遷及其時代特徵」, 『中國人民大學復印輯刊資料』
1980-3).
246) 중국 척도의 증가는 魏晉 이후 漢代보다 크게 증가하였는데, 이러한 현상은

에서 긴 것으로의 변화가 보편적인 현상이었다. 그러나 척은 육안으로도 장단을 쉽게 판별할 수 있기 때문에 길이의 변화에는 사회적 상황과 밀접한 연관을 가졌다.

尺의 종류는 단일척인 통일신라시대 唐大尺(＝營造尺·量田尺·布帛尺을 공용)에서 고려 12세기 指尺의 量田尺과 營造尺(＝布帛尺을 공용)으로, 여말선초 이후 指尺과 營造尺 그리고 布帛尺이 각각 분리·발전하였다. 이에 따라 布帛尺은 통일신라시대의 당대척에서 조선초기 世宗代 교정된 布帛尺의 길이(앞의 <표 17>을 따르면 1尺＝46.66cm)를 참고하면 엄청난 증가가 있었음을 알 수 있다.

먼저 포백척의 증가현상부터 살펴보자. 통일신라 및 고려시대 부세의 중심은 租·庸·調의 三稅이다. 三稅 중의 調(布)의[247] 수취는 포백척의 증가와 밀접한 관련을 가진다. 布 1匹은 文武王 5년(665)에 이전의 80尺에서 長廣 42尺과 2尺으로 축소된 이후 고려전기는 통일신라의 42尺을 사용한 것으로 보여지고, 고려후기 布帛尺의 伸長으로 40尺으로 줄었다가, 조선초기에 이르러 길이를 35尺으로 축소하였다. 이와 같이 포 1필의 길이가 정해진 것은 포백척의 변화와 무관하지 않다. 문무왕 5년은 포백척을 漢尺에서 唐大尺으로 교체함으로써 1필의 산술적 길이를 축소한 것으로 보인다. 그런데 통일신라시대에서 고려 12세기까지는 당대척을 여러 척으로 공용하였기 때문에 포백척의 증가는 그렇게 크게 이루어지지 않았을 것이다. 이에 따라 포 1필의 길이도 큰 변화가 없었다.

魏晉 이후 絹布를 조세로서 징수하게 된 것에 그 원인이 있다고 하였다(小泉袈裟勝, 「中國の度量衡」, 『歷史の中の單位』, 綜合科學出版, 1979, 214~216쪽).

247) 調(布)와 貢物(貢賦)의 관계는 연구자마다 입장이 다양하다. 民戶 중의 三稅의 하나인 布가 군현의 공물이었다는 입장(李惠玉, 「高麗時代 貢賦制의 一研究」, 『韓國史硏究』 31, 1980), 調와 貢物이 별개의 세목이었다는 입장(姜晋哲, 「農民의 負擔」, 앞의 책, 1980), 민호의 布(調)로 납부된 平布를 다양한 직물류, 소의 생산물, 민호의 貢役으로 조달한 다양한 물품으로 구성되었다는 견해(박종진, 『고려시기 재정운영과 조세제도』, 서울대 출판부, 2000) 등이다.

하지만 포백척은 布를 징수하는 도구이기 때문에 통일신라시대부터
이미 부정이 발생할 수 있는 요인을 가지고 있었다. 통일신라시대 말
기 포의 수취와 관련한 상황을 살펴보자.

가) 謂有司曰 泰封主 以民從欲 惟事聚斂 不遵舊制 一頃之租 租税
六石 管驛之戶 賦絲三束 遂使百姓 輟耕廢織 流亡相繼 自今 租
稅征賦 宜用舊法(『高麗史』권78, 食貨1 田制 租稅 太祖 元年 7月)

위의 자료는 궁예가 백성을 마음대로 하여 오직 거두는 것을 일삼았
는데, 1頃의 조가 6石에 이르고 管驛의 戶에서 絲를 3束248)이나 거두
자 마침내 백성이 밭갈고 베짜는 일을 그만두고 서로 잇달아 유망하였
다는 내용이다. 물론 위의 자료는 궁예정권의 도덕적 문란을 강조하려
는 측면이 강하기 때문에 사실의 신빙성 여부에 한계가 없는 것은 아
니다. 하지만 궁예정권의 조세수취가 규정대로 준수되지 않은 것은 분
명한 사실로 생각된다. 따라서 위의 자료에 궁예가 管驛의 戶로부터
絲를 3束을 수취하였다는 것은 현물세인 布가 규정량보다 많이 수취
되었음을 암시한다. 태봉 때의 포의 규정량은 어느 정도인지 정확하게
알 수 없지만 통일신라 때와 비슷하였을 것으로 추측된다. 3束은 엄청
난 수취량이다. 이와 같은 布의 과도한 수취는 궁예정권뿐만 아니라
중앙의 통제력이 약화된 통일신라 말기에도 마찬가지였을 것이다. 아
울러 지배층들도 포백척 자체를 신장시켜 수취하는 폐단을 야기시켰
을 것으로 생각된다.

물론 고려시대의 포백척은 그 길이가 어느 정도인지 명확하지 않지
만249) 중국 송대 포백척의 길이 등을 고려할 때 조선전기처럼 그러한
길이는 아니었다. 조선전기의 포백척은 고려시대와 비교하여 볼 때 너

248) 앞에서 布의 단위로 束은 피륙 5필 또는 10필을 단위로 한다고 하였다.
249) 白南雲은 布帛尺을 曲尺의 1척 8촌이라고 하여 조선초기와 거의 같은 길이
를 산정하였다(白南雲, 앞의 책, 1937). 반면 李宗峯은 고려전기 포백척은 중
국의 송의 포백척과 비슷한 약 31cm라고 추정하였다(李宗峯, 앞의 논문,
2000).

무나 확대된 길이임을 유추할 수 있다.

이에 따라 조선전기 포백척은 1필의 길이를 새롭게 조정하지 않을 수 없었다. 앞에서 설명한 것처럼 조선전기 1필은 세종 13년 포백척을 기준하여 35尺으로 규정하였다.[250] 이는 통일신라시대 1필이 42尺인 점을 고려하면 산술적 길이가 다소 줄어들었다. 그러나 포백척의 신장으로 1필의 길이가 산술적으로 축소되었지만 1필의 절대적 길이는 전혀 줄지 않았다. 따라서 조선전기 1필은 통일신라시대와 비교할 때 35척으로 줄어들었지만, 포백척 자체가 이전보다 크게 신장되었기 때문에 실질적인 1필의 길이는 오히려 늘어났다.

조선전기 포백척이 신장된 요인은 어디에 있었는가를 살펴보자. 포는 통일신라시대처럼 고려시대에도 三稅 중 調(布)의 수취 항목이었으므로 수취 과정에서 많은 폐단이 일어날 수밖에 없다. 따라서 고려는 국가차원에서 이에 대한 대책을 마련하지 않을 수 없었다.

> 나-a) 監臨贓一尺笞四十 一匹五十 二匹杖六十 三匹七十 四匹八十 五匹九十 六匹一百 八匹徒一年 十六匹一年半 二十四匹二年 三十二匹二年半 四十匹三年 五十匹流一千里 與者減五等 罪止杖一百 如監臨官於部內乞取者加一等 若以威力强乞取者准枉法贓論(『高麗史』 권84, 刑法1 職制)
>
> 나-b) 用枰斗尺度 出入官物 不平入已者 一尺杖六十 一匹七十 二匹八十 三匹九十 四匹一百 五匹徒一年 十匹一年半 十五匹二年 二十匹二年半 二十五匹三年 三十匹流三千里 三十五匹加役 流有增減者坐贓論(『高麗史』 권85, 刑法2 禁令)

위의 자료 a)는 감임관이 贓 1척이면 笞40을 치고 1필이면 50을 치고, …… 뇌물을 준 자는 5등을 감하고 죄는 杖 1백에 그친다. 만약 감

---

250) 『增補文獻備考』 권160, 財用考7 附布帛, "世宗二十八年 定布帛尺 …… 只以綿布爲貨 綿布三十五尺爲一疋";『大東野乘』, 諛聞瑣錄, "吾東方不産金銀 本朝不行錢法 只以綿布爲貨 綿布三十五尺一疋";『大典續錄』, 戶典 雜令, "公私行用綿布 升數則五升 長則三十五尺 廣七寸以上".

임관이 권력으로 강제로 걸취한 자는 枉法贓251)에 준하여 논한다는
것이다. 자료 b)는 秤·斗·尺을 사용하여 관물을 출입할 때 공평하게
아니하여 자기의 수입을 잡은 자는 1尺에 杖 60을 치고, 2필은 70 ……
30필에는 3천리에 유배보내고 35필은 거기에 役을 더하고 유배에 증감
이 있으면 坐贓罪에252) 논한다는 것이다.253) 위의 자료들은 어느 시기
에 만들어진 법률인지가 분명하지 않아 문제가 없는 것은 아니지만 관
리들이 법을 위반하면서 뇌물을 받는 경우와 법을 어기지 않고 뇌물로
받는 경우에 처벌하는 법을 만들거나 혹은 척을 부정하게 사용하였을
경우의 처벌 규정을 마련하였다는 점에서 주목된다. 특히 관물의 징수
는 조세, 즉 포의 수취와 관련하여 척을 부정하게 사용하였을 경우에
대해 처벌 규정을 마련하였다는 것은 포의 수취와 관련하여 불법적인
문제가 많이 나타났다고 볼 수 있다.

그런데 위의 금령 내용은 포백척을 신장시켜 포를 수취하는 문제였

---

251) 관리들이 뇌물을 받는 방식은 枉法贓과 不枉法贓이 있는데 이에 대한 처벌
의 규정은 다음과 같다. 왕법장이란 것은 법을 어기고 포를 뇌물로 받은 경
우를 처벌하는 규정이고, 불왕법장은 법을 어기지 않고 포를 뇌물로 받은 경
우를 처벌하는 규정이다. 『高麗史』 권84, 刑法1 職制, "枉法贓一尺杖一百徒
一年 二匹一年半 三匹二年 四匹二年半 五匹三年 六匹流二千里 七匹流二
千五百里 八匹三千里 十五匹絞"; 『高麗史』 권84, 刑法1 職制, "不枉法贓一
尺杖九十 二匹一百 四匹徒一年 六匹一年半 八匹二年 十五匹二年半 十二匹
二年半 十四匹流二千里 三十匹加役 有品官人犯者 令官當收贖 四匹以上免
官 無祿者減一等 四十匹加役流".

252) 『高麗史』 권84, 刑法1 職制, "坐贓一尺笞二十 一匹三十 二匹四十 三匹五十
四匹杖六十 五匹七十 六匹八十 七匹九十 八匹百 十匹徒一年 二十匹一年
半 三十匹二年 四十匹二年半 五十匹三年 與者減五等".

253) 위의 법령은 『唐律疏議』 권26-23, 雜律 '疏議曰 卽用斛斗秤度 出入官物 增
減不平 計所增減坐贓論'이 참고된다. 그리고 『宋刑通』에도 동일한 자료가
기록되어 있다. 그런데 위의 자료는 無編年 기사이기 때문에 어느 시기의 법
령인지 정확하지 않을 뿐만 아니라 『唐律疏議』에도 동일한 기사가 있어서
실제 고려에서 적용되었는지는 분명하지 않다. 하지만 이러한 규정을 마련하
였다는 것은 『唐律疏議』의 法令을 단순히 모방하는 데만 그친 것이 아니고,
이를 통해 고려의 도량형, 즉 尺의 부정을 방지하려는 데 그 목적이 있었을
것으로 추측된다.

다기보다는 1필, 즉 42척보다 길게 수취하여 이득을 취하는 자를 대상으로 한정하고 있다. 하지만 위의 금령 사례를 통해볼 때 척을 부정하게 伸長시켜 포의 징수에 이용하는 단계까지 이르렀음을 다음의 자료를 통해 유추할 수 있다.

> 다) 私作枰斗 在市執用 有增減者 一尺杖六十 一匹七十 二匹八十
> 三匹九十 四匹一百 五匹徒一年 十匹徒一年半 十五匹二年 一
> 十匹二年半 二十五匹三年 三十匹流二千里 三十五匹二千五百
> 里 四十里流三千里(『高麗史』 권85, 刑法2 禁令)

위의 자료는 秤(저울)과 斗(말)를 사사로이 만들어 시장에서 사용한 자는 1척에 장 60을 친다는 처벌규정을 제정하였다는 것이다.[254] 사사로이 저울과 말을 제작하여 이를 시장에서 사용한다는 것이 주목된다. 그런데 척은 저울과 말보다 사적으로 제작하기 편리한 점을 고려한다면 척의 사적인 제작은 얼마든지 있을 수 있다. 따라서 고려시대는 포백척을 신장시키거나 규정 길이보다 징수량을 확대하여 포를 징수하였음을 알 수 있다.

고려후기에는 도량형의 문란, 특히 양제의 문란이 심각하게 나타났다.[255] 이러한 시기에는 포의 수취와 관련되는 척, 즉 포백척의 문란도 심각하게 나타났을 것으로 추정된다. 그것은 고려후기의 자료는 아니지만 조선전기의 사례를 통해볼 때 어느 정도 짐작할 수 있다. 앞에서 언급하였지만 세종 13년 포백척의 제도는 일찍이 바르게 교정하지 아니했기 때문에, 京外의 척도가 한결같지 못하여 서로 길고 짧으니 청컨대 각 고을로 하여금 竹尺을 만들어 올려 보내게 하여 京市署로 하여금 그 시의 표준척도에 준하여 바로잡아 환송하게 하였다는 것이

---

254) 위의 법령은 무편년 기사이기 때문에 어느 시기에 실시된 법령인지는 정확하게 알 수 없다. 이러한 법령은 『唐律疏議』 권26-21, 雜律 '諸私作斛斗秤度 不平 而在市執用者 笞五十 因有增減者 計所增減準盜論'이 참고된다. 그리고 『宋刑通』 권26-24, 雜律에도 동일한 법령이 기록되어 있다.
255) 李宗峯, 앞의 논문, 1998.

다.[256) 이러한 문제는 조선전기 세종 13년까지 포백척을 교정하지 않고 고려후기의 포백척을 그대로 사용하였기 때문에 중앙과 지방의 포백척이 같지 않게 되었을 것이다.

이처럼 京外의 포백척 길이가 다른 요인은 고려후기 이후의 일부 세력, 즉 지배세력에 의해 자행되는 수탈욕에 있다. 특히 고려후기 지배세력은 도량형의 사적인 제작을 통해 불법적 수취를 자행하였다. 포백척의 경우도 지배세력이 사적으로 제작하여 불법적인 포의 수취를 자행하였을 것이다. 따라서 조선전기 포백척은 기존 고려후기부터 통용되던 척을 교정하여 사용함으로써 고려후기의 포백척보다 훨씬 신장되었다.

포의 수취에서 발생한 직접적 사례는 아니지만 고려후기 지배세력은 1년의 租가 8·9회에 달하도록 수취를 자행하였다.[257) 이러한 양상을 통해볼 때 포백척의 신장을 통한 포의 수취도 충분히 가능한 일이다. 원래 척은 민간에서 사용되던 길이를 국가가 이를 공인하여 사용함으로써 신장된다. 따라서 포백척은 여말 이후 영조척과 분화되면서 당시의 시대적 상황과 결부되어 약 46.66cm±로 크게 신장되었다.

포백척은 앞에서 설명한 것처럼 조선전기 세종 13년(1431)에 새롭게 竹尺을 교정하고, 이를 각 지방에 하달하였다. 세종 13년에 교정된 포백척은 약 46.66cm에서 ±적 요소를 가진다고 하였다. 이러한 포백척의 길이는 이와 비슷한 시기의 중국 등에서는 전혀 찾아볼 수 없다. 그런데 조선전기의 포백척은 조선후기의 수취제도의 모순 속에서 신장될 수밖에 없는 사회경제적 조건을 가지고 있었다. 그러한 결과로 조선후기의 포백척은 앞에서 잠깐 언급한 것처럼 약 60cm 내외의 길이를 가

256) 『世宗實錄』 권52, 世宗 13年 4月 辛丑.
257) 『高麗史』 권78, 食貨1 田制 祿科田 辛昌 즉위년 7월, "典法判書趙仁沃上疏 曰 …… 州縣津驛供國役者喪其田宅 困於一田之五六主 一年之五六收 父母 凍餒而不能養 妻子離散而不能保 無告流亡戶口一空";『高麗史』 권78, 食貨 1 田制 祿科田 辛禑 14年 7月, "趙浚上書曰 …… 一畝之主過於五六 一年之 租收至八九";『高麗史』 권115, 李穡傳, "若其田之主 一則幸矣 或有三四家 者 或有七八家者".

진 척이 등장하게 되었다.

다음으로 量田尺은 통일신라시대의 唐大尺에서 12세기 이후 指尺으로, 조선초기 세종대에 指尺에서 周尺으로 변화되었다. 포백척과 영조척은 단일척에서 계속 변화·발전하면서 신장되었다고 하였다. 그러나 양전척은 포백척·영조척 등의 변화와 달리 서로 다른 척, 즉 당대척·지척·주척으로 대체되었다는 측면에서 큰 특징을 가지고 있다. 그런데 기존의 연구에서 양전척이 唐大尺에서 指尺으로, 指尺에서 周尺으로의 변화 과정에서 指尺이 양전척으로 사용되었다는 내용에 대해 부분적으로 일부 연구자에 의해 언급되었을 뿐258) 이 같은 양전척의 변화에 대한 이유는 근본적으로 밝히지 못하고 있다. 그러한 요인은 지척의 변화를 고려전기 전체적인 척의 변화과 연관시켜 해석하지 못하였기 때문이다. 따라서 양전척, 즉 지척·주척의 변화과정은 전체적인 척의 변화과정 속에서 규명되어야 정확하게 파악할 수 있다.

첫째, 唐大尺에서 指尺으로 변화된 양상부터 살펴보자. 통일신라 및 고려시대 당대척의 양전은 量尺同一制의 척으로서 기능을 하였다.

258) 양전척 변동에 대한 연구성과는 다음과 같다. 朴興秀는 조선시대 量田尺을 周尺으로 설정하고 그러한 양전척으로 변화되어 가는 과정에서 사용된 척을 指尺으로 보았다(朴興秀, 앞의 논문, 1972, 163~169쪽). 金泰永은 토지생산력의 향상에 따라 새로이 그 農耕의 현지에서 관행되기에 이른 척도기준을, 국가의 행정력이 追隨하면서 새로이 파악하여 공인하게 된, 결과적인 조치로 법제화된 것이었다고 보았다. 그러한 근거로 '大司憲 趙浚이 상서하기를 …… 답험할 때는 토지 結數의 많고 적음을 마음대로 매겨서 1結의 토지를 3, 4結이라고 하고, 大斗로서 수조하여 1석을 거둘 것을 2석으로 하여 그 수량을 채웁니다[『高麗史』 권78, 食貨1 田制 祿科田 禑王 14年 7月]'라고 하는 자료를 토대로 당시의 토지파악이 1결을 3·4결로 산출되는 것은 겸병가들의 관행에서 이루어지고 있었다. 아마도 '농부의 手指'라는 새로운 양전척도의 기준은 그같은 겸병가의 관행에서 등장한 것이었다고 생각된다고 보았다(金泰永, 앞의 책, 189~192쪽). 李宇泰는 量尺同一制에서 隨等異尺制인 指尺으로 양전척의 변화시기를 甲寅量田으로 파악하고, 이 시기는 국가에 의한 통제력의 약화로 당연히 관습적이고 실용적인 척도를 양전척으로 채택하게 되었다. 사실 指尺이란 매우 모호한 것이지만, 동시에 매우 실용적이며 누구나 납득할 수 있는 기준이었기에 점차 일반화되었다고 파악하였다(李宇泰, 앞의 논문, 1992, 43쪽).

당대척은 12세기 이전부터 양전척뿐만 아니라 영조척·포백척 등으로 다양하게 사용되고 있었다. 그러나 제5장에서 언급하는 것처럼 12세기 이후 농업기술의 발달에 따른 생산력의 증대를 기반으로 국가의 재정적 안정을 도모하기 위해 異積同稅制로 전환하면서 양전방식은 量尺同一制에서 隨等異尺制로 변화되었다. 이로 말미암아 기존의 단일 양전척인 唐大尺은 더 이상 양전척으로서 기능을 상실한 것이 아니었던가 생각된다.

그런데 이제까지 양전에 사용된 모든 척들은 중국의 경우나 우리나라의 경우도 마찬가지로 量尺同一制에 입각하여 사용되었다. 그렇다면 量尺同一制 계열의 척들은 隨等異尺制에서 배제되었던 것이 아닌가 한다. 따라서 우리나라에서나 중국에서 양척동일제에 입각하여 사용된 기존의 척은 원칙적으로 배제하였을 것으로 생각된다.

위에서도 언급한 것처럼 고려전기까지의 척은 단일 척이었다. 즉 量田尺·營造尺·布帛尺 등의 기준척 1척 자체가 동일하였다. 그런데 隨等異尺을 위해 기준척 자체의 길이를 확대 또는 축소시키면 영조척이나 포백척의 길이에 일정한 영향을 미치게 된다. 특히 포백척의 기준척이 확대되면 布의 수취 증가로 이어져 국가의 대민 지배에 악영향을 미칠 것이다. 따라서 기존의 기준척 자체는 그대로 두고 양전척만 변경하려는 의도가 강했다고 할 수 있다.

국가의 통치체계가 이완되면 곧바로 도량형의 문란은 급속도로 나타난다. 이미 12세기는 그러한 현상들이 농후하게 나타났다. 그렇지 않아도 量制는 중세의 조세수취체계에 편성하여 12세기를 전후하여 升을 조작하거나 평미래(槪)를 사용하지 않거나 하는 등의 문란한 경우들이 빈번하게 발생하였다.259) 그리고 앞에서 설명한 것처럼 포는 1필의 기준 길이보다 길게 수취하는 폐단이 나타나고 있었다. 이러한 상황에서 단일 척을 확대시켜 양전척으로 사용하면 곧바로 포백척의 기준척을 확대시킨 결과를 초래하므로 척의 문란을 더욱 촉진시킬 수 있

---

259) 제3장 2절을 참고할 것.

다. 따라서 기존 척은 그대로 사용하게 하고 양전척만 변화시키고자 指尺을 선정한 것으로 볼 수 있다. 즉 척을 분화·발전시킨 것이다.

한편 고려 12세기 이후에 사용된 隨等異尺의 양전척인 指尺은 앞의 절에서도 설명한 것처럼 엄지(巨指)에서 長指의 길이인 한뼘을 말하는 것이 아닌 食指와 長指, 食指·長指·無名指의 폭을 합한 독특한 것이다. 이러한 指尺의 사용은 척에서 유래를 찾아볼 수 없는 경우이다. 이와 같은 指尺을 채택한 것은 척의 인체기원설에 근거한 것이 아닌가 한다. 또한 이러한 지척을 사용함으로써 民들도 쉽게 이해할 수 있기 때문이었을 것이다. 隨等異尺의 기준척인 20指, 25指, 30指는 고려전기 1結의 생산량을 고려하여 異積同稅인 1결의 면적에서 어느 정도의 생산량을 낼 수 있는 면적으로 환산되었던 것이다. 하지만 指尺은 손의 폭으로 산정하였기 때문에 뚜렷한 기준, 長短에 한계를 가지고 있었다.

반면 周尺은 태종 4년(1404) 各品과 庶人의 墳墓 보수를 정할 때 처음으로 사용된 이후[260] 里程의 측정,[261] 훈련장 교장의 길이 측정,[262] 명의 歲貢馬의 측정,[263] 測雨器 製造[264] 등에 두루 사용되면서 조선 초기 중심적인 尺의 역할을 하였다. 따라서 길이의 장단에 문제가 있는 척보다는 불변적인 확실한 길이를 가진 주척을 양전척으로 사용하려 하였다.

결국 앞에서 언급한 것처럼 양전척은 세종 26년 지척에서 주척으로 변화되었고,[265] 이후 주척은 수등이척으로서 조선전기 동안에 변함없

260) 『太宗實錄』 권7, 太宗 4年 3月 庚午 ; 권35, 太宗 18年 5月 庚午.
261) 『太宗實錄』 권30, 太宗 15年 12月 丁丑, "兵曹上各驛里數啓目 啓曰今准中朝里數 以周尺六尺爲一步 每三百六十步爲一里 以此打量". 이를 통한 조선 초기 1里의 거리는 약 432m 정도로 추산된다.
262) 『太宗實錄』 권33, 太宗 17年 2月 丁丑, "訓練觀敎場步數 用周尺 在前二百步作二百四十步 一百五十步作一百八十步 七十步作八十五步 然稱號仍舊".
263) 『世宗實錄』 권49, 世宗 12年 8月 壬辰.
264) 『世宗實錄』 권96, 世宗 23年 5月 丁卯.
265) 『世宗實錄』 권102, 世宗 25年 11月 乙丑 ; 권106, 世宗 26年 11月 戊子.

이 사용되었다.

한편 營造尺은 신라통일기를 거치면서 量田尺·布帛尺 등을 공용하였기 때문에 약간 신장되었다. 고려후기 이후 營造尺은 토목공사 등의 營造에만 사용되었기 때문에 麗末의 사회적 혼란을 거치면서도 다음의 <표 18>에 나타나는 것처럼 큰 변화없이 일정한 길이를 유지할 수 있었다.

<표 18> 尺度 기준척의 변화

	統一新羅	高麗時代	朝鮮 世宗代
營造尺	唐大尺(약 29.5cm)	唐大尺(약 31cm)	唐大尺(30.08cm)
布帛尺	唐大尺(약 29.5cm)	唐大尺(약 31cm)	布帛尺(46.66cm)
量田尺	唐大尺(약 29.5cm)	指尺(12세기 이후)	周尺(세종 26년 이후)

이상에서 검토한 것처럼 통일신라시대 전반기에 점차 사용되기 시작한 唐大尺은 量田尺·布帛尺·營造尺 등으로 공용되었다. 이러한 唐大尺은 척의 일반적 현상처럼 나말여초의 사회변동 과정을 거치면서 약간 늘어난 형태로 고려전기에 사용되었다. 그런데 12세기에 指尺이 새롭게 量田尺으로 사용되면서 唐大尺은 영조척·포백척으로만 사용되었다. 布帛尺이 여말의 사회적 혼란 과정에서 크게 길어지게 되자, 포백척과 영조척을 분리하여 척의 분화가 발생되었고, 이러한 양상은 조선초기에 이르러 다양한 종류로 척이 분화하게 되었다. 이러한 척의 변화 양상을 <표>로 작성하면 위와 같다.

제3장 量制와 容積의 변화

1. 체계

量의 기원도 度의 척과 마찬가지로 사람의 신체에서 출발했다고 본다면 '掬'이란 글자에서 나왔다. 掬은 匊으로 양손으로 떠낸다는 의미이다. 그래서 『小爾雅』에서는 "양손으로 떠낸다(掬)고 하고, 掬의 4배를 '豆'라고 한다"라고 하였다. 4升을 豆라 하고, '升'이 용적의 단위이기 때문에, 升은 처음 양손에서 떠내는 量에서 시작했던 것이 틀림없다. 원시시대에는 곡물거래가 한번 떠올리기, 두번 떠올리기의 손으로 행해지다가 도구로 점차 바뀌어졌을 것으로 보고 있다.[1]

양제의 단위는 勺, 合, 升, 斗, 石(碩·斛) 등의 다섯 단계로 나타난다.[2] 이들의 상호관계는 10勺=1合, 10合=1升, 10升=1斗, 15斗=1石이었다. 그런데 石은 양의 체계에서 碩·斛 등과 함께 사용되었다.

먼저 石과 斛의 관계부터 살펴보자. 石은 중국의 漢代에 중량의 단위로도 사용되었다.[3] 石이 제도적으로 용적의 단위로 사용된 것은 송

---

1) 小泉袈裟勝, 「中國·朝鮮の枡の歷史」, 『枡』, 法政大學出版局, 1985, 103쪽.

2) 『高麗史』 권78, 食貨1 田制 租稅 成宗 11年 ; 『高麗圖經』 권40, 權量, "五兩之制 躍於龠 合於合 登於升 聚於斗 角於斛 于以量度物之多寡".

3) 『漢書』 권21 上, 律曆 第 1, "上權者 銖兩斤鈞石也 所以稱物平施 知輕重也 本起於黃鐘之重 一龠容千二百黍 重十二銖 兩之爲兩 二十四銖爲兩 十六兩爲斤 三十斤爲鈞 四鈞爲石 村爲十八 易十有八變之象也 …… 石者大也 權之大者也 始於銖 兩於兩 明於斤 均於鈞 終於石 物終石大也 四鈞爲石者 四時之象也" ; 『高麗圖經』 권40, 權量, "五卷之制 始於銖 兩於兩 明於斤 均於鈞 終於石 于以權度物之重經".

대부터라고 한다.[4] 그러나 전국시대 魏의 文侯 때 李悝가 "지력선용의 방책으로 땅을 조사하고 판별하여 백리사방을 9만頃으로 하고 그 중 산림소택으로 1/3을 제하고, 경지를 6백만경으로 했다. 그리하여 독농가에게는 1畝마다 粟 3승을 증가하고 반대로 태만한 농가에는 畝마다 3두를 감했다. 그 결과 6백만경의 총수확량이 속 180만석으로 증감되었다"고[5] 하는 내용에서 알 수 있는 것처럼 石은 이미 한대부터 용적의 단위로 사용되었다. 따라서 石은 앞의 자료인 『漢書』에 기록하고 있는 것처럼 처음부터 용적의 단위로 사용되었음을 알 수 있다.

石은 통일신라시대뿐만 아니라 고려시대에서도 가장 일반적으로 사용된 용적의 단위이다. 斛도 삼국시대부터 穀食이나 租의 양을 나타낼 때 사용된 것으로 보아 일찍부터 용적의 단위로 사용되었다.[6] 그러나 삼국시대 단편적인 자료를 통해서는 石과 斛의 관계를 파악하기란 쉽지않다. 다음의 통일신라시대 자료를 통해 斛과 石의 관계를 살펴보자.

가-a) 向德 熊川州板積鄕人也 …… 天寶十四年乙未 年荒民饑 加之以疫癘 父母飢且病 母又發癰 皆濱於死 向德日夜不解衣 盡誠安慰 而無以爲養 乃刲髀肉以食之. 又吮母癰 皆致之平安 鄕司報之州 州報於王 王下敎 賜租三百斛 宅一區 口分田若干(『三國史記』권48, 向德傳)

가-b) 聖覺 菁州人 …… 後歸家養母 以老病難於蔬食 割股肉以食之 及死 至誠爲佛事資薦 大臣角干敬信伊湌周元等 聞之 國王以熊川州向德故事 賞近縣租三百石(『三國史記』권48, 聖覺傳)

가-c) 孝宗郎遊南山鮑石亭 …… 贖貸他家 得穀三十石 寄置大家服役 …… 郎聞之潸然 送穀一百斛 郎之二親亦衣袴一襲 郎之千徒 斂租一千石 遺之(『三國遺事』권5, 孝善9 貧女養母)

4) 朴興秀, 「新羅 및 高麗 때의 量制度와 量尺에 關하여」, 『科學技術研究』5, 1977 ; 小泉袈裟勝 編著, 『圖解 單位の歷史辭典』, 柏書房, 1990, 85쪽.

5) 『漢書』 권24, 食貨 上.

6) 『三國史記』 권3, 新羅本紀 奈勿尼師今 2年, "春發使 撫問鰥寡孤獨 各賜穀 三斛" ; 『三國史記』 권19, 高句麗本紀 安臧王 3年 5月, "王至自卒本 所經州 邑貧乏者 賜斛人一斛".

위의 자료 a)는 천보 14년(경덕왕 14, 755) 경덕왕이 向德에게 租 300斛과 宅一區를 下賜하였다는 것이다. 자료 b)는 聖覺에게 향덕의 예에 따라 인근 군현의 租 300石을 포상하였다는 것이다. 그리고 자료 c)는 貧女에게 몸값으로 곡식 30石을 받고 大家에 복역한 이야기를 듣고, 孝宗郎이 貧女에게 穀 100斛을 지급하였다는 것이다. 위의 자료 a·b)에서 주목되는 점은 국가에서 租를 지급할 때 向德과 聖覺 등에게 늙은 부모를 정성으로 모신 까닭으로 동일한 양의 租를 각각 斛과 石으로 달리 지급하였다는 점이다. 이것은 통일신라시대 石과 斛이 동일한 용적의 단위로 사용되었기 때문에 가능하였다. 위의 자료 a)는 『三國遺事』에서 景德王이 向德에게 租 500石을 하사하였다고 기록하고 있다.[7] 만약 斛=1/2石이었다면 『三國遺事』의 500석은 150석으로 기록되어야 한다. 그리고 자료 c)에서도 石과 斛이 함께 기록되었다는 것은 石과 斛아 동일한 용적으로 사용되었기 때문이다. 따라서 통일신라시대의 斛과 石은 동일한 용적의 단위였음을 유추할 수 있다.

고려시대의 石과 斛의 관계를 검토하기 위해서는 먼저 石의 자료들을 살펴보자.

나-a) 命賜有功者 穀人五十石 新羅王聞之 喜遣使來謝(『高麗史』 권1, 太祖 4年 2月 壬申)
나-b) 楊州奏 庄義·三川·靑淵等寺僧 犯禁釀酒 共米三百六十餘石 請依律斷罪從之(『高麗史』 권5, 顯宗 18年 6月 癸未)
나-c) 西北面兵馬使報 平虜鎭有一女生九子 皆有文武才 命其官藏 給租二十石終其身(『高麗史』 권22, 高宗 10年 5月)

위의 자료 a)는 공로가 있는 자들에게 穀食을 石 단위로 지급하였다는 것이다. 자료 b)는 各寺의 승려들이 米로 술을 주조하였는데 석을 단위로 환산하였다는 것이다. 그리고 자료 c)에서는 租를 계산할 때 石

---

7) 『三國遺事』 권5, 孝善9 向得舍知割股供親, "熊川州有向得舍知者 年凶 其父 幾於餒死 向得割股以給養 州人具事奏聞 景德王賞賜租五百石".

을 용적의 단위로 사용하고 있다. 이처럼 石은 穀食·米·租 등의 단위 용적으로 사용되었다. 실제 石은『高麗史』·『高麗史節要』등의 자료에서 가장 일반적으로 사용되고 있는 용적의 단위이다.

이와 함께 碩이란 용적의 단위도 사용되고 있다.

> 다-a) 命大匡朴守卿等 攷定國初有功役者 賜四役者米二十五碩 三
>   役者二十碩 二役者十五碩 一役者十二碩 以爲例食(『高麗史』 권
>   2, 光宗 卽位年 8月)
> 다-b) 以故將軍高延迪死事 賻其家米五十碩 麥三十碩 布一百匹
>   (『高麗史』 권4, 顯宗 7年 正月)
> 다-c) 特賜故將軍鄭神勇家穀三百碩(『高麗史』 권4, 顯宗 11年 3月)

위의 자료 a)는 국초의 공역자에게 碩을 단위로 米를 지급하였다는 것이다. 자료 b)는 將軍 高延迪에게 賻儀로 碩을 단위로 米·麥을 지급하였다는 것이다. 그리고 자료 c)는 將軍 鄭神勇의 가족에게 碩으로 穀食을 하사하였다. 이처럼 碩이 용적의 단위로 사용되고 있었지만 碩은 石과 용적의 차이가 없었던 것 같다.[8) 그것은 실제『高麗史』에 崔承老와 崔知夢이 사망하였을 때 米와 麥을 부의로 지급하였는데, 이 때 石과 碩을 혼용하여 기록한 사실을 통해서도 알 수 있다.[9) 따라서 碩은 石과 동일한 용적의 단위로 사용되었음을 알 수 있다.

또한 斛이란[10) 용례도 고려시대의 자료에 빈번하게 나타나고 있다.

---

8) 李宇泰,「新羅의 量田制 - 結負制의 成立과 變遷過程을 중심으로 - 」,『國史館論叢』37, 1992에서 碩은 통일신라시대에도 용적의 단위로 사용되었는데, 石과 동일한 단위라고 하였다.

9)『高麗史』권64, 禮6 諸臣喪 成宗 8年 5月, "守侍中崔承老卒 王慟悼 下敎褒其勳德贈太師 賻布千匹麴三百石粳米五百石乳香百斤腦原茶二百角大茶十斤";『高麗史』권93, 崔承老傳, "王慟悼 下敎褒其勳德贈太師 賻布千匹麴三百碩粳米五百碩乳香百斤腦原茶二百角大茶十斤";『高麗史』권64, 禮6 諸臣喪 成宗 6年 3月, "內史令崔知夢卒 王聞訃震 悼賻布千匹米三百石麥二百石茶二百角香二百斤";『高麗史』권92, 崔知夢傳, "年八十一訃聞震悼 賻布千匹米三百碩麥二百碩茶二百角香二百斤".

10) 중국 고대의 周代에서 시작하여 淸代까지 사용된 용적의 단위로, 字義는 10

라-a) 賜中書門下省 玄德倉米一百斛(『高麗史』 권11, 肅宗 5年 10月)

라-b) 築地倉于大倉 以備火災 可容二十餘萬斛(『高麗史』 권22, 高宗 12年 10月)

라-c) 賜諸王宰樞顯官 致仕三品租各十斛 四品八斛 五品六斛 六品及合入外官參職員四斛(『高麗史』 권24, 高宗 45年 12月)

위의 자료 a)는 현덕창의 米를 중서문하성에 하사할 때 斛이란 용적의 단위로 사용하였다. 자료 b)는 대창에 곡식을 저장할 때 斛이란 용적의 단위로 사용되고 있다. 그리고 자료 c)는 諸王과 여러 관인에게 품계에 따라 租를 지급할 때 斛을 단위로 지급하였다는 것이다. 따라서 고려시대에 斛도 용적의 단위로 사용되었음을 알 수 있다.

그런데 중국의 宋은 용적의 단위가 漢代의 십진법체계와는 달리 斛 =1/2石이었다. 이에 따라 고려도 송의 영향으로 1斛=1/2石인 7.5斗였다고 파악하였다.[11] 먼저 이와 관련하여 다음의 자료를 검토하여 보자.

마-a) 三司奏 諸道外官員僚所管州府稅貢 一歲米三百石 租四百斛 黃金一十兩 白銀二斤 布五十匹 白赤銅五十斤 鐵三百斤 鹽三百碩 絲綿四十斤 油蜜一碩 未納者請罷見任 從之(『高麗史』 권78, 食貨1 田制 租稅 靖宗 7年 正月)

마-b) 三司奏 舊制稅米一石 收耗米一升 今十二倉米 輸納京倉 累經水陸 欠耗實多 輸者苦被徵償 請一斛增收耗米七升 制可(『高麗史』 권78, 食貨1 田制 租稅 文宗 7年 6月)

마-c) 量之制 十勺爲合 十合爲升 十升爲斗 十五斗爲小斛硼 二十斗爲大斛硼(『經國大典』 권6, 工典 度量衡)

위의 자료 a)는 주현의 세공으로 歲米는 300石, 租는 400斛, 그리고 鹽과 油蜜은 300碩과 1碩 단위로 수취되고 있다. 이는 고려시대 주현

斗를 넣을 수 있는 용기를 뜻한다(小泉袈裟勝 編著, 앞의 책, 1990, 84쪽).
11) 朴興秀, 앞의 논문, 1977, 4쪽.

의 세공 중에서 米는 石으로, 租는 斛으로, 鹽과 油蜜은 碩의 용적 단위로 수취되고 볼 수 있다. 그러나 米의 수취도 石과 斛·碩으로 혼용되고 있고, 租의 수취 단위도 마찬가지이다. 자료 b)는 조세운송의 耗米가 이전에 1石에 1升이었는데, 운반 도중에서 많은 감소가 발생하니 앞으로 1斛에 7升의 耗米를 징수하자는 것이다. 그런데 斛=1/2石의 체계라면 稅米 1石에 耗米 14升을 징수한다. 이는 1石의 耗米가 이전의 제도와 비교할 때 14배나 증가된 과다한 양으로 생각된다. 따라서 斛과 石은 한 자료에 동시에 기록되고 있는 것으로 보아 동일한 용적일 가능성이 많다. 그리고 자료 c)는 조선전기의 사례이기는 하지만, 小斛과 大斛은 15두·20두 용적으로 각각 平石과 全石으로 사용된다는 것이다. 이것은 15두와 20두의 용적체계를 구분하기 위해 대곡과 소곡을 사용하였으므로, 斛의 기본 단위는 15두임을 알 수 있다. 실제고려시대 용적의 단위로 石과 斛이 구분되었다면 자료상에 이렇게 혼용할 이유가 없다. 따라서 위의 자료를 종합하여 볼 때 고려시대 斛과 石은 1/2의 용적 체계가 아니라 동일한 용적의 단위로 사용되었음을 알 수 있다.

그러면 한국 중세 1石(=斛)은 몇 斗였을까. 중국 양기의 체계는 龠, 合, 升, 斗, 斛의 5단계인데,[12] 龠合=合, 10合=升, 10升=斗, 10斗=石의 기본체계는 변화되지 않았다.[13] 먼저 다음의 자료를 통해 삼국

---

[12] 『漢書』 권21, 律曆志1 上에, "量者 龠合升斗斛也 所以量多少也 本起於黃鐘之龠 用度數審其容 以子穀秬黍中者千有二百實其龠 以井水準其槩 合龠爲合 十合爲升 十升爲斗 十斗爲斛 而五量嘉矣"라 하여 용적의 단위로 처음에는 검은 기장알 1200을 1龠이라 하고 '2龠=1合, 10合=1升, 10升=1斗, 10斗=1斛'의 5단위가 사용되었다. 그러나 『說苑』 권80, 辨物篇에는, "千二百黍爲一龠 十龠爲一合 十合爲一升 十升爲一斗 十斗爲一石"이라 기록되어 있다. 『漢書』에서는 2龠이 1合인데 비해, 『說苑』에서는 10龠이 1合이 된다는 차이가 있다.

[13] 앞에서 언급한 것처럼 중국의 양제는 王莽 때 10合=1升, 10升=1斗, 10斗=1斛이란 10진법의 기본단위가 사용되었다. 다만 한대 이후에는 龠의 하부 단위에 '六粟爲一圭 十圭爲一撮 十撮爲一抄 十抄爲一勺 十勺爲一合(『孫子算經』; 河南省計量局 主編, 「古代量器小考」, 『中國古代度量衡論文集』, 1990

및 통일신라시대의 石과 斗의 관계를 살펴보자.

바-a) 人稅布五匹 穀五石 遊人則三年一稅十人共細布一匹 租戶一
   石 次七斗 下五斗(『隋書』 권81, 東夷 高麗傳)

바-b) 永忽(知桑)受丑 二石上米十五斗七刀(後面 2行), 上米十七斗
   丑一石十斗 上米十三斗(後面 3行)(「正倉院 佐波里加盤附屬
   新羅文書」)[14]

바-c) 眞表律師 …… 年已二十七歲 於上元元年庚子(景德王 19,
   760) 蒸二十斗米 乃乾爲糧 詣保安縣 入邊山不思議房 以五合
   米爲一日費 除一合米養鼠(『三國遺事』 권4, 義解5 關東楓岳
   鉢淵藪石記)

바-d) (南)(公)□□(歲)十三(斗)[15](「雁鴨池出土新羅木簡 28」)[16]

위의 자료 a)는 『隋書』에 高句麗는 각 호의 등급에 따라 租를 부과
하였는데, 1石·7斗·5斗라는 것이다. 이 자료는 고구려의 石과 斗의
관계뿐만 아니라 戶稅의 量을 파악할 수 있다는 측면에서 일찍부터 주
목하여 왔다. 호의 등급에 따라 租가 차등적으로 부과된 점을 고려한
다면 1석은 15斗가 아니라 10斗가 더 합리적인 체계이다.[17] 따라서 고
구려는 1석=10두가 시행되었다고 볼 수 있다.[18] 자료 b)는 통일신라

에서 재인용)'이라고 하거나 '十粟爲一圭 十圭爲撮 十撮爲抄 十抄爲勺 十勺
爲合'(『夏候陽算經』 ; 河南省計量局 主編, 위의 책, 1990에서 재인용) 등으로
체계적인 형태가 나타난다. 그리고 당대에는 3升=大1升, 3斗=大1斗란 새로
운 단위가 사용되었지만, 이때에도 역시 大10斗=1斛의 체제는 변하지 않았
다. 그러나 송대에는 곡(10두)의 용적이 지나치게 증가하자 용적의 단위로 사
용하기에 불편하므로 5斗=1斛, 2斛=1石으로 고쳐 사용하였다. 따라서 송대
이후에는 斛=1/2石이란 기본적인 관계를 가지고 사용되었다.

14) 李基白, 『韓國上代古文書資料集成』, 1987, 22~23쪽.

15) 李基東은 '斗'를 '千'으로 판독하고 있지만(李基東, 「雁鴨池에서 出土된 新羅
木簡에 대하여」, 『新羅 骨品制社會와 花郎徒』, 1984), 李基白은 이와 비슷한
서체를 가진 글자를 '斗'로 판독하고 있다(李基白, 「正倉院 佐波里 加盤 附
屬文書」, 앞의 책, 1987). 필자는 李基白의 견해를 따랐다.

16) 李基白, 앞의 책, 1987에서 재인용.

17) 李宇泰, 「韓國 古代의 量制」, 『泰東古典研究』 10, 1993, 15~16쪽.

시대에 작성된 자료로서[19]) 上米가 15斗 7刀,[20]) 17斗, 13斗로 나타나고
있다. 따라서 통일신라시대의 1석은 최소 17두 이상이 되어야 한다. 자
료 c)는 진표가 도를 얻기 위해 20두의 쌀을 쪄서 양식으로 삼았다고
한다. 그러나 이는 20斗를 상징적으로 표현한 것이지 1石＝20斗의 관
계를 나타낸 것은 아닐 것으로 추측된다. 그리고 자료 d)는 경덕왕대
만들어진 통일신라의 木簡으로[21]) 13斗라는 사례가 나타나고 있다. 따
라서 위의 자료를 검토하여 볼 때 고구려는 중국 漢의 영향 등으로 1
石＝10斗制가 사용되었고, 통일신라시대는 1石＝17斗 이상의 斗制가
사용되었다.[22]) 그런데 이러한 사례는 뒤에서 검토하겠지만 조선초기에
1石＝20斗의 양의 체계가 사용된 점을 고려한다면 통일신라시대의 1
石＝17斗 이상의 양의 체계는 1石＝20斗였다고 볼 수 있다.

그런데 다음의 자료에 의하면 통일신라시대 말기에는 1석＝20두가
아니라 1석＝15두도 사용되었음을 알 수 있다.

사-a) 其成九原 則雖云王土 且非公田 於是括以邁封 求之善價 益丘
壟餘二百結 酬稻穀合二千苫 斛除一斗爲苫 十六斗爲斛(『朝

---

18) 李宇泰, 앞의 논문, 1993.
19) 문서의 작성시기에 대해서 南豊鉉은 정창원 신라장적과 같다고 보았고(南豊
鉉, 「第二新羅帳籍에 대하여」, 『美術資料』 19, 1976, 321쪽), 李基白은 752년
이전으로 추정하였으며(李基白, 「正倉院 佐波里加盤 附屬 新羅文書」, 앞의
책, 1987, 22쪽), 鈴木靖民은 통일신라에서 고려초기 이전으로 보았다(鈴木靖
民, 「正倉院佐波里加盤附屬文書의 解讀」, 『古代東アジア史論集(上卷)』, 1978,
241～243쪽). 尹善泰는 8C 초중반으로 파악하였다(「正倉院 所藏佐波里加盤
附屬文書의 新考察」, 『國史館論叢』 74, 1997, 202～311쪽).
20) 鈴木靖民에 의하면, "宋의 孫穆이 찬한 고려 중엽의 사서 일종인 『雞林類
事』의 序에 '一小升 有六合爲刀(以升爲刀)'라 하였고, 또 방언에 '升日刀(音
堆)'라 하였다. 고려 중엽경에 升은 刀와 동의어로 사용되었고, 되로 불리었
다"고 한다(鈴木靖民, 앞의 글, 1978, 229쪽). 따라서 刀는 升임을 알 수 있다.
21) 李基東은 年號[天寶(742～755)와 寶應(762)]와 干支[경자・을사・갑인년]의
기록이 있는 6개의 목간은 景德王 10年(751)에서 惠恭王 9年(774)에 만들어
진 것으로 추측하였다(李基東, 앞의 논문, 1984, 399～403쪽).
22) 呂恩暎, 「高麗時代의 量制 - 結負制 이해의 기초로서 - 」, 『慶尙史學』 3,
1987 ; 李宇泰, 앞의 논문, 1993 참조.

鮮金石總覽』上, 崇福寺碑)

　사-b) 公幼穎 隨朝請公 事太尉藩王于京邸 遂通三國語 敎爲先王官
　　　屬 而服事久用 其勞賜 田一百結 東俗 以五畝減百弓爲結 斛
　　　除一斗爲苫 文昌侯云'(『拙藁千百』 권2, 崔大監墓誌)

　자료 a)는 眞聖女王 10년(896) 崔致遠이 撰한 四山碑銘의 하나인
「崇福寺碑文」이다. 비문의 내용은 원성왕의 왕릉을 조영하기 위해 구
릉의 토지 200결을 稻穀 2千苫으로 매입하였다는 것이다. 苫은 斛에 1
두를 제한 것이라고 한다. 斛는 16두이다. 따라서 통일신라시대 말기의
苫(＝섬)은 15두로 石과 동일함을 알 수 있다. 자료 b)는 고려후기 崔
瀣가 至元 6년(충혜왕 후 1, 1340)에 쓴 崔安道의 묘지명이다. 묘비명
에 의하면 최안도는 태위심왕, 즉 충선왕을 경도에서 잘 섬긴 공으로
토지 100결을 하사받았다. 최해는 1결의 면적과 섬을 '以五畝減百弓爲
結 斛除一斗爲苫 文昌侯云'이라는 文昌侯, 즉 최치원이 말한 것을 인
용하여 기록하고 있다.
　최해가 '東俗'이란 표현을 쓰면서 고려의 면적단위인 結과 중국의
면적단위인 頃을 비교하고, '斛'에 一斗를 제하면 '苫'이라 한 이유는
어디에 있었을까. 물론 최해가 인용한 문창후의 자료에 대해서는 신빙
성에 대한 논란이 제기되고 있지만,23) 부정되어야 할 이유는 없다. 최
해는 安軸·李衍宗 등과 함께 원의 과거에 응시하여 합격하여 충숙왕
8년(1321) 遼陽路蓋州判官에 임명되었다가 5개월만에 귀국하였다.24)
최해는 원의 지방관을 역임하면서 원의 토지면적과 용적의 단위에 관
심을 가지면서 고려와 원의 제도를 비교하였을 가능성이 있다. 그후

----

23) 文昌侯의 註에 대해서는 긍정하는 견해와 부정하는 견해로 나누어진다. 전자
　는 呂恩暎, 앞의 논문, 1987 ; 李宗峯, 「高麗時代의 量制」, 『國史館論叢』 82,
　1998 ; 尹善泰, 「新羅 '崇福寺碑'의 復元 - 結·苫의 細註와 관련하여 - 」, 『佛
　敎美術』 16, 2000 등이고, 후자는 李丙燾, 『韓國史 - 古代篇 - 』, 震檀學會,
　1959 등이다.
24) 『高麗史』 권120, 崔瀣傳, "忠肅八年 應擧于元中制科 授遼陽路盖州判官 …
　… 始赴盖州 地僻職宂 居五月移病東歸".

최해는 최안도가 왕으로부터 하사받은 100결의 토지 규모를 중국의 頃과 대비하면서 文昌侯의 註를 달았을 것이다. 최해는 원의 지방관을 역임했던 사실을 스스로 자랑하고 있었다.[25] 최해가 결과 경을 비교한 것은 이를 통해 중국 관료 생활에 대한 자부심을 표출하기 위한 것으로 볼 수 있다. 그러면서 토지와 불가분의 관계를 이루는 고려의 용적에 대해서도 문창후의 주를 인용하였던 것이다. 즉 9세기 후반, 즉 통일신라시대 말기에는 1석이 15두였음을 알 수 있다.

통일신라시대 1석의 용적은 「정창원좌파리가반부속문서」(8세기 초중반)에 나타난 20두에서 「숭복사비문」(9세기 후반)의 15두로 변화되었다고 파악할 수 있다.[26] 하지만 통일신라시대에는 1석의 체계를 변화시킬만한 이유가 없다. 오히려 앞의 조선전기 『經國大典』에 규정되어 있는 것처럼 통일신라시대에도 1석은 「정창원좌파리가반부속문서」의 20두와 「숭복사비문」의 15두가 함께 사용되었다고 파악하여야 한다. 따라서 통일신라시대 1石은 15斗와 20斗가 존재하였고, 이러한 20두가 조선전기에 全石으로 발전하였다고 생각된다.

다음으로 고려시대 石과 斗의 관계는 어떠하였는지를 살펴보자. 이에 대해서는 다음의 자료가 주목된다.

> 아-a) 大司憲趙浚上書曰 …… 太祖龍興卽位 三十有四日 迎見君臣
> 慨然嘆曰 近世暴斂 一頃之租 收至六石 民不聊生 予甚憫之
> 自今宜用什一 以田一負 出租三升(『高麗史』권78, 食貨1 田制
> 祿科田 辛禑 14年 7月)
>
> 아-b) 判 公田租四分取一 水田 上等一結 租二(三)[27]石 十一斗二升
> 五合五勺 中等一結 租二石十一斗二升五合 下等一結 租一石
> 十一斗二升五合 …… 旱田 上等一結 租二石三斗七升五合 中

---

25) 任鍾淳, 「拙藁千百解題」, 『拙藁千百』, 亞細亞文化社, 1972, 2~5쪽.

26) 尹善泰, 앞의 논문, 2000, 192~194쪽에서 1석이 20두에서 15두로 변화되면서 1승의 용적도 약 350㎖로 변화되었다고 파악하였다.

27) 公田租 水田 上等田의 '2石 11斗 2升 5合 5勺'은 中等田의 수취 규정과 동일하므로 '3石 11斗 2升 5合 5勺'이 정확하다고 생각된다.

等一結 一石十一斗二升五合 下等一結 一石三斗七升五合
(『高麗史』 권78, 食貨1 田制 租稅 成宗 11年)

아-c) 定田稅 十負出米七合五勺 積至一結米七升五合 二十結米一
碩(『高麗史』 권78, 食貨1 田制 租稅 文宗 23年)

아-d) 左右倉斗槩不法 納米一石贏至二斗 外吏因緣重斂久爲民弊
近欲釐正 下制一石幷耗米 不過十七斗 群小洶洶 至是下制仍
舊(『高麗史』 권78, 食貨1 租稅 明宗 6年 7月)

위의 자료 a)는 趙浚의 전제개혁을 논하는 내용 중 태조가 즉위 초
에 조세의 수취가 과다하므로 이를 1/10租의 원칙에 입각하여 1負에 3
升으로 시정하였다는 것이다. 따라서 고려는 100부, 즉 1結은 300升,
즉 30斗＝2石의 租가 수취되었으므로 1石＝15斗의 관계를 가지고 있
다. 자료 b)는 성종대 공전의 수조식으로 상등전·중등전·하등전의
비율을 기록하고 있는데, 한전의 경우 약 7.5두의 비율로 체감되고 있
다. 따라서 고려 성종대의 1석은 15두임을 알 수 있다. 자료 c)는 田稅
가 1結에 7승 5홉을 내니 20결에 1석(＝150升)이라는 것이다. 따라서
이를 계산하면 1석은 15두임을 알 수 있다. 자료 d)는 좌우창에서 사용
되는 斗와 升이 법과 같지 않아 1석을 수납하는 데 2斗나 더 바치자,
이를 지방의 아전들이 악용하여 과다하게 수취하였다. 이를 시정하기
위해 1石에 耗米를 합하여 17두(1석 2두) 이상은 넘지 않아야 한다는
것이다. 명종대에는 1석은 15두임을 알 수 있다. 따라서 위의 자료를
종합적으로 살펴볼 때 고려시대 1석은 15두임을 알 수 있다.

이처럼 고려시대는 1석＝15두가 국가적인 양의 체계였다. 하지만 통
일신라시대처럼 1석＝20두가 사용되었을 가능성은 없었을까. 이에 대
해서는 다음의 조선초기 자료를 살펴보자.

자-a) 議政府據戶曹呈計 請以新營造尺 更定斛斗升合 體制斛 容二
十斗者 長二尺 廣一尺一寸二分 深一尺七寸五分 積三千九百
二十寸 容十五斗者 長二尺 廣一尺 深一尺四寸七分 積二千
九百四十寸 斗長七寸 廣七寸 深四寸 積一百九十六寸 升長

四寸九分 廣二寸 深二寸 積十九寸六分 合長二寸 廣七分 深
七寸四分 積一寸九分六里 從之(『世宗實錄』 권134, 世宗 28年
9月 壬辰)

자-b) 戶曹上收炭之法 啓曰 近因繕工監呈比校正炭收納之斛 或十
五斗 或二十斗 又有秤量輕重不同 故啓聞取旨 上曰 炭安敢
以斗升 量如米穀乎 以七十斤爲一石收納 當其用時 以斤量出
之(『太宗實錄』 권34, 太宗 17年 11月 丙辰)

위의 자료 a)는 세종 28년(1446)에 新營造尺으로 斛·斗·升·合을
更定하였는데, 斛(=石)의 단위 양기로 20두와 15두를 각각 제정하였
다는 것이다. 이 시기에 15두와 20두의 양기를 제정하게 된 요인은 이
전부터 석의 양기로 15두와 20두가 민간에서 널리 사용되고 있었기 때
문에 이를 합법화한 것으로 생각된다.[28] 그런 측면에서 다음의 자료가
주목된다. 자료 b)는 근래 繕工監에서 正炭을 수취하는데, 15두 혹은
20두가 사용되고 있다는 것이다. 이는 태종 17년(1417) 이전에 1석=15
두(=平石)와 1석=20두(=全石)가 존재하였음을 암시한다. 따라서 세
종 28년은 조선초기 이래 사용되어 온 15두와 20두의 용적을 새롭게
경정한 것에 불과하다. 결국 15두와 20두는 조선초기 평석과 전석으로
각각 제도화하였다.[29]

이러한 1石=20斗는 앞에서 서술한 것처럼 고려시대 공식적 양기의
단위체계는 아니었다. 그런데 조선초기에는 1석=15두와 20두가 함께
사용되고 있었다. 이를 어떻게 이해할 수 있을까. 그것은 아마도 통일
신라시대 1석=20두의 양의 체계가 나말여초의 어느 시기에 1석=15
두의 양의 체계로 통일되면서 1석=20두의 양의 체계가 완전하게 사라

---

28) 중국의 경우 양제와 마찬가지로, 척의 경우도 단위 길이가 점차 증가되었다.
이러한 요인은 민간에서 사용된 척을 국가에서 공인하여 사용하는 현상으로
나타났기 때문이라고 파악하였다(小泉袈裟勝, 「中國の度量衡」, 『歷史の中の
單位』, 綜合科學出版, 1979).

29) 『經國大典』 권6, 工典 度量衡, "諸司諸邑度量衡本曹制造 …… 私處所造 每
歲秋分日 京平市署 外巨鎭平校並烙印 …… 量之制十勺爲合 十合爲升 十
升爲斗 十五斗爲小斛枰 二十斗爲大斛碪".

지지 않고, 오히려 유제가 민간에서 사용되었던 것은 아니었을까. 즉 1
석＝20두는 고려시대의 공적인 양의 체계와는 별도의 단위체계가 존
재하였다는 것이다.

이러한 점은 고려시대의 양제와 관련되는 운용체계를 살펴봄으로써
이해할 수 있다. 이를 위해 다음의 자료를 살펴보자.

차-a) 命有司定權衡平斗量(『高麗史』권6, 靖宗 6年 2月 壬子)
차-b) 判每年春秋　平校公私枰斛斗升平木長木　外官則令東西京四
　　　都護八牧掌之(『高麗史』권84, 刑法1 職制 靖宗 12年)

위의 자료 a)는 고려초기에 사용되어 오던 도량형의 용적에 대해 정
종 6년(1040)에 새롭게 제정케 하였다는 것이다. 정종대 도량형 제정의
배경은 아마도 이전에 사용되던 양기의 용적이 동일하지 않거나, 혹은
후삼국 통일 이후 생산력의 증대나 안정으로 양의 체계를 새롭게 증대
시킬 목적에서 추진된 것으로 보인다. 따라서 정종대에는 왕의 명령이
있었던 것으로 보아 어떠한 형태로든지 양제가 정리되었을 것으로 생
각된다. 자료 b)는 매년 봄과 가을에 公私의 枰·斛·斗·升과 장목과
평목을 공평하게 교정하는데, 외관은 동·서경, 도호, 8목의 계수관으
로 하여금 이를 관장케 하라는 것이다. 이는 정종 6년 양제 개편 이후
양기를 점검함으로써 양기의 불법적인 운용을 막기 위한 조처로 생각
된다.[30]

고려시대 양제의 문란은 무신정권을 전후한 시기에 집중적으로 나
타나기 시작하였다. 그것은 무신정권 때 平斗量都監을[31] 설치하여

---

[30] 양기 운용의 폐단을 시정하기 위해 大覺國師 義天은 주전론 등을 제기하기
도 하였다. ; 『大覺國師文集』권12, 鑄錢論, "又有小升大升之傷 輕量重量之
奸 良善无告之民 僅獲升合 簸揚淘擇 其所亡者 十四五焉 雖處之嚴利 不能
止也 今用錢 以絶奸狡 而恤困窮 其利二也".
[31] 明宗 3年(1173)에 도량형기 특히 되, 말 등을 통일시키기 위해 설치했던 임시
기관이다. 이후 조선초기에는 京市署에서 담당하다가, 世祖 12년(1467)부터
는 平市署가 담당하였다.

斗·升은 모두 평미래(槪)를 사용케 하였으나 다시 원상태로 환원된
점을 들 수 있다.32) 이는 양기가 조세수취에서 불법적으로 자행되고
있음을 암시한다. 그리고 左右倉의 말과 평목이 불법적으로 사용되어
米 1석(15두)을 수납하는 데 剩餘米가 2두에 이르러 민폐로 작용되자
이를 시정하는 조치를 취했으나 결국 원상태로 환원되었다고 한다.33)
이는 1석의 정액이 15두인데 17두가 수취되고 있으므로 양제의 운용이
상당히 문란하였음을 암시한다. 이 같은 양제의 문란은 1석이 17두 이
상 즉 통일신라시대의 1석 20두까지도 사용될 수 있었다. 이에 따라 고
려는 12세기 명종 11년 宰樞·臺諫·重房 등이 京市署에 모여 斗斛
의 奸僞를 검사하거나,34) 또 奉恩寺에 모여 시장의 물가를 정하면 斗
斛을 공평하게 하는35) 등 양기의 운용에 대한 계속적인 대책을 발표하
였다.

한편 고려후기에 이르면 양기를 불법적으로 제작하여 수세하는 양
상으로 전개되었다. 그것은 공민왕 7년 옛날의 조세납부는 민이 自量
自槪하였는데, 지금의 관리들은 大斗로 잉여를 남기므로 민이 고통스
러워 한다. 지방의 수령은 몸소 中外를 감시하여 공사의 斗斛을 같게
하라고 한 점을 들 수 있다.36) 이는 고려후기에 公私의 양기가 통일되
어 있지 않다는 것을 암시한다. 또한 공민왕 7년에는 안렴과 수령 등의
기강이 해이하므로 여러 道의 향리들이 제마음대로 사욕을 채워 조세
를 거둘 때 사사로이 大斗를 만들어 사용한다고 하거나,37) 우왕 14년

32)『高麗史』권85, 刑法2 禁令 明宗 3年 4月, "執奏李義方 置平斗量都監 斗升
皆用槪 犯者黥配于島 未踰年復如初".
33)『高麗史』권78, 食貨1 租稅 明宗 6年 7月.
34)『高麗史』권20, 明宗 11年 7月 己卯, "宰樞臺諫重房會京市署 檢斗斛察奸僞
以市人於斗米雜沙秕責之也".
35)『高麗史』권85, 刑法2 禁令 明宗 11年 7月, "宰樞重房臺諫會奉恩寺 定市價
平斗斛 犯者配海島".
36)『高麗史』권78, 食貨1 租稅 恭愍王 5年 5月, "下敎 …… 一古者租稅之納 許
民自量自槪 今之官吏大斗剩量 民甚苦之 其令州郡官躬親監視中外公私同
其斗斛".
37)『高麗史』권85, 刑法2 禁令 恭愍王 7年 4月, "都評議使上言 比來按廉守令

에는 收租奴 등이 관첩을 받지 않거나, 관청에서 제정한 斗斛을 쓰지 않는 자에게 杖 百을 치라는 주문을 하고 있다.[38] 이러한 사례를 살펴볼 때 고려후기 지방관, 향리, 권세가 등에 의해 사적으로 大斗 등의 양기가 제조되어 수취에 이용되었음을 알 수 있다.

한편 양기 운용의 부정행위가 발생하자 고려 정부에서도 사사로이 저울과 말을 만들어 저자에서 사용케 한 자나,[39] 秤斗尺度를 써서 관물을 출납할 때 공평하지 않게 하는 자에 대해 장을 치는 등의 규제를 하지만[40] 고려 정부의 이러한 규제는 잘 지켜지지 않았다. 따라서 고려후기 양기의 운용은 법제적 1석 15두뿐만 아니라 20두를 사용하여 불법적 수취를 자행하게 되었다. 이는 조선전기 양제의 운용에도 영향을 주었을 뿐만 아니라 조선전기 양제가 새롭게 제정되는 배경이 되었을 것이다.

이상에서 살펴본 것처럼 통일신라시대는 1석 15두와 20두가 공용되었고, 고려의 양제는 1석=15두가 공식적 체계이지만 고려후기에 이르면 양제의 문란으로 1석=20두도 민간에서 널리 사용되었다. 고려시대 1승의 용적은 뒤에서 서술하겠지만 통일신라시대 1승의 용적보다 증대되었기 때문에 고려시대 1석=15두는 통일신라시대의 1석=20두의 용적보다는 훨씬 큰 것이다. 조선전기 1석=20두는 양의 체계상에서 볼 때 통일신라시대 1석=20두가 부활된 것으로 생각된다.

紀綱不立 諸道鄕里縱逞其欲 點兵則不及富戶 收租則私作大斗 匿京丁爲其田 聚良人爲其隷 誅求於民靡有紀極 宜令御史臺及諸道按廉使究其元惡者車裂 輕者杖流從之".

38) 『高麗史』 권78, 食貨1 田制 辛禑 14年 7月, "大司憲趙浚上書曰 …… 受代田白丁 匿傍田一結者 收租奴不受官牒 不較官斗者杖一百".

39) 『高麗史』 권85, 刑法2 禁令, "私作秤斗在市執用有增減者 一尺杖六十 ……".

40) 『高麗史』 권85, 刑法2 禁令, "用秤斗尺度 出入官物不平入已者 一尺杖六十 …… 有增減者坐贓論".

2. 용적의 단위

앞 절에서는 양의 체계와 양제의 운용에 대해 살펴보았다. 본 절에서는 양기의 용적은 어느 정도인지를 살펴보자. 한국중세 양기의 용적을 밝혀줄 구체적인 근거 자료 및 실물은 남아있지 않다. 따라서 한국중세 양기의 용적을 구하는 데 많은 한계를 가진다.

이와 같은 한계점은 중국의 양기 용적과 비교·분석을 통해 일정하게 보완할 수 있다. 전근대사회 한국은 중국과 항상적인 문화교류 속에서 역사가 발전되어 왔기 때문에 양기의 용적과 양척 등은 중국의 영향을 받았을 것이다. 예를 들어 중국의 고대사회에서 만들어진 銅鼎이 우리나라의 각지에서 발견된 점을 들 수 있다.[41]

최근 동의대학교에서 발굴한 김해 양동 고분군에서는 銅鼎(높이 ; 17.5cm, 구경 ; 16.1cm)에 '西□官鼎 容一斗 幷重十七斤七兩七'이라는 명문이 새겨져 있어 주목된다.[42] 이 동정에 대한 용적을 측정하지 않았기 때문에 기록되어 있는 명문의 내용과 용적의 표현이 정확한지는 알 수 없다.

---

41) 우리나라에서 발굴된 동정의 양상에 대해서는 다음의 논고가 참고된다. ; 鄭仁盛, 「韓半島 出土 (靑銅)鼎의 性格」, 『古文化』 48, 1996). 그러나 동정의 용량 등에 대해서는 아직까지 검토된 바 없다.

42) 동의대학교 박물관, 「김해 양동리 고분군 발굴조사(제3차) 약보고서」, 1994에 의하면, 동정이 지금까지 우리나라에서 출토된 예로는 신라고분에서는 천마총 및 황오리 4호분, 노서리 138호분 등이었으며 최근에는 울주 하대 유적 제23호 토광목곽묘에서 1점이 검출된 바 있다. 그리고 서북한 지역에서도 정백동 8호에서 2점, 낙랑토성지 유적에서 1점만이 확인되고 있는 상태로 극히 제한된 출토 예가 있을 뿐이다. 그런데 지금까지 한반도 출토 예에서는 명문이 있는 것을 볼 수 없었으나 이번 양동리 고분 조사에서는 견부에 명이 새겨져 있는 동정을 처음 발견하게 되었다. 이 동정은 그 연대가 B.C 100~A.D 100년 사이의 것이나 이 유물이 부장되었던 제322호 토광목곽묘는 그 연대폭을 크게 잡아도 A.D 3세기로 추정되고 있음을 고려할 때 傳世品임을 알 수 있다. 이 동정은 짧은 족이나 耳頭의 형태로 보아 B.C 100~A.D 100년 사이에 황하강의 중·하류 지역에서 다양하게 보이는 것이다. 그리고 이 동정의 명문에는 용량이 기재되어 있다.

다만 중국에서는 동정의 명문 기록과 그 용적을 비교 검토하였다.
상해박물관 소장 「長陵銘 銅盉(높이 ; 26.8, 입구직경 ; 9.6, 복부직경 ;
18.9, 용적 ; 2,325㎖)」에는 세 곳에 명문이 새겨져 있는데, 전국시대에
새겨진 '容一斗二益'과 진·한대에 새겨진 '長陵一斗一升'이 있다. 이
기물의 용적은 1斗 2益을 지금의 1두 2승으로 환산한다면 1승은 194㎖
이다. 이 기물은 진·한대에까지 내려와서 다시 비교 측량을 거쳐 그
용적이 1두 1승이라고 각명되었는데, 1승은 211㎖로 환산하였다.[43] 동
정에 새겨진 명문과 실제의 용적은 서로 비슷하고 뒤에서 설명하는 양
기의 용적과도 별 다른 차이가 없다. 따라서 중국에서 유입된 한반도
의 출토 동정은 용적이 기록된 점을 고려할 때 우리나라 양기의 용적
단위에 참고되었을 가능성이 있다. 銅鼎 등이 유입된 점을 고려할 때
중국의 양기들도 유입되었을 것으로 생각된다.

그리고 한국 중세 용적의 변화를 이해하기 위해서는 중국 1승의 용
적이 어느 정도인지를 살펴보자. 天津市武藝博物館에 소장되어 있는
前漢의 銅升 외면에는 '上林共府 初元三年受琅邪[44] 容一升 重斤二
兩 工師駿造'라는 명문이 새겨져 있다. 용기를 실측한 용적은 약 200
㎖라고 하였다.[45] 그리고 대만소장의 "新王莽 銅嘉量"에는 크기가 다
른 양기(斛·斗·升·合·籥)마다 각각의 명문이 있는데, 그 중 승에
관한 기록으로 '律嘉量升 方二村而圜其外 庞旁一釐九豪 冥六百四十
八分 深二寸五分 積萬六千二百分 容十合'이 새겨져 있다. 嘉量 명문
은 5量의 직경, 깊이, 밑면과 용적을 기록하고 있어 新 王莽의 도량형
제의 연구에 중요한 근거 자료로 이용되고 있다. 新 王莽 때의 1척의
길이는 23.08864㎝이므로 1승의 용적은 200.63492㎖라고 하였다.[46]

43) 邱隆·丘光明·顧茂森·劉東瑞·巫鴻 共編(金基協 譯), 『中國度量衡圖
     集』, 1993, 法仁文化社, 382쪽.
44) 琅邪는 『漢書』 지리지의 주에 의하면 '秦이 설치하였고 왕망은 塡夷라고 불
     렀으며, 서주에 속한다'라고 했다. 현 山東省 諸城縣에 있다.
45) 邱隆·丘光明·顧茂森·劉東瑞·巫鴻 共編(金基協 譯), 앞의 책, 1993, 172
     쪽.
46) 邱隆·丘光明·顧茂森·劉東瑞·巫鴻 共編(金基協 譯), 앞의 책, 1993, 186

이와 같은 중국 漢代 1승의 용적 약 200㎖는 남북조시대에 약간의 증대는 있었지만 수·당대 이전까지 지속되어졌다. 그러나 수·당대에는 秦·漢代의 용적보다 3배로 증대된 대용적이었으므로,[47] 진한대 1승을 200㎖로 추산한다면 隋·唐代의 1승은 약 600㎖라고 추정하고 있다.[48]

한편 宋代 1승의 용적은 양기의 단위와 관련된 기록과 실물이 거의 남아 있지 않지만,『夢溪筆談』에 의하면 "漢의 1斛이 지금의 2두 7승과 秦漢 이전의 6두가 지금의 1두 7승 9합"이라고 비교한[49] 기록이 주목된다. 그런데 沈括은 한대의 1곡과 송대의 용적을 비교하였지만, 앞의 기록은 1곡이 2두 7승이라 하였고 후의 기록은 6두가 1두 7승 9합이라고 하여 약간 다르게 기록하고 있다. 여기서 말하는 진한 이전의 양기는 왕망 때의 용기 용적을 지칭하는데, 앞에서 언급한 것처럼 약 200㎖라고 하였다. 따라서 심괄의 기록을 통한 송대의 1升은 약 741㎖와 668㎖로 추정된다. 이것은 한대의 용적보다 약 3.7배에서 3.34배 정도 증대되었음을 알 수 있다.[50]

그리고『續宣城志』에 의하면 "[ㄱ] 每 斛은 尺으로 기준을 삼았는

~187쪽.

47) 『隋書』권16, 律曆 上 嘉量, "開皇 以古斗三升爲一升 大業初 依復古斗" ; 『隋書』권24, 食貨, "其度量 斗則三斗當今一斗" ;『大唐六典』권3, 金部 員外郞, "三斗爲大一斗".

48) 丘光明,『中國度量衡』, 新華出版社, 1993, 109쪽 ;『中國古代度量衡』, 商務印書館, 1996, 144쪽.

49) 沈括,『夢溪筆談』권3, 辨證1, "漢人飮酒一石不亂 …… 然漢之一斛 亦是今之二斗七升 人之腹中亦可容置二斗七升水邪" 및 "予考樂律 及受詔改鑄渾儀 求秦漢以前度量斗升計 六斗當今一斗七升九合" ; 丘光明 編著, 「宋元明時期容量總述」,『中國歷代度量衡考』, 科學出版社, 1992, 262쪽.

50) 吳承洛은 송대 1승의 용적은 여태까지 후자의 자료를 근거로 668㎖라고 추정하였다(吳承洛,『中國度量衡史』, 1937). 그리고 呂恩暎은 이러한 송대 1승의 용적을 토대로 원대의 1승의 용적 뿐만 아니라 고려시대 1승의 용적을 구하는 중요한 근거로 삼았다(呂恩暎, 앞의 논문, 1987). 한편 丘光明은『夢溪筆談』에 근거한 송대의 1승은 용적을 측정할 수 있는 근거가 서로 다를 뿐만 아니라 용적도 너무 크다고 비판하였다(丘光明, 앞의 책, 1992, 262쪽).

데, 곡의 바깥 깊이가 一尺二寸七分이고, 斛의 내면 깊이는 一尺二寸八分"이라는 기록과 "[ㄴ] 嘉定九年(1216, 南宋 寧宗) 三月 寧國府에서 文思斗를 만들었는데, 斗의 바깥 입구에서 밑면까지가 3寸9分이고, 斗의 안쪽 입구에서 밑면의 깊이가 3寸3分이고, 斗의 口方이 9寸이고, 斗의 밑면이 方 5寸6分"이라는 기록이 있다.[51] 丘光明은 『續宣城志』의 [ㄱ] 木斛의 기술은 다음과 같은 3가지 점에서 정확하지 못하다고 하였다. 첫째, 斛의 구경이 명시되어 있지 않고, 둘째, 斛의 저경이 명시되어 있지 않고, 셋째, 文中에 斛의 깊이는 1척 2촌 8분이며, 높이는 1척 2촌 7분으로 기술되어 있는데, 이 중 하나는 잘못 기록되어 있다는 것이다. 그러므로 이를 근거로 곡의 용적을 구하는 것은 근본적인 한계를 가진다. 오히려 [ㄴ] 文思院 方斗의 기록을 토대로 송대 1승의 용적을 구하는 것이 타당하다고 보았다. 즉 송척의 길이 31.6㎝를 근거로 계산하면, 송대의 1승은 585㎖라고 파악하였다.[52]

한편 원대에는 도량형에 관련된 기록이나 관련 유물들이 거의 없다. 다만 『元史』 식화지에 양제와 관련된 단편적인 기록이 있어 주목된다. 그것은 "宋의 一石은 지금의 七斗이다"라고[53] 한 기록을 들 수 있다. 앞의 자료를 살펴볼 때 원대는 송대에 비해 양기의 단위 규격이 43% 정도 증대되었음을 알 수 있다(송의 1승과 원의 1승의 용적비는 1 : 1.4286이다). 吳承洛은 송대 1승의 용적을 668㎖로 파악하여 원의 1승을 약 954㎖ 정도라고 하였다.[54] 이에 비해 丘光明은 송대 1승의 용적

51) 『永樂大典』 권7512, 倉 字韻, "(ㄱ)嘉定諸倉斛斗 斛內刊記 ; …… 今措置 每斛各以尺爲準 斛外自口至墻底高一尺二寸七分 斛內自口之底 面深一尺二寸八分 (ㄴ)嘉定九年(1216 ; 南宋 寧宗)三月 寧國府造文思斗 用此受納 提擧兼權府事李 (押) 斗外自口至墻底三寸九分 斗內自口至底面深三寸三分 明里口方九寸 明里底面方五寸六分 嘉定九年 權府李提擧"(丘光明, 앞의 책, 1992, 262쪽).

52) $(0.9 \times 31.6)^2 \times (0.56 \times 31.6)^2/2 \times 0.33 \times 31.6 = 5850$(立方釐米). 丘光明은 이를 통해 1승은 585㎖라고 하였다(丘光明, 앞의 책, 1992, 262쪽 ; 『中國度量衡』, 新華出版社, 1993, 123~125쪽).

53) 『元史』 권93, 食貨1 稅糧 至元 19年 2月, "其輸米者 止用宋斗斛 蓋以宋一石當今七斗故也".

을 585㎖로 파악하여 元代 1승의 용적을 약 836㎖ 정도로 파악하였
다.[55] 따라서 元代 1승의 용적은 중국 학자들 사이에서도 현재까지 통
일되지 않고 있음을 알 수 있다.

이와 같은 중국 1승의 용적을 참조한다면 고려시대 1승의 용적은 어
느 정도일까. 먼저 1승의 용적을 산술적으로 구하기 전에 우리나라와
중국의 식량소비량을 비교하여 볼 필요가 있다.[56] 그것은 통일신라 및
고려시대의 민과 중국 唐·宋代 민의 절대적 식량소비량이 서로 비슷
할 것이기 때문이다. 고려시대의 식량소비량을 이해하기 전에 통일신
라시대 식량소비량의 사례부터 살펴보자.

> 가-a) 民多餓死 給粟人一日三升(『三國史記』권8, 新羅本紀 聖德王
>   6年 正月)
> 가-b) 丁未正月初一一至七月三十日　救民給租　一口一日三升爲式
>   終事而計三十萬五百碩也(『三國遺事』권2, 紀異2 聖德王)
> 가-c) 眞表律師 …… 年已二十七歲　於上元元年庚子(경덕왕　19,
>   760) 蒸二十斗米 乃乾爲糧 詣保安縣 入邊山不思議房 以五合
>   米爲一日費 除一合米養鼠(『三國遺事』권4, 義解5 關東楓岳
>   鉢淵藪石記)
> 가-d) 王都民饑 出粟三萬三千二百四十石 以賑給之 冬十月 又出粟
>   三萬三千石 以給(『三國史記』권10, 新羅本紀 元聖王 2年 9月)
> 가-e) 王膳一日飯米三斗 雄雉九首 自庚申年滅百濟後 除晝膳 但朝
>   暮而已 然計一日米六斗 酒六斗 雉十首(『三國遺事』권1, 紀異
>   1 太宗春秋公)

위의 자료 a)는 『三國史記』의 자료로 성덕왕 6년(707) 굶어 죽어가
는 민에게 하루에 粟 3승을 지급하였다는 것이고, 자료 b)는 『三國遺

---

54) 吳承洛, 앞의 책, 1937, 70~71쪽 ; 呂恩暎, 앞의 논문, 1987.
55) 丘光明, 앞의 책, 1992, 263쪽 ; 앞의 책, 1993, 127쪽.
56) 민의 식량소비량은 기본적으로 계급·연령·성별·신장의 대소에 따라 많은
    차이가 있을 것이다. 따라서 식량소비량의 비교 대상은 丁男·丁女을 중심으
    로 비교하고자 한다.

事』의 자료로서 丁未年, 즉 성덕왕 6년 민을 구제하기 위해 租를 하루에 3승을 지급한다는 것이다. 따라서 자료 a)와 b)는 동일한 내용을 기록한 사료이므로 8C 초 빈민에게 1일 3승의 구민곡을 지급했을 가능성이 크다고 하겠다. 이와는 달리 자료 c)는 진표가 하루에 米 4合 정도의 식량을 책정하고 있다는 것이다. 물론 진표는 계율을 중시하는 수도승이었고, 수도를 위한 최소한의 식량이 필요하였다는 점을 고려할 때 일반 민의 식량소비량과는 약간의 차이가 있을 것으로 상정된다. 그렇다고 하더라도 진표의 하루 소비량 4合은 너무나 적은 양이다. 자료 d)는 원성왕대에 왕도의 기민에게 9월과 10월 2차에 걸쳐 각각 粟 33,240석과 33,000석을 지급하였다는 것이다. 통일신라 전성기 때 경주의 인구는 178,936호라고 하지만[57] 실제 기록을 믿을 수 없기 때문에 이를 통해 1인당의 식량소비량을 추정하는 데는 한계가 있다. 자료 e)는 태종무열왕이 하루 식사로 米 3斗와 숫꿩 9마리를 소비하다가 백제를 멸망시킨 경신년(660)부터는 점심을 없애고 다만 아침 저녁만으로 하루에 米 6斗와 꿩 10마리를 소비한다는 것이다. 만약 태종무열왕대의 1승이 약 200㎖라고 하더라도 이는 엄청난 양의 식량소비임을 알 수 있다. 이는 태종무열왕 개인을 정치적으로 미화시키려는 의도가 아니었던가 생각된다. 왕을 비롯한 지배계급들도 일반 민과 비슷한 정도의 식량을 소비하였을 것으로 추측된다. 따라서 통일신라시대 기아 민의 하루 식량소비량은 粟 3승 정도로 이해된다.

이러한 통일신라시대 기아 민의 식량소비량은 漢代 일반 민에게 救民穀으로 지급했던 양과 동일하다는 점에서 주목된다.[58] 따라서 구민곡의 지급량이 통일신라시대와 漢代가 비슷한 점을 고려할 때 양 시대의 1승의 용적은 비슷한 것으로 추산된다. 구민곡은 생계를 영위할 수

---

57) 『三國遺事』 권1, 紀異2 辰韓.
58) 중국의 경우 춘추전국시대에 한 사람이 하루에 소비하는 식량의 양은 약 5승 정도이면 족한 데 비해, 흉년이 들거나 '救死之時'에는 하루에 약 3승 정도를 소비하는 것으로 파악하고 있다(崔德卿, 「秦漢時代 小農民의 토지 생산량」, 『中國古代農業史研究』, 백산서당, 1994, 241~243쪽).

있는 최소한의 양이므로 일반 민의 식량소비량은 이보다 약간 많았을 것으로 생각된다.

중국 한대 일반 민의 하루 식량소비량이 어느 정도 산정되었는지를 살펴보자. 전국시대 李悝가 언급한 "米價가 안정되어야 민과 농민들이 안정될 수 있다"고 한 내용 중에 "한 사람의 한 달 식량소비량은 1석 반이므로 5인 가족이 연 90석의 식량을 소비한다"고 하고 있다.[59] 따라서 한대의 1인당 하루 식량소비량은 약 粟 5승 정도로 계산된다. 이를 糲米로 계산하면 3승 정도 된다고 한다.

그리고 전국후기의 기록인 『秦簡』 倉律에서도 예신첩의 평균 1인당 월식량 소모량이 1.5석으로 계산되었다. 이로 미루어 한대에도 소농민 1인당 월 식량소비량은 1.5석 정도임을 알 수 있다.[60] 이러한 용적은 앞에서 언급한 한나라 때 빈민의 구제곡보다 증가된 것이다. 한대 일반 민의 식량소비량이 구민곡보다 많은 粟 5승인 것처럼 통일신라의 식량소비량도 구민곡보다 많은 粟 5승 정도임을 유추할 수 있다. 따라서 진한대의 1승의 용적은 앞에서 언급한 王莽 銅斛升으로 약 200㎖이므로 통일신라의 1승의 용적도 200㎖임을 추정할 수 있다.[61]

앞에서 중국 唐代에는 양기의 용적이 漢代보다 약 3배 증대되었다고 하였으므로, 이에 따라 민의 식량소비량은 산술적 수량이 감소되었을 것이다. 唐代 丁男의 경우는 1일 2승의 양을 소비하였다고 한다.[62]

---

59) 『漢書』 권24, 食貨上, "又曰 …… 善爲國者 使民毋傷而農益勤 今一夫挾五口 治田百畝 歲收畝一石半 粟百五十石 除十一之稅十五石 餘百三十五石 食人月一石半 五人終歲爲粟九十石".

60) 崔德卿, 「戰國·秦漢시대 음식물의 調理와 食生活」, 『釜山史學』 31, 1996, 149~151쪽.

61) 중국의 양체계와 고려의 양체계에는 근본적인 차이가 있지만 통일신라 이전이나 한나라 때에는 1승의 용적이 같았다고 생각하기 때문에 비교 자료로 삼았다. 그런데 왕망의 동곡량기의 양척은 약 23㎝ 정도인데, 통일신라 때의 量器의 양척도 약 23㎝인지는 정확하게 알 수 없지만, 한척이 통일기 초기에 사용된 것으로 보아 가능성은 있다.

62) 『大唐六典』 권19, 司農寺 太倉署令, "給公糧者 皆承尙書省符 丁男日給米二升鹽二勺五撮 妻妾老男小則減之".

이는 앞에서 언급한 것처럼 漢代 일반 민의 경우 약 5승을 소비한다고 하였는데, 隋·唐代의 양기가 진한대보다 3배로 증가되었음을 고려할 때 약간 증가된 양이기는 하지만 거의 비슷한 양이다.

한편 송대 1승의 용적이 당대와 비슷한데도 15세 이상의 성인남녀에게 빈민구제곡으로 하루 1승을 지급했다고 한다.[63] 그러나 송대 번상 군인에게 월 6斗의 米를 지급하였던 점을 고려할 때[64] 일반 민의 식량소비량은 당대와 비슷한 하루 2승임을 알 수 있다. 따라서 중국의 경우 양기의 용적이 변화됨으로써 식량소비량의 斗升의 산술적 수량이 감소되었음을 알 수 있다.

고려시대의 경우 구휼의 사례는 많이 나타나고 있지만 민에게 어느 정도의 양이 지급되었다는 기록은 없다. 따라서 빈민구제곡의 量을 통해 식량소비량을 구하는 것은 불가능하다. 다만 13세기 원 간섭기에 병사와 노동자에게 지급된 군량이 기록으로 남아 있어 고려시대 민의 하루 식량소비량을 파악할 수 있다. 다음의 관련 자료를 살펴보자.

나-a) 遣諫議大夫郭汝弼如元 請減軍料表曰 近承省旨據鹽白州等軍 奏請 令每軍一名添支粮一斗 每月通支四斗 …… 且一月三斗 不爲不足(『高麗史』 권27, 元宗 13年 4月 丁巳)

나-b) 遣別將李仁如元上書中書省曰 …… 竊念小邦軍民元來無別 並令赴役儻延旬月 其如農何 然力所可及敢不殫竭 自正月十五日始役 其工匠人契三萬五百名 計人一日三時糧比及三朔 合支三萬四千三百一十二碩五斗 …… 又濟州留守官軍幷小邦卒一千四百人七箇月糧料已支訖計二千九百四碩(『高麗史』 권27, 元宗 15年 2月 甲子)

나-c) 元遣岳脫衍康守衡來 王出迎于宣義門外 詔曰 …… 又聞王與公主 日食米二升 此則宰相多 而自專故耳(『高麗史』 권28, 忠烈王 元年 10月 庚戌)

63) 『世宗實錄』 권3, 世宗 元年 3月 癸丑.
64) 『宋史』 권190, 兵4, "咸平初 秦州極邊止置千人 分番守成 上番人月給米六斗".

위의 자료 a)는 원의 군료를 증가시키라는 요구에 대해 고려정부가
군료를 증가시킬 수 없다고 한 내용으로, 元은 한달에 4㪷를65) 요구하
지만 고려에서는 3㪷면 족하다는 내용이다. 그런데 정남의 하루 식량
소비량을 밝히기 위해서는 위의 자료에 나타나는 4斗와 3斗가 원의 용
적단위인지, 고려의 용적단위인지가 분명하지 않다는 문제점이 있다.
고려의 자료에는 군사에게 지급된 月의 식량 단위가 나타나지 않지만,
원의 자료에 의하면 '給河南行中書省 歲用銀五十萬兩 仍敕襄樊軍士
自今人月給米四斗'라는 비슷한 기록이 나타난다.66) 이러한 원에서 고
려에 요구한 月 군량의 양과 동일한 양이다. 따라서 위의 자료에 나타
나는 4斗는 원의 용적단위임을 알 수 있다. 그러면 원대 병사(정남)의
1일 식량소비량은 1.3승(月 3斗면 1승) 정도가 된다.67) 자료 b)도 고려
정부가 원에 대해 노동력과 식량의 무리한 징발 요구를 중지시켜 줄
것을 요청하는 내용 중에 노동자들은 하루 세끼의 양식으로 30,500명
이 3개월 간의 식량으로 34,312석 5두를 소비할 것이라는 것이다. 그리
고 제주에 주둔하고 있는 관군과 고려군 1,400명의 7개월분 식량으로
2,904석을 지급하였다는 것이다. 이처럼 정확한 인원수에 石·斗를 계
산하고 있는 것으로 보아 고려시대 일반 민의 하루 식량소비량이 어느
정도 산정되었음을 알 수 있다. 자료 b)도 a)처럼 원의 용적단위 인지
고려의 용적단위인지 분명하지 않지만 원의 중서성에 보고한 내용이
므로 원의 용적단위로 서술되었을 것이다. 이를 원의 용적단위로 계산
하면 정남은 하루 1.25승과 0.99승을 소비한 것으로 볼 수 있다. 이러한
양은 자료 a)의 원에서 요구한 군인 1인의 식량소비량보다는 적지만
고려에서 계산한 군인 1인의 식량소비량보다는 많거나 거의 비슷하다
는 점에서 주목된다. 뒤에서 설명하겠지만, 원과 고려의 1승은 약 3 : 1

---

65) 㪷는 용적의 단위인 斗와 같은 자이다.
66) 『元史』 권7, 世祖4 至元 8年 4月.
67) 元代 군인에게 지급한 월 4㪷는 앞에서 설명한 송대의 월 6㪷보다 적다. 그
　것은 원대 1승의 용적이 송대보다 약 1.4배 증가되었기 때문에 산술적 수량
　이 줄어든 것이다. 그러나 실제 절대적 식량소비량은 변화가 없었다.

의 비율을 가지고 있다. 따라서 위의 자료에 나타나는 원의 용적단위를 통해 고려 정남의 하루 식량소비량은 원 1승의 용적을 고려하여 2.5~3승으로 추정할 수 있다. c)는 왕과 공주가 하루에 소비하는 식량이 米 2승이라고 한다. 그런데 왕이나 공주 등은 노동을 담당하지 않은 계급이므로, 노동을 담당하는 일반 민보다도 식량소비량이 적었을 것으로 생각된다. 따라서 왕이나 공주 등은 하루에 2승 정도의 식량을 소비한다고 할 수 있다. 따라서 위의 자료들을 종합하여 볼 때 고려시대 성인 남녀의 하루 식량소비량은 米로 약 2.5~3승 내외로 파악할 수 있다. 이는 통일신라 때 일반 민의 식량소비량인 4~5승보다 산술적 수량은 감소되었으나 절대적 총량은 1승의 용적 증대로 거의 변화가 없었던 것으로 보인다. 그러므로 통일신라시대의 8세기와 고려후기 사이에는 1승의 용적 변화, 즉 1승의 용적 증대로 식량소비량의 상대적 수량은 축소된 것으로 생각된다.

그리고 통일신라와 조선초기, 고려후기와 조선초기 용적의 비교를 위해 조선초기 민의 식량소비량은 어느 정도 산정되었는지 살펴보자.

> 다) 忠淸道觀察使李孟畇啓　去乙未年戶曹移文賑濟規式內　壯男女每一名日支米四合　豆三合　豉一合　自十一歲支十五歲　每一名米二合豆二合豉半合　十歲以下五歲以上　米二合豉半合　然宋朝富弼靑州賑濟規式內　十五歲以上　每人日支一升　十五歲以下每人五合　五歲以下男女不支給 戶曹詳定米斗豉　合計爲八合　未滿一升　而中國一升準我國一升六合　今當農務方興　依前例而賑濟則雖不致死　農力不足　乞依富弼賑濟例參酌　十五歲以上　日給米七合豆六合豉二合　十一歲以上　米四合豆三合豉一合　十歲以下五歲以上　雖不與農務　兒蹄飢則父母不能獨飽　亦依十一歲以上例賑濟 命下議政府六曹議之　皆曰 賑濟則依前 例加以貸民種食以勸農務 從之(『世宗實錄』 권3, 世宗 元年 3月 癸丑)

위의 자료는 乙未年, 즉 태종 15년(1415)의 진제규정에 따르면 15세 이상의 남녀에게 1일 식량으로 미 4홉·두 3홉·된장 1홉을 지급하였

는데, 송에서는 15세 이상의 성인 남녀에게 1승을 지급하였다. 조선과
宋 1승의 용적 비율이 1 : 1.6~1.7의 관계이므로, 세종 원년부터는 15
세 이상의 남녀에게 一食으로 미 7홉·두 6홉·된장 2홉(총 15홉)을
지급하자는 건의안을 제시하자 이를 따른다는 것이다.[68] 즉 세종 원년
부터 15세 이상의 성인은 1.5승의 진제곡이 지급되었다. 따라서 일반
민의 하루 식량소비량은 15세 이상 성인의 진제곡인 1.5승보다도 약간
증가된 2.5승 내외로 추정된다. 이러한 수치는 통일신라시대의 빈민구
제곡보다 산술적 수량이 약 반으로 줄어들었음을 알 수 있다. 이와 같
은 통일신라의 빈민구제곡과 조선초기 진제곡의 지급량의 차이에는
고려시대에 1승 용적의 증대를 상정하지 않고서는 상대적 수량이 줄어
들었음을 설명할 수 없다. 특히 농업기술의 발전으로 농업생산력이 증
대되고, 또한 오히려 1인당 식량소비량 등이 보편적으로 증가되는 상
황임을 고려할 때 그러한 당위성은 더욱 크다고 할 수 있다.

앞에서 통일신라시대 1승의 용적은 약 200㎖임을 추정하였다. 이러
한 통일신라시대 1승의 용적을 통해 고려시대 1승의 용적이 어느 정도
였는지를 살펴보자. 고려시대는 통일신라시대와 민의 하루 식량소비량
을 비교하여 살펴볼 때 통일신라 때보다 1승의 용적이 증대되었음을
예상할 수 있다. 그러나 고려시대 升·斗의 용적을 기록하고 있는 구
체적인 자료는 없다. 다만 다음의 자료는 고려전기 양기의 용적을 추
정할 수 있다는 측면에서 주목된다.

　라) 內外官斛長廣高酌定 米斛則長廣高各一尺二寸 稗租斛長廣高
　　　各一尺四寸五分 末醬斛長廣高各一尺三寸九分 太小豆斛長廣高
　　　各一尺九分(『高麗史』 권84, 刑法1 職制 文宗 7年)

---

68) 진제곡은 통일신라에서 조선초기로 오면서 粟·米 등에서 米·豆·豉로 변
　　화되었음을 알 수 있는데, 이러한 변화는 이미 고려전기부터 나타났음을 알
　　수 있다. 그것은 『高麗史』 권80, 食貨3 水旱疫癘賑貸之制 顯宗 9年 正月에
　　'綿·布·鹽·醬'을, 靖宗 5年 4月에 '米·鹽'을, 文宗 6年 3月에 '米·粟·鹽
　　·豉'을, 宣宗 10年 4月에 '米·鹽' 등을 지급하고 있기 때문이다.

위의 자료는 문종 7년(1053)에 내외관곡을 작정하였는데, 米斛은 길이·넓이·높이가 1尺 2寸이고, 稗租斛은 각각 1尺 4寸 5分이고, 末醬斛은 1尺 3寸 9分이고, 大小豆斛은 각각 1尺 9分이라는 것이다. 이들의 용적비를 구하면 다음의 <표 19>와 같다.

<표 19> 고려시대 穀種別 용적비

곡 종	용적 (分³)	용 적 비
米 斛	1,728,000	4(1)
大小豆斛	1,295,029	3(0.75)
稗 租 斛	3,048,625	7(1.76)
末 醬 斛	2,685,619	6(1.55)

이와 같이 곡물의 용적을 달리 설정한 것은 米斛 1斛에 대한 가격차를 고려한 것으로 생각된다.[69] 문제는 米斛이 大小豆斛의 가격보다 낮게 책정되었다는 점이다. 조선초기만 하여도 水田의 糙米와 旱田의 黃豆의 소출을 논한다면 비슷하지만 가격은 그 절반이라고 한다.[70] 따라서 앞의 자료를 합리적으로 해석하기 위해서는 다음 2가지 측면을 고려해야 한다.

하나는 기준이 되는 米斛이 米가 아니고 稻일 가능성은 없는가 하

---

69) 이 자료에 대한 해석은 다양하게 이루어졌다. 먼저 朴興秀와 呂恩暎은 각 곡물별 가격을 통일시켜 용적비를 달리 설정한 것이라고 한다(朴興秀, 앞의 논문, 1977, 228~230쪽 ; 呂恩暎, 앞의 논문, 1987, 24~26쪽). 반면 李宇泰는 이처럼 여러 종류의 양기가 사용된 것은 異積同價體制를 묶어 놓기 위해서 그러한 것이 아니고, 당시 도량형제의 문란으로 인해 여러 종류의 양기가 쓰이던 관행을 인정한 것이라고 보았다(李宇泰, 앞의 논문, 1993, 227쪽).

70) 『世宗實錄』 권104, 世宗 26년 6月 甲申, "旱田水田準等與差等之議 或者曰 水田旱田雖曰每結三十斗 然水田則糙米 旱田則黃豆 黃豆三十斗折糙米十五斗 則水田旱田租相去遠矣 旱田一等復下 水田一等未便 依舊旱田水田 準登未便 或者曰 損失之時 水田之實爲多 旱田則全損頗多 故民無怨焉 貢法已行之後 旱田水田同科 故山郡之民 州倉未納者尙多 況水田陳者 十無一二 旱田則陳荒者甚多 以此亦可見旱田之不及水田明矣 若論其價 黃豆半於糙米 若論所出 黃豆與糙米 其實則同也".

는 것이고, 다른 하나는 米穀과 환산되는 대두곡의 길이·넓이·높이
의 숫자 등이 잘못 기술된 것이 아닌가 하는 점이다. 먼저 전자의 조건
을 만족시키기 위해서는 고려시대 水田의 조세가 皮穀으로 수취되어
야 한다.[71] 그러나 고려시대는 관청·귀족·일반 백성 등에게 물품을
지급할 때 주로 更米·造米 등의 명칭이 사용되고 있을 뿐만 아니
라[72] "좌우창에서 쓰는 斗와 槩가 법대로 같지 않아서 米 한 섬을 바
칠 때에 정액 이상으로 받는 것이 2말이나 되었다"고[73] 한 것이나, 그
리고 "좌창에 조세로 들어오는 米·粟·麥의 총액 13만 9천 7백 36섬
13말을 등급을 나누어 주었다"고[74] 한 것 등을 볼 때 조세는 米로 수
취되어 분급하였음을 알 수 있다. 그리고 과전법에도 수전의 조세는
조미로 수취되고 있다.[75] 따라서 科田法에서 水田의 租가 도정곡(=
糙米)이었던 것처럼 고려시대 水田의 租稅는 도정곡이었다.[76] 또 米
의 가격은 항상 도정된 상태로서 현물로 교환되고 있다. 따라서 전자
의 논의는 일정한 문제점을 가진다.

후자는 米斛과 大小豆斛의 중요도 등을 고려할 때 미곡의 환산비율
이 대소두곡보다 낮게 책정될 리가 없다. 이와 비슷한 경우인 중국의
『九章算術』斛斗式 "九章商功法程 粟一斛 積二千七百寸 米一斛 積
一千六百二十寸 菽荅麻麥一斛 積二千四百三十寸 此據精麤爲率使價
齊 而不等其器之積寸也 以米斛爲正 則同于漢志" 容積比 사례가 참

---

71) 呂恩暎은 收租穀이 皮穀이었다는 근거로 "詔曰 無以官庫陳穀 抑配貧民 强
取其息 又無以陳朽之穀 强民春米[『高麗史』권79, 食貨2 借貸 仁宗 5年 3
月]"를 들고 있다(呂恩暎, 앞의 논문, 1987, 27~28쪽). 그러나 이 자료를 근거
로 고려시대 조세가 피곡이었다고 주장하기에는 한계가 있다.

72) 『高麗史』권81, 兵1 兵制 文宗 35年 10月, "判發鎭將相將校鞋脚米 將軍以
下郎將以上十五石 攝郎將以下散員以上十石 校尉隊正八石 借隊正更米三
石二斗四升四合 造米三石七斗五升六合".

73) 『高麗史』卷78, 食貨1 租稅 睿宗 6年 7月.

74) 『高麗史』卷80, 食貨3 祿俸 序.

75) 『高麗史』권78, 食貨1 田制 恭讓王 3年 5月.

76) 金容燮,「高麗前期의 田品制」,『韓㳽劤博士停年紀念史學論叢』, 1981 ; 朴興
秀, 앞의 논문, 1972 ; 李宗峯, 앞의 논문, 1995.

고된다.[77] 이를 표로 나타내면 다음의 <표 20>과 같다.

<표 20> 『九章算術』 斛斗式의 용적비

곡종	용 적 (分³)	용적비
米 斛	1,620,000	4 (1)
菽荅麻麥斛	2,430,000	6 (1.5)
粟 斛	2,700,000	20/3 (1.66……)

『九章算術』에 의하면 중국의 경우는 米斛을 중심으로 다른 작물, 즉 菽(콩)·荅(팥)·粟 등의 용적비율은 1 : 1.5 : 1.66이다. 따라서 米는 다른 한전 작물보다 가격이 높게 책정되었음을 알 수 있다. 『九章算術』 斛斗式의 용적비를 통해 고려시대 미곡과 대소두곡의 용적비 차를 설명하는 데는 한계가 있지만, 米斛과 대소두곡의 용적비율은 중국 『九章算術』의 米斛·菽·荅 용적비율과 비슷할 것이다. 따라서 고려 文宗 7년 斛斗式의 대소두곡의 '1尺 9分'은 '1尺 ?寸 9分'의 오기이거나[78] 혹은 대소두곡을 2배의 양으로 환산할 수 있다. 양자 모두 개연성이 있다. 그러면 米穀 1을 기준으로 할 때 다른 곡물들처럼 1.5배와 1.66배의 비율로 계산되고, 중국 『九章算術』의 미곡과 다른 穀種의 용적비와 비슷하다. 따라서 대소두곡의 1尺 9分은 1尺 3寸 9分으로 하면 미곡의 1.5배 양이고, 또 말장곡 양과 비슷하다는 점이 주목된다.

그리고 문종 7년 곡두식은 곡물의 기록 순서 등을 고려할 때 米穀을 중심으로 여타 곡물을 비교하였을 것이다. 따라서 위의 곡두식은 米穀의 石(斛)을 기준으로 여타 곡물의 가격에 따라 그 비율을 책정한 것

---

77) 『隋書』 권16, 律曆 上 嘉量. 『九章算術』은 원래 주나라 때 산술이었는데, 소실되고 前漢 때 張蒼을 중심으로 여러 학자들이 다시 정돈한 것을 魏의 陳留王(B.C 263) 景元 4年에 劉徽 註로써 완성을 본 책이다.
78) 이를 오기로 추정할 수 있는 근거로, 이와 비슷한 사례인 문종 23년의 양전 보수의 규정을 들 수 있다. 1결의 면적인 방 33보인 기준척을 '6촌=1분, 10분=1척, 6척=1보'라고 하고 한다. 그러나 기준척은 중국이나 한국의 경우에서도 '보-척-촌'의 체계를 가지고 사용되었다. 따라서 위의 대소두곡의 '척-분'의 관계는 곡물의 중요도를 고려할 때 '척-촌-분'의 체계일 가능성이 많다.

으로 볼 수 있다.[79] 실제 무신정권 때 京市署 등에서 斗斛의 市價를 정하였는데,[80] 이 때에도 米穀을 기준으로 시가를 정했을 것이다. 이는 고려시대에 화폐가 널리 통용되지 않고 현물교환의 단계였기 때문에 가능하였다.

그렇다면 文宗 斛斗式을 통해 미 1석을 기준으로 승의 면적을 구할 수는 없을까. 앞 절에서 斛＝石이라는 기본적인 등식을 검토한 바 있다. 기준이 되는 미 1석의 길이·넓이·높이가 각각 1척 2촌이라면, 기준척을 당대척(29.7cm)을 영조척으로[81] 계산하면 1석은 45,270,2714㎖ (1승＝301.8㎖)로 계산된다. 고려전기 1승은 302㎖로 추정할 수 있다.[82] 그러나 앞 절에서 검토한 것처럼 고려시대 영조척은 29.7cm의 당대척이 사용된 것이 아니라 당대척에서 신장된 약 31cm의 기준척이 사용되었다고 하였다. 이를 통한 고려전기 1승의 용적은 343.19㎖라 할 수 있다.

한편 국립 청주박물관이 1993년 청주 思惱寺에서 발견한「靑銅油斗」는 현재까지 알려진 고려시대 유물로서 단위 용적을 기록하고 있는 최초의 자료가 아닌가 생각된다. 다음의 자료를 검토하여 보자.

마) 淸州牧官中技思惱寺傳受油斗印 住持重大(事) 宗常 加成
    監 副使 判官 司錄 手決(『고려공예전』, 靑銅油斗)[83]

79) 미, 조, 기장 등을 징수하기 위해서는 그 가격차를 기계적으로 조정하기 때문에 각각 용량이 다른 양기를 사용했는데, 곡물의 종류에 의해 다른 양기를 사용하는 이 관습은 시중의 상행위로도 행해졌다고 한다(小泉袈裟勝, 『度量衡の歷史』, 1960, 14~16쪽).

80) 『高麗史』권85, 刑法2 禁令 明宗 11年 7月 ; 권20, 明宗 11年 7月 己卯.

81) 당대척을 기준척으로 설정한 것은 이미 통일신라시대에 영조척으로 사용된 사례가 많이 나타났기 때문에 이용한 것이다(米田美代治(申榮勳 譯), 『韓國上代建築의 硏究』, 1976).

82) 朴興秀는 송대와 같이 斛＝1/2石이라는 등식 하에서 구하였기 때문에 고려 전기의 1승을 약 597.52㎖로 파악하였다. 이를 통해 통일신라시대도 1승의 용량을 아울러 추정하였다(朴興秀, 앞의 논문, 1977). 그러나 고려시대는 石＝斛이었다는 것이 논증되었기 때문에 朴興秀의 1승의 용량은 과다 계산되었다고 할 수 있다. 그리고 고려시대 영조척으로 당대척이 사용된 경우를 검증할 수 없기 때문에 일정한 한계를 가진다.

<사진 4> 『고려공예전』에 수록된 靑銅油斗의 실물 사진

　靑銅油斗는 청주시 홍덕구 사직동 270번지 무심천 가의 제방확장 공사 도중에 출토된 400여 점의 유물 중의 하나이다. 위의 자료 청동유 두는 청주목관의 검인을 받고 사뇌사에 전수되는 기름말(油斗)이고, 주지 중대사 宗常이 다시 만들었다는 것이다. 監자와 함께 직급에 따라 줄을 달리하여 지방관직명과 수결을 새겨 놓았다. 명문에 油斗, 즉 기름말은 斗의 용적을 나타낸 것이다.

　고려시대는 앞에서 서술한 것처럼 靖宗 6년(1040) 양기의 斗量을 제 정하게 한 이후 靖宗 12년부터는 외관의 동·서경, 4都護, 8牧에서 검

83) 국립청주박물관·'99청주국제공예비엔날레조직위원회, 『고려공예전』, 1999, 50~51쪽.

인을 받고 사용하게 하였다. 淸州牧은 통일신라 경덕왕 때 西原京이었
는데, 태조 23년에 淸州로 고쳤고, 성종 2년 12牧을 두었는데 그 중의
하나이다. 여러 변천을 거친 이후 현종 9년 지방제도 개편 때 전국 8목
을 설치하였는데, 청주는 8목의 하나이다.[84] 위의 자료에서 油斗는 청
주목관의 검인을 받았다고 기록하고 있으므로 청동유두의 제작은 정
종 12년 이후에 이루어졌을 것으로 추측된다. 따라서 油斗는 관의 검
인을 받았으므로 공적인 斗의 용적일 가능성이 많다.

청동유두의 몸통 내면에는 음각선이 있고, 음각선은 외면에 돋은 선
의 높이와 약간의 차이가 있어 외면에 돋은 선과 별개의 선으로 추정
되며, 구연에서 음각선까지의 길이도 약간의 차이가 있는데 이는 액체
의 용량을 표시하는 과정에서 생긴 것으로 추정한다. 따라서 내면의
음각선은 용량의 눈금을 표시한 것으로 생각한다. 내면에 있는 음각선
까지의 용량은 2,500cc이고, 전체 용량은 5,000cc라고 한다.[85] 청동유
두는 내면 음각선까지의 용량이 전체 용량의 절반인 점을 고려할 때
상당히 정교하게 제작된 것임을 알 수 있다. 전체 용량 5,000cc가 1두
의 용적으로 추정된다. 따라서 고려시대 관의 검인을 받은 靑銅油斗를
통한 1승의 용적은 약 333㎖로 추정할 수 있다.

앞에서 문종 7년 內外官斛의 酌定 때 미곡을 기준한 1승의 용적은
약 343.19㎖로 계산하였다. 관에서 검인을 받은 靑銅油斗를 통한 1승
의 용적은 333㎖로 추정되었다. 양자 관이 기준이 된 양기임을 고려한
다면 고려시대 1승의 용적은 약 340㎖임을 알 수 있다.

이러한 산술적 계산이 타당한지 관련 문헌자료를 통해 비교·검토
하여 보자. 먼저 고려시대 1승의 용적을 추정하기 위해서는 다음의 고
려후기 문헌자료가 참고된다.

　바-a) 又上陳情表 略曰 切以小邦 元來倉廩所蓄旣薄 自年前出來上

---

84) 『高麗史』 권56, 地理1 淸州牧.

85) 국립청주박물관·'99청주국제공예비엔날레조직위원회, 『고려공예전』, 1999,
　　51쪽.

朝軍馬 至今留屯 初以百官俸粟 供給而不足 繼斂兩班百姓之
戶者 至于四五度 今接秋 中外所供軍馬料 以上朝碩數之 則
無慮十五餘萬 始則耐忍艱苦 今則絶不能輸納 …… 且見今官
軍六千 而科施赤則不得細諳其數多少 外有官人 札撒赤·首
領官·令史 并官軍家屬 及其兄弟遞番往來者 悉令給料 至
乃攻破珍島後驅掠人物 亦令給糧 今計正軍六千人所帶馬 率
以一人三匹爲計 則凡一萬八千匹 一匹日支五升 自十月至明
年二月 則當用上朝碩十三萬五千 而本國碩則二十七萬矣 加
以四千農牛料 一首日支五升 自十月至明年三月 以上朝碩計之
三萬六千 本國碩則七萬二千(『高麗史』권27, 元宗 12年 8月)

바-b) 遣張舜龍如元 上書中書省曰 …… 小邦自至元七年以來 征討
珍島耽羅日本大軍糧餉 悉於百姓科收 爾後見在合浦鎭邊軍耽
羅防護軍鹽白州歸附軍 并闊端赤 一年都支人糧 一萬八千六
百二十九石二斗 馬牛料 三萬二千九百十二石六斗 皆以漢斗
計 亦於百姓科收 今者 所遣屯田軍二千二百 并闊端赤等糧料
更於何處索之(『高麗史』권28, 忠烈王 3年 正月 丁卯)

바-c) 遣右承旨趙仁規·大將軍印侯如元上中書省書曰 小國已備兵
船九百艘 梢工·水手一萬五千名 正軍一萬名 兵糧漢石計者
十一萬 …… 小國連年不登 民皆乏食 所以軍糧未曾盡意收貯
除見在兵糧七萬七百二十七漢石 外內外公私俱竭 以此大小官
員月俸國用 多船賦稅 悉皆收取 更於中外戶斂粗備四萬漢石
過此難以應副 算得正軍一萬名 一朝糧月三千漢石 …… 兵糧
一年所收 摠計一萬六千七百三十二石 往年收貯幷今年所收
摠計七萬百二十七漢石(『高麗史』권29, 忠烈王 6年 11月 己酉)

위의 자료 a)는 원의 과도한 병량 요구를 고려 정부가 그 부당함을
알리는 내용으로, 즉 上朝石(＝元石) 135,000石과 36,000石은 本國碩
(＝고려石) 270,000석과 72,000石으로 계산되고 있다. 자료 a)를 통해
元石과 高麗石은 2배의 용적차이가 있음을 알 수 있다. 자료 b)는 고
려가 지원 7년(원종 10, 1270) 이후 여러 군사적 비용을 漢斗로 계산하
여 지급하였다는 것이다. 자료 c)는 고려가 원의 중서성에 보낸 글 중

에 군량 11만 석을 漢石으로 계산하여 준비하였다는 것이다. 위의 자료 b)와 c)는 漢斗와 漢石으로 계산되고 있다. 漢斗와 漢石도 원의 용적, 즉 上朝石으로 계산되었을 것이다. 따라서 고려의 1승(1석＝15두, 1두＝10승)은 원대의 1승(1석＝10두, 1두＝10승)에 비해 1/3의 용적 차이가 있음을 알 수 있다.

다음으로 高麗의 升과 宋代의 升은 어느 정도의 용적 차이가 있는지를 알아보기 위해 앞에서 언급한 중국측 관련 자료를 다시 한번 살펴보자.

> 사-a) 日早晩爲市 皆婦人挈一柳箱 一小升 有六合爲刀(以升爲刀) 以稗米定物之價 而貿易之 其地皆視此爲價之高下(『鷄林遺事』, 序頭)
>
> 사-b) 漢人飮酒一石不亂 …… 然漢之一斛 亦是今之二斗七升 人之腹中亦可容 置二斗七升水邪 …… 予考樂律 及受詔改鑄渾儀 求秦漢以前度量斗升計 六斗當今一斗七升九合(『夢溪筆談』권3, 辨證1)
>
> 사-c) 嘉定諸倉斛斗 斛內刊記 …… 今措置 每斛各以尺爲準 斛外自口至墻底高一尺二寸七分 斛內自口之底 面深一尺二寸八分 嘉定九年(1216 ; 南宋 寧宗)三月 寧國府造文思斗 用此受納 提擧兼權府事李 (押) 斗外自口至墻底三寸九分 斗內自口至底 面深三寸三分 明里口方九寸 明里底面方五寸六分 嘉定九年權府李提擧86)
>
> 사-d) 又用耿左丞言 令輸米三之一 餘並入鈔以折焉 以七百萬錠爲律 歲得羨鈔十四萬錠 其輸米者 止用宋斗斛 蓄以宋一石 當今七斗故也(『元史』권93, 食貨1 稅糧 至元 19年 2月)

위의 자료 a)는 고려 숙종 때 宋의 사신과 함께 書狀官으로 왔던 孫穆이 기술한 내용으로, 즉 고려는 시장이 서고 여자들은 버드나무로 만든 상자의 小升을87) 가지고 있다는 것이다. 이러한 小升은 宋의 六

---

86) 丘光明, 앞의 책, 1992, 262쪽에서 재인용.

87) 小升이라는 의미는 고려의 승체계가 小升과 大升이라는 이중 체계를 가지는 의미가 아니고, 송대의 승체계와 비교하여 볼 때 고려 승이 소승이라는 의미

合 정도의 비율이라 한다. 이러한 송대 승의 크기는 위의 자료 b)와 c)
에서 구체적으로 서술하고 있다. 자료 b)는 송 중기 沈括의 『夢溪筆
談』에 기록된 자료로 진한대의 두 체계와 송의 두곡 체계를 비교하였
는데 한대의 1곡이 송대의 2두 7승의 용적과 秦漢 이전의 六斗가 송대
1斗7升9合밖에 되지 않는다고 한다. 진한대의 1승은 왕망 동곡승을 지
칭하므로 약 200㎖ 정도이다. 따라서 송대의 1승은 741㎖와 668㎖ 정
도라고 할 수 있다. 그런데 沈括의 송대 1승 용적은 진한승의 官升을
비교한 것인지, 私升을 비교한 것인지 정확하지 않고, 또 동일 내용을
두 사례와 비교함으로써 신뢰성에 의문을 갖게 한다. 이러한 송의 1승
용적에 대해서는 최근 중국의 연구성과에 의하면 1승의 용적이 과다하
다는 비판이 제기되고 있다.[88] 자료 c)는 앞에서도 언급한 것처럼 최
근에 송대 1승을 측정하기 위해 이용된 자료로 宋代 1척=31.6㎝를 통
해 송대의 승은 585㎖로 파악하였다. 그리고 자료 d)는 원대 강남지역
의 세량을 1/3은 미로서 거두고 나머지는 입초로 절가하여 납부케 하
는데, 아울러 1/3의 수조미는 송대의 양제 사용을 중지하고, 世祖 至元
19年(1282, 忠烈王 8)부터 원대의 양기로서 수취하라는 것이다. 송대와
원대의 용적은 7 : 10의 비율을 가지고 있다. 송대의 용적을 기준으로
하면 원대의 1승은 1,058㎖와 955㎖ 그리고 836㎖로 계산된다.

한편 앞의 자료 다)에서 조선초기 세종 원년에 宋代의 升과 朝鮮의
升은 1.6~1.7 : 1의 용적비율이라고 하였다. 앞에서 송대의 승은 585㎖
와 668·741㎖로 파악되었다. 따라서 조선초기의 승은 약 344㎖와 393
·435㎖로 파악된다.

앞에서 검토한 여러 자료들을 다시 한번 정리하여 보자. 『鷄林類事』
에서 고려의 승과 송대의 승의 관계는 1 : 1.6의 비율이고, 『高麗史』에
서 고려와 원대의 승 용적은 1 : 3의 비율이고, 『世宗實錄』에서 조선초
기 승(고려의 승)과 송대의 승은 1 : 1.6~1.7의 비율이고, 그리고 『宣祖

에서 표현된 것이라 생각된다.
88) 丘光明, 앞의 책, 1992.

實錄』에서 조선의 승과 중원관승(明升)은 1 : 2의 용적비율을 가진다.89) 그런데 『鷄林類事』와 『世宗實錄』에서 고려의 승과 송대의 승의 용적비율을 비슷하게 설명하고 있는 점이 주목된다. 이것은 고려전기와 조선초기 세종 원년 사이에는 승의 용적에 변화가 없었음을 암시한다.

한편 앞에서 문종대의 곡두식과 靑銅油斗를 통한 고려 1승의 용적은 약 340㎖의 범위를 벗어나지 않을 것으로 추정하였다. 그런데 송대의 승을 통한 고려 1승의 용적은 351㎖(585)와 401㎖(668)이다. 그리고 송대의 승을 근거로 원대 1승의 용적은 836㎖와 955㎖로 파악된다. 고려의 승과 원대의 승의 비율이 1/3이므로 원대 1승을 통한 고려 1승의 용적은 291㎖와 325㎖ 정도이다. 그러나 이들 사이에서 서로의 관계를 일정하게 만족시켜 주는 것은 없다. 다만 문종대의 곡두식과 청동유두를 통한 1승 용적 340㎖와 송대의 승을 통해 고려 1승의 용적 351㎖는 미세한 차이는 있지만 서로 비슷하다는 점이 주목된다. 그리고 이를 고려의 승(340㎖)과 송대의 승(585㎖), 고려의 승(340㎖)과 원대의 승(836㎖)의 용적비율을 표시하면 각각 1 : 1.7과 1 : 2.44이다. 전자의 비율은 『鷄林類事』와 『世宗實錄』의 기록과 비슷하지만, 후자는 고려의 石과 원대의 石의 비율에서 나타나는 1 : 3의 비율과는 약간 차이가 있다. 그러나 고려승과 원승의 용적비율은 산술적 계산에 의한 용적의 비율이 아니라는 점을 고려할 때 약간의 차이가 일어날 수밖에 없다. 따라서 고려시대 1승의 용적은 문종 곡두식·청동유두와 중국측의 자료들을 서로 비교하였을 때 비슷하게 나타나는 약 340㎖ 내외로 추정된다.90)

고려시대 1승의 용적이 약 340㎖였다면 조선전기 1승의 용적은 어떻게 변화되었을까. 원간섭기 원석과 고려석은 2 : 1의 비율을 가지고

---

89) 『宣祖實錄』 권89, 宣祖 30年 6月 辛酉, "上御別殿引見大臣·備邊司有司堂上 …… 上曰昨聞 中原宋升 以此放粮云 中原一升 容入我國二升乎 盧稷曰 中原官升則容入我國二升 而私升則入三升矣 上曰 官升倍入 私則三倍云乎 對曰然".

90) 李宗峯, 「高麗時代의 量制」, 『國史館論叢』 82, 1998.

있기 때문에 원대의 승[91]과 고려의 승은 약 1/3의 용적차이가 있다. 이는 고려 13세기 말의 1승과 조선전기 1승의 용적과는 많은 차이가 있음을 알 수 있다. 다음의 자료는 조선전기 1승의 용적을 이해할 수 있다는 측면에서 주목된다.

> 아) 議政府據戶曹呈啓 請以新營造尺 更定斛斗升合體制 斛容二十
> 斗者 長二尺 廣一尺一寸二分 深一尺七寸五分 積三千九百二十
> 寸 容十五斗者 長二尺 廣一尺 深一尺四寸七分 積二千九百四
> 十寸 斗長七寸 廣七寸 深四寸 積一百九十六寸 升長四寸九分
> 廣二寸 深二寸 積十九寸六分 合長二寸 廣七分 深七寸四分 積
> 一寸九分六里 從之(『世宗實錄』권113, 世宗 28年 9月 壬辰)

위의 자료는 세종 28년(1446) 의정부에 호조의 呈啓에 의거하여 新營造尺으로 곡두승합의 용적을 새롭게 정할 것을 청하자 따랐다는 것이다. 호조의 呈啓 내용이 어떤 것인지는 알 수 없지만 호조에서 의정부에 呈啓를 올리고, 이를 의정부에서 수용하여 곡두승합의 경정을 청하였다는 점이 주목된다. 그런데 문제는 세종 28년 9월에 뚜렷한 이유 없이 양기의 용적을 왜 증대시켰는가 하는 점이다. 이에 대해서는 다음 절에서 자세하게 언급하겠지만 조선전기 1승의 용적은 세종 28년에 새롭게 제정되었음을 알 수 있다.

따라서 조선전기 1승의 용적은 앞의 곡두승합의 경정에 따라 정리할 수 있다. 세종 28년의 신영조척은 앞에서 검토한 것처럼 정확한 것은 아니지만 약 30.8cm 정도였다고 하였다.[92] 이를 통한 양기의 용적은 다음과 같이 <표 21>로 정리될 수 있다. 실제 조선전기 세종 28년 이후에 경정된 1승의 용적은 이러한 범위를 크게 벗어나지 않을 것이다.

---

91) 원의 1승의 용적에 대해서는 약 838㎖로 파악하는 견해(丘光明, 앞의 책, 1993)와 약 954㎖로 파악하는 견해(吳承洛, 앞의 책, 1937) 등이 있다.
92) 朴興秀는 신영조척의 길이를 약 31.22cm로 추정하여 1승의 용적을 다음과 같이 환산하였다(朴興秀, 「도량형제도」, 『한국사』 24, 국사편찬위원회, 1994, 622쪽).

따라서 세종 28년 1승의 용적은 약 0.57ℓ 정도일 것으로 추산된다. 이는 오늘날 1승의 용적과 비교하여 볼 때 약 1/3 정도 크기에 해당한다.

<표 21> 조선전기 量器의 단위 용적

단위양기명	길이(寸)	너비(寸)	깊이(寸)	寸³	㎖	ℓ	비고
合	2.00	0.70	1.40	1.96	57.2657	0.05726	
升	4.90	2.00	2.00	19.6	572.675	0.5726	
斗	7.00	7.00	4.00	196	5726.75	5.726	
小斛(平石)	20.00	10.00	14.70	2940	85,901.25	85.89	15斗
大斛(全石)	20.00	11.20	17.50	3920	114,535.00	114.52	20斗

이상에서 살펴본 것처럼 고려시대 양기의 단위 용적은 통일신라 때보다 약 70% 정도 증대되었고, 또 조선초기는 고려 때보다 약 60%에 가까운 증대가 있었음을 알 수 있다. 이러한 양기의 증가 현상은 중국의 경우도 마찬가지였다.[93]

<표> 박흥수의 조선전기 量器의 용적

단위양기명	길이(寸)	너비(寸)	깊이(寸)	寸³	㎖	ℓ	비고
合	2.00	0.70	1.40	1.96	59.642	0.060	
升	4.90	2.00	2.00	19.6	596.424	0.596	
斗	7.00	7.00	4.00	196	5964.235	5.964	
小斛(平石)	20.00	10.00	14.70	2940	8,9463.53	89.464	15斗
大斛(全石)	20.00	11.20	17.50	3920	11,9284.71	119.285	20斗

[93] 梁方中은 중국의 경우도 도량형 중에서 量의 증가율이 가장 크고, 衡이 그 다음이고, 度가 그 다음이라고 한다. 양의 증가율이 가장 큰 이유는 첫째, 양기의 대소를 판정하기가 가장 어렵고, 둘째, 척도가 눈과 손발에 의거해서 적당한 판정을 할 수 있는 것과 다르기 때문이고, 그리고 가장 기본적인 이유는 중국의 경우 田賦와 地租에서 징수하는 것이 농작물이기 때문이라고 하였다(梁方中, 「中國歷代度量衡之變遷及其時代特徵」, 『中國人民大學 復印輯刊資料』, 1980‐3).

3. 용적 단위의 변화

앞 절에서 양기의 용적은 중국처럼 조선의 경우도 점차 증가되었음을 살펴보았다. 통일신라 聖德王대에는 중국 王莽 동곡승과 같은 용적인 200㎖를, 고려 문종대에는 통일신라시대보다 증가된 약 340㎖를, 그리고 조선 세종 28년에는 약 600㎖에 가까운 0.57 ℓ 로 증가하였다. 본 절에서는 통일신라에서 고려, 고려에서 조선전기에 걸친 양제의 변화시기와[94] 요인에 대해 살펴보고자 한다.

먼저 양제의 변화시기를 이해하기 위해서는 다음의 사료를 검토하여 보자.

가-a) 遺詔曰 …… 屬纊之後十日 便於庫門外庭 依西國之式 以火燒葬 服輕重自有常科 喪制度務從儉約 其邊城鎭遏及州縣課稅 於事非要者 並宜量廢 律令格式 有不便者 即便改張 布告遠近 令知此意 主者施行(『三國史記』권7, 新羅本紀 文武王 21年)
가-b) 王膳一日飯米三斗 雄雉九首 自庚申年滅百濟後 除晝膳 但朝暮而已 然計一日米六斗 酒六斗 雉十首(『三國遺事』권1, 紀異1 太宗春秋公)
가-c) 民多餓死 給粟人一日三升(『三國史記』권8, 新羅本紀 聖德王 6年 正月)

위의 자료 a)는 文武王의 遺詔로 자기가 죽은 후의 대책과 앞으로의 제도적인 개혁을 당부한 내용이다. 자료 b)는 太宗武烈王이 하루 식량소비량이 3斗이던 것이 경신년(660) 백제를 멸망시킨 이후 단지 아침과 저녁 식사만으로 하루 6斗를 소비하였다는 것이다. 자료 c)는

---

94) 이에 대해서는 앞의 서론에서 언급한 것처럼 朴興秀는 크게 삼국통일기 文武王 이전과 이후에 변화되었다고 보았고(朴興秀, 앞의 논문, 1977), 呂恩暎은 왕망동곡승 체제가 나말여초에 변화되고, 이러한 체제는 고려후기 元石의 영향으로 대양제로 변화된 것으로 보았으며(呂恩暎, 앞의 논문, 1987), 李宇泰는 왕망동곡승체제가 나말여초기에 변화되었다(李宇泰, 앞의 논문, 1993) 고 파악하였다.

빈민에게 하루 3升을 지급하였다는 것이다. 한편 朴興秀는 위의 자료
a)를 근거로 경신년(660) 신라가 당의 문화를 수용하여 제도적인 개혁
을 단행하였는데, 量制도 한대의 양제를 그대로 사용한다는 것은 당의
제도와 괴리가 발생한다고 보고, 1승의 용적도 唐의 量制에 맞게 3배
로 증대하였다고 보았다. 그러한 근거로는 자료 b)의 무열왕의 하루
식량소비량이 6두였는데, 자료 c)에서는 빈민에게 지급한 하루 식량이
3升으로 준 것을 들고 있다. 3승은 빈민에게 지급한 최소한의 양식이
므로, 일반 민은 4~5승 정도 소비하는 것으로 파악하였다. 이러한 식
량소비량의 감소는 文武王에서 聖德王 사이에 唐을 따른 量制의 개혁
때문이라고 파악하였다.[95]

　　그러나 이러한 朴興秀의 견해는 너무 논리적 비약이 심하다. 앞에서
도 설명한 것처럼 자료 b)의 내용에서 1일 식량소비량이 3斗란 것은
너무나 과대한 양이다. 중국의 진한대에 약 200㎖인 1승의 용적으로
하루에 5승 정도가 일반 민의 식량소비량인 점을 고려할 때 통일신라
시대도 1승인 200㎖의 용적으로 하루에 5승 정도가 적정 식량소비량일
것이다. 이 정도의 양은 성덕왕대의 구민곡으로 3승을 지급한 것과 진
한대 '救死之民'에게 지급된 3승이 동일하다는 것을 고려할 때 타당성
이 있기 때문이다. 그리고 중국의 수당대 이후 1승의 용적이 진한대보
다 3배로 증가된 시대에도 성인 남자의 경우 2승 정도를 소비한 점과
앞에서 설명한 것처럼 송대 군인에게 하루 2승과 구민곡으로 1승이 지
급된 점을 비교하여 볼 때 통일신라시대 국왕이라고 하여도 하루 3斗
·6斗의 식량소비량은 너무 과도한 양이다. 따라서 자료 b)의 3斗·6
斗의 斗의 자료는 잘못 기록되었다고 볼 수밖에 없으며, 이러한 자료
에 근거하여 양제의 변화시기를 추정하는 것은 잘못이라 여겨진다. 오
히려 양제의 변화는 정확하게 언제인지는 알 수 없지만 중국의 王莽
銅斛升이 우리나라에 도입된 이래 성덕왕대까지 없었다고 보아야 한
다. 그것은 앞에서도 설명한 것처럼 성덕왕 때 升의 용적이 중국 한대

95) 朴興秀, 앞의 논문, 1977, 6~7쪽.

의 1승의 용적과 동일하기 때문이다.

그렇다면 통일신라시대의 왕망 동곡승의 용적은 언제 변화되었을까. 앞 장에서 우리나라의 경우도 전반적으로 중국처럼 1승의 용적은 계속 증대되었음을 살펴보았다. 그런데 우리나라의 경우 중국과 달리 양의 체계가 1석＝10두로 계속 사용된 것은 아니었다. 중국측 사료이지만 『隋書』 고려전을 통해 고구려는 1石＝10斗의 기본체제가 사용되었다. 그리고 통일신라시대는 "佐波里加盤附屬文書"와 "雁鴨池出土 木簡"에서 각각 17斗와 13斗라는 용례와 文昌侯 인용문에 15斗의 용례가 있으므로 1石＝15·20斗가 사용되었다. 따라서 통일신라시대에는 1石＝15·20斗의 양의 체계가 기본적으로 운용되면서 상대적으로 양기의 용적에는 변동이 없었다.

그러나 고려초기에는 1石＝15斗의 양의 체제로 변동되었음을 이미 앞에서 여러 자료를 통해 살펴 보았다. 이 시기에 양의 체계가 변화되면서 양기의 용적에는 어떠한 변화가 있었을까. 중국의 경우 양기 변동의 주요한 요인을 조세수취와 관련하여 파악하고 있다. 따라서 통일신라시대 말기에 과도한 조세수탈로 민의 저항이 일어났다는 측면을 고려할 때, 수취제도의 문란은 양기의 용적이 증대되는 하나의 요인이 되었을 것이다. 통일신라시대 말기 수취제도의 모순은 다음의 자료를 통해 살펴볼 수 있다.

　나-a) 三國末 經界不正 賦斂無藝 高麗太祖卽位 首正田制 取民有
　　　　度 而惓惓於農桑(『高麗史』 권78, 食貨1 序文)
　나-b) 大司憲趙浚上書曰 …… 新羅之末 田不均而賦稅重 盜賊群起
　　　　太祖龍興 卽位三十有四年 迎見君臣 慨然嘆曰 近世暴斂 一
　　　　頃之租 收至六石 民不聊生 予甚憫之 自今宜用什一 以田一
　　　　負 出租三升 (『高麗史』 권78, 食貨1 田制 田柴科 辛禑 14年 7
　　　　月)

위의 자료 a)는 후삼국시기 경계가 부정하여 부세 수취에 도가 없었

는데, 태조가 즉위하여 전제를 바로 잡으므로 수취에 법도가 있었다는
것이다. 그런데 후삼국시기에 경계도 부정하고 부세에 법도가 없었다
는 것은 수취제도에 많은 모순이 발생하였다는 것이다. 자료 b)는 후
삼국시기 토지가 균등하지 않고 부세가 과중하였는데, 1頃의 租가 6石
에 이르렀다는 것이다. 위의 자료를 살펴볼 때 통일신라시대 말기는
가혹한 부세수탈이 자행되었음을 알 수 있다.
　이러한 불법적 부세수탈의 양상은 고려건국 이후까지 자행되었다.
그것은 太祖가 禮山鎭을 행차하면서 내린 조서를 보면, "마땅히 너희
공경장상과 녹을 먹는 사람들은 내가 백성을 자식처럼 사랑하는 뜻을
헤아려 녹읍에 소속된 백성을 불쌍히 여기도록 하라. 만약 가신과 무
지한 무리들이 너희 녹읍에서 수탈에만 힘쓰고 마음대로 약탈한다면
너희들이 어찌 그것을 알 것이며, 비록 안다고 하더라도 금하지 못할
것이다. 백성 가운데 논소하는 자가 있어도 관리가 사정에 이끌려 숨
기고 있으니 백성의 원망이 일어나는 것은 이에 말미암은 것이다"라
고[96] 하여 녹읍지에서 불법적 수탈을 지적하고 이를 시정할 것을 지시
한 사실을 통해 알 수 있다.
　후삼국시기의 수취상의 폐단은 실제 규정된 액수보다 수조량을 증
가시켜 수취함으로써 발생한 것으로, 양기 등을 불법적으로 제작하여
일어난 폐단은 아니었다. 그것은 궁예 때 1頃의 租가 6석에 이르렀다
는 사실을 통해 알 수 있다. 그러나 이러한 폐단은 양기 등을 불법적으
로 제작할 수 있는 배경이 되거나 실제 양기 등을 불법적으로 제작하
여 자행되었을 가능성도 있다. 이러한 불법적 양기의 제작 등 양제의
문란행위는 고려 초기 이후 양제 변화의 한 요인으로 볼 수 있다. 특히
나말여초기 양제의 개혁은 혼란된 사회적 분위기를 틈타 더욱 사회를
혼란시킬 수 있다. 그것은 호족세력이 자신에게 지급된 녹읍지에서 증
대된 양기를 통해 자의적 수탈을 더욱 강화할 수 있기 때문이다. 따라
서 통일신라 말기에는 양기의 용적에 변화가 없었을 것으로 생각된다.

---

96)『高麗史』권2, 太祖 17年 5月.

그런 점에서 고려전기에 나타나는 다음의 자료는 양제의 변화를 유추할 수 있다는 측면에서 주목된다.

다-a) 命有司定權衡平斗量(『高麗史』 권6, 靖宗 6年 2月 壬子)
다-b) 判每年春秋 平校公私枰斛斗升平木量木 外官則令東西京四都護八牧掌之(『高麗史』 권84, 刑法1 職制 靖宗 12年)

위의 자료 a)는 靖宗 6년(1040) 유사에게 명하여 權衡(저울)과 斗量을 정하라는 것이다. 이는 고려초기에 사용되는 量器와 저울 등이 통일되어 있지 않았기 때문에 이를 새롭게 통일하겠다는 의지로 파악할 수 있다. 자료 b)는 매년 봄과 가을에 개인이나 관에서 사용하는 저울·섬·말·되, 평목, 장목을 검사하되 지방에서는 동경과 서경, 4도호부 및 8목에서 이를 관장하라는 것이다. 이러한 判이 나오게 된 배경은 아마도 靖宗 12년(1046) 이전에 새롭게 제정된 양기 등에 대한 부정을 없애기 위해 매년 춘추로 검사를 하겠다는 의지로 해석된다. 이들 두 자료를 종합하여 볼 때 靖宗 6년(1040)에는 새로운 양기의 제정이 있었고, 이를 통해 靖宗 12년부터는 계수관에서 매년 춘추로 양기를 검사하여 조세 수취에 이용하였음을 알 수 있다. 그러한 사례는 청주의 사뇌사 출토 靑銅油斗를 통해 검증할 수 있다. 이러한 양기의 제정은 文宗 7년(1053)에 나타나는 것처럼 斛(石)두식을 제정하여 斛價의 용적비를 환산하게 되었다.[97] 따라서 고려전기 양제의 변화는 정종대에 나말 수취체제의 모순을 극복하면서 고려전기 사회적 안정을 토대로 이루어졌다고 볼 수 있다.

한편 용적의 새로운 확정은 수취제도의 문란을 바로잡는다는 의미도 있지만 이 시기의 사회경제적 변화와 무관하지 않다. 고려전기는 농업기술의 발달에 의한 생산력의 증대를 기반으로 국내상업과 대외무역이 활발하게 전개되었다. 특히 국내상업은 화폐도 통용되었지만

---

97) 『高麗史』 권84, 刑法1 職制 文宗 7年.

현물교환, 즉 米·布·銀 등이 중심이었다. 이러한 현물을 보다 정확하게 교환하기 위해서는 도량형의 통일이 필수적이다. 따라서 정종대의 용적의 통일은 국내 상업발달을 반영하기도 한다고 파악할 수 있다. 아울러 도량형의 통일은 역으로 더욱 물물교환을 촉진시킬 수 있는 계기가 된다.

이러한 정종 6년 양제의 변화는 목종대의 개정전시과보다 이후 문종대의 경정전시과에서 표면적으로는 관료수의 증가와 수조지의 부족으로 수조지의 분급이 축소되었지만[98] 수조지의 축소를 가능하게 한 요인도 되었을 것이다. 수조지의 축소는 귀족 관료세력들의 경제적 기반의 축소로 나타나기 때문에 이에 대한 관료세력들의 저항을 예상을 할 수 있다. 그러나 전시과의 지급에서 수조지는 축소되었지만 양기의 증대로 양반 관료들은 이전과 비슷한 양을 경제적 기반으로 확보할 수 있었다.

이와 같은 고려전기 양제는 고려후기에도 계속적으로 사용되었을 것으로 생각되지만, 언제까지 사용되었는지는 정확하게 알 수 없다. 다만 도량형제는 고려후기 전반적인 사회 변화, 특히 원의 간섭 등으로 인해 일정한 변화가 있었을 가능성도 있다. 앞의 자료에서 검토한 것처럼 고려의 석과 원의 석은 1:2(승의 용적비율은 1:3)의 용적비율을 가진다고 하였다. 그런 점에서 다음의 자료가 주목된다.

라-a) 遣中贊金方慶·直史館文璉 如元賀聖節 王上書中書省 ……
一曰 小邦秤制 異於上國 前者蒙賜一十六斤秤一連 十斤半等
子一槃 三斤二兩等子一介 用之中外 未可周遍 乞更賜秤子等
子各五百(『高麗史』 권28, 忠烈王 2年 7月 癸丑)

라-b) 郎將鄭福均還自元 帝賜秤子三百(『高麗史』 권28, 忠烈王 2年
10月 丙子)

---

98) 穆宗田柴科와 文宗田柴科 사이에는 제1과 田 100결을 제외하고는 제2과부터 제18과까지 전반적으로 전 5결에서 전 3결까지 수조권이 축소되어 분급되고 있다.

위의 자료 a)는 고려와 원과의 秤制가 달랐기 때문에 원의 秤子와 等子가 공급되었는데, 이것으로 널리 사용하기에 부족하자 金方慶과 文璉 등을 원에 보내어 秤子와 等子를 재차 요구한 것이다. 자료 b)는 鄭福均이 원에서 秤子 300백 개를 가져왔다는 것이다. 이는 고려의 秤子 요구를 원이 수용한 결과이다. 원의 秤子는 즉각 각 지역에 보급되어 사용되었을 것이다. 따라서 원간섭기에 원의 衡制가 도입된 것처럼 원의 양기도 도입되었을 가능성도 있다.

원간섭기에는 衡制와 함께 元石이라는 단위 용적도 사용되었음을 알 수 있다.

마) 遣右承旨趙仁規‧大將軍印侯如元上中書省書曰 小國已備兵船九百艘 梢工‧水手一萬五千名 正軍一萬名 兵糧漢石計者十一萬 …… 小國連年不登 民皆乏食 所以軍糧未曾盡意收貯 除見在兵糧七萬七百二十七漢石 外內外公私俱竭 以此大小官員月俸國用 多船賦稅 悉皆收取 更於中外戶斂粗備四萬漢石 過此難以應副 算得正軍一萬名 一朔糧月三千漢石 …… 兵糧一年所收 摠計一萬六千七百三十二石 往年收貯幷今年所收 摠計七萬百二十七漢石(『高麗史』 권29, 忠烈王 6年 11月 己酉)

위의 자료는 일본 동정을 위해 필요한 군량을 요구하자 고려정부가 11만石(漢石)을 준비하였는데, 그 내용은 저축분 약 7만石(漢石)과 이외에 中外의 民戶에게 수취하여 약 4만石(漢石)을 준비하였다고 중서성에 보고한 것이다. 이에 따라 고려에서 조세수취 때 원의 양기가 사용되었다고 파악할 수 있다. 그러한 견해도 있지만,[99] 여기에는 몇 가지 점에서 의문이 생긴다.

---

[99] 呂恩暎은 병량이 漢石으로 징수되고 있는 것처럼 元軍이 계속 高麗에 주둔함으로써 漢石이 사용되었고, 兵糧 이외에 관원의 녹봉‧국용‧부세 등도 漢石을 기준으로 수취되었다. 따라서 고려후‧말기의 量制는 衡制가 元의 제도로 바뀐 것처럼 역시 元의 제도로 바뀌었다고 보았다(呂恩暎, 앞의 논문, 1987, 6~8쪽).

본 상서문은 군량의 현황을 원에 보고하기 위해 작성된 것이다. 실제 원나라가 원종 말기와 忠烈王 초기에 삼별초 진압과 일본 동정에 필요한 兵糧을 여러 차례 요구하자 고려정부는 민에 대한 부세수취는 기존의 고려의 양제로 하고 병량의 준비분을 보고할 때는 고려의 석과 중조석(한석)을 구분하여 보고한 것뿐이다.100) 그리고 고려의 양제를 원의 양제처럼 대용적의 양제로 통일시키고자 할 때에는 형제처럼 원의 양기의 도입을 요구하거나 양기 제조를 명령하였을 것이나 고려정부는 그러한 요구나 명령을 하지 않고 있다. 예를 들면 원의 정치적 간섭에 의한 고려 제도의 변화, 관제개혁·복제 등에 대해서는 원의 요구대로 개편된 사례가 나타나고 있으나101) 양제에 대해서는 그 사례가 나타나지 않는다는 점이다. 특히 원이 고려에 대한 경제적 수탈을 강화한 측면을 고려할 때 양기의 용적을 증대시켜 수탈을 강화할 수 있는데, 그러한 사례가 전혀 나타나지 않는다는 점이다.

특히 13세기 말·14세기 초의 고려는 몽고와의 전쟁으로 농토는 황폐화되고 민호는 유리·도망한 상황이었다. 당시의 자료에 의하면 "전야가 황폐되어 공부가 결핍되었다"고102) 하거나, "여러 도의 인민들이 전쟁 이후로 유망하여 생업을 잃었다"고103) 하고 있다. 이와 같은 상황하에서 양기를 증대시켜 조세를 수취하는 것은 이 시기 고려정부가 의도했던 '務農重穀之意'인 농업생산력의 증대나 토지개간책 등을 유도하는 긍정적인 측면보다는 오히려 민호에게 가혹한 조세수취가 자행될 수 있다. 이는 고려정부의 전후복구책과는 상당한 차이가 있다. 따라서 고려정부는 양기의 용적을 증대시켜 세수의 증대를 꾀하기보다는 호구점검, 양전사업 및 부세제도의 개혁 등을 추진하여 보다 많은 토지를 확보하고 이를 바탕으로 세수의 증대를 도모하였다.

---

100) 『高麗史』 권27, 元宗 12年 8月 ; 권28, 忠烈王 3年 2月 丁卯 ; 권29, 忠烈王 6年 11月 己酉.
101) 『高麗史』 권28, 忠烈王 4年 2月 丙子, "令境內皆服上國衣冠".
102) 『高麗史』 권25, 元宗 4年 4月 甲寅.
103) 『高麗史』 권79, 食貨2 戶口 忠烈王 18年 10月.

대몽항쟁 이후 忠烈王 초기에는 민호의 도망으로 호의 불균형이 심화되자 각 도에 計點使를 파견하여 민호를 안집시키려는 노력을 계속하였다.[104] 그리고 忠烈王 18년(1292) 10월 "원종 10년, 즉 기사년에도 호구를 계점하여 공부를 정했으나 이후 세를 거두는 것이 불균하여 민이 고통을 당하고 있으니, 다시 사신을 보내어 호구의 증감과 토지가 개간되고 황폐해짐을 헤아려 민의 부담을 계정하여 민의 생활을 유지하게 하라"는 교서에서도 민의 안정책이 우선이었다.[105] 이로 볼 때 계점사의 파견은 忠烈王代의 전후복구책으로 추진된 민의 안정책이었음을 알 수 있다.

그리고 민의 안정책으로 유민이 각 지역에 안집되자 여러 지역에서 소농민에 의한 토지개간과 권력층의 토지개간이 활발하게 전개되었다. 14세기의 초반 무렵에 "전야가 비록 개간되었다 할지라고 나라의 공부는 해마다 감소한다"고[106] 하거나 "지금 군현의 전야가 모두 개간되어 마땅히 양전하고 부세를 증대하여 국용을 풍족하게 하여야 한다"고[107] 표현하고 있는 것은 개간이 상당 부분 이루어졌음을 암시한다. 이러한 표현은 앞에서 언급한 것처럼 13세기 말 원종대에 "전야가 황폐해져 공부의 수입이 감소하였다"는 것과는 많은 차이가 있음을 알 수 있다. 이를 유추하여 볼 때 14세기 초 이후에는 많은 토지가 개간되었다.[108]

---

104) 『高麗史節要』 권20, 忠烈王 5년 9月, "又遣權旺於忠淸道爲都指揮使 朱悅於慶尙 郭汝弼於全羅 禹濬冲於西海 崔有侯於東界交州 爲計點使 初都評議使 言 太祖奠五道州郡 經野賦民 皆有恒制 近來兵饉相仍 倉儲縣罄 橫斂多 逋戶衆 宜括民戶 更賦稅 由是累發計點使 而未見效 及東征之力 發民爲兵 故 復有是命 且令計點使 勿得役使內庫處干 悅汝弼不肯從 竟罷還" ; 『高麗史』 권28, 忠烈王 4년 11月 丁酉 ; 『高麗史』 권29, 忠烈王 5년 9月 癸丑.
105) 『高麗史』 권79, 食貨2 戶口 忠烈王 18년 10月.
106) 『高麗史』 권78, 食貨1 田制 經理 忠烈王 24년 正月 忠宣王 卽位敎.
107) 『高麗史』 권78, 食貨1 田制 租稅 忠宣王 2년 11月.
108) 고려후기 토지개간의 양상에 대한 연구는 다음의 글들이 참고된다. 朴京安, 「高麗後期의 陣田開墾과 賜田」, 『學林』 7, 1985 ; 『高麗後期 土地制度硏究』, 혜안, 1996 ; 李宗峯, 「高麗後期의 勸農政策과 土地開墾」, 『釜大史學』 15·16, 1992 ; 安秉佑, 「高麗後期 농업생산력 발달과 농장」, 『14세기 고려의 정치와 사회』, 民音社, 1993 ; 魏恩淑, 『高麗後期 農業經濟硏究』, 혜안, 1998.

이렇게 개간된 토지는 양전사업 등을 통해 세액이 증대되는 바탕이 되었을 것이다.

한편 이 시기에 추진된 정책으로는 세액의 조정 등을 들 수 있다. 충숙왕 원년(1314) 충선왕이 내린 諭에 의하면 "전쟁이 일어난 이후 호가 적어지고 토지가 황폐하여 공부의 수입이 예전과 같지 않았다. 기사년(원종 10년, 1269)에 액수를 정한 이후 제찰과 수령이 그 액수를 고집하고, 거두어 들이는 것을 중지하지 않으므로 백성을 병들게 하는 것이 심히 많다. 마땅히 현재의 토지와 호구로써 更定貢賦하되 백성이 유리하여 토지가 황폐한 곳은 그 해에 한하여 면제해주고, 그 밖의 雜貢도 마땅히 상정하되 줄일지언정 늘리지는 말라"고 하고 있다.[109] 이는 원종 10년에 호구만을 기준으로 세제개편이 시행되었기 때문에 일어났다. 이러한 문제점은 충선왕이 세액조정의 유지를 내리게 되는 기본적인 바탕이 되었으며, 이를 통해 민의 불만을 해소하려는 것이었다.[110] 그러나 이러한 세액의 조정정책이 곧바로 성공을 거두었던 것은 아니었다. 그것은 中贊 洪子藩에 의해 '定額收稅'와[111] '科斂과 橫斂의 금지'[112] 등 수취제도의 폐단을 개선하려는 방법이 제시되고 있기 때문이다. 따라서 13세기 말・14세기 초의 고려는 여러 가지 제도적인 방법의 개선을 통해 민을 안정시키고 이를 토대로 그들의 지배권을 강화하려고 하였다. 그러므로 이 시기에는 고려정부에 의해 추진된 양제의 변동과 같은 획기적인 변화 없이 고려전기의 양제가 사용되었다.

그러나 고려후기 양제의 개편은 이루어지지 않았지만, 민간에서 사적으로 양기의 용적을 조작하는 양기의 문란행위는 빈번하게 이루어졌다. 양제의 문란은 고려전기부터 존재하였다. 그것은 大覺國師 義天의 주전 건의문에 나타나는 것처럼 "大升과 小升의 속임수와 輕量・重量의 간교함에 있어서 良善하고 호소할 곳 없는 백성들은 근근히

---

109) 『高麗史』 권78, 食貨1 田制 貢賦 忠肅王 元年 正月.
110) 박종진, 『고려시대 재정운영과 조세제도』, 서울대 출판부, 2000.
111) 『高麗史』 권78, 食貨1 田制 貢賦 忠烈王 26年 6月.
112) 『高麗史』 권79, 食貨2 鹽法 忠宣王 22年 6月.

몇 升合을 얻어서 키로 까불고 일어 가리면 없어지는 것이 10분의 4·
5가 됩니다. 비록 엄한 형벌에 처하여도 금지시킬 수 없습니다. 지금
전을 사용하여 간교함을 막고 곤궁한 사람을 도울 수 있는 것이 그 두
번째 이점입니다"라는113) 것을 통해 볼 때 고려전기에도 야기되었음을
알 수 있다. 이러한 양제의 문란은 무신정권 전후 시기부터 집중적으
로 나타났다.

바-a) 執奏李義方 置平斗量都監 斗升皆用槪 犯者黥配于島 未踰年
復如初(『高麗史』권85, 刑法2 禁令 明宗 3年 4月)
바-b) 左右倉斗槩不法 納米一石贏至二斗 外吏因緣重斂久爲民弊
近欲釐正下制 一石幷耗米 不過十七斗 群小洶洶 至是下制仍
舊(『高麗史』권78, 食貨1 租稅 明宗 6年 7月)

위의 자료 a)는 무신정권 때 平斗量都監을 설치하여 斗·升은 모두
평미래(槪)를 사용케 하였으나 다시 원상태로 환원되었다는 것이다.
이는 양기를 통해 불법적으로 조세수취가 자행되므로, 그러한 폐단을
시정하기 위해 평두량도감을 설치하고 평미래를 사용케 하였다는 것
이다. 그러나 이를 통해 이익을 추구하는 세력이 존재하였기 때문에
법령은 계속 시행되지 못하였을 것이다. b)는 좌우창의 말과 평목이
불법적으로 사용되어 米 1石(15斗)을 수납하는데 剩餘米가 2斗에 이
르러 민폐로 작용하자 이를 시정하는 조치를 취했으나 결국 원상태로
환원되었다는 것이다. 이는 1석의 정액이 15斗이지만 17斗가 수세되고
있었으므로 양제의 운용이 상당히 문란하였음을 암시한다.
이에 따라 고려에서는 양기 운용의 폐단을 시정하기 위한 방안으로
鑄錢論이 제기되거나,114) 斗斛을 검사하여 奸僞를 조사하게 하거
나115) 그리고 斗斛의 市價를 정하는 등116) 양기의 불법적 운용에 대한

---

113) 『大覺國師文集』권12, 鑄錢論.
114) 『大覺國師文集』권12, 鑄錢論.
115) 『高麗史』권20, 明宗 11年 7月 己卯.

다양한 대책을 발표하였다. 이러한 대책은 이후에도 국가가 양기를 검
사하여 양기의 부정을 막아보려는 노력으로 계속되었다. 그것은 李齊
賢이 충선왕 5년(1313)에 "內府副令과 豊儲監斗斛에 除拜되었는데,
내부에서 錙銖와 尺寸을 세밀히 계산할 적에도 전혀 어려워하는 기색
을 보이지 않으니, 사람들이 말하기를 '先生可謂不器君子'라고 말하였
다"고117) 하여 도량형을 감독하는 기관에 배속된 사례를 통해서도 알
수 있다.

그러나 고려후기 양기 운용의 부정은 사라지지 않았다. 오히려 불법
적으로 양기를 제작하여 수세하는 양상으로 발전하였다.

　사-a) 下敎 …… 一古者租稅之納 許民自量自槪 今之官吏大斗剩量
　　　　民甚苦之　其令州郡官躬親監視中外公私同其斗斛(『高麗史』
　　　　권78, 食貨1 租稅 恭愍王 5年 5月)
　사-b) 都評議使上言 比來按廉守令紀綱不立 諸道鄕里縱逞其欲 點
　　　　兵則不及富戶 收租則私作大斗 匿京丁爲其田 聚良人爲其隷
　　　　誅求於民 靡有紀極 宜令御史臺及諸道按廉使 究其元惡者車
　　　　裂 輕者杖流 從之(『高麗史』권85, 刑法2 禁令 恭愍王 7年 4月)
　사-c) 大司憲趙浚上書曰 …… 受代田白丁 匿傍田一結者 收租奴不
　　　　受官牒 不較官斗者杖一百(『高麗史』권78, 食貨1 田制 辛禑
　　　　14年 7月)

위의 자료 a)는 옛날의 조세 납부는 민이 自量自槪하였는데, 지금의
관리들이 大斗로 잉여를 남기므로 민이 고통스러워 한다. 지방의 수령
은 몸소 中外를 감시하여 公私의 斗斛을 같게 하라는 것이다. 이는 고
려후기 사적으로 量器가 제작되어 公私의 양기가 동일하지 않다는 것
을 암시한다. 자료 b)는 안렴과 수령 등의 기강이 해이하므로 제도의
향리들이 제마음대로 사욕을 채워, 조세를 거둘 때 사사로이 大斗를

116)『高麗史』권85, 刑法2 禁令 明宗 11年 7月.
117)『益齋亂藁』附錄, 益齋先生年譜.

만든다는 것이다. 이것은 향촌사회에서 실제적으로 조세수취를 담당하고 있는 향리들이 사사로이 양기를 제작하였다는 점에서 주목되는 사례이다. 자료 c)는 收租奴 등이 관첩을 받지 않거나, 관청에서 제정한 斗斛을 쓰지 않는 자에게 杖 百을 치라는 것이다. 收租奴들이 관첩을 받지 않는다는 것은 수조권 분급을 받지 않고 불법적으로 수세를 한다는 의미일 것이고, 관청에서 제작한 두곡을 쓰지 않는다는 것은 사사로이 제작한 양기를 수취에 사용한다는 의미이다. 즉 지배계급의 하수인, 즉 收租奴는 규정액 외의 수취와 불법적 양기를 사용한다는 것이다. 이러한 현상은 지배계급의 수탈욕에서 비롯되었을 것이다. 위의 자료를 살펴볼 때 고려후기 지방관, 향리, 권세가 등은 사적으로 大斗 등의 양기를 제작하여 수취에 이용하고 있었다. 이같은 大斗 등의 사용은 고려후기에 이미 양제가 변화될 수 있는 토대가 형성되어 가고 있었다고 볼 수 있다.

이에 따라 고려정부에서도 사사로이 저울과 말을 만들어 저자에서 사용케 한 자나,[118] 秤斗尺度를 써서 관물을 출납할 때 공평하지 않게 하는 자에게 규제를 하지 않을 수 없었다.[119] 하지만 양기의 불법적 운용은 계속적으로 일어났다. 이러한 현상은 지배세력을 비롯한 권력자들의 수탈욕에서 발생한 것이다. 실제 고려후기 지배세력은 1년의 租가 8·9회에 달하도록 수취를 자행하고 있었다.[120] 따라서 고려후기 도량형, 양제의 문란은 심각하게 전개되었음을 알 수 있다.

이와 같은 양상은 조선전기 양기의 운용에도 영향을 주었다.[121] 먼

---

118)『高麗史』권85, 刑法2 禁令.

119)『高麗史』권85, 刑法2 禁令.

120)『高麗史』권78, 食貨1 田制 祿科田 辛昌 卽位年 7月, "典法判書趙仁沃上疏曰 …… 州縣津驛供國役者喪其田宅 困於一田之五六主 一年之五六收 父母凍餒而不能養 妻子離散而不能保 無告流亡戶口一空";『高麗史』권78, 田制 租稅 辛禑 9年 2月, "一田三兩其主 各徵其租";『高麗史』권78, 田制 祿科田 辛禑 14年 7月, "趙浚上書曰 …… 一畝之主過於五六 一年之租收至八九";『高麗史』권115, 李穡傳, "若其田之主 一則幸矣 或有三四家者 或有七八家者";『朝鮮經國典』上, 賦典 經理, "勢力之家 互相兼幷 一人所耕之田 其主或至於七八".

저 조선전기 양기 운용의 부정은 수령에 의해서 야기되었음을 다음의
자료를 통해 알 수 있다.

> 아-a) 下內資寺尹權尙溫于義禁府 司憲府啓 尙溫曾守安城 掘削斗
> 斛而深大之 重斂於民 私贈於人 乞收職牒 按問其故 先是水
> 原府使朴剛生 平校領內各官斗斛 以安城斗爲小而掘其底 改
> 烙印 安城吏將其斗 來京江豊儲倉 倉官以其斗之大 執報戶曹
> 是剛生不察奸吏之謨 初使領官水原之斗 大過其制 不澄其源
> 故耳 非尙溫之罪也(『太宗實錄』권35, 太宗 18年 1月 癸亥)
>
> 아-b) 前漢城府尹權孟孫上書曰 …… 夫義倉之設 所以備凶荒 賑困
> 窮 誠國家之良法也 凡爲守令者 出納之際 或不用心 而貽害
> 于民 當其還納之日 使其納者 自量自槪 載在六典 而莫有行
> 者 且不用槪木 以斗量之 則必加二三升 以斛量之 則必加二
> 三斗 然後納之 隨卽改量 大率十石九石 剩作二三石 其作石
> 也 斗數虧次 及乎分給之時 不量而給 假如人給五斗 則每三
> 人都給一石 退而量分 則一人所得 僅三四斗 其弊一也(『世宗
> 實錄』권109, 世宗 27年 7月 戊戌)

위의 자료 a)는 태종대에 權尙溫이 安城의 수령으로 있을 때 斗斛
을 파서 깎아 내어 깊고 크게 만들어 백성에게 수세하거나 水原府使
朴剛生이 영내 각 고을의 두곡을 바르게 교정하다가 安城의 斗가 작
다고 하여 그 밑바닥을 파내고 낙인을 고쳤는데, 안성의 아전이 그 말
을 가지고 京江의 풍저창에까지 왔다는 것이다. 자료 b)는 前 漢城府
尹 權孟孫이 상서한 것인데, "수령들이 의창을 운영하면서 육전에 따
른 자량자개를 하지 않을 뿐만 아니라 평목을 쓰지 않고 말로 헤아리
면 반드시 2·3승은 더하고, 곡을 쓰면 반드시 2·3두는 더합니다. 그
런 뒤에 바치게 하여 곧 고쳐서 두량하여 대개 10석, 9석에 2·3석은
더 만듭니다. 그 작석한 것이 말 수에 부족이 있는데, 나누어 줄 때에
미쳐서는 두량하지 않고 주는 폐단을 야기시킨다"는 것이다. 즉 각 지

---

121) 李宗峯, 앞의 논문, 1998.

방에서 수취를 담당하는 수령들이 양기를 불법적으로 제작하거나 운용하는 폐단을 자행하고 있다. 이같은 수령의 불법적 행위는 수령의 감독을 받는 향리 등의 불법적인 행위를 감독할 수 없을 뿐만 아니라 향리층의 불법을 조장시켰을 것으로 생각된다.

다음으로 양기 운용의 부정은 상인층에 의해서도 아주 다양하게 이루어졌음을 다음의 자료를 통해 알 수 있다.

> 자) 議于政府曰 今困京城以南下三道凶歉 爭持家産牛馬 到市換米 故市肆比舊增冗 緣此市井姦狡之徒 或用不准升斗 或矯平准之器 或雜以穀 或雜以沙 多方欺罔 小與而多取 較其本價 僅得十分之六七 愚民苟救目前之急 不暇告訴 益就困窮 誠可憐悶(『世宗實錄』 권75, 世宗 18年 11月 丙辰)

위의 자료는 세종대에 시정의 간사하고 교활한 무리, 즉 상인들이 혹은 平準이 아닌 升·斗를 쓰기도 하고, 혹은 평준의 그릇을 속이기도 하여 양기를 계속 조작하고 있다는 것이다. 이같은 시장에서 평준이 아닌 升·斗의 사용, 특히 팔 때는 적은 두승을 쓰고, 살 때에는 큰 두승을 사용하여 이익을 취하는 행위는 조선전기에 보편적 현상이었다.[122] 이러한 양기 운용의 폐단은 지배세력을 중심으로 작은 것에서 큰 것으로 변질시켜 그에 대한 많은 이득을 얻으려는 목적에서 이루어지고 있었다.

이와 같이 양기 운용의 부정은 국가로 하여금 양기의 사용 및 제작에 대한 감시·감독을 강화시킬 수밖에 없게 하였다. 그것은 양기가 조세수취의 기본 도구이기 때문이다. 즉 양기의 불법적 운용으로 백성 혹은 국가가 직접적인 피해를 볼 수 있다. 국가는 대민이데올로기 차원에서라도 이를 방치할 수는 없었다.

> 차-a) 司憲府上書陳時務八事 …… 平同量衡 所以禁奸而防濫也 今

---
122)『世宗實錄』 권76, 世宗 19年 2月 辛未.

> 京中則平校斗斛 而衡不與焉 固爲遺失 外方則監司旣不之察
> 奸吏又因而擅造 於科斂之際 以重爲輕 以盈爲縮 貧者益困
> 富者益資 爲守令者亦且不禁 遂成巨弊 願京中則平校斗斛之
> 時 並正衡秤 外方則監司 將京市署平校斗斛衡秤 每於所至之
> 郡 無時相校 如有違者 守令及掌吏 隨卽痛繩(『太宗實錄』권
> 19, 太宗 10年 1月 乙未)
>   차-b) 永樂五年 議政府受判 斗升平校 京中京市署 外方觀察使 每
>   年春秋仲月 依前倒施行(『世宗實錄』권10, 世宗 2年 11月 辛未)

　자료 a)는 사헌부에서 아뢴 시무 8책의 하나로서 量衡을 고르게 하
는 대책으로 지금 경중에서 두곡을 공평하게 검사하는데 저울은 사용
하지 않고, 외방에선 감사와 수령이 살피지 아니하므로 간사한 아전이
이 틈을 타서 마음대로 만들어 과렴할 적에 무거운 것을 가볍다 하고,
찬 것을 축났다고 하니, 가난한 자는 더욱 어렵고 부유한 자는 더욱 넉
넉하게 되므로 京中에선 斗斛을 검사할 적에 아울러 저울을 바루고
매양 이르는 郡마다 때없이 교정하여, 만일 어긴 자가 있으면 수령과
掌吏를 즉시 엄하게 다스리라는 것이다. 자료 b)는 永樂 5年(태종 7,
1407) 평교두승을 쓰지 않고, 임의로 斗·升을 조작하여 만든 것을 사
용한 경우가 빈번하게 나타나자 의정부에서는 升과 斗를 서울에서는
京市署에서, 지방에서는 觀察使가 매년 봄 가을의 가운데 달에 전례에
따라 공평하게 검사하라는 것이다. 그런데 위의 사료에서 주목되는 것
은 양기를 교정하는데 저울을 사용한다는 점이다. 이는 양기를 아주
교활하게 불법 제작하는 반면, 이에 대한 적발이 어려운 현상을 타개
하기 위해 중량의 측정을 통해 양기의 용적을 측정하겠다는 것이다.
그러나 이러한 방안도 유용한 방법론으로 자주 거론되는 문제이지
만[123] 저울 자체를 불법적으로 제작하여 이용하기 때문에 양기의 불법
적 운용을 근본적으로 막지는 못하였다.

---

123) 『世宗實錄』권41, 世宗 10年 9月 癸酉, "工曹啓 各司稱物出納之際 姦狡之
　　徒 謀利瞞官 移易鎦銖 官員務劇 眩於術中 以致出納不均 請自令京市署 每
　　當春秋 平校斗斛之時 並校各司稱子 如有用謀者 隨卽治罪 從之".

그리고 중앙의 경시서와 지방의 관찰사의 검인을 받은 양기를 사용하게 하는 것도 검인을 얼마든지 위조할 수도 있다. 그래서 이러한 문제는 세종대 항상적인 대책으로 제시되고 있는 것으로 보아 별다른 실효를 거두지 못한 것으로 보인다.[124] 그것은 앞에서 언급한 것처럼 양기의 불법적 운용을 막아야 할 수령 등이 오히려 이를 조장하고 있기 때문이다. 양기의 불법적 사용은 쉽게 사라질 수 없었다. 결국 조선전기 양기 운용의 부정은 국가로 하여금 새로운 양기를 제작하지 않으면 안 되게 만들었던 것이다.

다음으로 용적의 변화는 수취제도의 효율성을 제고시키는 측면에서 당시 농업기술의 발달을 통한 생산력의 증대와 밀접한 연관을 가지며 추진되었을 것이다. 조선전기는『농사직설』의 경종법에 나타나는 것처럼 수전과 한전에서는 1년 1작이 기본이었고, 혹 한전에서는 1년 2작도 부분적으로 실시되었다.[125] 따라서 조선전기는 1년 1작을 기본으로 고려후기보다 안정된 상경전을 확보하였고, 이에 따라 생산량도 증대되었을 것이다.[126] 1승의 용적 증가는 수취와 생산량을 쉽게 할 수 있는 이점을 가지고 있다. 따라서 조선은 이를 통한 대민 지배이데올로기 차원에서 대양기를 확보하고자 하였을 것이다.

아울러 외부적으로는 元代의 영향도 배재할 수 없다. 원대의 1석과 고려의 1석은 2:1의 비율을 가지고 있다. 원대 1승의 용적은 고려보다 약 3배 정도 크다. 이러한 원대의 석은 고려에서 兵糧을 측정할 때 부분적으로 이용되었다. 즉 원대의 大量器는 고려후기 양기의 혼란을 야기하였을 것으로 짐작된다. 이는 또한 조선전기 1승의 용적변화를 일으키는 요인으로도 작용하였을 것이다.

그러면 조선전기 1승의 용적은 언제 변화되었을까. 앞 절에서 고려

---

124)『世宗實錄』권62, 世宗 15年 10月 丁丑 ; 권62, 世宗 15年 12月 甲戌.
125) 閔成基,『朝鮮農業史硏究』, 一潮閣, 1988.
126) 고려전기에서 고려후기 과전법체제에 이르는 동안에 생산력의 증대는 약 20% 이상 이루어진 것으로 파악된다(李宗峯,『高麗時代 度量衡制 硏究 - 結負制와 관련하여 - 』, 부산대 박사학위논문, 1999).

13세기 말의 1승과 조선전기 세종 28년 1승의 용적은 많은 차이가 있음을 살펴 보았다. 조선전기 1승의 용적과 그 변화 시기는 다음의 서로 다른 두 자료를 통해 유추할 수 있다.

　카-a) 各官稱子斗升則各其長官 平校分給 而布帛尺體制則不曾平校
　　　　故京外尺度不一 互有長短 請令各官 造竹尺上送 令京市署校
　　　　其市 准尺度還送 從之(『世宗實錄』권52, 世宗 13年 4月 辛亥)
　카-b) 議政府據戶曹呈啓 請以新營造尺 更定斛斗升合體制 斛容二
　　　　十斗者 長二尺 廣一尺一寸二分 深一尺七寸五分 積三千九百
　　　　二十寸 容十五斗者 長二尺 廣一尺 深一尺四寸七分 積二千
　　　　九百四十寸 斗長七寸 廣七寸 深四寸 積一百九十六寸 升長
　　　　四寸九分 廣二寸 深二寸 積十九寸六分 合長二寸 廣七分 深
　　　　七寸四分 積一寸九分六里 從之(『世宗實錄』권113, 世宗 28年
　　　　9月 壬辰)

　위의 자료 a)는 포백척의 교정시기와 관련하여 자주 언급되고 있는 내용이다. 그런데 주목되는 것은 세종 13년 포백척의 교정을 지시하면서 이미 각 고을에는 저울·말·되 등의 長官을 각각 바르게 교정하여 나누어 주었다는 점이다. 이에 따른다면 斗와 升은 세종 13년 4월 이전에 교정되었다고 볼 수 있다. 자료 b)는 세종 28년 의정부가 호조의 呈啓에 의거하여 新營造尺으로 곡두승합의 용적을 새롭게 정할 것을 청하자 따랐다는 것이다. 호조의 정계 내용이 어떤 것인지는 알 수 없지만 호조에서 의정부에 정계를 올리고, 이를 의정부에서 수용하여 곡두승합의 경정을 청하였다는 점이 주목된다.

　그런데 문제는 왜 세종 28년 9월에 뚜렷한 이유 없이 양기의 용적을 증대시켰는가 하는 점이다. 자료 a)와 b)를 종합하면 양기는 조선전기만 하여도 세종 13년 이전과 28년에 각각 교정되었다고 볼 수 있다. 특히 세종 28년 자료 중 '更定'하였다는 내용을 주목하면 그렇게 볼 수도 있다. 그러나 세종 13년은 조선전기에 이르러 각 양기의 용적 자체를 새롭게 정하였다기보다는 기존에 통용되고 있던 양기를 낙인한 것일 가능성이 많다. 실제 조선전기에 양기의 문란이 심각하게 이루어지고 있었기 때문에 국가는 이를 방지하기 위해 낙인된 양기의 사용을 유도하였을 것이다. 이에 따라 세종 13년 4월 이전에 사용되고 있던 양기를 다시 점검하여 낙인하고, 이를 조세수취의 도구로 이용하였던 것으로 생각된다. 세종 28년 곡두승합의 경정은 세종 13년 이전에 한번 정하였던 양기를 이 시기에 와서 다시 정한다는 의미이다. 따라서 조선전기 1승의 용적은 세종 28년에 변화되었다.

그런데 세종 28년의 1승 용적은 13세기 원간섭기와 비교할 때 약 60% 정도 증가된 것이다. 이처럼 양기의 용적을 다시 낙인하고 얼마 지나지 않은 세종 28년에 양기의 용적을 크게 증가시킨 이유가 궁금하지 않을 수 없다. 『세종실록』등에는 양기를 경정한 이유에 대해 전혀 기록하고 있지 않다. 다만 호조에서 의정부에 정계를 보내었다는 점이 주목된다. 호조는 조선전기 국가재정을 운용하는 기관이다. 호조는 당시의 사회경제적 변화와 관련하여 안정적인 국가재정의 운용을 위해 용기의 용적 확대가 필요하다고 고려했을 가능성이 있다. 호조의 정계는 이러한 대응과 불가분의 관계를 가진 것으로 생각된다. 앞에서 양기 운용의 문란으로 대양기 등이 사용된다고 하였다. 이러한 현상들도 양기의 용적을 새롭게 조정하게 하는 하나의 요인으로 파악할 수 있다. 그러나 이것만을 급격한 양기의 용적 증대 요인으로 규정하기에는 한계가 있다.

그렇다면 1승의 용적 변화는 세종 28년 이전의 사회경제적 변화에서 찾아야 한다. 세종 28년 이전의 사회경제적 변화는 세종 26년 貢法의 제정과 관련을 가진 것이 아닌가 생각된다. 공법의 제정은 국가재정에 많은 영향을 미치고 있다. 과전법체제하의 1결의 면적은 전품에 따라 상등전(약 2,000평)·중등전(약 3,000평)·하등전(약 4,500평)으로 양전하였다. 과전법체제하의 양전은 己巳量田,[127] 乙酉量田,[128] 兩界

---

127) 己巳量田의 결과 實田은 623,097결, 荒遠田 175,030결이었다(『高麗史』권78, 食貨1 田制 科田法).
128) 乙酉量田에서는 동·서북면을 제외한 6도의 양전을 통해 기사양전에서 확보

量田[129] 등을 거쳐서 세종 원년에 제주도를 끝으로 완료되었다. 이후 세종 10년에는 전라·강원도, 세종 11년에는 충청·경상도의 일부에서 양전을 시행하였지만 보완적인 측면이 강했다.

반면 공법은 세종 26년 하삼도 6개 현을 대상으로 시작하여 성종 20년(1489) 함경도를 마지막으로 시행하면서 완료되었다.[130] 공법은 隨等周尺을 이용하여 田分 6等으로 양전하였는데, 1결의 면적은 1등전 (약 3000평)·2등전(약 3,500평)·3등전(약 4,200평)·4등전(약 5,400평)·5등전(약 7,400평)·6등전(약 12,000평)이다. 하지만 공법에서는 과전법에서 넓은 결 면적을 가졌던 山下·山腰·山上田이 제4·5·6 등전으로 등재되었을 뿐만 아니라 절대 다수였던 하등전이 다수 제 1·2·3등전으로 상향 조정되었고, 결의 면적이 축소됨으로써 전체적인 결수가 대폭적으로 증가됨에 따라 국가재정적인 측면에서도 과전법체제하의 1결당 2석의 수취량보다 공법체제하에서의 1결당 20두의 수취량이 전체적으로 크게 증대되었다고 파악하였다.[131]

그러나 이러한 견해는 공법 이전과 이후 시기의 전체적인 토지결수의 변화를 살펴보면 약간의 문제가 있다. 먼저 다음의 표 <22>에 나타나는 조선전기 전결수의 변화를 살펴보자.

표에 나타나는 『세종실록지리지』의 전결수는 간전을 토대로 수전과 한전을 중심으로 파악되었다. 물론 여기에 산하·산요·산상전 등이 구체적으로 조사되어 『세종실록지리지』의 전결수에 포함되었는지는 알 수 없다. 여하튼 『세종실록지리지』의 전결수는 공법이 실시되기 이전의 양전을 토대로 파악된 것임에 틀림없다. 반면 공법을 실시하고 난 이후 150년이 지난 선조대의 전결수를 기록한 『증보문헌비고』·

___

한 623,097결보다 30여만결을 추가로 확보하였다고 한다(『太宗實錄』 권11, 太宗 6年 5月 壬辰).

129) 『太宗實錄』 권25, 太宗 13年 1月 丁亥.

130) 金泰永, 「朝鮮前期 貢法의 성립과 그 전개」, 『東洋學』 12, 1982 ; 『朝鮮前期 土地制度史研究』, 知識産業社, 1983, 314~321쪽.

131) 朴時亨, 「李朝田税制度의 成立過程」, 『震檀學報』 14, 1941, 128~143쪽 ; 金泰永, 앞의 책, 311~314쪽.

『반계수록』에서는 공법 이전의 『세종실록지리지』의 전결수보다 결수
가 줄어들었음을 알 수 있다. 이를 공법 이전 양전의 한계점, 즉 대부
분의 토지를 상등전으로 양전한 결과 이후 양전에서 이를 2·3등전으
로 정확하게 양전한 결과로 파악하여야 할 것인지 아니면 공법단계에
서 농업생산력 등이 정체되어 150여년이 지난 이후에도 전결수의 증가
가 없었다고 파악해야 할 것인지가 의문이다.

<표 22> 조선전기 전결수[132]

	세종 연간(1432년경)		선조 연간	선조 연간	선조 연간
	도계	군계	(1592 이전)	(1592 이전)	(1592 이전)
충청도	236,300	236,114	260,000여	252,503.6	1,009,700여
경상도	301,147	261,438	430,000여	315,026.6	
전라도	277,588	264,268	440,000여	442,189.0	
경기도	207,119	201,042	150,000여	147,370.2	505,800여
강원도	65,916	65,908	28,000여	34,831.4	
황해도	104,772	223,880	110,000여	106,832.7	
평안도	308,751	311,770	170,000여	153,009.1	
함길도	130,413	149,306	120,000여	63,831.9	
전국	1,632,006	1,713,726	1,708,000여	1,515,594.5	1,515,500여
출전	『세종실록지리지』		『증보문헌비고』 권148	『반계수록』 권6, 전제	『증보문헌비고』 권141

전자의 가능성이 전혀 없는 것은 아니다. 그러나 이러한 점이 전체
적인 전결수의 변화에 전혀 영향을 주지 않을 정도는 아니었다. 후자
도 조선전기 이후 농업기술의 발달로 토지개간 등이 계속 이루어졌다
고 파악되고 있다. 특히 수조권 분급제의 폐지 등으로 양반 관료층은
사적소유를 확대하기 위한 방안으로 토지의 매입과 개간을 추진하였
다. 전자나 후자도 조선전기 공법 실시 이후 전결수에 변화가 나타나
지 않는 요인으로는 부적절하다. 오히려 공법의 실시로 1결의 절대적
인 면적이 증가하고 전체적인 산술적 결수가 줄어들었기 때문에 150년

---

132) 李鎬澈, 『조선전기농업경제사』, 한길사, 1987, 258~259쪽을 재인용.

이후에도 전결수에 변화가 없었던 것으로 나타난다.

다음의 자료는 공법 이전과 이후의 전결수 변화를 이해할 수 있는 중요한 내용이다. 이를 검토하여 보자.

> 타) 議政府據戶曹呈申 今田制改詳定事 及可革條件 磨勘後錄 ……
> 一前此田品 限以三等 故山上山腰山下之田 比常田倍數計之 今
> 三等之下 又可三等 假令以山上田爲六等 則以前十結五十卜之
> 地 今爲一結 其地甚闊 且下三道雖山上田 或不用倍數 其法不
> 一 上項山田 今除倍數之法 從其田卜結元數 隨其地田品高下
> 以分其等 …… 從之(『世宗實錄』 권102, 世宗 27年 7月 乙酉)

위의 자료는 의정부가 호조의 첩정에 의거하여 지금의 전제를 고쳐 상정할 것과 개혁할 사안들을 연구하여 기록한 내용이다. 이전의 전품은 3등으로 한정하였기 때문에 山上·山腰·山下田이 常田에 비하여 배수로 계산하였다. 지금은 3등 아래 또 3등을 두었으니 가령 산상전으로 6등을 삼으면 이전의 10결 50복이 지금의 1결이 되어 그 땅이 심히 넓다. 또 하삼도는 비록 산상전이라도 혹 배수를 쓰지 않아서 그 법이 한결같지 않으니 윗 항의 산전은 지금 배수의 법을 없애고 그 田의 결복의 원수에 따르고 그 토지의 田品 고하에 따라 그 품등을 나눌 것을 의정부에서 제시하고 있다.

여기서 주목되는 점은 첫째, 과전법체제하에 산전들이 常田의 면적에 비해 배수라는 점이다. 박시형은 이러한 자료에 주목하여 산전들의 면적 비율을 常田 하등전의 2·3·4배로 계산하였다.[133] 이러한 산전

___

133) 박시형은 결수의 확대요인으로 전체적인 결의 면적에서 축소가 이루어졌다고 보았다. 과전법체제하의 山下·山腰·山上田의 면적을 『世宗實錄』 권109, 世宗 27年 7月 乙酉條에 의거하여 3등전(57.6무)의 배수로 계산하여 산하전(115.2무)·산요전(172.8무)·산상전(230.4무)으로 파악하고, 이러한 산전들이 공법에서는 새로운 4등전 이하의 4등전(69무)·5등전(95무)·6등전(152무)으로 파악되었다고 보았다(朴時亨, 「李朝田稅制度의 成立過程」, 『震檀學報』 14, 1941, 128~143쪽). 이러한 견해는 이후의 연구자들에게 보편적으로 수용되었다(金泰永, 앞의 책, 311~314쪽).

들이 공법체제하에서 4·5·6등전으로 양전됨으로써 공법체제하의 전
결수 증가의 주요 요인으로 파악하였다. 그러나 위의 기록과는 달리
과전법체제하에서 산전은 상전의 배의 면적을 가진 것이 아니라 산전
은 별도의 갑품제에 의해 양전되었다.[134] 그것은 세종 원년 제주의 청
년들이 제주도의 양전 때 제주도의 沙田과 山田이 본국의 제도에 의
거하여 모두 3갑으로 판정되어 민의 불만의 대상이 되므로 사전과 산
전을 5갑·6갑으로 낮추어 양전할 것을 건의하고 있는 것을 통해 알
수 있다.[135] 산전과 사전들은 경무법의 방식에 의해 양전하고 조세수
취상에 특혜를 부여한 것이 아닌가 생각된다. 그러한 산전, 즉 산하·
산요·산상전의 면적은 개별 등급의 면적단위를 가진 것이 아니라 산
전으로 하나의 등급, 즉 3등전의 배의 면적비율로 산정되었을 것이다.
산전들은 4등급, 등외 등급을 가진 것이다. 따라서 과전법체제하 산전
의 면적은 3등전의 배, 등외등급이므로 약 115.2무이다. 이러한 면적을
가진 산전들은 공법체제하에서 주로 전분 4·5·6등전으로 양전됨으
로써 오히려 과전법체제보다 전결수가 줄어들 수 있는 소지를 가지고
있다.

둘째는, 공법체제하에서 산상전으로 6등을 삼으면 이전의 10결 50복
이 지금은 1결이 되어 그 땅이 심히 넓다고 한 점이다. 이전의 10결 50
복이라는 면적은 과전법체제하의 결수단위를 말한 것이고, 지금의 1결
이라는 면적은 공법체제하의 결수단위를 말한 것이다. 이러한 면적단
위는 정말 비교될 수 없는 사항이긴 하지만 과전법체제하의 양전과 공
법체제하의 양전의 차이를 설명하여 준다고 볼 때 과전법체제보다 공
법체제에서 동일면적으로 양전하였을 때 결수가 줄어들 수 있음을 암
시한 것으로 파악할 수 있다. 이는 공법에서 산전 등이 4·5·6등전으
로 양전되어 결의 면적이 축소되었고, 이로 인해 조선전기 산술적 전

---

134) 李景植은 갑품제는 세역경간이 주인 산전에서 주로 적용되는 제도로 파악하
고 있다(李景植,「高麗前期의 平田과 山田」,『李元淳教授華甲紀念史學論
叢』, 1986, 28~29쪽).
135)『世宗實錄』권5, 世宗 1年 9月 癸丑.

결수가 증가되었다는 기존의 견해에 문제가 있음을 알게 된다. 따라서 기존에 공법의 실시로 조선전기 전결수가 증가되었다는 견해는 제고되어야 한다.

공법은 순차적인 양전을 통해 은여결 등을 파악하여 절대적인 토지면적은 많이 확보되었겠지만 토지를 6등급으로 나누어 파악함으로써 산술적 토지 결수는 과전법체제에서보다 줄어들었다. 실제 공법을 전면적으로 시행하기 앞서 의정부에서 水站의 水夫位田은 본래 매양 한 사람에게 2결이었는데, 지금 6등전 법으로 결복을 고치면 감축될 것이니, 지금 1결 50복을 지급하라고 하는 사실을 통해서도 알 수 있다.[136]

앞에서도 언급한 것처럼 결의 면적에서 공법 1등전의 면적은 과전법의 1등전보다 약 50% 정도 확대되었고, 6등전의 경우도 3등전보다 약 300%에 가깝게 확대되었다. 공법은 국가의 세수 감소를 가져올 수 있는 요인인 동시에 수조권분급자, 즉 전주의 田租 수취량의 부족을 초래할 수 있다. 이는 국가의 재정부족과 전주의 불만을 가져올 수밖에 없다. 이러한 한계를 극복하기 위해 호조에서는 공법을 전국적으로 시행하기에 앞서 곡두승합의 경정을 통해 양기를 확대시켜 재정수입을 증대시키는 것이 시급하다고 인식하고 이를 의정부에 건의하였을 것으로 생각된다. 따라서 의정부에서는 호조의 呈啓를 수용하여 공법의 전국적 시행에 앞서 세종 28년 양기의 용적을 증대시키는 조치를 전격적으로 단행하였던 것이다.

양기 운용의 문란 행위는 세종 28년 양기 경정 이후에도 계속되었다. 이러한 문란 행위를 주도한 세력은 이전과 마찬가지로 각 지방에 파견된 수령과 이와 결탁된 향리들이었다. 문종 즉위년에 연풍현감으로 파견되었던 柳諫이 곡의 용기를 지나치게 크게 만들어 貢稅를 수취하였다고 한다.[137] 충청도 각 고을의 향리들은 전세를 수납할 즈음에 마음대로 斗斛의 체제를 고쳐서 관을 속이고 낙인하여 쌀·콩을 함

---

136) 『世宗實錄』 권107, 世宗 27年 7月 乙酉.
137) 『文宗實錄』 권4, 文宗 卽位年 10月 丁亥.

부로 거두어들였는데 충주의 향리 劉賢이 159석, 恩老가 663석, 安倫이 209석, 연풍의 향리 安善이 172석 등으로 이들은 백성들을 노략질하여 도용하였다고 한다.[138] 그리고 시장의 상인들도 양기의 문란을 부채질하였다. 京市署令 李蒙은 세조와의 輪對에서 저자 점포의 교활한 무리들이 스스로 크고 작은 升과 斗를 만들어 놓고 팔 때는 작은 것을 쓰고 살 때는 큰 것을 써서 백일하에 사람을 속이고 있으니 중한 법으로 다스려 달라고 청하고 있다.[139] 이처럼 조선전기 양기 운용의 문란은 각 지역에서 다양한 계층에 의해 자행되었음을 알 수 있다.

그러나 양기의 불법 운용을 통해 사적 이익이 발생하는 한 이러한 행위는 중지될 수 없었고, 이를 자행한 지방관에 대해 문책을 요구하는 것이 국정의 한 부분으로 차지하였다. 성종 10년(1479) 常參을 받고 정사를 보는 자리에서 左副承旨 金季昌이 司憲府에서 아뢰었던 驪州牧使 崔淑精의 鞫案을 아뢰었는데, 임금이 좌우를 돌아보고 물으니 동지중추부사 이극균이 대답하기를 "최숙정의 죄는 진실로 可矜합니다"라고 하였고, 집의 金礪石이 아뢰기를 "신이 일찍이 명을 받고, 여주에 가서 창고에 있는 곡을 보았는데, 신이 생각하건대 나누어 줄 때에는 소곡을 쓰고, 거둬들일 때에는 대곡을 쓴 것이 확실합니다"라고 하였다.[140] 사헌부에서는 최숙정의 죄는 율이 장 100대와 고신을 추탈할 것을 주장하였으나 왕이 이를 허락하지 아니하였다.[141] 그러자 持平 安潛과 正言 尹喜孫은 "도량형은 국가의 중요한 일입니다. 최숙정은 한 고을의 장이 되어 곡의 크고 작음이 있는데도 능히 고치지 못하였으니, 반드시 백성에게 횡렴하여서 그 나머지를 내어다 사사로이 썼음이 명백하다고 생각됩니다. 그러니 어찌 근심을 나누고 백성을 사랑하는 뜻이겠습니까"라며 그를 죄줄 것을 청하고 있다.[142]

138)『文宗實錄』권7, 文宗 元年 5月 壬戌.
139)『世祖實錄』권10, 世祖 3年 12月 癸巳.
140)『成宗實錄』권100, 成宗 10年 1月 乙丑.
141)『成宗實錄』권100, 成宗 10年 1月 庚午.
142)『成宗實錄』권100, 成宗 10年 1月 壬申.

양기 운용의 문란이 계속되자 국가는 양기의 제작 방법 등에 대해 대책을 제시하지 않을 수 없었다.

> 파-a) 工曹啓 各司稱物出納之際 姦狡之徒 謀利瞞官 移易錙銖 官
> 員務劇 眩於術中 以治出納不均 請自令京市署 每當春秋 平
> 校斗斛之時 並校各司稱子 如有用謀者 隨卽治罪 從之(『世宗
> 實錄』권41, 世宗 10年 9月 癸酉)
> 파-b) 御經筵 …… 叔舟曰 法則無矣 但從優收稅 故無此弊矣 且戶
> 曹每三年 改造斗升斛 分送于各道界首官 使所屬諸邑 取法而
> 造 然大小不同 臣請鑄鐵尺 分送于各道界首官 使量大小深淺
> 而造斗斛 又令監司巡行檢察 則庶幾均一矣 上曰 各官取法造
> 之 而大小不同何也 領事尹子雲曰 各官木工 制造不精 多致
> 錯誤 同律度量衡 帝王之大事 今京中斗斛監察與平時官員 看
> 審大小 烙印而用 外方則雖令監司巡審 然未知親審與否也 官
> 府斗斛 尙且不同 況民家乎(『成宗實錄』권50, 成宗 5年 11月
> 己巳)
> 파-c) 傳于戶曹曰 斛斗升體制尺寸 已詳定 而京外官 不卽遵用 以
> 致大小差異 依詳定造作著印 幷造鐵尺 分送于諸道界首官
> (『成宗實錄』권50, 成宗 5年 12月 乙酉)

위의 자료 a)는 공조에서 양기의 운용이 문란하자 앞으로 경시서로 하여금 곡두승합을 각사의 저울을 이용하여 교정하자는 것이다. 자료 b)는 경연의 자리에서 양기 부동에 대한 대책을 논할 때 신숙주가 호조에서 매 3년마다 양기를 개조하여 각도 계수관에 내려 보내지만 대소가 같지 않으므로 鐵尺을 만들어 각도 계수관에 내려 보내 이를 통해 대소와 깊이를 헤아려서 두곡을 제작하자고 한 것이다. 자료 c)는 성종이 경연의 자리에서 논의되었던 문제를 양기와 척을 상정에 따라 제작하여 낙인하고 아울러 鐵尺을 만들어 각도 계수관에 내려 보내라는 것이다. 이러한 문제가 제기된다는 것은 15세기 양기의 경정 이후에도 양기 운용의 부정이 사라지지 않았다는 것을 보여준다. 양기를

제작하는 근간은 영조척으로, 영조척 자체도 통일되지 아니하자 철척
의 제작을 통해 양기의 대소와 심천을 바로 잡으려고 하였다. 이는 국
가적으로 저울의 중량을 통해 양기의 부정행위를 방지하려 함과 함께
조선전기 도량형 운용의 중요성을 엿볼 수 있다.

　이상에서 살펴본 것처럼 양제의 변동은 조선전기 세종 28년에 이루
어졌음을 알 수 있다. 양제의 변동은 麗末·鮮初의 지배계급을 중심으
로 한 양기 운용의 문란도 큰 요소로 작용하였을 것이지만, 일정한 생
산력의 발달이 전제되지 않고서는 불가능한 일이다. 元 간섭기 원대의
양제의 영향도 고려후기 이후 양제가 변동되는 데 일정한 영향을 끼쳤
다. 아울러 조선전기 세종대 貢法 제정으로 인한 결 단위면적의 확대
와 수세율 인하 등은 국가재정을 감소시키는 요소로 작용하였다. 국가
는 양기를 증대시킴으로써 감소된 국가재정을 확보할 수 있다. 따라서
세종 28년의 양기의 용적 증대는 貢法의 제정과 전혀 무관하지 않았음
을 알 수 있다. 이와 같은 용적의 증가와 변화를 다음의 <표 23>과 같
이 정리할 수 있다.

<표 23> 한국 중세 용적단위와 그 변화

용적	통일신라~고려 정종 이전		고려 정종~세종 28년		조선 세종 28년 이후	
	용적비	용적(㎖)	용적비	용적(㎖)	용적비	용적(㎖)
합	0.1	약 20	0.1	약 34	0.1	약 57
승	1.0	약 200	1.0	약 340	1.0	약 572
두	10.0	약 2,000	10.0	약 3,400	10.0	약 5,726
석(곡)	15.0	약 30,000	15.0	약 51,000	15.0(평석)	약 85,901
					20.0(전석)	약 114,535

제4장 衡制와 重量의 변화

1. 체계

衡制, 즉 중량단위의 발생은 농업이 시작되고, 공동체와 국가에 경제적 여유가 생겨 귀금속이나 보석같은 것에 가치를 인정하면서 비롯되었다. 이것들은 高價로서 취급하는 양도 적지 않기 때문에 취급에 주의를 하여야 되고, 또 醫術이 진전된 결과 약품이 사용됨으로써 이 분야에도 저울이 필요하게 되었다. 중량의 기준은 곡물이었다.

중국에서는 古代부터 조, 기장 및 쌀의 재배가 시작되었다. 고대문명의 중심은 북방 황하유역의 기장·조 재배지대였고, 기장은 주식으로 신성시되었다. 주식의 곡물을 무게의 기준으로 한 것은 동서공통으로 고대오리엔트에서는 麥粒이었다. 이것은 그램의 기원이다. 기장, 즉 秬黍는 곡물 한립씩의 중량은 적고 똑같은 모양이 아니기 때문에 어느 정도 수를 합쳐서 저울질하여 그것을 평균으로 정하고, 또 어떤 합쳐진 수의 무게를 실용 단위로 하였다. 『漢書』 律曆志에 의하면 10粒을 '絫'라고 하고, 『說文』에서도 '累十黍之重也'라고 한다. '絫'는 '累'의 古字로 '絫黍'라고도 하여 '기장을 쌓는다'는 의미라고 한다.[1]

우리나라 형제의 유물은 삼국시대의 석추, 통일신라시대의 청동제 12지상추를 비롯하여 고려후기 원에서 도입된 것으로 추정되는 저울추 등이 현재 전해오고 있다.[2] 그리고 동국대학교 소장의 고려시대 寶

---

1) 小泉袈裟勝, 「中國の衡制」, 『秤』, 法政大學出版局, 1982.
2) 국립민속박물관, 『한국의 도량형』, 1997, 144~148쪽.

篋印石塔 拓本에 저울을 다는 장면 등이 나타나고 있다.[3] 이로 보아 통일신라 및 고려시대에는 저울이 널리 사용되었음을 알 수 있다. 그러나 형제의 중량단위를 기록한 유물과 자료는 존재하지 않는다. 이러한 기본 자료의 한계는 한국 중세 형제를 파악하기 대단히 어렵게 한다.

하지만 우리나라는 고대사회부터 중국과 교역을 통해 여러 제도와 문화를 수용하였다. 도량형도 마찬가지였다. 이는 우리나라의 度制나 量制를 중국과 비교를 통해 이해할 수 있게 한다. 그런 점에서 衡制도 중국의 중량단위와 체계가 비슷하였을 것으로 생각된다.

먼저 중국 형제의 단위체계를 살펴보자. 형제의 단위는 漢代에 '銖・兩・斤・鈞・石의 5단위인데, 銖는 黍 100粒의 무게이고, 兩은 24銖이고, 斤은 16兩이고, 鈞은 30斤이고, 石은 4鈞이다.[4] 이러한 단위는 한대부터 시작하여 거의 지속되었으나, 石은 주로 용적의 단위로 사용되었다. 이러한 단위체계와는 달리 唐代에는 초기에 만들어진 '開元通寶'의 중량이 2銖4絫이므로, 10개의 합을 1兩으로 하였다. 이 이후 兩 이하에 錢이 생기고 10錢이 1兩이 되자, '兩-錢-分-厘' 등의 십진법 단위가 체계화되었다. 이에 따라 형제의 체계는 십진법과 비십진법으로 나누어졌다. 그러나 宋初의 景德 연간(1004~1007)에는 다시 당대의 십진법 단위와 漢代의 비십진법 단위의 두 종류의 형제를 제작하여 사용하였다.[5]

그러면 먼저 통일신라시대 형제의 단위체계가 어떠하였는지를 다음의 자료를 통해 살펴보자. 먼저 斤・兩의 중량단위가 사용되었음을 알 수 있다.

가-a) 重四斤八兩 新孝陵上(『韓國古代金石文(2)』, '重四斤銘靑銅器')

---

3) 국립민속박물관, 위의 책, 143쪽.
4) 『漢書』 권21 上, 律曆1 上, "權者 銖兩斤鈞石也 所以稱物平施 知輕重也 本起於黃鐘之重 一龠容一千二百黍 重十二銖 兩之爲兩 二十四銖爲兩 十六兩爲斤 三十斤爲鈞 四鈞爲石 忖爲十八 易十有八變之象也".
5) 邱隆, 「唐宋時期的度量衡」, 『中國古代度量衡論文集』, 1990, 339~340쪽.

가-b) 延壽元年太歲在卯三月中太王敬造合杅用三斤六兩(『韓國金
　　　石遺文』, 瑞鳳塚銀合杅)

위의 자료 a)는 경주 부근에서 출토되었다는 청동기의 일부분으로
서, 현재 국립박물관에 소장되어 있는데, 삼국시대의 유물로 파악하고
있다.[6] 다만 이 명문에 기록된 '斤兩'을 통해 형제의 단위체계가 삼국
시대부터 체계화되었음을 알 수 있다. 자료 b)는 延壽 元年(訥祗王 35,
451)에 3근 6량으로 銀合杅를 만들었다는 것이다.[7] 이 외에도 신라 및
통일신라시대에는 斤과[8] 兩의[9] 중량단위를 기록한 사례들이 다수 나
타나고 있다. 따라서 통일신라시대 중량의 단위체계는 '兩·斤'을 중심
으로 사용하였음을 알 수 있다.

---

6) 金貞淑, 「重四斤銘 靑銅器」, 『譯註 韓國古代金石文』, 1992.
7) 李弘稙, 「延壽在銘 新羅 銀合杅에 대한 1·2의 考察」, 『崔鉉培博士 還甲紀
　念論文集』, 1954 ; 『韓國古代史의 硏究』, 新丘文化社, 1987, 464~465쪽. 한
　편 銀合杅의 제작 년대는 延壽 元年을 智證王 12년(511)으로 추정하는 견해
　도 있다(田中俊明·東潮, 『韓國の古代遺跡(新羅篇)』, 1989).
8) 『三國遺事』 권3, 塔像4 皇龍寺鐘·芬皇寺藥師·奉德寺鍾, "鑄皇龍寺鐘 長
　一丈三寸 厚九寸 入重四十九萬七千五百八十一斤 …… 又明年乙未 鑄芬皇
　藥師銅像 重三十萬六千七百斤 …… 又捨黃銅一十二萬斤 爲先考聖德王欲
　鑄巨鐘一口 未就而崩 其子惠恭大王乾運 以大曆庚戌十二月 命有司鳩工徒
　乃克成之 安於奉德寺" ; 『譯註 韓國古代金石文(3)』, 聖德大王神宗銘, "聖德
　大王神宗之銘 …… 敬捨銅一十二萬斤 欲鑄一丈鍾一口 立志未成 奄爲就世
　…… 大曆六年(惠恭王 7, 771) 歲次辛亥 十二月十四日".
9) 『三國遺事』 권2, 紀異2 文武王法敏, "使至曰 必先行香於皇帝祝壽之所天王
　寺 乃引見新寺 其使立於門前曰 不是四天王寺 乃望遙山之寺 終不入 國人
　以金一千兩贈之" ; 『三國遺事』 권2, 紀異2 元聖大王, "貞元二年(元聖王 2,
　786)丙寅十月十一日 日本王文慶 …… 擧兵欲伐新羅 聞新羅有萬波息笛退
　兵 以金五十兩 遣使請其笛 …… 明年七月七日 更遣使 以金一千兩請之曰
　寡人願得見神物而還之矣 王亦辭以前對 以銀三千兩賜其使 還金而不受" ;
　『三國遺事』 권2, 紀異2 景文大王, "王德其言 爵爲大德 賜金一百三十兩" ;
　『三國遺事』 권3, 塔像4 栢栗寺, "王大驚使迎郞 隨琴笛入內 施鑄金銀五器二
　副各重五十兩 摩衲袈裟五領 大綃三千疋 田一萬頃納於寺 用答慈庥焉 大赦
　國內 賜人爵三級 復民租三年" ; 『三國遺事』 권5, 感通7, 仙桃聖母 隨喜佛
　事, "惠乃警覺 率徒往神祠座下 堀得黃金一百六十兩 克就乃功 皆依神母所
　諭 其事唯存 而法事廢矣".

한편 '分'이란 중량단위도 사용되고 있다.

나-a) 西竺阿育王 聚黃鐵五萬七千斤 黃金三萬分 …… 將鑄釋迦三尊
     像 未就 …… 輸其金鐵於京師 以大建六年甲午(眞興王 35, 574)
     三月 …… 鑄成丈六尊像 一鼓而就 重三萬五千七斤 入黃金一萬
     一百九十八分 二菩薩入鐵一萬二千斤 黃金一萬一百三十六分 安
     於皇龍寺 明年像淚流至踵 沃地一尺 大王昇遐之兆(『三國遺事』
     권3, 塔像4, 皇龍寺丈六)
나-b) 寧二卯年(眞聖女王 9, 895)相月 雲陽臺吉祥塔記 石塔三層 都
     高一丈三尺 都費黃金三分 水銀十一分 銅五鋌 鐵二百六十秤
     炭八十石 作造料幷租百廿石(『譯註 韓國古代金石文(3)』, 海
     印寺 妙吉祥塔誌)
나-c) 頃新羅僧孝忠遺金九分云 是上人所寄 雖不得書 頂荷無盡
     (『三國遺事』 권4, 義解5, 勝詮髑髏)

위의 자료 a)는 금속의 중량을 '斤·分'으로 혼용하여 측정하고 있
다. 자료 b)는 해인사 묘길상석탑을 만드는 데 들어간 금속을 '分·
鋌·秤'으로 혼용하여 측정하고 있다. 그리고 자료 c)는 金을 '分'이란
단위로 측정되고 있다. 그런데 앞에서 언급한 것처럼 分의 중량단위는
1兩＝1/100의 중량 비율을 가진다고 하였다. 따라서 통일신라시대는
'分'이라는 중량단위도 사용되었음을 알 수 있다.
　이 외에도 중량단위는 '鋌'과 '廷'이란 단위가 사용되었음을 다음의
자료를 통해 알 수 있다.

다-a) 開元十三年(聖德王 24, 725)乙丑三月八日　鐘成記之　都合鍮
     三千三百鋌(『譯註 韓國古代金石文(3)』, 上院寺鐘銘)
다-b) 貞元廿年甲申(哀莊王 5, 804)三月廿三日 當寺鍾成內之 古尸
     山郡 仁近大乃末 紫草里 施賜乎 古鍾金二百八十廷[10] 當寺

_____

10) 『韓國金石遺文』에서는 '廷'을 '迁'으로 판독하고 있으나, 중량의 단위로 보아
　　'廷'이란 판독이 분명한 것으로 생각된다.

古鍾金二百卄廷 此以本爲內 十方旦越 勸爲成內在之(『譯註
韓國古代金石文(3)』, 禪林院鐘銘)

위의 자료 a)는 성덕왕 때 上院寺鐘을 만드는 데 鍮 3,300鋌이 들어
갔다는 것이다. 자료 b)는 애장왕 때 金(쇠) 280廷과 220廷을 밑천으로
삼고 단월의 도움으로 종을 주조하였다는 것이다. 이 외에도 廷이란
단위는 종종 사용되고 있는데 특히 '金'의 중량에 사용되고 있음이 주
목된다.[11] 오늘날 廷은 1貫 300돈중 또는 4.875kg에 해당한다고 한
다.[12] 그런데 통일신라시대에도 '廷'이 이러한 중량단위로 사용되었는
지는 정확하지 않다. 현재 상원사 종과 선림원종의 무게를 측정할 수
없는 상황이므로 1鋌・1廷의 무게가 어느 정도인지 알 수 없다. 따라
서 통일신라시대에 廷・鋌이란 중량의 단위가 사용되었다는 점에 주
목된다.

또한 '方'이란 중량단위가 사용되었음을 다음의 자료를 통해 알 수
있다.

라) 天復四年甲子(孝恭王 8, 904)二月卄日 松山村大寺鐘成文內節
…… 合入金五千八十方 …… (『譯註 韓國古代金石文(3)』, 松山
村大寺鐘銘)

위의 자료는 松山村大寺의 鐘의 주조에 들어간 쇠의 합이 5,080方
이란 것이다. 方도 독특한 중량단위로 한국뿐만 아니라 중국에서도 사
용되지 않는 단위다. 또 중량단위에 용적의 단위인 '斗'가 사용되었다.[13]

---

11) 『譯註 韓國古代金石文(3)』, 蓮池寺鐘銘, "太和七年(興德王 8, 833)三月日
菁州蓮池寺 鐘成內節 傳合入金七百十三廷 古金四百九十八廷 加入金百十
廷"; 『譯註 韓國古代金石文(3)』, 竅興寺鐘銘, "大中十(?)年(文聖王 18, 856)
丙子八月三日 竅興寺鐘成內矣 合入鍮三百五十廷 都合市一千五十石□□□
□".
12) 朴成勳, 『單位語辭典』, 民衆書館, 1998, 396쪽.
13) 『三國遺事』 권2, 紀異2 武王, "將行 王后以純金一斗贈行".

따라서 통일신라시대의 중량단위로 斤·兩·廷·鋌·方 등이 사용
되었지만, 斤·兩을 제외한 중량단위들은 거의 독자적으로 사용되고
있으므로 '兩·斤'이 보편적으로 사용되었던 것만은 분명한 것같다. 그
것은 앞에서 언급한 것처럼 중국에도 漢代부터 '兩·斤' 등의 기본 체
계를 가지고 사용되었던 것을 통해서도 알 수 있다. 그리고 '鋌·廷·
方'이란 중량단위는 공식적 체계가 아니었던 것같다. 다만 鋌과 廷은
동일한 중량이 아니었을까 생각된다.

다음으로 고려시대 형제의 단위체계는 어떠하였는지를 '斤'의 용례
를 통해 살펴보자.

마-a) 內史令崔知夢卒 王聞訃震悼 贈布千匹米三百石麥二百石茶二
百角香二百斤(『高麗史』 권64, 禮6 諸臣喪 成宗 6年 3月)

마-b) 守侍中崔承老卒 王慟悼 下敎褒其勳德贈太師 贈布千匹麴三
百石粳米五百石乳香百斤腦原茶二百角大茶十斤(『高麗史』 권
64, 禮6 諸臣喪 成宗 8年 5月)

마-c) 內史令徐熙卒 贈布千匹麴麥三百石米五百石腦原茶二百角大
茶十斤栴香三百兩(『高麗史』 권64, 禮6 諸臣喪 穆宗 元年 7月)

마-d) 王幄命宰樞坐於左俠廳 各賜…… 鍊緜二斤 腰帶銀二斤 ……
人蔘十兩(『高麗史』 권68, 禮10 老人賜設儀 熙宗 4年 10月)

마-e) 公主嘗以松子人蔘 送江南獲厚利 後分遣臣官求之 雖不産之
地 無不徵納 民甚苦之 …… 公主以世子及小王女謁皇后 獻銀
十錠細苧布二十匹 …… (忠烈王 13年)又遣中郎將鄭允耆于江
華 收奪民家所藏白金五十斤 …… (忠宣王 5년)公主所乘車二
兩 飾以金銀錦綺 後車五十兩 …… 金四十錠二十九兩 銀六十
八錠三十四兩(『高麗史』 권89, 列傳2 后妃)

마-f) 時使金者 例收管下軍人銀一斤 公升不取一錢 人服其淸(『高
麗史』 권99, 列傳12 李公升傳)

마-g) 時散員同正盧克淸 家貧將賣 家未售因事出外 其妻受德秀白
金十二斤賣之 克淸還謂德秀曰 予初以九斤買 此家居數年無
所增飾而得十二斤 豈可乎請還之(『高麗史』 권99, 列傳12 玄
德秀傳)

　마-h) 琮如元賀冊封　帝以琮王受子　賜白金五十斤苧布八百匹　他物
　　　 比世子行尤(『高麗史』권91, 列傳4 宗室 元宗 順安公 琮)

　자료 a)·b)·c)에서는 香의 무게를 斤으로 표시하였고, 자료 e)·f)
·g)·h)에서는 백금·은의 중량으로 斤을 사용하였고, 자료 d)에서는
정재면이나 은의 중량으로 斤을 사용하였다. 따라서 고려시대 '斤'은
금속류·면직류 등의 중량단위로 사용되었다. 그리고 자료 g)에서 나
타나는 것처럼 '斤'의 단위는 집을 매매할 때 백금으로 환산되고 있는
것으로 보아 교환경제의 척도로도 사용되었음을 알 수 있다.
　그리고 '斤'의 하부 단위인 '兩'은 어떻게 사용되었는지를 다음의 용
례를 통해 살펴보자.

　바) 維城以故舊遺人餞之　賕白金三十兩　遺押吏得寬陵逼　景儀感泣
　　　 哽咽　時人多之(『高麗史』권100, 列傳13 鄭國儉傳 附 李維城)

　위의 자료에서 維城이 친구를 위해 백금 30兩을 뇌물로 준 것을 통
해 볼 때 '兩'도 중요 중량단위였음을 알 수 있다.
　한편 '錠'이란 용례도 나타난다.

　사-a) 又命朝官日開宴慰之　賜黃金二錠白金十錠段絹四百匹　從官以
　　　　下　賜銀帛有差(『高麗史』권91, 列傳4 宗室 恭讓王 王瑓傳)
　사-b) 王與宰輔近臣欲治　賜敦中敦時白金各三錠靖二錠　羅絹十匹
　　　　丹絲各七十斤(『高麗史』권98, 列傳11 金富軾 金敦中)

　자료 a·b)에서는 금속의 중량단위로 '錠'이 사용되고 있다. 그러나
'錠'이란 중량단위는 어느 정도의 무게인지 잘 알 수 없다. 다만 추측한
다면 통일신라시대의 '鋌'의 계열이라고 생각된다. 그런데 뒤에서 설명
하는 것처럼 조선초기에는 1錠＝16兩의 사례가 나타난다. 따라서 고려
시대의 錠도 조선초기와 마찬가지로 斤과 같은 중량체계였음을 알 수

있다. 이로 인해 鋌의 단위는 쉽게 사용될 수 있었다. 아마 통일신라 때의 鋌도 鋌과 같은 중량단위가 아닌가 추측된다. 그것은 중국 金에서 '舊例銀每鋌十五兩 是稱銀曰鋌之始 至元時乃改用鋌字'이라는[14] 것처럼 鋌에서 鋌으로 칭호가 개칭되는 사례가 나타나기 때문이다. 하지만 고려시대의 금속류 등의 측정에 사용된 기본적 중량단위는 '斤·兩'임을 여러 사례들을 통해 알 수 있다.

그러면 兩과 斤의 관계는 어떠할까. 중국은 『漢書』 율력지에 나타나는 것처럼 1斤=16兩의 체계였다. 그러한 측면에서 다음의 자료가 주목된다.

> 아-a) 今將內庫常積倉都鹽院安國社及諸宮院內外寺社 所有鹽分 盡行入官 估價銀一斤六十四石 銀一兩四石 布一匹二石 以此爲例(『高麗史』 권79, 食貨2 鹽法 忠宣王 元年 2月)
>
> 아-b) 召前典書尹琠還 琠爲安東採訪使 採銀于春陽縣 上以天寒未克事召之 琠納銀十鋌 鋌十六兩(『太宗實錄』 권2, 太宗 元年 10月 庚辰)

자료 a)는 忠宣王 원년(1309) 2月 鹽 전매제에 대비하여 관청에서 소금을 구입하는데, 소금값으로 銀 1斤에 64石, 銀 1兩에 4石, 布 1匹에 2石으로 하는 것을 例로 삼는다는 것이다. 즉 銀 1兩에 4石이므로 1斤은 64石이다. 1근은 16兩체계였음을 알 수 있다. 자료 b)는 윤전이 안동채방사가 되어 銀 10정을 납입하였는데, 1정이 16량이라는 것이다. 위의 자료를 살펴볼 때 각각 고려시대와 조선시대의 자료로 시기의 차이가 있지만 1斤은 16兩임을 알 수 있다. 따라서 우리나라의 斤·兩 체계는 중국 1斤=16兩의 경우처럼 1근=16량의 체제를 가지고 있었다.

---

14) 朴成勳, 앞의 책, 1998, 400쪽.

2. 중량과 단위의 변화

한국중세 衡制의 중량단위를 알려주는 관련자료와 유물은 전혀 없다. 때문에 중량단위를 이해하기란 쉽지 않다. 하지만 통일신라와 고려시대는 중국과 항상적인 문화교류를 가졌다. 이에 따라 중국의 제도는 통일신라 및 고려시대에 많은 영향을 주었다. 도량형의 형제도 그 예외는 아니었을 것이므로 중국 중량단위의 이해는 통일신라와 고려시대의 중량단위를 파악하는 데 상당한 도움을 받을 수 있을 것으로 생각된다.

먼저 한국중세 형제를 이해하기 위해서는 고고학적 유물 등이 상대적으로 많이 존재하고 있는 중국 형제의 중량단위와 그 변화과정을 살펴볼 필요가 있다. 漢代의 형제의 중량단위를 살펴보자. 1968년 河北省 滿城縣 陵山 2號 前漢墓에서 출토된 '三鈞銘鐵權'의 경우 무게가 22,490g이다. 명문에 의거한 1근은 249.9g이다. 그리고 전한시대 '官累銘 銅權'에는[15] '官累重斤十兩'이라는 글자가 새겨져 있는데, 유물의 중량은 397g이다. 명문에 의거한 1근의 무게는 244.3g이다.[16] 이외에도 한대 '官累'의 權器는 1근의 무게가 대체로 248.2~248.5g으로 나타난다.[17] 따라서 漢代의 1斤은 약 248g 내외인 것으로 추정할 수 있다.

이러한 漢代의 衡制는 '量·尺'제도와 마찬가지로 위진남북조시대에 크게 증가되었다. 1974년 河南省 澠池驛 출토의 權衡의 중량은 1031g인데, 2斤權으로 보아 환산한 1斤의 무게는 515.5g이다. 이것은 新의 王莽代 근량(249g)의 약 2배에 해당한다. 이는 『左傳』 孔穎達疏의 '魏齊斗秤于古二爲一'이라는 것과 기본적으로 부합된다.[18] 따라서 위진남북조시대의 형제는 漢代에 비해 약 140~180%로 증가되었다.

---

15) '官累'는 官府가 제작을 감독하고 반포한 표준 權器의 표시이다.

16) 邱隆·丘光明·顧茂森·劉東瑞·巫鴻 共編(金基協 譯), 『中國度量衡圖集』, 1993, 314~315쪽.

17) 邱隆·丘光明·顧茂森·劉東瑞·巫鴻 共編(金基協 譯), 앞의 책, 1993, 316~317쪽.

18) 王云, 「魏晉南北朝時期的度量衡」, 『中國古代度量衡論文集』, 1990.

그리고 隋·唐代는『隋書』율력지에 의하면 '開皇古稱三斤爲一斤 大業中 依復古秤'으로 하였다는 기록[19]과『大唐六典』권66에 의하면 '度量衡分大小二制 小尺一尺二寸爲大尺一尺 三小斗爲一大斗 三小 兩爲一大兩 官民日常用大制'로 한다는 기록이 있다. 즉 隋·唐代의 중량단위는 수·당의 이전시기, 漢代보다 3배 정도 증가되었음을 알 수 있다.

그러나 수·당대의 중량은 1근=약 600g에서는 비슷하지만 연구자 마다 조금은 차이가 있다. 丘光明은 1斤을 661g 정도라고 하였고,[20] 邱隆은 당대의 1근은 640g이고 송대의 1근은 625~640g 정도라고 하 였다.[21] 胡戟은 당대 1근을 680g(1兩=42.5g)정도라고 추정하였다.[22]

한편 宋代에는 1975년 湖南省 湘潭의 烟塘에서 출토된 '嘉祐'銘 銅 則에는 '銅則重壹百斤黃字號'와 '嘉祐元年(宋 仁宗, 1056)丙申歲造'라 는 명문이 새겨져 있는데, 무게는 64,000g이므로 명문에 의거하여 환산 한 1근은 640g 정도로 추산된다.[23] 또 1976년 遼寧 靈武縣 石灞 출토 의 西夏銀器 중 하나는 3兩半으로 실측무게는 137.5g이고, 다른 하나 는 3량인데 실측무게는 114g으로 추산가는 603~638g이다.[24] 이는 당 대의 1근 중량과 비슷한 점이 주목된다.

또한 元代에는 '斤半'銘 구리 저울추에 '元貞元年大都路造'와 '三十 五斤稱'과 '斤半錘'가 음각되어 있다. 元貞은 元 成宗의 年號로 元貞 원년은 1295년이다. 추 무게는 878.4g이므로 1근의 무게는 585.6g이다. 또 '二斤'銘 구리 저울추에는 '大德八年大都路造'와 '五十五斤稱'과 '二斤錘'가 기록되어 있다. 大德은 成宗 연호로 대덕 8년은 1304년이 다. 추의 무게에 따라 환산한 1근은 637.5g이다.[25] 이외에도 다른 유물

19)『隋書』권16, 律曆 上, 衡權.

20) 丘光明,「唐代權衡總述」,『中國歷代度量衡考』1992, 144~147쪽.

21) 邱隆,「唐宋時期的度量衡」, 앞의 논문집, 1990, 383~343쪽.

22) 胡戟,「唐代度量衡與畝里制度」, 앞의 논문집, 1990, 312~316쪽.

23) 邱隆·丘光明·顧茂森·劉東瑞·巫鴻 共編(金基協 譯), 앞의 책, 1993, 348 ~351쪽.

24) 邱隆, 앞의 논문, 1990, 342쪽.

의 발견에 따른 원대 1근의 추산치는 일반적으로 610~650g 정도로, 오차는 약 6% 좌우이다. 따라서 원대의 1근은 송대와 비교하여 볼 때 비슷한 중량을 가진 것으로 보아 송대의 제도를 수용하여 사용하였을 것으로 생각된다. 1근은 잠정적으로 633g으로 추산한다.[26] 그리고 明・淸代에는 당・송・원대와 비교하여 볼 때 1근의 중량이 크게 변화되지 않았다고 한다.[27]

다음으로 이와 같은 중국 형제의 중량단위 변화를 염두에 두면서 우리나라 형제의 중량단위를 살펴보자. 앞에서 언급한 것처럼 형제의 중량단위를 이해할 수 있는 자료는 없다. 따라서 현존하는 통일신라 및 고려시대 금속 유물을 주조하면서 기록한 중량 사례를 통해 분석할 수밖에 없다. 첫째, 삼국 및 통일신라시대 문헌자료의 기록과 현존유물의 중량을 비교 검토하여 보자.

가-a) 延壽元年太歲在卯三月 中太王敬造合杅用三斤六兩(合蓋內部)
　　　延壽元年太歲在辛三月 □太王敬造合杅三斤(合身外底)(『韓國金
　　　石遺文』, 瑞鳳塚銀合杅)
가-b) 聖德大王神宗之銘 …… 敬捨銅一十二萬斤 欲鑄一丈鍾一口 立
　　　志未成 奄爲就世 …… 大曆六年(惠恭王 7, 771) 歲次辛亥 十二
　　　月十四日(『譯註 韓國古代金石文(3)』, 聖德大王神鐘銘)

자료 a)는 延壽 元年에 제작된 銀合杅의 合蓋와 合身에 3斤 6兩과 3斤이라는 중량이 각각 기록되어 있다. 그런데 이것은 兩者의 중량을 각각 표시하는 듯하지마는 양자의 명문을 대비할 때 반드시 각각 표시한 것이 아니고, 개신을 합친 총량을 양자에 표기한 것이 합신에는 6량이 빠졌을 가능성이 있다고 추측하였다. 총중량은 86.5錢이었다. 이를 小秤으로 본다면 大秤의 1/3이므로 1근 2냥(1斤＝16兩, 1兩＝10錢),

---

25) 邱隆・丘光明・顧茂森・劉東瑞・巫鴻 共編(金基協 譯), 앞의 책, 1993, 358
　　~361쪽.
26) 丘光明, 앞의 책, 1992, 470~471쪽.
27) 丘光明, 앞의 책, 1992, 490~491쪽・512~513쪽.

즉 180錢(돈)에 해당한다. 그러나 전체의 중량과는 많은 차이가 있다. 따라서 銀盒의 斤兩은 小秤으로 보아야지 大秤으로 볼 수 없다고 하였다.[28] 앞에서 銀盒의 총중량은 86.5錢이라고 하였는데, 이는 324. 375g이다(1斤은 600g으로 계산하였다). 반면 盒蓋에는 3斤 6兩이 기록되어 있고, 盒底에는 현재의 판독상 3斤이 기록되어 있다. 은합의 합개에 기록된 3근 6량을 통해 1근은 약 96g으로 산출된다. 延壽 元年은 智證王 12년(511)으로 추정하고 있다.[29] 따라서 銀盒의 제작은 신라시대에 이루어졌음을 알 수 있다. 이는 은합의 부식에 따라 중량이 약간 줄어들었거나 혹은 만들 때의 공정에 의한 손실 부분을 고려하면, 즉 삼국시대 1근의 중량단위는 漢代의 중량과 비슷할 것으로 생각된다.

　　자료 b)는 신라 35대왕인 景德王(742~765)이 父王인 聖德王의 공덕을 기리고, 중대 왕실과 국가의 번영을 기원하는 목적에서 경덕왕 때 계획되었다가, 惠恭王 7년(771)에 완성된 종이다.[30] 그런데 이 종을 주조하는 데 구리 약 12萬斤을 사용하였다는 것이다. 따라서 종의 정확한 무게만 측정할 수 있으면 통일신라 8세기 단계의 1근의 중량단위를 추정할 수 있다는 점에서 중요한 자료이다. 坪井良平은 일찍부터 종의 무게에 대해 계측된 것을 듣지 못했지만, 현재 일본의 주물사의 경험을 통해 추정하면 그 완성 중량을 18,750kg 내외라고 하였다. 명문에 동 12만근을 사용하였다고 하므로 이를 환산하면 1근은 156g이 된다. 그러나 12만은 사용중량이고 주조 때 2할의 감소를 생각하면, 1근은 195g이 된다.[31]

---

28) 李弘稙,「延壽在銘 新羅 銀盒杅에 대한 一·二의 考察」,『韓國古代史의 硏究』, 新丘文化社, 1987, 466~467쪽.
29) 李弘稙, 앞의 책, 465쪽.
30) 神鐘은 聖德, 景德, 蕙恭王으로 이어지는 직계왕실의 조상을 추복하는 성격이 강하게 반영된 산물 즉 조상숭배라는 효가 강하게 나타났으며, 따라서 金邕과 金良相 등 동일한 정치적 기반을 가진 즉 핵심적인 정치세력이 동참하여 조성하였다고 보았다(蔡尙植,「聖德大王神鐘 造成의 歷史的 背景」,『성덕대왕신종(제2회 우리의 종 세계의 종)』, 국제학술대회 발표요지문, 1996).
31) 坪井良平,「新羅時代」,『朝鮮鐘』, 角川書店, 1974, 49쪽.『譯註 韓國古代金石文(3)』, 385쪽의 주) 31번에서도 坪井良平의 견해에 따라 이때의 1근은 당

<사진 5> 引張形 정밀계량기에 표시된 신종의 무게

　한편 1997년 8월 11일 오후 2시 국립 경주박물관 정원 종각에서 우리나라 저울 업체인 '(주) 카스'가 聖德大王神鐘을 측정한 바 있다. 이때 측정된 종의 무게는 약 18,900kg이었다.[32]

　이를 통한 1근은 약 158g으로 추산된다. 이러한 1근은 중국 漢代의 1근의 중량과 비교해도 너무 적은 중량이다. 그런데 聖德大王神鐘에 기록된 12만근의 중량은 聖德大王神鐘의 전체 중량을 나타내는 것이 아니라 종을 주조하기 위해 모은 銅 등의 전체 무게를 나타내는 것으로 추정된다. 때문에, 실제 神鐘의 현 중량과 12만근은 많은 차이가 날 수밖에 없다. 통일신라시대에는 주조단계에서 준비한 銅과 주조한 이

나라 때 사용된 大・小斤 가운데 小斤으로서 대략 195g으로 추산하였다. 이는 현재 1근(600g)의 1/3에 해당한다고 하였다.
32) 국립경주박물관, 「聖德大王神鐘 綜合學術調査 中間報告」, 『국립경주박물관 연보 - 1997年度』, 1998, 34~38쪽.

후에 실제 중량과 어느 정도 차가 발생하는지는 정확하게 알 수 없지만, 고려시대의 중량기록과 실제 무게와의 비율을 고려할 때 그렇게 많은 차이가 나지 않음을 알 수 있다. 鑄造 과정에서 발생되는 약간의 손실을 고려하면 통일신라시대 8세기 1근의 중량은 중국 漢代의 중량을 고려할 때 약 200g 내외인 것으로 추산된다. 이러한 鑄鐘 사업은 왕실이 주도적으로 추진하였기 때문에 이때의 중량은 국가의 공적인 제도를 사용하였을 것이다. 따라서 삼국 및 통일신라시대 1근의 중량단위는 漢代의 중량단위를 통용하였음을 알 수 있다.[33]

한편 나말여초시기의 중량단위는 어떻게 변화되었을까. 香垸 등이 주조된 사례는 존재하지만, 중량을 기록한 유물이 발견되지 않음으로써 정확한 중량단위를 파악하는 데 한계를 가진다. 나말여초기에는 사회경제적 변화나 중국의 漢代 이후에서 수·당대에 걸쳐 중량단위의 변화를 고려할 때 중량단위에 많은 변화가 있었을 것이지만 정확한 예측은 어렵다. 다만 고려전기에 중량단위가 정비되었다는 다음의 자료를 통해 그 변화를 추론할 수밖에 없다.

나-a) 命有司定權衡平斗量(『高麗史』 권6, 靖宗 6年 2月 壬子)
나-b) 判每年春秋 平校公私枰斛斗升平木長木 外官則令東西京四
都護八牧掌之(『高麗史』 권84, 刑法1 職制 靖宗 12年)

자료 a)는 고려초기에 사용되던 斗量과 함께 權衡을 靖宗 6年(1040)에 새롭게 제정케 하였다는 것이다. 이렇게 靖宗代에 용적·중량의 제정을 지시하게 된 배경은 이전에 사용되던 용적·중량이 동일하지 않거나, 혹은 후삼국 통일 이후 생산력의 증대나 안정으로 용적·중량체계를 새롭게 통일시킬 목적이었을 것이다. 따라서 靖宗 6년에는 왕의 명령이 있었던 것으로 보아 어떠한 형태로든지 한번 衡制가 정리되었을 것으로 추측된다. 그리고 자료 b)는 매년 봄과 가을에 公私의 秤·

---

33) 통일신라시대는 8세기 단계 용적이 1승 약 200mg인 漢의 용량을 사용한 것처럼 漢의 중량단위를 사용하였다는 점에서 상당히 주목된다.

斛·斗·升과 장목과 평목을 공평하게 교정하는데, 외관은 동·서경, 4도호부, 8목의 계수관으로 하여금 이를 관장케 하라는 것이다. 이는 靖宗 6년 衡制개편 이후 衡制를 점검함으로써 저울의 불법적인 운용을 막기 위한 조처로 생각된다. 따라서 衡制는 고려전기 靖宗 6년에 量制와 함께 그 중량단위에 변화가 있었던 것이 아닌가 추측된다.

이와 같은 고려전기 도량형의 정비는 당시의 사회경제적 변화와 밀접한 연관을 가지고 있다. 고려는 처음 수도 개경을 정할 때 도시궁궐과 함께 市廛을 건립하였는데,[34] 시전에서는 농산물과 수공업품 등 여러 가지 상품을 판매하였다. 국가는 개경에 書籍店·幞頭店·大藥局, 서경에 鹽店·綾羅店·藥店 등을 개설하였는데 이들은 생산과 판매를 겸한 관영 상공업체제였다. 이 밖에도 개경에는 茶店·酒店·食味店 등이 설치되었다. 또한 지방에는 비상설적인 장시나 행상 등이 존재하였다.[35] 이에 따라 고려는 초기부터 상업이 발달하였다. 발달된 상업을 일정하게 촉진시키기 위해서는 도량형을 통일하는 것이 급선무다. 물론 도량형의 통일은 상업발전의 직접적인 반영이기도 하였다.

한편 고려의 수취체계는 租稅·貢賦·徭役, 즉 租·布·役 3稅였다. 貢賦의 세목은 '光宗이 州縣의 貢賦를 정했다'는[36] 기록을 통해 볼 때 고려초기부터 존재하였다. 군현의 공부, 즉 현물세공은 일반 郡縣의 民과 部曲 民의 납공물로 충당될 수밖에 없다. 諸道 外官들이 所管하는 각 군현의 歲貢額은 米 300碩·租 400斛·黃金 11兩·白銀 2斤·布 50匹·白赤銅 50斤·鐵 200斤·鹽 300碩·絲綿 30斤·油蜜 1碩으로 되어 있다.[37] 각 군현의 세공액 미·포와 금·은·동·철·염 중에서 전자는 일반 군현 내의 민들이 부담하는 것이고, 후자는 所에

---

34) 『高麗史』 권1, 太祖 2年 1月.

35) 김동철, 「상업과 화폐」, 『한국사』 14, 1993, 446~451쪽.

36) 『高麗史』 권78, 食貨1 序.

37) 『高麗史』 권78, 食貨1 田制 租稅 靖宗 7年 正月, "三司奏 諸道外官員僚 所管州府稅貢一歲 米三百碩 租四百斛 黃金一十兩 白銀二斤 布五十匹 白赤銅五十斤 鐵二百斤 鹽三百碩 絲綿四百斤 油蜜一碩 未納者請罷見任 從之".

서 전업적으로 생산되는 품목이다. 특히 전자의 수취를 위해서는 度制와 양제의 정비가 필요하였고, 후자의 수취를 정확하게 하기 위해서는 형제의 정비가 필요하였다. 그리고 穀米와 銀 등은 화폐가 주조되기 이전에 이미 일반적 가치척도로 사용되었다.[38] 물론 米에 사토를 섞고 銀에 銅鐵 등을 섞어서 우매한 백성을 괴롭히는 문제도 발생하였지만, 금속류 교환의 기준을 마련하기 위해서도 형제의 정비가 필요하였다. 따라서 도량형을 통일시킨 것은 상업의 발달에 따른 가치기준의 설정과 상업체계에 국가적 통제를 강화하고, 조세를 비롯한 현물수취를 강화하려는 의도에서 비롯되었다.

그리고 銀은 각국과의 대외무역에서 순수한 조공용으로, 혹은 사신의 접대비 및 사은·조공품에 대한 回賜 형식을 통하여 銀 그 자체 혹은 가공품 등의 형태로 수백량, 수천량의 단위로 지속적인 거래가 이루어졌다.[39] 귀족들은 다양한 귀족문화를 향유하기 위해 귀금속, 즉 금·은 등을 필요로 하였다. 이를 위해서는 금속에 대한 정확한 중량을 측정할 필요가 있었다. 실제 銀瓶 주조시에는 1개의 중량을 은 1斤(16兩)으로 하기도 하였고,[40] 또 銀 1斤·兩의 단위는 米·布의 현물 교환의 단위로 사용되었다.[41] 따라서 고려시대 중량단위는 현물교환의 기능을 담당하였기 때문에 정확한 단위체계를 가지고 사용되었음을 알 수 있다.

고려전기 중량단위의 정비는 중국 당·송대의 중량단위를 고려할 때 8세기 단계보다 증가되었을 것으로 생각된다. 따라서 고려시대 유물들의 측정을 통해 중량단위를 검토할 수밖에 없다. 다음의 자료들은 유물상에 중량단위가 기록되어 있고 또한 실제 유물이 현존하고 있으

---

38) 『高麗史節要』 권7, 肅宗 10年 11月, "詔曰 朕聞民間賣買 所用穀米及銀品甚惡 故前代以來 嚴法禁之 而至今未見其懲戒者 蓋姦猾之類 不畏法禁 唯利是求 乃以沙土和米 銅鐵交銀 以眩惑愚民 甚非天地神明之意".

39) 田炳武, 「高麗時代 銀流通과 銀所」, 『韓國史研究』 78, 1992, 77~80쪽.

40) 『高麗史』 권79, 食貨2 貨幣 肅宗 6年, "是年 亦用銀瓶爲貨 其制 以銀一斤爲之 像本國之形 俗名濶口".

41) 『高麗史』 권79, 食貨2 鹽法 忠宣王 元年 2月.

므로 중량단위를 파악하는 데 근거가 될 수 있다는 측면에서 주목된다. 이를 유물의 종류별로 살펴보자.

첫째, 香垸·청동화로 등에 기록된 명문을 통해 중량단위를 추측할 수 있다.

다-a) 咸雍三年(文宗 21, 1067)六月日 改造童海重三十斤都監大德 成念(『韓國金石遺文』, 雲門寺靑銅甘露樽)

다-b) 大定十七年(明宗 7, 1177)丁酉六月八日 法界生亡 共增菩提 之願 以鑄成靑銅含銀 香垸一副重八斤印(『韓國金石遺文』, 表忠寺含銀香垸)

다-c) 갑신년 4월 일 우봉군 지사가 큰 화로 한 개를 만들어 바친다. 여기에 들어간 쇠는 240근이다. 관계자는 총무에 호장 중윤 리 회적, 기술책임자는 전 부호장 이송령, 서기에 전 부호장 리익 순, 직접 기술담당은 돈광이다. 제조감독자는 부시 최□□ 판관 안□□이다(개성에서 새로 드러난 고려시기 청동화로)[42]

자료 a)의 甘露樽은 경북 청도군 운문사에 보관되어 있는 유물로 불교행사에 사용되는 그릇이다. 改造라는 자구로 보아 이전에 주조된 것을 문종 21년(1067)에 새롭게 주조하였음을 알 수 있다. 이때 중량은 30斤이라고 하였다. 필자가 직접 측정해 본 결과 甘露樽의 무게는 약 14.4kg이었다.[43] 자료 b)는 명종 7년(1177)에 만들어진 銀入絲香垸이다. 현재 경남 밀양시 표충사 유물관에 전시되어 있다. 필자가 직접 측정해 본 결과 약 5.5kg이었다.[44] 자료 c)는 명문은 소개되지 않아 원자료의 내용을 알 수 없지만 개성시 장풍군 장좌리 객사골에 출토된 고려시대의 청동화로이다. 주조시기는 갑신년, 毅宗 18년(1164)으로 추

---

42) 왕성수, 「개성에서 새로 드러난 고려시기 청동화로」, 『력사과학』 1978-1.

43) 본 유물을 측정할 수 있도록 배려하여 주신 청도 운문사 明星 주지스님께 감사 드립니다(1998. 1. 13).

44) 본 유물을 측정할 수 있도록 배려하여 주신 밀양 표충사 신허 주지스님께 감사 드립니다(1998. 1. 13).

정하고 있다. 화로의 실제 무게는 121.35kg이라고 한다.45)

　둘째, 飯子(禁口) 등에 기록된 명문을 통해 중량단위를 추측할 수 있다.

　　라-a) 貞祐十二年甲申(高宗 11, 1224)正月日 利義寺 …… 以造成懸排入重十一斤印(『韓國金石遺文』, 貞祐十二年銘飯子)

　　라-b) 至正十一年辛卯(忠定王 3, 1351)十二月初三日 鷄林府地感恩寺飯子入重三十三斤(『韓國金石遺文』, 至正十一年銘感恩寺飯子)

　　라-c) 己巳六月日　□46)陽寺一重三斤八兩(『韓國金石遺文』, 己巳銘般子)

　　라-d) 丁亥二月二十七日 …… 入重二十五斤(『國立公州博物館』, 靑銅制飯子)

　　라-e) 乙酉五月祝聖願以全州華嚴寺半子 …… 同年 九月卄日造 大匠大德重三十斤(『韓國金石遺文』, 乙酉銘華嚴寺半子)

　　라-f) 高麗二十三王環甲之年壬子(高宗 39, 1252)四月十二日 在於京師工人家中鑄成智異山安養社之飯子入重六十餘斤　同願施主者(『韓國金石遺文』, 壬子銘安養社飯子)

　　라-g) 泰和二年壬戌(神宗 5, 1202)四月日 蒲溪寺新造盤子重十斤(『韓國金石遺文』, 泰和二年銘蒲溪寺盤子)

　　라-h) 資福寺絆子六47)重十斤□□(造成?)功德者 時泰和七年丁卯(熙宗 3, 1207)二月日 玄化寺大師大公(『韓國金石遺文』, 泰和七年銘資福寺鉡子)

　　라-i) 大安七年辛未(宣宗 8, 1091)五月日 棟梁僧貞妙次知造納金仁寺鈑子一口重二十斤印(『韓國金石遺文』, 大安七年銘金仁寺鈑子)

　　라-j) 皇統三年癸亥(仁宗 21, 1143)正月日 䔍山寺懸排入重伍斤羊(『韓國金石遺文』, 皇統三年銘䔍山寺禁口)

---

45) 왕성수, 앞의 논문, 47~48쪽.
46) 청주박물관의 전시유물 안내문에서는 □를 口로 판독하고 있다.
47) 명문의 성격상 "六"은 "入"자일 가능성이 많다.

라-k) 甲午正月日 奉佛弟子南贍部洲高麗鎭州行者 …… 入中六斤
(『韓國金石遺文』, 甲午銘金鍵)

　　자료 a)는 고종 11년(1224) 利義寺에서 鑄成된 반자이다. 현재 국립
청주박물관에 진열되어 있다. 필자가 직접 측정해 본 결과 중량은 5.95
kg이었다.[48] 자료 b)는 감은사 발굴조사 때 청동풍탁 등과 함께 출토
된 유물이었다. 이 반자는 제작동기가 해적이 感恩寺의 飯子, 小鐘, 噤
口 등을 偸取하여 갔기 때문에 재차 조성된 것이었다. 측정된 중량은
5.9kg이었다.[49] 그런데 感恩寺 飯子는 지름 32㎝와 너비 7.2㎝의 소형
으로 33斤의 銅이 들어갔고, 이에 비해 戊戌福泉寺 飯子(高宗 25,
1238)는 지름 41㎝의 중형인데 銅 20斤이 들어갔다. 感恩寺 飯子의 33
斤의 중량은 飯子・噤口・小鐘을 합친 중량으로 판단하고 있다.[50] 따
라서 고려시대 1근의 중량 근사치와는 많은 오차가 있을 수밖에 없다.
자료 c)는 국립 청주박물관에 전시되어 있는 유물로서 정확한 조성시
기를 알 수 없다. 그러나 본 유물은 청주시 운천동의 주택 개량 때 범
종 내에 金鼓 1구・금동보살 1구・향완 2개・유제발 2개 등과 함께 출
토되었다. 향완과 유발은 부식되어 원형을 알 수 없고, 銅鐘은 형식으
로 보아 고려 초의 것으로 추정하고 있고, 金銅如來立像도 삼국시대
백제불상의 양식수법을 지니고 있는 나말여초의 작품으로 추정하고
있으며, 그리고 金鼓도 고려 것으로 추정하였다.[51] 필자가 직접 측정
해 본 결과 중량은 7.75kg이었다.[52] 자료 d)는 1978년 공주시 계룡면에

---

48) 본 유물은 국립 청주박물관 학예연구사 신종환 님의 도움으로 측정할 수 있
　　었다. 도움에 감사드립니다(1998. 1. 5).
49) 金昌鎬, 「靑銅製品 - 靑銅飯子」, 『感恩寺 發掘調査報告書』, 國立慶州文化
　　財硏究所・慶州市, 1997, 198~202쪽.
50) 崔應天, 「高麗時代 靑銅金鼓의 硏究 - 특히 鑄成方法과 銘文分析을 중심으
　　로 - 」, 『佛敎美術』9, 東國大 博物館, 1988 ; 金昌鎬, 앞의 글, 1997에서 재인용.
51) 金永培, 「淸州 雲泉洞 出土 金銅菩薩立像과 銅鐘」, 『考古美術』105, 1970.
52) 본 유물은 국립 청주박물관 학예연구사 신종환님의 도움으로 측정할 수 있었
　　다. 도움에 감사드립니다(1998. 1. 5).

서 출토된 고려시대의 반자로 조성시기를 정확하게 알 수 없다. 현재 국립 공주박물관에 보관되어 있다. 필자가 직접 측정해 본 결과 중량은 약 14.5kg이었다.[53] 자료 e)는 정확한 조성시기를 알 수 없다. 전주박물관 소장의 고려시대 반자이다.[54] 박물관에서 측정한 바에 의하면 12.5kg 정도라고 한다.[55] 자료 f)는 경남 고성군 옥천사 소장의 반자로 고종 39년(1252)에 주조된 것이다. 필자가 직접 측정한 바에 의하면 약 32kg 정도였다.[56] 그러나 본 반자는 중량을 정확하게 기록하지 않고 다만 '60餘斤'이라 기록하고 있기 때문에 정확한 중량의 산출에 한계를 가지고 있다. 자료 g)는 이화여대 박물관에 소장된 반자로 신종 5년(1202)에 조성된 것이다. 박물관에서 측정한 바에 의하면 4.783kg이다.[57] 자료 h)는 경희대 박물관에 소장된 반자로 泰和 7年(희종 3, 1207)에 조성된 것이다. 박물관에서 측정한 바에 의하면 4.5kg이었다.[58] 자료 i)는 경남 양산시 내원사에 보관되어 있는 반자로 大安 七年(선종 8, 1091)에 조성된 것이다. 필자가 직접 측정한 바에 의하면 10.9kg이었다.[59] 자료 j)는 국립 대구박물관에 전시되어 있는 유물로, 皇統 三年(仁宗 21, 1143)에 조성된 것이다. 필자가 측정한 바에 의하면 3.9kg이었다. 그러나 이 유물은 지름 2cm의 파손과 고리 1개가 없는 점을 고려할 때 실제 기록 중량보다 무겁다고 할 수 있다.[60] 자료 k)는

---

53) 본 유물은 국립 공주박물관 학예연구사 이한상님의 도움으로 측정할 수 있었다. 도움에 감사드립니다(1998. 1. 5).

54) 金永培, 「全州 華嚴寺址 出土 銅製佛具」,『美術資料』12, 1968.

55) 본 유물의 측정은 전주박물관 학예연구사 김규동님에 의해 이루어진 것이다. 도움에 감사드립니다(1998. 1. 26).

56) 본 유물을 측정은 고성 옥천사 智醒주지스님의 배려로 할 수 있었다. 도움에 감사드립니다(1998. 1. 27).

57) 이화여자대학교 유물 237번으로 박물관 측의 측정에 의한 것이다. 도움에 감사드립니다(1998. 2. 1).

58) 본 유물의 측정은 경희대학교 박물관 오일환님께서 해 주셨다. 도움에 감사드립니다(1998. 2. 3).

59) 본 유물은 양산 내원사 향엄 주지스님의 배려로 측정할 수 있었다. 도움에 감사드립니다(1998. 2. 16).

60) 본 유물과 己丑銘小鐘, 甲午銘金鍵등은 국립 대구박물관 안진환 연구원님의

국립 대구박물관에 보관되어 있는 금건으로 정확한 조성시기는 알 수
없다. 필자가 측정한 바에 의하면 약 3.5kg이었다.[61]

셋째, 鐘에 기록된 명문을 통해 중량단위를 추측할 수 있다.

마-a) 丁巳七月日　尙州安水寺金鍾鑄成爲乎事 …… 合鍮金四十斤
　　　乙用良鑄成納(『韓國金石遺文』, 丁巳銘尙州安水寺鐘)
마-b) 戊戌正月初五日　啬主前副戶長公必　棟□道人元明　大匠信仇十周
　　　□□　入重五十斤印造成也(『韓國金石遺文』, 戊戌銘銅鐘)
마-c) 五聖寺施納小鐘入重二十兩　己酉十二月十七日(『韓國金石遺文』,
　　　己酉銘五聖寺小鐘)
마-d) 甫州土示完寺小鐘入重五斤　己丑五月十三日　造道人學玄記(『國
　　　立大邱博物館(경6778)』, 己丑銘小鐘)
마-e) 桐華寺都監重大師淳誠與同寺重大師時□ …… 鑄成金鍾壹口
　　　三百斤懸排於吾魚寺 …… 貞祐四年丙子(高宗 16, 1229)五月
　　　十九日　大匠順光造(貞祐四年銘高麗銅鐘)[62]

　위의 자료 a)는 丁巳年 7월 일에 상주 안수사 쇠종을 주성한 일은
앞서 있던 무쇠종이 깨어져서 못쓰게 되었으므로, 寺主와 坐主 등이
勸善하여 놋쇠 40근을 합하여 종을 주성하여 절에 바친다는 내용이다.
이 종은 고려 동종의 특징을 갖춘 것으로 몸통의 중간부분이 약간 파
손된 것을 수리 복원하였다.[63] 필자가 직접 측정해 본 결과 중량은 약
17.1kg이다.[64] 자료 b)는 전남 고흥군 포두면 송산리 寺址부근의 돌무
지에서 발견된 것으로 형식은 고려시대 종이다. 현재 부여박물관에 이

도움으로 측정할 수 있었다. 도움에 감사드립니다(1998. 2. 16).
61) 본 유물과 己丑銘小鐘, 甲午銘金鍵등은 국립 대구박물관 안진환 연구원님의
　　도움으로 측정할 수 있었다. 도움에 감사드립니다(1998. 2. 16).
62) 金昌鎬·韓基汶, 「貞祐四年銘高麗銅鐘 銘文의 검토」, 『年報』8, 국립 경주
　　문화재연구소, 1998 ; 김용우, 「吾魚寺 梵鐘考」, 『東大海文化硏究』2, 1996에
　　서는 '監'을 '藍'으로, '時'를 '晴'으로 판독하고 있다.
63) 부산직할시, 「尙州安水寺銅鐘」, 『부산의 문화재』, 1993.
64) 본 유물의 측정은 부산광역시립박물관 박유성 관장님의 배려로 측정할 수 있
　　었다. 도움에 감사드립니다(1998. 1. 12).

관되어 보관중이다(부 1807).[65] 측정한 바에 의하면 약 28kg 정도라고 한다.[66] 자료 c)는 경주박물관에 소장중인 고려시대 소종이다.[67] 필자가 측정한 바에 의하면 1.137kg이었다.[68] 자료 d)는 경북 예천시 선리에서 출토된 소종이다. 소종의 조성시기는 고종 16년(1229)으로 추정하고 있다. 필자가 측정한 바에 의하면 약 3.3kg이었다.[69] 자료 e)는 1995년 오어사 앞 저수지 준설 작업과정에 발견된 동종이다. 보존처리 후 측정한 바에 의하면 189.5kg이라고 한다.[70]

이들 유물들을 측정한 결과를 쉽게 이해하기 위해서 종과 다른 유물을 분리하여 표로 작성하면 다음 쪽의 <표 24>·<표25>와 같다.

이들 <표 24>·<표 25>를 통해 다음과 같은 결론을 유추할 수 있다. 첫째 고려시대 각 유물의 銘文 중량과 측정 중량을 통해 얻은 1근의 중량은 대략 400~500g 내외임을 알 수 있다. 물론 '大定 17年銘 表忠寺香垸', '皇統 3年(仁宗 21, 1143)銘 德山寺禁口', '己丑(고종 19, 1229)銘 小鐘' 그리고 '己酉銘 五聖寺小鐘'의 경우는 1근의 중량이 당·송대의 1근 중량보다 무겁고, '至正 11年銘 感恩寺飯子'는 1근의 중량이 평균치보다 너무 적다. 그런데 '己酉銘 五聖寺小鐘'의 경우는 명문의 20□에 黃壽永은 兩(?)이라고 하였지만 글자의 판독상 어려움이 있다. 또 후자는 앞에서 언급한 것처럼 33斤으로 飯子만 만든 것이 아니고, 飯子·小鐘·噤口 등을 함께 주조하였기 때문에 1근의 중량 평균치보다 가벼울 수밖에 없다.[71] 둘째, 명문상 重·入重이라는 기록은 유물

---

65) 黃壽永, 「高麗梵鐘의 新例(其8)」, 『考古美術』 7-11, 1966. 11.

66) 본 유물의 측정은 국립 부여박물관 김정완 학예실장님에 의해 이루어졌다. 실장님께 감사드립니다(1998. 1. 19).

67) 黃壽永, 「高麗靑銅梵鐘의 新例(1)」, 『考古美術』 1-2, 1960.

68) 국립경주박물관 金鍾吾 학예연구사의 도움으로 측정할 수 있었다. 도움에 감사를 드립니다(1998. 2. 2).

69) 본 유물과 己丑銘小鐘, 甲午銘金鍵등은 국립 대구박물관 안진환 연구원님의 도움으로 측정할 수 있었다. 도움에 감사드립니다(1998. 2. 16).

70) 鄭永東, 「吾魚寺梵鐘(銅鐘)의 科學的 保存處理 및 金相學的 考察」, 『年報』 8, 國立慶州文化財硏究所, 1998, 247~248쪽.

71) 金昌鎬, 앞의 글, 1997 참조.

의 실제 무게의 중량을 지칭한 것이라기보다는 주물을 위해 모은 금속의 전체 무게를 지칭한 것으로 생각된다. 1斤의 중량단위는 <표 24>·<표 25>의 평균치보다 약간 많았을 것으로 생각된다.

<표 24> 통일신라 및 고려시대 鐘의 단위중량

조성시기	기록 중량(A)		측정(B)g	B/A(g)
大曆 6年(惠恭王 7, 771)聖德大王神鐘	銅	12萬斤	약 18,900,000	158
貞祐 4年(高宗 3, 1216)銘高麗銅鐘	壹口	300斤	189,500	631
己丑銘(高宗 19, 1229)小鐘	入重	5斤	약 3,300	660
己巳銘尙州安水寺鐘(고려시대)	重	40斤	약 17,100	428
戊戌銘銅鐘(고려시대)	入重	50斤	약 28,000	560
己酉銘五聖寺小鐘(고려시대)	入重	20兩	1,137	910
甲午銘金鍵(고려시대)	入中	6斤	약 3,500	583

<표 25> 고려시대 禁口·飯子 기타의 단위중량

조성시기	기록 중량(A)		측정(B)	B/A(g)
大安 7年(宣宗 8, 1091)銘金仁寺絆子	重	20斤	약 10,900g	545
皇統 3年(仁宗 21, 1143)銘德山寺禁口	入重	伍斤	약 3,900g	780
咸雍 3年(文宗 21, 1067)靑銅甘露樽	重	30斤	약 14,400g	483
大正 17年(明宗 7, 1177)含銀香垸	重	8斤	약 5,500g	688
泰和 2年(神宗 5, 1202)銘蒲溪寺盤子	重	10斤	4,783g	478
泰和 7年(熙宗 3, 1207)銘資福寺鉡子	入重	10斤	4,500g	450
貞祐 12年(高宗 11, 1224)銘飯子	入重	11斤	5,950g	541
壬子(高宗 39, 1252)銘飯子	入重	60餘斤	약 32,000g	533
至正 11年(恭愍王 卽位, 1351)銘飯子	入重	33斤	5,900g	179
己巳銘銘飯子(고려시대)	入重	13斤8兩	7,750g	574
丁亥銘靑銅制飯子(고려시대)	入重	25斤	약 14,500g	580
乙酉銘華嚴寺半子(고려시대)	重	30斤	약 12,500g	417
甲午銘金鍵(고려시대)	入中	6斤	약 3,500g	583
甲申銘 청도화로(고려시대)	入	240斤	121,350g	505

따라서 고려시대에 조성된 전체 유물(飯子·小鐘·香垸 등)의 기록
과 중량 측정을 통해 검토한 것은 아니지만 고려시대 1근의 중량단위
는 약 600g 내외였음을 추측할 수 있다. 이러한 1근의 중량단위는
唐·宋·元代의 1근 중량과 비슷하고, 또한 통일신라 8세기 聖德大王
神鐘 단계의 중량보다 약 3배가 증가되었음을 알 수 있다.

이처럼 통일신라시대에서 고려전기 사이에 1근의 중량단위는 약 3
배 정도 증가되었고, 중국 당·송대와 비슷함을 알 수 있다. 그같은 요
인은 다음과 같은 점을 들 수 있다. 하나는 통일신라시대 이후로 중국
唐·宋代 衡器의 유입에 따른 영향을 들 수 있다. 고려는 '당의 제도'
를 모방하여 경제제도의 틀을 구축하였으며,[72] 또한 당·송대의 정치
제도 등을 모방하였다. 이같은 사회적 현상으로 보아 제도적으로 당·
송대의 衡器를 도입하였거나 아니면 당·송대 형기의 간접적인 영향
으로 고려 형기에 일정한 영향을 미쳤을 가능성이 있다. 특히 후자의
경우는 민간에서 사적으로 형기를 제작하여 이용함으로써 형제의 문
란을 야기할 수 있었다. 국가는 이러한 형제의 문란을 해결하는 차원
에서 형기를 새롭게 통일하게 되는데, 그 방향은 중량단위가 가벼운
것에서 무거운 방향으로 결정되었다. 이에 따라 1근의 중량단위는 신
라통일기의 약 200g에서 고려전기에 약 600g으로 증대되었던 것이 아
닌가 생각된다.

다른 하나는 중량단위의 증가는 고려전기 국외상업의 발달로 교역
단위를 통일시키기 위한 측면에서 이루어졌을 가능성도 있다. 고려전
기는 국내상업의 발달과 함께 대외무역도 발달하였다. 고려전기의 대
외무역형태는 공(국가)무역과 사무역 두 가지가 존재하였다.[73] 국가무

---

72) 『高麗史』 권78, 식화1 序.

73) 고려전기 대외무역의 형태를 채태형은 크게 국가무역과 사무역으로 구분하
였고(채태형, 「10~12세기의 국내상업과 대외무역 및 화폐유통의 발전」, 『역
사과학논문집』 13, 1988, 221쪽), 홍희유는 공무역과 사무역으로 구분하였다
(홍희유, 『조선상업사』, 1989, 105쪽).

역은 주로 국왕들이 다른 나라에 사신들을 파견하여 이른바 생일축하,
새해축하, 동지축하, 즉위축하, 조문 등의 명목으로 이루어지는데, 이때
물건 교환이 이루어진다. 이러한 물물교환은 등가보상의 원칙을 가지
고 있다. 정종 3년에 동여진에서 보내온 700필의 말에 대해 직접 등급
을 매기고 1등말은 은주전자 1개와 錦絹 각 1필, 2등말은 은바리대 1
개와 錦絹 각 1필, 3등말은 錦絹 각 1필로 등급별에 따라 해당값을 지
불하였다.[74] 그리고 광종 9년에는 後周의 사신들이 帛 수천 필을 가져
와서 銅을 무역하여 갔다.[75] 사무역에서도 물품의 교역에는 등가원칙
이 존재하였을 것이다. 따라서 고려는 송·거란 등의 국가와 무역을
전개하기 위해 등가교역차원에서 1근의 중량단위를 비슷하게 할 필요
가 있었다.

한편 고려전기의 중량단위는 무신집권기와 원간섭기를 거치면서 어
떤 변화가 있었는지를 살펴볼 필요가 있다. 그것은 원간섭기에 원의
저울이 고려에 도입되었기 때문이다. 다음의 자료를 살펴보자.

바-a) 王上書中書省一日 …… 一日 小邦秤制 異於上國 前者蒙賜一
　　　十六斤秤一連 十斤半等子一槃 三斤二兩等子一介 用之中外
　　　未可周遍 乞更賜秤子等子各各五百(『高麗史』 권28, 忠烈王 2
　　　年 7月 癸丑)

바-b) 郎將鄭福均還自元 帝賜秤子三百(『高麗史』 권28, 忠烈王 2년
　　　10月 丙子)

위의 자료 a)는 고려와 몽고는 秤制가 다른 관계로 몽고에서 고려에
16斤의 저울 1개, 10斤半 等子 1개, 3斤 2兩 等子 1개를 주어 이를 사
용하였으나, 널리 사용되지 못하였으므로 다시 秤子·等子를 각각 오
백개씩 보내달라는 내용이다. 그리고 자료 b)는 將軍 鄭福均이 원으로
부터 돌아왔는데, 저울 300개를 가져왔다는 것이다. 이것은 忠烈王 2

---

74) 『高麗史』 권2, 定宗 3年 9月.
75) 『高麗史』 권2, 光宗 9年.

년 7월의 秤子·等子의 요구에 대해 원이 이를 수용하여 보내준 것으로 생각된다. 이로 인해 고려는 원의 형기를 도입하여 널리 사용하게 되었다.

그것은 원의 저울추가 우리나라에서 발견된 것을 통해서도 알 수 있다. 元의 저울추는 성암고서박물관 소장의 皇甫(앞면)와 南京(뒷면)으로 인쇄된 112g과 大都跌正 二十四年造의 587g 등이 있다.76) 南京은 원대 南京路를 지칭하는데, 저울추가 이 지역에서 만들어졌다는 것을 표시한 것이다. 중국의 연구에 의하면 원대 저울추의 발견 사례가 다수 조사되었는데, 저울추에는 지역명칭이 새겨져 있다.77) '南京銘' 저울추가 현재 중국에서 발견된 사례로는 '至元 8年(世祖 12, 1271) 南京路造'가 있다. 그리고 大都跌正 二十四年造의 '跌'은 '路'의 잘못 판독으로 생각된다. 大都路銘의 저울추는 중국에서 상당수 발견되었다. 그러나 위의 자료에서 원의 저울은 충렬왕 2년에 도입되었다고 하였다. 忠烈王 2년(1276) 이전의 경우는 '至元 2年(世祖 6, 1265)과 8年 大都路造'가 있다.78) 이로 보아 至元 2년과 8년에 제작된 저울이 고려에 도입되었을 것으로 생각된다. 따라서 충렬왕 2년 원 형제의 도입으로 고려에서는 원의 형제와 고려의 형제가 부분적으로 혼용되었음을 알 수 있다. 그러나 앞의 <표 24>·<표 25>와 元代 1근의 중량을 서로 비교하여 볼 때 고려와 원대의 1근의 중량차이가 없음을 알 수 있다. 따라서 원의 저울이 도입되었다고 하더라도 고려의 형제에 많은 영향을 주지 않았음을 알 수 있다.

원간섭기에 원의 저울과 저울추가 도입된 배경으로 무엇보다도 고려의 저울이 각 지방에 광범하게 보급되지 않았을 가능성을 생각할 수 있다. 앞에서도 언급한 것처럼 광물 등은 각 군현단위의 공물이었기 때문에 이를 측정하기 위해 각 지방마다 저울을 구비하고 있었을 것이나 각 지방마다 저울이 통일되지 못하였을 가능성도 있다. 이러한 현

---

76) 한국과학문화재단 편, 『우리의 과학문화재』, 1997, 148쪽.
77) 丘光明, 앞의 책, 1992, 472~476쪽.
78) 丘光明, 앞의 책, 1992, 472~476쪽.

상은 원간섭기에 元의 과도한 공물 요구로 더욱 문제가 되었을 가능성
이 있다. 실제 원은 은을 대외무역의 결제수단으로 삼았다. 특히 고려
는 몽고 사신에게 황금 70근, 백금 1300근 등을 공물로 바치고, 살례탑
에게는 황금 12근 8량, 백은 29근, 은병 116개 등을 주고 또 금 49근 5
량, 은 341근, 은병 120개 등을 살례탑과 휘하들에게 나누어 주었다.[79]
그리고 元은 銀의 부족으로 송과 같이 包銀制度(1호당=銀 5兩을 부
담) 등을 실시하였다. 원의 銀 부족현상은 국가적 차원에서 고려에 과
중한 공물을 요구하는 요인이 되었다. 즉 고려 형제의 재통일과 저울
을 각 지방에 보급함으로 공물의 수취에 편리함을 도모하고자 하는 목
적도 있었을 것으로 생각된다. 원간섭기 저울의 도입은 고려후기 이후
우리나라 衡制를 혼란스럽게 만든 한 요소로 작용하였던 것이 아닌가
생각한다.

저울도 군현단위로 금속류를 貢物로 수취하거나, 혹은 타물종인 米
・布・鹽 등과 교환을 위해서도 기본 단위가 필요하였다. 그러므로 형
제는 전근대사회의 화폐가 보편적으로 사용되기 이전에 현물교환의
가치척도라는 면에서 중요한 역할을 담당하였다. 따라서 조선전기에도
저울을 교정하기 위한 노력을 기울이지 않을 수 없다. 다음의 자료를
살펴보자.

사-a) 工曹啓中外稱子 斤兩不正 請依法校正 布之中外 上乃命加造
　　　令京市署 聽民買之(『世宗實錄』권13, 世宗 3年 8月 戊申)
사-b) 初上以公私稱子未精 命工曹參判李蕆 參考改造 至是以一千
　　　五百上之頗精 頒之中外 又命加造許 民自買(『世宗實錄』권
　　　16, 世宗 4年 6月 乙巳)
사-c) 戶曹啓新稱頒布之後 舊稱無禁用之令 綠此市肆 雜用新舊 請
　　　禁用舊稱 從之(『世宗實錄』권18, 世宗 4年 12月 壬子)
사-d) 命工曹京外秤子 並皆校正改造(『世宗實錄』권35, 世宗 9年 3
　　　月 癸巳)

---

79)『高麗史』권23, 世家 高宗 18年 12月.

위의 자료 a)는 세종 3년 공조에서 저울의 부정 때문에 이를 새롭게 만들 것을 건의하자 왕이 이를 허락하였다는 것이다. 자료 b)는 公私의 저울이 정확하지 못하므로 공조참판 李蕆에게 새로 만들 것을 명령하자 1500개의 저울을 만들어서 중외에 반포케 하였다는 것이다. 자료 c)는 호조에서 새 저울을 반포한 이후에도 새것과 혼합하여 사용하는 혼란이 발생하자 옛 저울을 사용하지 못하게 하였다는 것이다. 자료 d)는 세종 9년 공조에 京外의 저울을 교정하여 고쳐 만들도록 하였다는 것이다. 위의 자료를 살펴볼 때 저울은 세종 4년에 한번 교정되었는데 세종 9년에 이르러 다시 교정문제가 제기되고 있음을 알 수 있다. 이것은 세종대에 저울의 교정이 완전하지 못하였다는 증거이며, 이로 인한 수취의 혼란이 야기되고 있었다는 것이다. 실제 형제의 불법적인 통용은 이를 죄로서 다스리는 단계에까지 이르렀다.[80] 하지만 이후 저울의 교정 문제가 다시는 제기되지 않은 것으로 보아 세종대에 교정된 저울의 중량단위가 조선전기에 통용된 것으로 생각된다.

조선전기 1근의 중량은 어느 정도였을까. 그러나 이와 관련된 현존 유물은 존재하지 않는다. 다만『경국대전』에 중량의 단위를 파악할 수 있는 다음의 자료가 있어 주목된다.

> 아) 衡之制 黃鐘之管 其用水重八十八分 十釐爲分 十分爲錢 十錢爲兩 十六兩爲斤 大稱一百斤 中稱三十斤 小稱三斤或一斤(『經國大典』 권6, 工典 度量衡)

위의 자료『經國大典』에 의하면 '물의 중량 88分'을 이용하여 중량을 체계화하였다고 한다. 이를 표로 제시하면 다음의 <표 26>과 같다.[81] 따라서 조선전기의 중량체계는 고려시대의 중량과 비교하여 볼 때 큰

---

80)『世宗實錄』권41, 世宗 10年 9月 癸酉, "工曹啓稱物出納之際 姦狡之徒 謀利瞞官 移易錙銖 官員務劇 眩於術中 以致出納不均 請自今 京市署每當春秋 平校斗斛之時 並校各司稱子 如有用謀者 隨卽治罪 從之".

81) 朴興秀,「도량형제도」,『韓國史』24, 국사편찬위원회, 1994, 622쪽에서 재인용.

변화가 없었음을 알 수 있다.[82] 또 중국의 경우도 명·청대의 형제가 唐·宋·元代의 형제와 중량 차이가 없다는 점을 통해서도 고려시대와 조선시대에 차이가 없었을 것임을 짐작할 수 있다.

<표 26> 世宗代 衡制의 중량

	중량(g)	비 고		중량(kg)	비 고
황종율관용수 88分	35.307	황종율관용적 35.32㎤	小秤	0.642	1斤
1分	0.4012			1.926	3斤
1錢	4.1218		中秤	4.494	7斤
1兩	40.1218			19.258	30斤
1斤	641.946		大秤	64.195	100斤
1貫	4012.2				

한편 다음의 유물 기록들은 조선후기의 자료이지만 조선전기 중량 단위의 이해에 부분적으로 도움을 얻을 수 있다.

자-a) 康熙十三年甲寅(顯宗 15, 1674)三月日 通度寺銀絲香 重四十伍斤(『우리나라 金屬工藝의 精華』, 靑銅制銀入絲通度寺銘香垸)[83]

자-b) 錦營測雨器 高一尺五寸 徑七寸 道光丁酉(憲宗 3, 1837)製 重十一斤(『우리의 과학문화재』, 錦營測雨器)

위의 자료 a)는 통도사에 보관되어 있는 향완인데, 중량이 45근이라고 한다. 현재 측정된 중량은 25.24kg이라고 한다.[84] 자료 b)는 錦營, 즉 공주 감영에 설치되었던 측우기로 현재 기상청에 보관되어 있는데, 중량은 17근이라고 한다. 현재 측정된 중량은 6.2kg이라고 한다.[85] 이

---

82) 李宗峯,「高麗時代의 衡制」,『釜大史學』23, 1999.
83) 국립중앙박물관·광주박물관,『우리나라 金屬工藝의 精華』, 1997, 169쪽.
84) 국립중앙박물관·광주박물관,『우리나라 金屬工藝의 精華』, 1997, 169쪽.
85) 한국과학문화재단 편,『우리의 과학문화재』, 서해문집, 1997, 104쪽.

들 유물들을 측정한 결과를 쉽게 이해하기 위해 표로 작성하면 다음
쪽의 <표 27>과 같다. 이를 통해 볼 때 조선후기에도 1근의 중량단위
는 조선전기처럼 거의 변화되지 않았음을 알 수 있다.

이상에서 검토한 것처럼 통일신라 및 고려시대 형제의 단위체계는
斤=16兩을 중심으로 사용되었다. 斤의 중량단위는 통일신라시대에
약 200g 내외로 사용되었고, 고려시대에 약 600g 내외로 변화되었다.
이러한 중량단위는 조선전기에도 변화가 없었음을 알 수 있다.

<표 27> 조선시대 유물의 단위중량

조성시기	기록중량(A)	측정(B)	B/A(g)
康熙 13年(顯宗 15, 1674)銘香垸	重 45斤	25,240g	561
道光丁酉(憲宗 3, 1837)製 測雨器	重 11斤	6,200g	563

제5장 結負制의 변화와 성격

1. 量尺同一制와 결부제

1) 量田

앞의 장에서 度量衡制에 대해 살펴보았다. 度制와 量制는 토지의 면적단위인 結과 불가분의 관계를 가지고 있다. 왜냐하면 結은 尺을 이용하여 환산하고, 결의 면적은 量器로 수취되기 때문이다. 앞의 제2장에서 結의 측정기준인 量田尺은 단일양전척인 唐大尺에서 隨等異尺인 指尺·周尺으로 변화되었다고 하였다. 따라서 본 절에서는 量尺同一制의 結負制가 언제부터 실시되었고, 結의 면적과 결당 생산량이 어느 정도인지를 살펴보고자 한다.

結負制와 관련한 문제를 검토하기 위해, 먼저 量尺同一制下의 양전 시기와 그 특성 등을 살펴보자. 고려는 건국초기부터 지방세력의 통합과 더불어 각 지역에 존재하는 지방세력을 고려의 세력권으로 편입시키는 정책을 실시하였다. 각 지역의 지배는 점차 지방관의 파견을 통해 이루어졌지만, 이와 동시에 토지와 戶口[1] 등을 조사하여 그 지역을 장악하였다. 또한 전국의 토지를 파악하기 위해 양전을 실시하고, 이를 바탕으로 조세를 수취하였다. 조선시대 양전은 20년마다 실시하는 것

---

[1] 『高麗史』 권79, 食貨2 戶口, "國制民年十六爲丁 始服國役 六十爲老而免役 州郡每計口籍民 貢于戶部 凡徵兵調役 以戶籍抄定". 이러한 호구조사를 바탕으로 호적 등이 작성되었다. 『慶州府先生案』에 의하면 '內外戶口施行'이라는 기사가 보인다.

을 원칙으로 하였지만,[2] 조선 전시기를 통해 볼 때 실제 양전이 실시
된 것은 많지 않다. 그것도 전국적인 것이 아니라 지역에 따라 부분적
으로 量田되었고, 이에 따라 양안이 작성되었기 때문에 그러한 원칙은
지켜지지 않았다. 고려시대는 양전과 관련한 기본 자료의 부족으로 그
러한 원칙이 관철되었는지는 분명하지 않다. 다만 고려전기 양전은 필
요에 따라 수시로 실시되었다고 보는 입장과[3] 전국적으로 동시에 실
시되었다고 파악하는 견해가 있다.[4]

　量田은 고려시대 이전 이미 통일신라시대에도 시행되었을 것으로
추측하지만,[5] 그 실시 시기를 알려주는 구체적인 자료는 없다. 다만
다음의 자료를 통해 그 대강은 추정할 수 있다.

　가-a) 扶餘郡者 前百濟王都也 或稱所夫里郡 按三國史記 …… '注曰
　　　其地名所夫里 泗沘 今之古省津也 所夫里者 夫餘之別號也
　　　已上注' 又按量田帳籍曰 所夫里郡田丁柱貼 今言夫餘郡者 復
　　　上古之名也 百濟王姓扶氏 故稱之(『三國遺事』 권2, 紀異2 南
　　　扶餘·前百濟)

　가-b) 謹按淸道郡司籍 載天福八年癸酉(太祖卽位 第二十六年也)正
　　　月日 淸道郡界里審使順英 大乃末水文等 柱貼公文 雲門山禪
　　　院長生 南阿尼帖 東嘉西峴(云云) 同藪三剛典主人寶壤和尙
　　　院主玄會長老 貞座玄兩上座 直歲信元禪師(右公文 淸道郡都
　　　田帳傳准)(『三國遺事』 권4, 義解5 寶壤梨木)

---

2) 『經國大典』 卷2, 戶典 量田.
3) 金容燮, 「高麗時期의 量田制」, 『東方學志』 16, 1975 ; 『韓國中世農業史研
　 究』, 지식산업사, 2000.
4) 浜中昇, 「高麗前期の量田制について」, 『朝鮮學報』 109, 1983 ; 『朝鮮古代の
　 經濟と社會』, 法政大學出版局, 1986.
5) 통일신라시대 이전에도 量田이 시행되었는지 분명하지 않다. 그러나 통일신
　 라 이전 국가적 양전은 없었다고 하더라도 농업기술이 발달하여 토지의 생산
　 성이 중시되므로써 토지의 파악은 점차 어떠한 형태로든지 이루어지기 시작
　 하였을 것으로 추측된다.

위의 자료 a)는 夫餘郡의 연혁을 혹 所夫里郡으로 칭하는데, 그것은
『三國史記』, 量田帳籍에 근거하고 있다. 量案으로 보이는 量田帳籍에
는 '所夫里郡田丁柱貼'이라는 기록이 있는데, 이를 주목해 볼 필요가
있다. 현재 田丁柱貼의 성격 및 작성시기는 정확하게 알 수 없으므로
양전의 실시 시기를 정확하게 파악하는 데에는 일정한 한계가 있다.
量田帳籍은 앞의 『三國史記』와 함께 인용된 것을 고려하면 13세기
『三國遺事』 집필 때 참고된 양안과 동일한 것으로 추정된다. 所夫里
郡田丁柱貼은 고려시대의 문헌인 量田帳籍에 기록되어 있지만, 所夫
里郡이라는 지명이 사용된 시기를 고려할 때 통일신라시대의 田丁柱
貼으로 보아야 한다. 이를 통해 볼 때 통일신라시대에 田丁柱貼이 작
성되었음을 알 수 있다. 그러면 田丁柱貼은 어떠한 성격을 지녔을까.
이를 양안의 일종으로 보는 견해와[6] 토지분급의 대장으로 파악하는
견해가 있다.[7] 비록 田丁柱貼의 성격은 후자라 할지라도 토지의 분급
은 양전을 통해 이루어졌을 것이다. 다만 양전의 시기는 所夫里郡의
지명과 관련하여 대략 8세기 초로 추정하고 있다.[8] 따라서 통일신라시
대의 양전은 실시되었다고 보아야 한다.

자료 b)는 淸道郡의 司籍에 天福 8년(태조 26, 943) 淸道郡界의 里
審使 順英과 大乃末 水文 등이 만든 柱貼公文에 雲門山 선원의 경계
표 등이 기록되어 있다. 이는 원래 있던 청도군의 都田帳에 준하여 기
록한 것이라 한다. 都田帳은 양안적 성격을 가진다고 파악하고 있으

---

6) 旗田巍, 「新羅・高麗의 土地臺帳」, 『東洋學學術會議論文集』, 1975 ; 장국종,
「『삼국유사』에 실린 주첩고문서」, 『력사과학』 1976‐4, 25쪽.
7) 李景植, 「高麗時期의 作丁制와 祖業田」, 『李元淳停年紀念歷史學論叢』,
1991.
8) 『三國史記』의 所夫里의 지명은 太宗武烈王 7年 7月에 新羅軍과 唐軍이 백
제를 정벌하기 위해 소부리 벌로 나갔다고 하는 것에 보이기 시작하여 '城・
州・郡'으로 변해오다가 景德王 16年(757)에 이르러 부여군으로 개명되었다
가 그 이후에는 자료상으로 나타나지 않는다고 한다. 따라서 田丁柱貼은 722
년의 전정지급과 관련있으며, 대체로 그 작성시기는 8세기 초반으로 볼 수
있다고 파악하였다(金琪燮, 「高麗前期 農民의 土地所有와 田柴科의 性格」,
『韓國史論』 17, 1987, 133쪽).

나,[9] 태조 26년(949) 이전의 자료인지 명확하지 않다. 그렇지만 태조 26년의 柱貼公文에 운문사의 장생표인 4계가 기록되어 있는데, 이것은 양전 때에 토지의 구획을 설정하는 방식이다. 따라서 위의 두 자료를 살펴볼 때 양전은 통일신라시대에 실시되었음을 알 수 있다.

통일신라시대의 양전 사례는 金石文과 文獻資料 등을 통해서도 유추할 수 있다. 통일신라시대 촌락문서에 의하면 4개 촌락의 토지는 '結 -負-束'의 체계에 따라 정확하게 파악되었다.[10] 그리고 寂忍禪師의 입적시에 谷城 大安寺의 토지는 '田畓柴가 전답을 합하여 494結 39 負·坐地 3結·下院代田 4結 72負·柴地 143結·荳原 땅의 鹽田 43 結'이라고[11] 파악되고 있다. 이처럼 통일신라시대의 토지를 '結-負-束' 의 체계에 따라 정연하게 파악되고 있는 것은 이 시기에 양전이 이루 어졌음을 암시한다.

특히 통일신라는 삼국통일 후에 새로운 토지제도를 시행하였다. 神文王 7년(687)에 文武官僚田을 지급하고,[12] 聖德王 21년(722)에는 처음으로 백성에게 丁田을 지급하였다.[13] 통일신라가 官僚田制와 丁田制[14] 등을 실시하였다는 것은 양전이 전제되지 않고서는 불가능하

---

9) 旗田巍, 「新羅·高麗の田券」, 『朝鮮中世社會史の研究』, 法政大學 出版局, 1972.

10) 李基白, 「新羅 村落帳籍」, 『韓國上代古文書資料集成』, 一志社, 1987, 28~ 33쪽을 참조하여 표로 작성하였다.

<표> 4개 촌락의 結負束 현황

村落	총 田畓(結-負-束)	
當縣 沙害漸村	畓 : 102結 2負 4束	田 : 62結 10負 5束
薩下知村	畓 : 63結 60負 9束	田 : 119結 5負 8束
□□□□	畓 : 71結 67負	田 : 58結 7負 1束
西原京村	畓 : 29結 19負	田 : 77結 19負

11) 『譯註 韓國古代金石文(3)』, 大安寺寂忍禪師塔碑.

12) 『三國史記』 권8, 新羅本紀 神文王 7年 5月.

13) 『三國史記』 권8, 新羅本紀 聖德王 21年 8月.

14) 丁田의 지급방식에 대한 연구는 均田制와 관련하여 토지자체를 지급하였다 는 입장(崔吉成, 「新羅における自然村落的 均田制」, 『歷史學研究』 227, 1960 ; 兼若逸之, 「新羅 '均田成冊'의 研究」, 『韓國史研究』 23, 1976)과 농민

다.[15] 따라서 양전은 통일신라시대 초기에 실시되었고, 양전이 '結-負
-束'의 체계에 따라 이루어진 것으로 볼 때, 그 방식은 結負制였음을
알 수 있다.

그렇다면 양전은 통일기 이전 신라시대에도 실시되었을까. 이는 다
만 삼국시대 結負制의 사례를 통해 어느 정도 짐작할 수 있다. 『三國
遺事』에 의하면 "首露王 8代孫 金鉎이 허황후의 명복을 빌기 위해 天
嘉 29년(452)에 王后寺를 세우고 平田 10結을 시납하였다"고 한다.[16]
이 자료는 삼국시대 結負制에 관한 가장 빠른 시기의 것으로, 이 자료
를 그대로 따르면 가야는 訥祗王 36년(452) 이전에 結負制를 시행하
였다고 보아야 한다. 그러나 양전을 실시하기 위한 조건으로 지방제도
등이 마련되어야 하는데, 이 시기는 지방제도 등이 실시되지 않았으므
로 양전이 실시되었다고 파악하기는 어렵다. 또 가야가 눌지왕 이전에
불교를 수용하여 사찰을 창건하였는지에 대해서도 의문이다. 따라서
본 자료는 기록의 신빙성에 문제가 있다고 생각되므로 가야에서 5세기
이전 結負制가 시행되었다고 단정하기에는 한계가 있다.

眞平王 35년(613)에는 "원광이 거주한 곳에 점찰보를 두니 단월 여
성이 토지를 시납하였는데, 지금의 동평군의 토지 100結이 그것으로
고적이 아직 남아 있다"고 한다.[17] 이 자료의 의미는 진평왕대에 기진
한 토지 100結이란 것이 아니라 고려시대의 자료에 기록되어 있는 동
평군의 토지 100結이 이전 단월 여승이 기진한 것이라는 뜻이다. 이를
토대로 신라가 7세기 초 이전에 結負制를 시행되었다고 속단하기는
곤란하다. 그것은 眞興王 23년(562) '斯多含에게 戰功으로 良田과 所
虜 200구를 상으로 지급하였다'고[18] 하는 기록에서 보면 이 시기에 結

소유지를 법제적으로 인정하였다는 견해가 있다(姜晉哲,「新羅의 祿邑에 대
하여」,『李弘植博士回甲紀念韓國史論叢』, 1969 ; 金容燮,「前近代의 土地制
度」,『韓國學入門』, 1983).

15)李宇泰,「新羅의 量田制」,『國史館論叢』37, 1992, 32쪽에서 늦어도 8세기
전반까지는 전국적인 양전사업이 일단 완료되었을 것으로 파악하고 있다.
16)『三國遺事』권2, 紀異2 駕洛國記.
17)『三國遺事』권4, 義解5 圓光西學.

負制가 시행되었다면 良田 몇 結을 지급하였을 것이나, 그러하지 않았다는 것은 量田이 실시되지 않은 것으로 볼 수 있다. 따라서 삼국시대 신라는 통일기 이전에 양전을 실시하여 이를 토대로 結負制를 시행하였다고 파악하기는 어려울 것이다.

그러나 7세기 중반 이후부터는 율령체제에 입각하여 통치체제를 마련하였던 상황이므로 그들 나름대로 토지를 파악하였을 것이라 추측된다. 실제 結이란 용례는 "金庾信이 龍朔 3年(文武王 3, 663)에 500結의 토지를 지급받았다"는 기록이 있다.[19] 그리고 『三國遺事』에 의하면 "文武王이 駕洛國 시조의 15代 外孫이므로 시조묘 근처 30頃의 토지를 제사 모시는 재원으로 삼게 하였다"는 기록이 있다.[20] 이러한 토지는 고려 成宗代의 '26結 12負 9束'으로 파악되었다. 이때 지급된 토지가 양전을 통해 파악된 토지라고 속단할 수 없지만, 토지의 결수가 통일기와 고려 성종대에 비슷한 것으로 보아 통일기를 전후한 시기에 양전이 실시되었고, 이를 기반으로 결부제가 실시될 수 있는 단초를 마련한 것이 아닌가 생각한다. 실제 結負制는 앞에서 설명한 것처럼 통일기 이후 양전과 함께 본격적 제도로 정착되었을 가능성이 많다. 그것은 "神龍 元年(聖德王 4, 705)에 …… 眞如院의 서쪽 6千步를 가면 牟尼岾과 古伊峴 밖에 이르는 柴地 15結·栗枝 6結·坐位 2結을 주어 장사를 지었다"고[21] 기록하고 있는 것처럼 다양한 성격의 토지를 結로 파악하고 있기 때문이다. 이를 통해 볼 때 結負制는 통일기 이후에 제도로 실시되었음을 엿볼 수 있다.

이처럼 신라통일기 이후 결부제가 성립될 수 있었던 요인은 무엇일까. 그것은 농업기술의 발달에 따른 생산력의 증대와 읍락공동체의 해체에 따른 중앙집권체제의 정비와 밀접한 관련을 가지고 있다. 농업생산력의 점진적인 발전은 이른 시기부터 있어 왔지만, 획기적 변화가

18) 『三國史記』 권4, 新羅本紀 眞興王 23年 9月.
19) 『三國史記』 권42, 金庾信傳.
20) 『三國遺事』 권2, 紀異2 駕洛國記.
21) 『三國遺事』 권3, 塔像4 臺山五萬眞身.

일어난 것은 철제농기구의 보급과 牛耕의 실시와 밀접한 관련을 맺고 있다. 철제농기구의 보급은 철기의 도입으로 가능하였다. 우리나라 철제농기구(보습·따비·괭이·쇠스랑·낫·살포·삽·자귀·도끼·호미 등)는 4~6세기경에 대부분 정비되었고, 이들은 거의 전국에서 사용되었으며, 지역에 따라 큰 차이를 드러내지 않는다고 한다.[22]

철제농기구의 보급에 의한 농업기술은 起耕작업과 收穫작업의 변화에서 나타났다. 특히 철제농기구인 따비와 괭이·호미·낫 등은 제초작업의 효율화, 심경에 의한 지력회복기간의 단축, 황무지 개간에 의한 경작면적의 확대, 그리고 수확작업 능률의 극대화 등을 도모할 수 있다. 철제농기구의 보급에 따른 또 하나의 농업기술상의 변화는 牛耕의 실시라고 할 수 있다. 우경의 보급사실을 알려주는 직접적인 자료는 新羅 智證王 3년(502) '分命州郡主勸農 始用牛耕'이라는 기록이다.[23] 처음으로 소를 사용하여 기경을 하였다는 것은 쟁기를 이용하였다는 것이다. 물론 이 시기에 이르러 처음 쟁기가 사용되었다기보다는 이전부터 실시되어 오던 牛耕을 국가적 차원에서 실시하도록 한 적극적인 장려책으로 파악할 수 있다.[24] 牛耕은 深耕을 통한 지력의 유지와 경작면적의 확대를 도모할 수 있다. 즉 우경의 확대보급은 농업생산력의 증대와 동시에 기존의 농업경영방식을 변화시키는 결정적인 계기가 되었다. 이는 토지의 사적소유를 촉진시키고, 농민층의 계층분해를 일으킬 수 있다.

한편 농업기술의 발달을 통한 생산력의 증대는 잉여생산을 유도하여 잉여생산물을 소비할 수 있는 시장의 출현을 유도하였다. 炤知王 12년(490)에 "처음으로 서울에 시장을 열어 사방의 물품을 유통하게 하였다"는[25] 것은 4~6세기 단계의 사회적 변화를 암시한다. 그리고 농업기술의 발달은 농민층의 분해에 따른 읍락사회의 해체를 초래하

---

22) 김광언, 「신라시대의 농기구」, 『민족과 문화』 1, 정음사, 1988, 43~84쪽.
23) 『三國史記』 권4, 新羅本紀 智證王 3年 3月.
24) 李春寧, 『李朝農業技術史』, 韓國硏究院, 1964, 17쪽.
25) 『三國史記』 권3, 新羅本紀 炤知王 12年 3月.

였다. 읍락공동체의 해체는 部집단이나 소국의 정치적 기반의 상실로 이어졌으며, 중앙집권체제가 정비되었다.[26] 따라서 국가는 국가의 지배를 받는 公民(民戶)에 대해 직접적인 조세를 수취하였다. 그런 점에서 다음의 자료는 주목된다.

> 나-a) 人稅布五匹 穀五石 遊人則三年一稅十人共細布一匹 租戶一石 次七斗 下五斗(『隋書』 권81, 東夷 高麗傳)
> 나-b) 賦稅以絹布絲麻及米等 量歲豊儉 差等輸之(『周書』 권49, 異域 上 百濟)
> 나-c) 至自北漢山 敎所經州郡 復一年租調(『三國史記』 권4, 新羅本紀 眞興王 16年 11月)

위의 자료 a)는 人頭稅로 포 5필과 곡 5석, 租는 戶稅로 1石·7斗·5斗의 부세를 차등 수취한다는 것이다. 이와 비슷한 수취규정은 『周書』에도 기록되어 있다.[27] 이러한 고구려의 부세인 인두세와 호세는 토지를 매개로 조세수취가 이루어졌다기보다는 각 민호의 人丁의 다과에 따른 인신적 수취였다고 한다.[28] 자료 b)는 백제의 부세로 絹布·絲·麻·米 등을 해마다 풍흉을 헤아려서 차등있게 수취한다는 것이다. 백제도 해마다 풍흉을 헤아려 수취하였지만, 그 기준이 인두세적인지 재산(토지)의 양에 따라 조세가 부과되었는지는 분명하지 않다. 자료 c)는 신라 진흥왕대에 租·調를 면제하였다는 것이다. 신라도 이것만으로 토지를 매개로 조세 수취가 이루어졌다고 속단할 수 없다. 하지만 위의 자료를 살펴볼 때 삼국은 모두 백성으로부터 일정 정도의 조세를 수취하였음을 알 수 있다.

그런데 삼국시대는 토지를 일정 단위로 양전하고, 이를 토대로 조세

---

26) 전덕재, 「4~6세기 농업생산력의 발달과 사회변동」, 『역사와 현실』 4, 1990, 33~41쪽.
27) 『周書』 권49, 異域 上 高麗, "賦稅則絹布及粟 隨其所有 量貧富差等輸之".
28) 金基興, 「삼국시대의 租·調」, 『삼국 및 통일신라 세제의 연구 - 사회변동과 관련하여 -』, 역사비평사, 1991, 67~70쪽.

를 수취하였다고 파악하기에는 한계가 있다. 왜냐하면 이를 위해서는 사적소유의 발달과 度量衡制가 하나의 제도로 완비되어야 하는데 삼국시대는 그러지 못하였기 때문이다. 특히 결부제에 입각한 부세수취를 위해서는 尺을 통해 토지를 일정 단위로 양전하고, 이를 바탕으로 量器를 통해 일정 량이 수취되어야 한다. 그런데 위의 자료를 통해서는 부세가 토지를 매개로 수취되었다는 느낌을 받을 수 없다. 다만 고구려에서 人頭稅로 布 5匹과 穀 5石, 戶稅로 1石·7斗·5斗가 수취되는 것을 볼 때 포백척과 量器가 이미 부세수취에 이용되었다고 추론할 뿐이다. 이러한 수취방식은 앞으로 사적소유가 더욱 발달하고 양전이 실시되면 토지를 매개로 부세수취가 이루어질 수 있는 단계로 발전할 수 있음을 암시한다.

통일기의 단계는 4~6세기 농업기술의 발달로 생산력의 증대 등으로 사적소유가 발달되어 사회경제적 분화가 촉진되었다. 6세기 이후 토지의 사적소유의 발달과정을 밝혀줄 수 있는 자료는 없다. 다만 7세기 문무왕 4년에 백성에게 함부로 財貨와 田地를 사원에 시납하지 못하게 한 자료나,[29] 통일신라시대 몇몇 자료를 통해 토지의 사적소유가 진전되었음을 알 수 있다. 즉 그것은 重阿湌 金志全이 國主大王과 伊飡 愷元公, 돌아가신 부모와 형제의 명복을 빌기 위해 甘山에 있는 莊田을 회사하여 가람을 짓고, 석조 아미타상 1구를 조상하였다거나,[30] 모량리의 貧女 慶祖가 福安의 집에서 용작한 대가로 분여받은 토지를 절에 바친 것이나,[31] 景文王이 元聖王의 능을 가꾸기 위해 구룽지 1百結을 稻穀 2千苫으로 매입한 것이나,[32] 智證大師가 대대로 소유하여 온 토지 莊 12區 500結을 절에 기진한 것이나[33] 그리고 眞聖女王 5年에 開仙寺가 토지를 구입한 것[34] 등에서 賣買·施納이 자유롭게 행해

29) 『三國史記』 권6, 新羅本紀 文武王 4年 8月.
30) 『譯註 韓國古代金石文(3)』, 甘山寺 彌勒·阿彌陀像 造像記.
31) 『三國遺事』 권5, 孝善9 大城孝二世父母.
32) 『譯註 韓國古代金石文(3)』, 崇福寺碑.
33) 『譯註 韓國古代金石文(3)』, 鳳巖寺智證大師寂照塔碑.

지고 있는 것을 볼 때 통일신라시대 토지의 사적소유화는 상당히 발달
되었음을 알 수 있다. 특히 토지의 시납을 막거나, 용작민이 토지를 기
진한 것이나, 智證大師의 경우 대대로 토지를 소유하였다는 것 등은
토지의 사유화가 상당부분 진전되었음을 말해준다.

이러한 사적소유의 발달은 토지소유를 위한 매득과 개간을 촉진시
켰을 뿐만 아니라 토지가 차지하는 사회경제적 비중이 그만큼 증가되
었을 것으로 여겨진다.[35] 이에 따라 국가는 각 촌락에 존재하는 토지
를 파악하기 위해 양전을 실시하였다. 통일신라는 양전을 토대로 官僚
田과 丁田制 등을 시행하였다. 그 결과 조세제도는 결부제에 입각한,
즉 일정 단위를 매개로 조세를 수취하는 방식으로 변화되었다. 따라서
삼국통일기 이후에는 척도와 양제가 결부되어 일정 면적을 단위로 양
전하고, 이를 단위로 조세수취가 이루어졌다고 할 수 있다.

한편 고려전기의 양전은 언제부터 실시되었는지 다음의 자료를 통
해 살펴보자.

다-a) 寺之段 司倉上導行審是白乎矣 七十六是去丙辰年 量田使前
守倉部卿藝言・下典奉休・算士千達等 乙卯二月十五日 宋良
卿矣結審是乎 導行乙用良 顯德三年丙辰(光宗 7, 956)三月日
練立作良中 代下田長廿柒步方廿步 北能召田 南東渠 西葛頸
寺田 承孔伍負肆拾 結得肆拾久負肆束 東寺位同土 犯南田
長拾玖步東三步 三方渠 西文達代 承孔百四 結得玖負伍束(「
淨兜寺五層石塔造成形止記」)[36]

다-b) 戶部奏 尙州管內中牟縣 洪州管內楹城郡 長端縣管內臨津臨

---

34) 『朝鮮金石總覽』 상, 開仙寺石燈記.

35) 통일신라시대 호등제의 기준은 재산, 즉 토지 등이었다고 파악한 최근의 연
구성과를 고려한다면 토지는 각 호의 경제적 비중 내에서 차지하는 비율이
높았음을 짐작할 수 있다. 통일신라시대 호등제에 대한 연구는 다음의 글이
참고된다. 李仁哲, 「新羅 統一期의 村落支配와 計烟」, 『韓國史硏究』 54,
1986 ; 김기흥, 「'신라촌락문서'의 분석」, 앞의 책, 1991 ; 金琪燮, 「新羅 統一
期의 戶等制와 孔烟」, 『釜大史學』 17, 1993.

36) 李基白, 『韓國上代古文書資料集成』, 一志社, 1987.

　　江等縣 民田多寡 膏堉不均 請遣使量之 均其食役 從之(『高麗
　　史』권78, 食貨1 經理 靖宗 7年 正月)
다-c) 尙書戶部奏 楊州管內見州 置邑以來 已百五年 州民田畝 累
　　經水旱 膏堉不同 請遣使均定 制可(『高麗史』권78, 食貨1 經
　　理 文宗 13年 2月)

　위의 자료 a)는 淨兜寺에 석탑을 조성하면서 작성된 것으로 석탑이
조성되던 해(顯宗 22, 1031)의 76년 前인 顯德 3년(光宗 7, 956)에 중
앙에서 파견된 양전사 前守倉部卿 藝言이 下典 奉休·算士 千達 등
을 대동하고 내려와 乙卯年(光宗 6)에 이곳의 宋良卿이 조사한 바에
따라 양안을 마련하였는데, 그 가운데 寺位田의 규모가 '49負 4束, 9負
5束'이라는 점을 밝히고 있다.[37] 이로 보아 약목군의 양전은 광종 6년
에 이루어졌음을 알 수 있다. 자료 b)는 호부에서 왕에게 속현지역인
中牟縣·楹城郡·臨津縣·臨江縣 등의 지역은 民田의 비옥도가 같지
아니하여 부세가 균등하지 않으므로 다시 양전을 실시하여 부세의 불
균을 해소해 달라고 奏請한 것이다. 이들 속현지역이 靖宗 7년(1041)
에 이르러 비옥도가 같지 않다는 것은 靖宗 7년 이전의 어느 시기에
양전이 실시되었음을 유추할 수 있고, 다만 여러 자연재해 등으로 양
안 상의 전품과 현재의 비척도가 많이 달라졌다는 것이다. 이것은 고
려전기 속현지역도 양전의 단위였음을 말해준다. 자료 c)는 호부가 양
주관내의 見州(현, 경기도 양주)는 置邑한 지 이미 105年이나 경과되
어 비옥도가 옛날과 같지 아니하므로 새롭게 양전의 실시를 요청한 것
이다. 고려초기 置邑의 의미는 이전에 재편된 공동체 관계를 고려 국
가의 지배질서 내로 편입시키는 조치이다.[38] 고려초기에는 치읍과 동
시에 양전을 실시하였다. 見州의 置邑 시기는 105년을 역으로 환산하
면 光宗 6年(955)이다. 따라서 견주의 양전은 광종 6년에 실시되었음

---

37) 金容燮, 앞의 논문, 1975, 70~71쪽.
38) 浜中昇, 앞의 논문, 1986 ; 蔡雄錫, 「高麗前期 社會構造와 本貫制」, 『高麗史
　　의 諸問題』, 三英社, 1986.

을 알 수 있다.

위의 자료에서 주목되는 것은 見州와 若木郡 등의 지역에서 광종 6년 같은 시기에 양전이 실시되었다는 점이다. 이러한 양전은 견주와 약목군 지역에만 실시된 것인지 아니면 다른 지역도 함께 동시에 추진된 것인지는 명확하지 않다. 다만 자료 다-a)에서 광종 7년 중앙의 양전사가 약목군에 파견되어 전년(광종 6년)의 양전 내용을 토대로 導行을 작성하였다는 점이 주목된다. 따라서 고려전기, 즉 광종 연간에는 중앙에서 파견된 관료에 의해 국가적 양전이 실시되었음을 알 수 있다. 浜中昇은 이러한 사실에 주목하여 고려후기 전국적 양전인 甲寅量田과 己巳量田 등의 경우처럼 고려전기에도 광종 6년(955)뿐만 아니라 文宗 18년(1064)에 각각 전국적으로 동시에 양전이 실시되었고, 양안은 자연촌락을 단위로 작성되었다고 하였다.[39]

그러나 고려초기, 광종 6년과 문종 18년에 전국적으로 동시에 양전을 실시하였다고 파악하기에는 여러 가지 한계가 있다. 그것은 고려초기의 국가권력이 과연 각 지역에 존재하는 호족세력을 억압하고 양전을 통해 그들의 경제적 기반인 토지를 일괄적으로 파악할 수 있었는지 의심스럽기 때문이다. 실제 광종대 호족세력의 억압책을 통해 호족세력이 약화되었다는 成宗대의 경우만 하더라도 중앙에서 파견된 양전사가 죽은 경우가 발생한다.

　라) 淳化二年 金海府量田使 中大夫趙文善 申省狀稱 首露陵廟王屬田結數多也 宜以十五結仍舊貫 其餘分析於府之役丁 所司傳狀奏聞 時廟朝宣旨曰 …… 而不允 …… 箭使(量田使稱也)受朝旨 乃以半屬於陵園 半以支給於府之徭役戶丁也 幾臨事畢 而甚勞倦 忽一夕夢見七八介鬼神 執縲絏 握刀劒而至云 ‘儞有大懟 故加斬戮’ 其使以謂受刑而慟楚 驚懼而覺 仍有疾療 勿令人知之

---

39) 浜中昇, 앞의 논문, 1986. 이는 그의 입론인 고려전기 사회가 공동체가 미분화된 고대사회라는 인식에 근거하고 있기 때문이다. 그러나 고려전기도 이미 토지대장의 작성은 군현단위로 이루어졌고, 그것은 양전의 요구가 군현단위로 이루어지고 있는 사실을 통해서도 이해할 수 있다.

宵遁而行 其病不問 渡關而死 是故量田都帳不著印也 後人奉仕
來 審檢厥田 才一結十二負九束也 不足者三結八十七負一束矣
乃推鞫斜入處 報告內外官 勅理足支給焉(『三國遺事』 권2, 紀異
2 駕洛國記)

위의 자료는 성종 10년(991) 중앙 정부에서 파견된 김해지역의 量田
使인 趙文善이 양전사업을 완료하지 못하고 의문의 죽음을 당하자 중
앙에서 다시 관료를 파견하여 양전사업을 완료하였다는 것이다. 趙文
善은 김해지역의 양전사업을 주관하면서 首露陵廟田 30결을 15결은
능묘전으로 하고, 나머지 15결은 府의 徭役戶丁에게 절급할 것을 결정
하였다. 그런데 일이 거의 끝날 무렵 꿈에 귀신으로 변장한 세력이 출
현하여 '네가 큰 죄를 지었으므로 목을 베어 죽일 것이다'라고 한 것은
양전과 수로능묘전의 반급과정에 불만을 품은 세력의 정치적 반발이
꿈으로 표현되었음을 암시한다. 이는 김해지역 호족세력이 국가의 토
지 파악에 대한 반발을 반영한 것으로 볼 수 있다. 즉 향촌사회의 주도
권을 두고 김해지역 호족세력과 국가권력 사이의 갈등 양상을 반영한
것이다. 이러한 호족세력과 중앙정부의 갈등은 비단 김해의 경우에만
한정되지 않았다.[40) 따라서 고려초기에는 중앙에서 일괄적으로 전국의
토지를 동시에 양전하기에는 일정한 한계가 있었음을 알 수 있다.

김해지역의 경우 광종 6년(955) 전국적인 양전 때에 양전되었다면
얼마되지 않은 성종 10년(991)에 다시 量田使 趙文善을 파견하여 양
전을 실시할 이유가 없다. 그리고 성종 10년 양전 때의 토지 결부수 비
교시 광종 6년의 양전에 의한 결부수를 인용하지 않고 신라통일기에
측정된 결수를 이용한 점에서도, 김해지역의 경우 광종 6년에 양전되
지 않았음이 분명하다. 따라서 광종 6년에는 전국적인 양전이 아직 시
행되지 않았음을 알 수 있다.

---

40) 고려초기 국가권력과 호족세력과의 갈등관계는 대단히 복잡하게 전개되었
다. 이러한 양상에 대해서는 다음의 논고가 참고된다. 具山祐, 「高麗 成宗代
의 鄕村支配體制의 강화와 그 정치·사회적 갈등」, 『韓國文化硏究』 6, 1993.

고려전기 전국적인 양전의 사례로는 다음의 자료를 주목하고 있다.

마) 戶部奏 廣州牧自春至秋 久旱不雨 重以雨雹 闔境禾穀一無所收
又鳳州曾於更子年(文宗 14, 1060) 大水廬舍禾穀漂蕩幾盡 民無
定居 請停兩官轄下發使量田 從之(『高麗史』 권78, 食貨1 田制
經理 文宗 18年 11月)

위의 자료는 戶部에서 廣州(현 경기도 광주군)와 鳳州(현 황해도 봉
산)가 자연재해로 실농하였으므로 發使量田을 정지하여 달라는 것이
다. 浜中昇은 전국적으로 동시에 發使量田이 이루어졌는데, 이들 두
지역만 제외된 것으로 해석하여 문종 18년(1064)에 전국적 양전이 이
루어진 것으로 보았다.[41] 그러나 광주와 봉주가 자연재해를 입어 양전
을 받지못할 상황이라면 이들 인근의 지역도 발사양전이 중지되어야
마땅하다. 두 지역을 문종 18년에 양전을 하려는 것은 이전의 어느 시
기에 양전의 요청이 있었던 것으로 보인다. 그런데 이 시기에 두 지역
은 여러 가지 조건이 부합되지 않아 양전사업을 중지하려는 것이었다.
양전은 비척이 고르지 못한 지역의 田品을 재조정하여 이를 바탕으로
부세를 수취하기 때문에 오히려 민의 입장에서 유리하다. 그런데 이를
도모하지 않고 두 지역에 發使量田을 중지하였다. 그것은 다른 이유가
있었을 것이다. 고려시대 중앙에서 관료가 각 지방에 파견되면 그에
대한 모든 경비를 지방관청이 부담하였다. 이 지역도 중앙에서 양전사
가 오면 양전에 필요한 경비를 부담하였을 것이다. 호부는 이를 고려
하여 두 지역의 경비 부담을 줄여 주기 위해 양전사를 파견하지 못하
게 하였을 것으로 추측된다.

한편 이보다 5년 후인 문종 23년(1069)에는 1結부터 10結까지 量田
步數를 확정하였다.[42] 오히려 전국적 양전은 이처럼 양전보수의 확정
을 바탕으로 이루어지는 것이 순리일 것이다. 그런데 5년 먼저 전국적

---

41) 浜中昇, 앞의 논문, 1986.
42) 『高麗史』 권78, 食貨1 田制 經理 文宗 23年.

양전을 추진하고, 이를 바탕으로 양전보수를 다시 확정할 리는 없다. 따라서 문종 18년에는 전국적 양전이 실시되지 않았음이 명백하다.

고려전기에는 호부 등에서 여러 차례 각 지역의 토지비옥도가 같지 아니하므로 양전의 실시를 요청하였다. 앞의 자료 다-c)에서 인용한 것처럼 文宗 13년의 경우도 戶部에서 見州가 양전한 지 오래되어 다시 양전을 시행할 것을 요구하였다. 이처럼 지역을 단위로 양전이 건의되고 있는 것은 양전이 지역단위로 시기를 달리하면서 실시되었기 때문이다. 이에 따라 戶部에서도 지역단위로 양전의 실시를 건의하였던 것이다. 이러한 점은 문종 13년 3월에 서북면병마사가 安北都護府 · 龜州 · 泰州 · 靈州 · 渭州 등의 지역들에 대해 양전의 실시를 요청한 것도 마찬가지의 경우라 생각된다.[43] 따라서 고려전기의 양전은 전국적으로 동시에 실시한 것이 아니라 군현을 단위로 시기를 달리하면서 점진적으로 실시되었다고 보아야 할 것이다.

그러면 고려전기의 양전은 실제로 어떻게 실시되었을까. 그것은 중앙에서 파견된 관료에 의해 일률적으로 이루어졌다기보다는 각 지역에 존재하는 향리 등에 의해 먼저 양전되고, 그후 중앙에서 파견된 量田使가 算士 등을 대동하여 이미 양전된 사항을 확인하고, 이를 바탕으로 양안을 작성하는 방식을 취했을 것으로 생각된다. 그러한 점은 앞의 자료에서 언급한 「淨兜寺五層石塔造成形止記」에 의하면 약목군의 인물인 宋良卿에 의해 먼저 結審한 導行을 참조하여 중앙에서 파견된 量田使 前守倉部卿 藝言이 算士 · 下典 등을 대동하여 이를 확인하고, 이를 토대로 문기를 작성한 것을 통해 짐작할 수 있다. 앞의 「駕洛國記」에서 언급한 金海府 量田使 趙文善의 경우도 김해에 와서 실제 양전을 하였다기보다는 김해지역의 양전사업을 추진하는 책임자였다. 양전사가 실제 측량 등을 수행하는 직책이라면 수로능묘전의 토지가 많다고 이를 반으로 줄여 府의 役丁에게 절급할 것을 주장할 이유가 없기 때문이다. 따라서 조문선도 김해지역에 양전된 토지를 검토

---

43) 『高麗史』 권78, 食貨1 田制 經理 文宗 13年 3月.

하여 양안의 작성을 총지휘하고 '量田都帳著印'하는 절차를 수행하였
던 것으로 추측된다. 이를 통해 볼 때 중앙에서 파견된 양전사들은 각
지역 지방관·향리 등에 의해 측량된 토지를 검토하여 이를 토대로 양
안을 작성하고, 이를 통해 중앙정부의 재정운용의 기초자료로 이용하
였을 것으로 추측된다.

그러면 고려전기 量田制의 특성은 어떤 것인지를 살펴보자. 고려전
기의 量田制는 이미 많은 연구자에 의해 量尺同一制에 의한 同積異
稅制였다고 규명되었다.44) 그리고 고려전기의 양전제가 量尺同一制였
다는 것은 成宗 11年(992)의 公田租 수조식이 同積異稅制를 바탕으로
운영되었던 점을 통해서도 알 수 있다.45) 量尺同一制는 고려전기뿐만
아니라 통일신라시대도 마찬가지였다. 그러한 실례로『三國遺事』의「
駕洛國記」에 "文武王 때의 30頃의 토지가 高麗 成宗 10년(991)에 그
와 비슷한 약 26結 12負 9束이었다"는46) 기록을 들 수 있다. 신라통일
기 文武王 때와 고려초기 成宗대의 양전방식 자체가 다르면 결의 면
적이 비슷할 수 없는데, 결의 면적이 비슷하다는 것은 양 시기의 양전
방식이 동일하였음을 암시한다. 이에 따라 결의 면적인 '1結=方 33步'
도 동일하였음을 알 수 있다.

통일신라시대부터 고려전기의 양전에서 量尺同一制가 실시될 수 있
는 요인은 무엇일까. 신라시대 척은 언제부터 사용되었는지는 정확하
지 않다. 다만 5·6세기에 저수지(堤堰)47)·城48) 등의 거리 측정에 척
이 이용되고 있었다. 이러한 거리 측정방식은 농업기술의 발달에 따른

44) 金容燮, 앞의 논문, 1975 ; 姜晉哲,「田結制의 문제」,『高麗土地制度史硏究』,
高麗大 出版部, 1984.
45)『高麗史』권78, 食貨1 田制 租稅 成宗 11年.
46)『三國遺事』권2, 紀異2 駕洛國記.
47)『譯註 韓國古代金石文(2)』, 戊戌塢作碑, "此塢大廣廿步 高五步四尺 長五十
步".
48)『譯註 韓國古代金石文(2)』, 明活山城碑, "下干支徒作受長四步五尺一寸 文
叱兮一伐徒作受長四步五尺一寸 □□利波日徒受長四步五尺一寸 合高十步
長十四步三寸".

생산력의 증대로 농민층의 분해와 사적소유가 전개되면서 점차 토지를 대상으로 양전하기 시작하였을 것으로 추측된다. 즉 5·6세기 거리측정이 단일 양전척이었던 것처럼 토지도 거리 측정방식과 단일 양전척으로 양전되었을 것이다. 따라서 이 시기의 양전은 토지의 파악 자체에 중점을 두었기 때문에 전품에 따라 토지의 면적을 차등화하는 단계에 이르지 못하였다. 이러한 원칙은 고려전기에도 계속 되었다.

2) 結의 面積과 생산량

量尺同一制下의 결의 면적은 어느 정도인지를 살펴보자. 앞의 2장에서 고려전기 量尺同一制下의 量田尺은 唐大尺이었음을 살펴보았다. 따라서 이러한 기준척을 통해 量尺同一制下의 결의 면적은 충분히 구할 수 있다. 이를 위해 『高麗史』文宗 23년(1069)의 양전보수 규정과 『高麗圖經』의 기록이 주목된다. 먼저 다음의 자료를 통해 결의 면적을 구하여 보자.

> 바) 定量田步數 田一結方三十三步(六寸爲一分 十分爲一尺 六尺爲一步) 二結方四十七步 三結五十七步三分 四結方六十六步 五結方七十三步八分 六結方八十步八分 七結方八七步四分 八結方九十步七分 九結方九十九步 十結方一百四步三分(『高麗史』권78, 食貨1 田制 經理 文宗 23年)49)

위의 자료는 1결부터 10결까지의 양전보수를 정하였다는 것이다. 문종 23년 양전보수를 확정했다는 의미는 '1結=方 33步'가 이미 국초부터 있어 왔기 때문에 이 때에는 다만 2결에서 10결에 이르는 농지의 측량법(개평치)을 追補하였거나, 양전척의 길이를 세주로 보완함으로써 양전을 할 때 척도의 혼란과 부정을 방지하기 위해 재확인하는 데 불과하였던 것으로 추측하였다.50) 혹은 문종 23년 양전식은 '1結=方

---

49) 이를 표로 작성하면 다음과 같다.

33步'에 있는 것이 아니라 그 아래 세주에 기록된 '十分爲一步'에 있는데, '方三十三步爲一結'의 제도를 처음 채택하였다거나, 단지 1~10結에 이르는 결 단위의 면적을 측량하기 위해 만들어진 것이 아니라 보다 엄밀한 양전을 시행하여 국가의 조세수입을 늘리기 위한 것이었다고 하였다.[51]

그러나 문종 23년 양전보수의 확정은 '步' 이하의 단위 측정에 중요한 의미를 가진 것이 아니었다고 생각된다. 그것은 실질적으로 통일신라시대 이래로 결부제의 단위가 '□結 □負 □束'으로 나타나는 것처럼 아주 정밀하게 양전되었는데, 고려초기에 이르러 '步' 이하의 단위를 삭제해 버릴 이유가 없다. 나중에 설명하겠지만 통일신라시대 이후 고려초에 걸쳐 '1結＝方 33步'는 일정하였다. 오히려 靖宗·文宗代에 이르면 고려 초기에 양전된 토지의 비척불균현상이 심각하게 나타나자, 각 지역에서 이에 대해 재양전을 요구하는 일이 빈번하였다.[52] 고려

<표> 文宗 23年의 양전식

결	1변의 길이	결 면적(평방보)	비 고
1	33보	1,089	
2	47보	2,209	
3	57보 3분	3,249 +9평방분	
4	66보	4,356	
5	73보 8분	5,329 +64평방분	
6	80보 8분	6,400 +64평방분	
7	87보 4분	7,569 +16평방분	
8	90보 7분	8,100 +49평방분	90보는 93보가 正
9	99보	9,801	
10	104보 3분	10,816 +9평방분	

50) 金容燮, 앞의 논문, 1975, 70쪽.
51) 「淨兜寺五層石塔形止記」에는 토지의 면적을 다만 步로만 표시하고 있을 뿐 步 이하의 단위는 보이지 않는다고 한다(浜中昇, 앞의 책, 1986, 277~281쪽). 따라서 步 이하의 단위는 버렸을 가능성이 많다. 이로 인해 양전의 면적은 실제 면적과 차이가 있었다. 그런데 文宗 23년의 양전보수의 확정은 실제 면적과 양전 면적과의 차이를 없애고 보다 정확한 양전, 步의 1/10까지 양전을 통해 국가의 조세수입을 널리기 위해서 만들어진 규정이라고 한다(李宇泰, 앞의 논문, 1992, 40~41쪽).

정부로서도 1결의 면적을 다시 확정하여 이를 각 지방에 하달하고, 양
전할 필요성이 제기되었다. 이것은 국가재정 운용을 위해서도 필요하
였다. 그리고 靖宗代에는 앞의 3장 2절에서 살펴본 것처럼 그 이전
(200㎖)보다 양기의 용적(340㎖)이 약 70%가 증대되었다. 1승의 용적
이 증대되었다고 하여 結의 면적을 확대하여 양전하거나, 조세를 적게
수납할 가능성이 있다. 이에 따라 1결의 면적은 전례대로 확정하고, 부
세의 수취를 강화하는 목적에서 1結에서 10結까지 양전보수를 다시
확정하였다고 생각된다.

한편 이미 文宗 8년에는 경지이용방식에 따른 山田과 平田의 토지
비율을 확정하였다.53) 앞으로 토지분급을 위해서 각 토지에 대한 양전
은 정확히 계측할 필요성이 있었다. 따라서 문종 23년의 양전보수는 '1
結=方 33步'를 확정하고, 步 이하의 단위까지 세주로서 기록하여 양
전을 강화하겠다는 것이다. 이러한 양전방식은 이후 전국의 토지를 더
욱 정확하게 양전하였을 것이고, 이를 통해 수조권 분급 또는 조세수
취의 대상을 확보하려는 것이었다.

1結은 方 33步인데, 기준이 되는 척도는 세주에서 '6寸=1分, 10分
=1尺, 6尺=1步'라는 것이다. 이에 대해서는 자료의 기록을 인정하려
는 입장과 이를 부정하려는 입장으로 대별된다. 전자는 金容燮과 呂恩
暎 등을 들 수 있다. 후자는 세주의 기록이 부분적으로 잘못되었다고
파악한다.54) 전자의 입장인 金容燮은 기준척 60寸=양전척 1尺, 기준

---

52) 『高麗史』 권78, 食貨1 田制 經理條에 의하면 高麗前期 肥瘠不均으로 다시
   양전을 실시할 것을 요구하는 사례는 '靖宗 7年, 文宗 13年 2月, 文宗 13年 3
   月, 文宗 18年 11月'에 집중되어 있다.

53) 『高麗史』 권78, 食貨1 田制 經理 文宗 8年 3月, "判凡田品不易之地爲上 一
   易之地爲中 再易之地爲下 其不易山田一結准平田一結 一易田二結准平田
   一結 再易田三結准平田一結".

54) 세주의 '十分爲一尺'에서 '分'·'一'·'尺'의 세 글자 중 하나가 잘못되었다고
   보는 견해이다. 그리하여 '十分爲六尺'(浜中昇, 앞의 논문, 1983) 또는 '十分
   爲一步'(朴興秀, 앞의 논문, 1967) 아니면 '十寸爲一尺'이 되어야 한다는 것이
   다. 그렇지만 기준척, 母尺 6尺은 1步가 되어야 한다는 점은 동일하다.
   李宇泰, 앞의 논문, 1992, 37~38쪽에서 위의 '寸-分-尺-步'를 문자 그대로

척 60寸×6=1步, (기준척 360寸×33)²=1結로 파악하여 기준척 위에 다시 양전척을 설정하였다. 그리하여 고려 양전척의 기준척을 周尺 (20.81cm)으로 계산하여 1결의 면적을 17,500평으로 추정하였다.[55] 그러나 이러한 1결의 넓이를 新羅 村落文書에서 제시된 각 村의 결수에 대입하면 경지면적이 촌역을 초과하는 기현상이 발생된다는 비판이 있었다.[56] 따라서 金容燮의 계산처럼 양전척과 기준척을 달리 설정하면 문제가 있음을 알 수 있다. 朴興秀는 차등수조법에서 同科收租法의 변화가 문종 23년에 이루어졌다는 전제하에 指尺(19.423cm)을 기준하여 3尺, 2尺 5寸, 2尺인 3종의 양전척으로 1결의 면적을 구하였다. 양전척 6척을 1보의 길이로 한다는 것은 3종의 양전척의 길이이고, 이전의 양전척도 3종의 양전척으로 바꿈에 따라 각 등급전의 1보의 길이는 물론 1결의 보수도 변화되었다고 하였다.[57] 그러나 兩氏의 해석은 전자는 기본 체제를 잘못 이용함으로써 1결의 면적을 지나치게 확대시켰고, 후자는 수리적 근거가 약한 중국 고대양전식을 무비판적으로 원용했다는 비판과 함께 당시의 사회경제적 상황을 몰각한 수리적 조작

해석하면 '6寸=1分, 10分=1尺, 6尺=1步'로 곧 '1步=6尺=60分=360寸'이 된다. 즉 1尺=60寸이라는 상식적으로 납득하기 어려운 결론에 귀착된다. 따라서 합리적 해석을 위해서는 '六尺爲一步' 즉 '十分爲六尺'으로 설정되어야 한다고 하였다.

55) 金容燮, 앞의 논문, 1975, 105~106쪽.

56) 李宇泰, 「新羅 "村落文書"의 村域에 대한 一考察」, 『金哲埈博士華甲紀念史學論叢』, 1983, 151~154쪽.

57) 朴興秀는 文宗 23年에 1結=方 33步는 1結=(100)²의 원양전식이 隨等異尺制의 수행에 따라 변행된 것으로 가정한다. 원양전식 1結=(100보)², 변형양전식 1결=(100보/3)²은 (33.33333보 약 33)²이다. 이렇게 양전식을 변형시켜 놓으면, 수시로 새로운 양전식을 만들지 않고도 양전척의 길이만 변경하여 토지의 생산력에 따라 결적을 조정할 수 있다는 것이다. 『龍飛御天歌』 제 73장의 주에 따라 1束=44.1尺2, 1負=10束, 1결=100負의 규정은 1負=(21尺)²=(21척×3)²=(63尺)²의 원양전식에서 1步=6.3指尺의 양전식을 보여준다. 이것은 禮記 왕제편의 양전식인 1步=6尺 4寸이 1頃=(100步=640尺)²으로 周代 古頃畝制가 文宗 23년 이전에 이미 우리나라에 수용되었다고 한다(朴興秀, 「한국 고대의 量田法과 量田尺에 관한 연구」, 『한불연구』, 1974 ; 앞의 책, 1980, 105~111쪽).

에 치우쳤다는 지적이 있었다.[58]

그러나 이러한 논의를 비판한 呂恩暎은 고려전기의 양전식을 기준 척 6寸＝量田尺 1分, 量田尺 10分＝量田尺 1尺이고, 기준척(高句麗尺) 6尺＝量田尺 1尺(周尺×10), 기준척 6尺＝1步＝量田尺 1尺이므로 1結＝ (기준척 6尺×33步)^2＝(量田尺 33尺)^2＝(量田尺 330分)^{2}이다. 이것은 중국의 양전식에서 1경＝(100보)^2＝(100보×6周尺)^2＝(600周尺)^2＝360,000 周尺^{2}이므로 古畝 30畝도 100보×30보＝600周尺×180周尺＝108,000周 尺^2＝(328.6…周尺)^2→(330周尺)^{2}이다. 1결은 중국 古畝 30畝에 해당하는 면적으로 환산하였다. 이러한 周代의 古畝 30畝를 晼이라 하는데, 晼은 성인 남자 한 사람의 일년 식료를 충족시킬 수 있는 곡식의 소출지를 가르키는 면적단위였다. 결의 면적은 고대 한국에서 고대 중국의 晼制를 모방한 토지정책을 시행하려 한 의도에서 비롯되었다고 보았다.[59] 하지만 呂恩暎의 견해는 다음과 같은 문제점을 가지고 있다. 첫째는 결의 면적을 현실성 있게 줄였다는 인정을 받겠지만 그 자신의 연구도 중국의 頃畝制에 우리나라의 結의 面積을 맞추어, 중국의 틀에 끼워 맞춘 비판을 면할 수 없다. 둘째는 국가의 量田尺으로 周尺과 高句麗尺 두 종류의 척도가 사용될 수 있었는지가 의문이다. 중국의 경우 당·송대에 양지척과 여타의 척도는 동일하였고, 하나의 척도가 여타의 척도로 사용되었다. 셋째는 양전식을 너무 복잡하게 계산하였다는 점이다. 즉 기준척 6尺＝1步＝양전척 1尺으로 환산한 것이다. 이는 무리하게 기존 자료를 인정하였기 때문에 이를 합리화시키기 위해 복잡한 식을 만들어 결의 면적을 축소시킨 결과로밖에 볼 수 없다.

그러면 문종 23년 양전보수 세주의 기록을 어떻게 해석하여야 할까.

---

58) 呂恩暎, 앞의 논문, 1986, 39~42쪽.
59) 고려전기의 度地尺으로 周尺과 新大尺(高句麗尺)의 2종류가 존재하였다. 1 結＝(高句麗尺 또는 新大尺 6척×33보)^2＝(量田尺 33尺＝330周尺)^2＝(「21.30 cm」×330分)^2＝(「35.5cm」×6尺×33步)^2＝1,494.85평이다. 이것은 중국의 古頃의 면적은 5,100평~5,340평 정도가 되며, 古畝 30畝의 면적인 1,530~1,600평과 비슷하다고 한다(呂恩暎, 앞의 논문, 1986, 15~20쪽).

삼국시대 이후부터 고려시대에 걸쳐 度制(척도)는 '分-寸-尺-步'의 기본적인 체계를 가지고 있었다.[60] 이와 같은 척의 기본 체계와는 달리 이질적인 체계를 만들어 양전척을 설정하는 것은 양전상의 혼란만을 가중시킬 우려가 있다. 통일신라와 고려전기는 量尺同一制였기 때문에 기준척을 통한 결의 면적을 얼마든지 환산할 수 있다. 그렇다면 세주의 '六寸爲一分', '十分爲一尺'은 기록 자체가 잘못되었다고 보아야 한다. 즉 원래 척도의 체계대로 '10分＝1寸', '10寸＝1尺'이라는 관계 등식으로 바뀌어야 한다. 따라서 위의 세주부분의 '尺' 이하의 체계는 오류가 분명하므로 척을 기준척으로 삼아 해석하여야 한다.

앞에서도 언급한 것처럼 고려전기의 당대척은 중국 당·송대의 경우처럼 量田尺·營造尺 등으로 다양하게 사용되었다. 고려전기 量尺同一制下의 量田尺(唐大尺)은 약 31㎝로 설정하였다. 이를 통해 1결의 면적은 약 1,200평 정도로 추정된다.[61]

그리고 『高麗圖經』의 자료를 통해 결의 면적을 구해보자.

사) 每一百五十步爲一結(『高麗圖經』 권23, 雜俗2 種藝)

위의 자료는 송나라의 사신 徐兢이 고려 1결은 每 150步라고 하였다. 金容燮은 1結＝(150步)^2＝22,500步^{2}인데, 이 보적은 중국 新頃畝制의 1畝＝240步, 1頃＝240步^2×100畝＝24,000步^{2}과 같다고 하여 結과 頃이 동일하다고 파악하는 근거로 삼았다. 그리하여 徐兢에 의해 측량된 매 150보의 기준척을 周尺으로 설정하여 결의 면적을 환산하였다.[62] 그런데 徐兢이 고려 1결의 토지 면적을 환산하였을 때는 송나라의 계산법을 사용하였을 것으로 추측된다. 송대에는 周尺이 사용된 것

---

60) 李宗峯, 「高麗前期의 結負制」, 『釜山史學』 29, 1995, 61쪽.

61) (0.31m×6×33)^2＝1,140평. 고려전기 量田尺을 唐大尺(29.7㎝)으로 계산하여 1결의 면적을 1,200평 정도로 추정하였으나 量田尺의 기준척을 약 31㎝로 정정하고자 한다(李宗峯, 앞의 논문, 1995).

62) 金容燮, 앞의 논문, 1975.

이 아니라 당대척에서 신장된 척(=布帛尺)을 量田尺으로 사용하였다. 따라서 1結=每 150步의 면적은 金容燮의 견해처럼 周尺을 기준척으로 계산하는 것은 문제가 있다.

한편 姜晉哲은 기준척을 周尺으로 계산한 점은 金容燮과 동일하지만, 송대 布帛尺이 1步=5尺인 점을 고려하여 1步=5尺의 周尺으로 1결의 면적을 환산하였다.[63] 그 이유는 金容燮의 계산법으로는 결의 면적이 과도하게 넓게 설정되자, 결의 면적을 수리적으로 축소하기 위해 자의적으로 周尺의 '1步=6尺'을 布帛尺의 '1步=5尺'의 계산법을 이용하였기 때문이다.[64] 姜晉哲 역시 周尺의 기준척과 布帛尺의 1步=5尺의 제도를 혼합한 비판을 면하기 어렵다.

위 자료의 합리적인 해석을 시도한 것은 呂恩暎이다. 그는 徐兢이 1結의 보적과 1頃의 보적이 일치했다면 1結은 1頃이라고 논증하였을 것이나, 1頃과 1結의 보적이 달랐기 때문에 '1結=每 150步'로 표현하였다고 보았다. 이때 步는 6尺=1步와 같은 단위가 아니라 걸음걸이로서의 足步를 가리키는 것이라고 하였다. 步는 古代 日本에서 足步와 尺步로 구분되어 사용된 것처럼 고려전기에서도 척보와 족보로 구분하여 사용되었다고 보았다. 일본의 족보의 길이는 약 52㎝로 산출되나, 문종 23년의 양전식을 통해 1결 면적을 1,500평 정도로 환산되었기 때문에 이에 맞추기 위해 고려의 족보를 약 47㎝ 정도로 줄여 환산하였다. 그리하여 1結=每 150步의 면적은 1,500평 정도라고 하였다.[65] 그러나 呂恩暎의 문제점은 송나라는 布帛尺을 양전척으로 삼아 頃畝制의 면적을 환산하였는데, 굳이 다시 족보를 사용하여 결의 면적을 환산할 필요가 있을까 하는 의문이 생긴다. 그리고 일본의 족보는 52㎝로 산출되는데, 고려의 족보를 47㎝로 계산한 것은 1結 1,500평에 맞추

---

63) 姜晉哲, 앞의 책, 1984, 370~371쪽.
64) 1步=5尺의 제도는 隋·唐代 이후 척도가 기존의 척도보다 신장되므로써 생긴 제도이다. 周尺으로 결의 면적을 환산하고자 한다면 1步=6尺으로 계산하여야 할 것이다.
65) 呂恩暎, 앞의 논문, 1986, 8~11쪽.

기 위해 足步를 임의대로 축소시켰다는 문제점을 가지고 있다. 이러한
의문이 해소되지 않는다면 足步를 통한 결의 면적은 한계를 가질 수밖
에 없다.

  兼若逸之는 方 33步의 步는 布帛尺 6尺(23.5~24.7㎝)이고, 1結=每
150步의 步는 주척보다 약간 긴 양전척 6척이므로 결의 면적은 3,550
(±200)평의 면적을 가졌다고 하였다.66) 그러나 兼若逸之 연구의 문제
점은 첫째, 方 33步의 보는 포백척 6척으로 매 150보의 양전척 6척으
로 바꾸어 계산하였는데, 이는 도저히 있을 수 없다. 둘째, 고려전기와
고려후기의 결의 면적은 中等田의 경우는 비슷하지만, 上等田은 약
1/2로 축소되므로 上等田의 생산력이 양제의 변화를 고려할 때 배의
증가로 나타난다. 따라서 이러한 설명도 생산력의 증대를 고려할 때
설득력이 없다고 생각된다.

  그렇다면 '1結=每 150步'는 呂恩暎의 논리대로 足步인지, 아니면
송대 '1步=5尺'의 양전척 步인지가 해명되어야 한다. 그런데 徐兢의
출신을 고려할 때 1結=每 150步는 송대 양전식인 1步=5尺이었을 가
능성이 많다고 생각된다. 중국은 漢代 이후 240步=1畝를 기본으로 하
는 양전식이 사용되었다. 이때 步는 足步를 사용하였다기보다는 '1步
=5尺'의 제도를 말할 것이다. 따라서 기준척은 송대 布帛尺을 사용하
였다고 생각된다.

  그런데 '1結=每 150步'는 계산방식에서 문제를 가지고 있다. '每'는
가로와 세로 별도의 길이를 의미한다. 그러면 결의 면적은 너무 과도
하다. 이러한 結을 기사양전 시기의 생산력과 비교할 때 많은 한계를
가지고 있다. 그러면 '每'는 결의 면적 전체 둘레를 표현하였을 가능성은
없을까. 그러면 한 변은 37.5步이다.67) 이는 앞의 方 33步의 면적 체계와

---

66) 兼若逸之는 每 150步는 $150×(6×6尺)^2=194,400尺^2$이고, 方 33步는 $(33×2.232$
$×6尺)^2=195,307尺^2$으로 계산하여 결의 면적을 구하였다(兼若逸之, 「『高麗史』
'方三十三步' 및 『高麗圖經』 '每一百五十步'의 面積에 대하여」, 『孫寶基博士停
年紀念韓國史學論叢』, 1988, 196쪽).

67) $(37.5×5×0.316m)^2=$약 1,062평으로 계산된다.

비슷한 면적이다. 따라서 '每'의 의미는 전체 둘레일 가능성이 많다.

이상에서 고려전기 同積異稅制下의 1결은 약 1,200평을 기준으로 환산되었음을 추측할 수 있다. 이러한 結의 면적이 어느 정도 타당한 지를 살펴보자. 『高麗史』食貨志 田制에 "高麗 田制는 唐制를 모방하여 개간된 토지를 총괄하고 기름진 땅과 척박한 땅을 가려 文武百官으로부터 府兵・閑人에 이르기까지 科에 따라 지급하지 않음이 없었다"고 한다.[68] 그러면 중국 당대 관료에게 지급된 토지 頃數와 고려 관료에게 지급된 結數를 비교할 수 있다. 唐은 1品부터 9品까지의 관료에게 토지를 최고 12頃에서 최하 2頃까지 차등있게 지급하였다.[69] 고려는 목종전시과에서 1品부터 9品까지의 관료를 18科等에 따라 최고 田 100結・柴 70結에서 최하 18科 田 20結을 지급하였다.[70] 뒤에서 설명하는 것처럼 중국 당대 頃畝制 1頃(약 15,800평)의 면적과 고려 結負制 1結(1,200평)을 고려하여 관료에게 지급된 결의 총량을 계산하면 서로 비슷한 수치가 나타난다. 따라서 1결의 면적은 약 1,200평 정도로 환산할 수 있다.

앞에서 검토한 것처럼 고려시대 '1結＝方 33步'는 文宗 23年에 확정한 것이 아니고, 이미 그 이전부터 시행되었던 제도이다. 다음의 자료를 살펴보자.

아-a) 東俗 以五畝減百弓爲結 斜除一斗爲苫 文昌侯云(『拙藁千百』 권2, 崔大監墓誌銘)

아-b) 寺之段 司倉上導行審是白乎矣 七十六是去丙辰年 量田使前 守倉部卿藝言・下典奉休・算士千達等 乙卯二月十五日 宋良

---

68) 『高麗史』 권78, 食貨1 田制 序.

69) 『新唐書』 권55, 食貨5, "武德 元年(高祖 1年 ; 618) …… 一品有職分田十二頃 二品十頃 三品九頃 四品七頃 五品六頃 六品四頃 七品三頃五十畝 八品二頃五十畝 九品二頃 皆給百里內之地".

70) 『高麗史』 권78, 食貨1 田制 田柴科 穆宗 元年 12月, "第一科田一百結柴七十結 …… 第二科田九十五結柴六十五結 …… 第三科田九十結柴六十結 …… 第四科田八十五結柴五十結 …… 第十八科田二十結".

卿矣 結審是乎 導行乙用良 顯德三年丙辰三月日 練立作良中
代下田長卅柒步方卅步 北能召田 南東渠 西葛頸寺田 承孔伍
伯肆拾 結得肆拾久負肆束 東寺位同土 犯南田 長拾玖步東三
步 三方渠 西文達代 承孔百四 結得玖負伍束(「淨兜寺五層石
塔造成形止記」)[71]

위의 자료 a)는 崔致遠이 중국의 畝와 통일신라시대 결의 면적을
비교하면서 1結=5畝−100弓(步)^{2}임을 밝히고 있다. 唐은 240步=1畝
이므로 1結은 1,200步^2−100步^{2}이다. 즉 이는 방 33보와 비슷한 양전보
수임을 알 수 있다. 자료 b)는 淨兜寺의 석탑을 조성한 고려 顯宗 22
년(1031)에 작성된 것으로 司倉에 보관된 導行을 살펴보건대 지금부
터 76년 전 丙辰年에 양전사 前守倉部卿 藝言・下典 奉休・算士 千
達 등이 乙卯年(955) 2월 15일에 宋良卿이 결심한 도행에 의거하여 顯
德 3년(光宗 7, 956) 丙辰 3월에 연립하여 작성되었다. 즉 代下田의 길
이가 27步, 변이 20步인데 承孔 540으로 結負로 49負 4束이고, 寺位同
土의 토지 길이가 9步, 변이 3步인데 承孔 104로 結負로 9負 5束이라
는 것이다. 代下田의 경우 承孔 540이 結負로 49負 4束이라면 1結은
1,093평방보이고, 寺位同土의 경우도 승공 104가 結負로 9負 5束이라
면 1결은 1,095평방보이다. 이는 文宗 23년(1069)의 1결 1,089평방보와
각각 4 혹은 6평방보밖에 차가 없음을 알 수 있다. 따라서 1結=方 33
步는 문종 23년 이전, 즉 고려초기뿐만 아니라 통일신라시대에도 동일
하였음을 알 수 있다.

그러면 통일신라시대 이후부터 고려전기 사이에 양전척과 결의 면
적에는 변화가 없을까. 양제는 고려전기 靖宗代에 변화하였다.[72] 문
종 23년의 양전식은 '1결=방 33보'라는 절대면적 체계에는 변동이 없
었다. 다만 고려의 양전척은 통일신라보다 당대척(=영조척・양전척)
자체가 신장되었기 때문에 약간 변화가 있었음을 앞에서 설명하였다.

71) 李基白,『韓國上代古文書資料集成』, 一志社, 1987.
72) 제3장 2절을 참고할 것.

그렇지만 양전척의 변동과 같은 큰 변화가 없었기 때문에 결의 면적은 고려전기와 그렇게 많은 차이가 없었을 것으로 생각된다.

그런 측면에서 앞에서 언급한『三國遺事』「駕洛國記」의 자료 내용이 주목된다. 그것은 통일신라 문무왕 때 가락국의 始祖를 위해 30頃의 토지를 왕위전으로 설정하였는데, 그후 고려 성종대에 이르러 30결의 토지가 왕위전으로 많으니 15결은 전례와 같이 사용하고, 나머지 15결은 府의 役丁에게 나누어 주고자 이를 양전하니 부족분이 '3結 87負 1束'이나 되었다는 것이다.[73] 즉 통일신라시대 30頃(=結)의 토지가 고려 成宗代에는 26結 12負 9束밖에 되지 않는다는 것이다. 이러한 현상은 통일신라시대의 양전이 잘못된 것이 아니라 통일신라시대 양전척과 고려 성종대 양전척의 차이로 고려초기에 1결의 면적이 확대되었기 때문에 파생되었던 것으로 추측된다.

통일신라시대 양전척 약 29.5cm로 계산하면 1結=方 33步는 1,032평이므로, 30頃(結)은 총 30,960평이다. 반면 고려전기 양전척 약 31cm로 계산하면 1결은 약 1,140평으로, '26結 12負 9束'은 29,788평이다. 이처럼 26結 12負 9束의 총면적과 앞의 30頃의 총면적은 약 1,000평 정도의 면적 차이밖에 나지 않는다. 文武王 시기의 30頃이란 토지의 양전이 정확하였는지 알 수 없기 때문에 전체적으로 볼 때 많은 차이가 아니라고 생각된다. 실제 양전 기술의 발달이나 양전의 시기나 방법에 따라 결의 면적은 조금은 달라질 수 있다. 따라서 통일신라시대 결의 면적은 고려초기보다 결의 면적이 약간 적었고, 양전척도 약간 짧았음을 알 수 있다.

그렇다면 고려전기 '1結=方 33步'의 결당 생산량은 어느 정도였을까. 다음의 두 자료를 살펴보자.

자-a) 判 公田租四分取一 水田 上等一結 租二石[74]十一斗二升五合

---

[73]『三國遺事』卷2, 紀異2 駕洛國記.

[74] 二石은 三石의 잘못이다. <표 28>의 조액과 생산고는 3石 11斗 2升 5合 式을 환산한 것이다.

五勻 中等一結 租二石十一斗二升五合 下等一結 租一石十一
斗二升五合 旱田 上等一結 租一石十二斗一升二合五勻 中等
一結 租一石十斗六升二合五勻 下等一結 缺 又 水田 上等一
結 租四石七斗五升 中等一結 三石七斗五升 下等一結 二石
七斗五升 旱田 上等一結 租二石三斗七升五合 中等一結 一
石十一斗二升五合 下等一結 一石三斗七升五合(『高麗史』 권
78, 食貨1 租稅 成宗 11年)

자-b) 大司憲趙浚等上書曰 …… 新羅之末 田制不均 而賦稅重 盜
賊群起 太祖龍興卽位 三十有四日 迎見君臣 蓋然嘆曰 近世
暴斂 一頃之租 收至六石 民不聊生 予甚憫之 自今宜用什一
以田一負 出租三升 遂放民間三年租(『高麗史』 권78, 食貨1 田
制 辛禑 14年 7月)

위의 자료 a)는 成宗 11年의 公田租 수취규정으로 본문과 세주의
조세액에 차이가 있다.[75] 이 조세수취 규정을 통해 성종대 공전에서의
결당 생산량을 환산하면 다음의 <표 28>·<표 29>와 같다.[76]

---

75) 이 자료의 해석에 대해서는 여러 견해로 나누어져 있다. 그 경향은 본문 내
용을 이용하려는 입장(白南雲, 앞의 책, 1937), 세주 부분을 이용하려는 입장
(今掘誠二, 「高麗賦役考叕」, 『社會經濟史學』 9-3, 4, 5, 1939), 본문은 실제
시행된 것이고, 세주는 일단 논의되었으나 정식으로 채택되지 못한 시안으로
보는 입장(姜晉哲, 앞의 책, 1984), 그리고 양자를 종합하여 생산량의 상한과
하한으로 파악하려는 입장(朴興秀, 앞의 논문, 1972 ; 宮嶋博史, 앞의 논문,
1980 ; 金琪燮, 「高麗前期 農民의 土地所有와 田柴科의 性格」, 『韓國史論』
17, 1987) 등으로 분류할 수 있다. 한편 金容燮은 고려 토지등급은 9등전품제
(상등, 중등, 하등의 각각 3등전품)였다고 보고, 본문은 하등지역의 생산량이
고, 세주는 중등지역의 생산량으로 파악하였다(金容燮, 「高麗前期의 田品
制」, 『韓㳓劤博士停年紀念史學論叢』, 1981). 그리고 李泰鎭은 세주의 세율
이 높은 이유는 기준의 변동에 의한 것이거나 아니면 단위면적 당 생산력의
증대로 인한 것으로 보아야 하는데, 즉 성종 11년보다 생산력이 발전된 후대
의 것으로 보아야 한다고 하였다(李泰鎭, 「畦田考-統一新羅·高麗時代 水
稻作法의 類推-」, 『韓國社會史硏究』, 1986). 최근의 呂恩暎과 李宗峯은 본
문은 일반적인 생산량, 세주는 풍년의 생산량이라는 점에서 세 번째의 입장
에 서 있다고 할 수 있다(呂恩暎, 앞의 논문, 1987 ; 李宗峯, 「高麗前期의 結
負制」, 『釜山史學』 29, 1995).

<표 28> 成宗 11年 公田租 본문 생산량

토지종목	등급	조액	생산고
水 田	上等田	<3石 11斗 2升 5合 5勺>	15石
	中等田	2石 11斗 2升 5合	11石
	下等田	1石 11斗 2升 5合	7石
旱 田	上等田	1石 12<正 13>斗 1升 2合 5勺	7石 3斗 5升<추정 7.5석>
	中等田	1石 10<正 5>斗 6升 2合 5勺	6石 12斗 5升<추정 5.5석>
	下等田	<결, 推定 13斗 1升 2合 5勺>	<결, 추정 3.5>

<표 29> 成宗 11年 公田租 세주 생산량

토지종목	등급	조액	생산고
水 田	上等田	4石 7斗 5升	18石
	中等田	3石 7斗 5升	14石
	下等田	2石 7斗 5升	10石
旱 田	上等田	2石 3斗 7升 5合	9石
	中等田	1石 11斗 2升 5合	7石
	下等田	1石 3斗 7升 5合	5石

자료 b)는 조준의 상서문으로 고려 태조 즉위년에 민에게 1負에 3升을 수취하였다는 것이다. 이를 통한 고려전기 생산량은 1결의 조세가 2석이므로 20석이라는 것이다. 그런데 두 자료는 각각 이질적인 내용을 말하고 있다. 전자는 同積異稅制를 표현한 것에 비해, 후자는 異積同稅制에 따라 조세를 수취하는 방식을 나타내고 있다. 이러한 모순을 해결하기 위해 고려전기의 전품을 9등전으로 파악하고, 성종 11년의 수조식을 중등지역과 하등지역으로 파악하여 太祖의 수취량을 상등지역으로 파악하려는 견해도 있다.[77] 하지만 고려전기의 전품은 9등전품제로 파악할 수 없다는 비판이 제기되었다.[78] 따라서 고려전기 생산량은 量尺同一制에 의한 同積異稅制임을 고려할 때 성종 11년의 公田

76) 姜晉哲, 앞의 책, 1984, 391~394쪽.
77) 金容燮, 앞의 논문, 1981.
78) 浜中昇, 「高麗田品制の再檢討」, 앞의 책, 1986.

租 수취규정을 이용하는 것이 타당하다고 생각된다.

고려전기의 결당 생산량을 추정하기 위해 비슷한 시기인 중국의 畝 産量이 어느 정도인지 살펴보자. 畝의 면적는 아래의 註 79)와 같다.[79] 余也非의 '中國歷代糧食畝産量'에 의하면 위진남북조시대의 魏와 西 晉은 南方水田이 稻米 3石이고, 北方陸田이 麥(粟) 3석이다. 魏 및 西 晉은 1畝 면적에서부터 兩漢 1畝의 1.017배가 되고, 北方 陸田과 漢을 비교하면, 비록 畝産 麥 3石은 같지만 실제 1.5% 감산이고, 南方水田 畝産 3석은, 漢의 畝産 2석과 비교하면, 비록 1석 증가하였지만 실제 47.6% 증산이다. 東晉과 南朝의 畝産은 稻米 5석인데, 魏 및 西晉 畝 産 稻米 3석을 비교하면 실제 1畝에 40% 가까이 증가했다.

隋唐의 北方陸田의 畝産은 麥(粟) 1石이지만, 北朝 畝産은 3석으로 명목상 2석이 적지만 양제의 크기가 북조보다 크기 때문에 실제는 10% 증가되었고, 南方水田의 畝産은 稻米 1石 5斗로 東晉・南朝 畝 産 5石에 비교하여 명목상 감산이지만, 실제 東晉・南朝 畝가 隋・唐 보다 2.2%의 크다는 것을 고려하면 東晉보다 1.2% 증산이다. 宋代의 南方水田 畝産은 일반적으로 2石이므로 唐의 畝産 1石 5斗보다 22.1% 증산이고, 北方陸田에서는 麥(粟) 1석이므로 명목은 같지만 송 대에 이르러 실제 8.3% 감산이다. 그리고 元代의 북방육전 畝産은 夏 收 麥 1석, 秋收 1석을 수확하므로 평균 畝産은 1석이다. 元의 畝는 宋의 畝에 비해 1.44배이지만 실제 元이 38.9% 증산이다. 南方水田은

---

79) 畝制와 역대 양지척에 따르면, 역대 畝의 면적은 다음과 같다(陳夢家,「畝制 與里制」,『中國古代度量衡論文集』, 中州古籍出版社, 1990, 231~232쪽).

先秦 : $(6 \times 0.231)^2 \times 100 = 192.0996 \text{m}^2$ (약 58평)

新　: $(6 \times 0.231)^2 \times 240 = 461.0390 \text{m}^2$ (약 139평)

北周: $(6 \times 0.24578)^2 \times 240 = 521.9234 \text{m}^2$ (약 158평)

隋唐: $(5 \times 0.295)^2 \times 240 = 522.1500 \text{m}^2$ (약 158평)

宋　: $(5 \times 0.3157)^2 \times 240 = 597.9989 \text{m}^2$ (약 180평)

元　: $(6 \times 0.3157)^2 \times 240 = 861.1185 \text{m}^2$ (약 260평)

그런데 이러한 畝의 면적은 현재 중국에서 각 시대마다 기준척의 길이가 통일되지 않았기 때문에 그 면적은 약간 차이가 있을 수 있다는 점을 염두에 두어야 한다.

宋‧元이 평균 2石이지만, 실제 宋에 비해 38.9% 증산이라고 한다. 이를 표로 작성하면 다음 <표 30>과 같다.[80]

<표 30> 中國歷代糧食平均畝產量古今對照統計

朝 代	古畝每畝面積 (單位：平方市尺)	古畝比今畝 (今畝爲100)	古畝平均產量				折合今制每市畝平均產量 (單位,市石)		后-朝代比前-朝代增減情況	
			北方(麥)		南方(稻米)		北方(麥)	南方(稻米)	北方(麥)	南方(稻米)
			古石	今市石	古石	今市石				
	(1)	(2)	(3)	(4)	(5)	(6)	(7)	(8)	(9)	(10)
先 秦	1,640.3	27.3	1	0.2			0.732			
兩 漢	4,479.0	74.7	3	0.6	2	0.4	0.804	0.536	↑ 9.7%	
魏與西晉	4,554.0	75.9	3	0.6	3	0.6	0.791	0.791	↓ 1.5%	↑47.6%
東晉南朝	4,860.0	81.0			5	0.9		1.111		↑40.5%
北 朝	10,497.6	176.0	3	1.2			0.686		↓13.3%	
隨 唐	4,752.6	79.2	1	0.6	1.5	0.9	0.757	1.136	↑10.3%	↑ 2.3%
宋	5,189.4	86.5	1	0.6	2	1.2	0.694	1.387	↓ 8.3%	↑22.1%
元	7,472.7	124.5	1	1.2	2	2.4	0.964	1.927	↑38.9%	↑38.9%
明 淸	5,529.6	92.2	1	1.2	2	2.4	1.302	2.604	↑35.1%	↑35.1%

唐‧宋代의 무산량과 成宗代의 수조식을 통해 고려의 결당 생산량을 추정하여 보자. 隋‧唐代 남방수전의 畝(약 158평)產은 稻米 1.5석이므로 이를 200평 기준으로 환산하면 약 1.9石(1升＝0.6ℓ, 오늘날의 약 1/3)에 이르고, 북방육전의 畝產은 麥(粟) 1석이므로 이를 200평 기준으로 환산하면 약 1.3석에 이른다. 또한 宋代 남방수전의 畝(175～180평)產은 稻米 2석이므로 이를 200평 기준으로 환산하면 약 2.2석(1升＝약 0.6～0.7ℓ, 오늘날의 1/3)에 이르고, 북방육전의 畝產은 麥(粟) 1석이므로 이를 환산하면 1.1석에 이른다. 북방육전은 오히려 송대가 당대보다 감산되었음을 알 수 있다.

---

80) 余也非,「中國歷代糧食平均畝產量考略」,『經濟史』, 中國人民大學, 1980, 14~15쪽.

고려 성종대의 1결은 앞에서 1,200평 정도라고 설정하였다. 200평[81] 생산량은 평시의 水田 上等田은 2.5(세주 3)석, 中等田은 약 1.83(세주 2.3)석, 下等田은 1.16(세주 1.67)석이고, 旱田 上等田은 1.25(세주 1.5)석, 中等田은 0.9(세주 1.17)석, 下等田은 약 0.58(세주 0.83)석이었다고 생각된다.[82]

그러면 고려전기 결당 조세수취액을 살펴보자. 고려전기는 量尺同一制에 따른 同積異稅制에 입각하였다. 따라서 양척동일제의 동적이 세제의 원칙에 입각한다면 성종대의 자료를 통해 민전의 생산량을 추정할 수 있다. 고려시대 民田에서 조세수취는 1/10조에 입각하고 있다.[83] 고려전기 민전의 결당 생산량은 앞에서 언급한 것처럼 上等田 15~18석, 中等田 11석~14석, 下等田 7~10석으로 파악되고 있다. 결당 조세액은 삼등 전품에 따라 상등전 1.5~1.8석, 중등전 1.1석~1.4석, 하등전 0.7~1석이 수취되었다고 볼 수 있다.

이상에서 검토한 것처럼 量尺同一制의 量田은 신라통일기 이후 고려전기 사이에 실시되었다. 量尺同一制下의 결의 면적은 약 1,200평 정도였고, 결당 생산량은 비척도에 따라 많은 차이가 있었다. 따라서 量尺同一制下의 結負制는 결의 생산력 차이로 국가나 관료는 안정된 경제력 확보라는 측면에서 보면 많은 한계를 가진 제도였다고 할 수 있다.

---

81) 고려전기와 고려후기의 생산력을 1結 단위로 비교할 수는 있지만, 고려전기는 1결의 면적이 약 1,200평이고, 고려후기는 隨等異尺이기 때문에 결의 면적에 차이가 있다. 그러므로 結을 단위로 비교하는 것보다 오늘날 보편적으로 사용하고 있는 1마지기 200평을 기준으로 생산력을 비교하는 것이 수리적으로 편리여 사용하였다.

82) 水田 上等田의 생산량(2.5석) 200평을 오늘날의 미터법으로 환산하면 75ℓ 정도 생산되었음을 알 수 있다.

83) 이에 대해서는 다음의 연구가 참고된다. 李成茂, 「公田·私田·民田의 槪念」, 『韓㳓劤博士停年紀念史學論叢』, 1981 ; 金容燮, 「高麗前期의 田品制」, 『韓㳓劤博士停年紀念史學論叢』, 1981.

2. 隨等異尺制와 결부제

1) 변화 요인

고려전기 이전의 結負制는 量尺同一制의 同積異稅制였다. 그러나 고려후기 결부제는 隨等異尺制의 異積同稅制이다. 이는 일정 정도의 면적에서 계측된 생산량을 담보로 설정된 면적이다. 量尺同一制에서 隨等異尺制로 결부제의 의미가 변화되었다. 이러한 결부제의 변화는 농업기술의 발달에 따른 생산력의 증대, 국가의 재정정책, 그리고 양전 척의 변화 등에 의해 이루어졌다.

먼저 농업기술의 발달은 선진농업기술을 전수하기 위한 農書의 간 행과 보급, 토지의 수리안전답화 및 수·한재로부터 보호하기 위한 수 리시설의 건설 등을 들 수 있다. 농업기술의 발달은 토지상경화를 더 욱 안정되게 만들고, 이를 바탕으로 농업생산력의 증대와 아울러 토지 개간을 촉진시킨다.

첫째, 농서의 간행과 보급은 선진농업기술을 후진지역에 보급시킴으 로써 전반적인 농업기술의 발달을 통한 농업생산력의 증대를 도모할 수 있다. 고려전기 이전에 농서의 간행과 보급에 대한 구체적 사실을 전하는 기록은 없다. 다만 중국의 농서를 도입하여 이용하였을 가능성 은 있다. 그것은 고려 成宗 7년(988)에 李陽이 치국을 위한 권농책에 서 중국의 경전인 『周禮』와 『月令』을 인용하여 農事의 早晚을 깨우치 고, 籍田을 친경하여 중농의 뜻을 보이고, 불필요한 요역을 금지하는 등의 봉사를 올린 것이나,[84] 고려 宣宗 8년(1091)에 漢의 농서인 『氾 勝之書』가 오히려 송으로부터 고려에 요청되었던 사실을 통해 알 수 있다.[85] 그리고 고려는 송과의 활발한 대외교역 과정에서 중국의 많은 서적들을 도입하였는데,[86] 이러한 상황 속에서 중국 농서가 유입되었

---

84) 『高麗史』 권3, 成宗 7年 2月.

85) 『高麗史』 권10, 宣宗 8年 6月 丙午, "李資義等還自宋奏云 帝聞我國書籍多 好本 命館伴 書所求書目錄授之 乃曰 雖有卷第不足者 亦須傳寫附來 …… 氾勝之書三卷".

을 것으로 생각된다. 따라서 통일신라 및 고려전기에는 중국 농서인
『氾勝之書』・『齊民要術』 등이 전래되어 농업기술의 발달을 제고시켰
을 가능성이 있다.[87] 하지만 고려전기에는 중국 농서를 도입하여 이를
간행한 단계로까지 이르지는 못하였다. 따라서 고려전기는 농서를 통
한 농업기술의 전수라는 측면에서 일정한 한계를 가진다.

그러나 12세기에는 중국의 蠶書이기는 하지만, 농서류가 도입되어
이를 간행・이용한 단계로 진보하였음을 엿볼 수 있게 한다. 그것은
중국의 잠서인 『孫氏蠶經』이[88] 고려에 유입되었으나, 그 뜻을 이해하
지 못하자 林景和가 이를 이두로 번역・간행하여 보급함으로써 고려
에서 양잠법이 일어났다는 사실을 통해 알 수 있다.[89] 이처럼 蠶書의
도입・간행으로 고려의 잠업기술 발달에 일정한 영향을 준 것처럼, 다
른 농서들도 고려에 도입되어 간행된다면 농업기술의 발달을 유도할
수 있다는 측면에서 중요한 의미를 지닌다.

한편 14세기는 원대에 간행된 『農桑輯要』가 李嵒에 의해 도입되고,
이를 姜蓍가 恭愍王 21년(1372) 합천에서 간행・보급하였다.[90] 李穡
의 序에 의하면 『農桑輯要』는 의식과 재정을 풍족하게 하는 것과 곡
식을 심는 것 등에 대해 촛불로 비추듯이 환하므로 각 지방에 보급하
기 위해 이를 간행하였다고 기록하고 있다.[91] 『農桑輯要』의 간행・보
급은 고려 독자의 농서 부재라는 현실 속에서 중국 농업기술의 수용을

---

86) 고려시대 중국과의 서적교류에 대해서는 다음의 연구가 참고된다. 金庠基,
「宋代에 있어서 高麗本 流通에 대하여」,『亞細亞研究』18, 1965 ;『東方史論
叢』, 1986 ; 屈萬里,「元祐六年宋朝向高麗方求秩書問題」,『東洋學』5, 1975.
87) 金容燮, 앞의 논문, 1975, 75~81쪽.
88) 『孫氏蠶經』은 五代 孫光憲이 찬한 『蠶書』일 것이라 한다(北村秀人,「高麗
時代の絹織物生産について」,『人文研究』39-7, 1985).
89) 『韓國金石文追補』, 林景和墓誌銘, "丁未年(仁宗 5, 1127)春 通判京山府政
術著名 考績居一等 秩滿加景靈殿判官 雜職署令 … 是時 孫氏蠶經 時行于
世 然讀者莫曉其意 公以方言釋之 秦取朝旨 頒諸中外 遂興養蠶之法 越武
辰(毅宗 2, 1148)歲".
90) 『元朝正本農桑輯要』, 農桑輯要後書.
91) 『元朝正本農桑輯要』, 農桑輯要後書.

통한 농업기술 수준의 향상과 생산력의 증대를 도모할 수 있다는 측면에서 중요한 의미를 가진다. 그리고 이러한 농서의 간행은 단순하게 중국 농서를 간행하는 것이 아니라 『農桑輯要』에 音義를 달아 간행하였다는 점이다. 音義는 木菴에[92] 의해 본 농서의 간행시에 한자에 음을 달고 뜻을 덧붙인 것이다. 이는 농서를 단순하게 간행·보급하는 것이 아니라 본 농서의 농업기술을 실제 향촌사회에 더욱 광범하게 이해시켜 농업기술을 발달시키고자 하는 의도를 가진 것으로 볼 수 있다. 따라서 『孫氏蠶經』이 간행되어 고려의 잠업기술 발달에 영향을 주었던 점을 고려할 때 『農桑輯要』의 간행은 『農桑輯要』가 가지는 농서로서의 한계가 있을지라도 14세기 고려농업 전반에 이용되어 농업기술의 발달에 많은 영향을 끼쳤다고 생각한다. 특히 『農桑輯要』의 간행은 지방사회에서 실질적으로 권농을 추진하고 있는 수령층을 중심으로 추진되었기 때문에 농업기술의 발달을 제고시키는 데 커다란 역할을 담당하였을 것이다.[93]

이와 같이 고려전기 이전이 중국 농서를 단순하게 도입하여 이용하던 단계라 한다면 12세기 이후는 실제 농서를 간행·보급하여 농업생산력을 높이는 단계였다. 고려후기 『農桑輯要』의 간행은 조선초기에 『農桑輯要』류의 농업기술이 널리 이용될 수 있었을 뿐만 아니라 조선초기 『農書輯要』·『養蠶經驗撮要』 등의 농서가 간행될 수 있는 토대를 마련하였다. 중국 농서의 간행·보급은 점차 우리 실정에 맞는 농업기술을 토대로 농서를 만들고 이를 보급시키려는 방향으로 발전하였다. 그 결과 조선초기 세종대에는 『農事直說』을 간행·보급하였다. 따라서 고려후기 이후 농서의 간행·보급은 농업기술의 발달을 통한 농업생산력을 증대시키는 요인이었다.

둘째, 수리시설 역시 경지면적의 확대와 관련하여 수리불안전답을 수리안전답으로 전환하기 위해서는 필수적 농업기술이다. 우리나라의

---

92) 木菴은 고려후기 승려인 大智國師 粲英이다(李宗峯, 「고려각본 "元朝正本 農桑輯要"의 한국농학사상에서의 위치」, 『釜山史學』 21, 1991).
93) 李宗峯, 앞의 논문, 1991.

수리시설로서는 堤堰, 洑, 溝渠, 防川, 防潮堤, 蒲江, 井戶 등이 있었다고 한다.[94] 여기에도 많은 기술상의 진보가 있었을 것으로 생각된다.

삼국 및 통일신라시대 수리시설은 제언 등을 중심으로 건설되었다.[95] 이러한 수리시설은 삼국 및 통일신라시대 농업기술의 발달에 크게 기여하였을 것이다.

한편 고려시대는 전반적으로 한재가 빈번하였기 때문에[96] 그에 대한 대책인 권농정책을 통해 수리시설의 건설을 적극적으로 유도하였다. 明宗 12년(1182) 수리시설은 토지의 황폐화를 방지하는 데 필수적 도구이므로 이를 위해 제언을 수축하여 이용할 것을 명하였다.[97] 또한 국가에서는 수리시설의 개수나 축조를 보다 적극적으로 추진하기 위한 방안도 모색되었다. 全以道는 각 지방에 수리시설의 건설을 활발히 추진하기 위해 登科士類 출신을 지방관으로 등용할 것을 주장하였다.[98] 그것은 전근대사회에 있어서 수리시설이 旱災에 대비할 수 있는 필수적 기술이므로 자질있는 守令을 등용하여 수리시설의 건설을 촉진시키기 위한 것이었다.

그리하여 고려시대는 前朝 및 전기에 건설되어진 수리시설, 제언에 대한 보수 및 개축 작업 등을 활발하게 추진하였다. 그것은 顯宗대 한 번 수리가 시도된 碧骨堤를 仁宗 21년(1143)에 이르러 규모를 增修시킨 것이나,[99] 毅宗 24년(1170) 무너진 延福亭의 南川堤防을 새롭게 축

---

94) 李光麟, 『李朝水利史研究』, 韓國研究院, 1968 ; 宮嶋博史, 「李朝後期의 農業水利」, 『東洋史研究』 41-4, 1983 ; 魏恩淑, 「12세기 농업기술의 발달」, 『釜大史學』 12, 1988.
95) 李宇泰, 「新羅의 水利技術」, 『新羅文化祭學術發表會論文集』, 1992, 36~49쪽 ; 李宗峯, 「고려시대 수전농업의 발달과 이앙법」, 『韓國文化研究』 6, 1993, 147~159쪽.
96) 고려시대 한재 발생의 빈도에 대해서는 다음의 글이 참고된다. 田村專之助, 「高麗時代における米穀の生産と供給について」, 『東方學報』 14, 1942, 68~69쪽.
97) 『高麗史』 권79, 食貨2 農桑 明宗 18年 3月.
98) 『高麗史節要』 권27, 恭愍王 8年 12月.
99) 『新增東國輿地勝覽』 권33, 金堤郡 古跡.

조한 것이나,[100] 恭儉池가 明宗대에 와서 司錄 崔正份에 의해 새롭게
수축된 것이나,[101] 吳元卿이 의종 14년 靈光郡의 수령으로 파견되어
防築堤堰하여 토지를 비옥하게 한 것이나,[102] 고려후기 배극렴이 鷄
林에 파견되어 제언을 수축한 것[103] 등을 통해 대대적인 수리시설의
개축작업과 건설이 이루어졌음을 알 수 있다. 이러한 수리시설의
확충은 토지의 수리안전답화가 이루어질 수 있는 토대였다.

고려시대에는 이전부터 건설되어 왔던 堤堰과는 다른 형태의 수리
시설들도 활발하게 건설되었다. 그것은 浚渠, 掘地, 河渠, 溝洫 등의
방법을 통한 수리시설의 건설이었다.[104] 林民庇가 의종대에 명주의 지
방관으로 파견되어 浚渠하여 漑田하였다든지,[105] 李文著가 의종 6년
에 홍주의 지방관으로 파견되어 渠引水하여 漑田五六千頃을 새롭게
조성한 것이라든지,[106] 李元尹이 양주의 지방관으로 파견되어 溝洫을
파서 토지를 개간한 것[107] 등이다. 이러한 수리시설은 이전의 제언 중
심으로 건설되었던 것과는 다른 양상이며, 아울러 수리시설의 지역적
확대를 가져오게 한 중요한 요인이었다.

그리고 하천지대나 연해지역에서는 방천공사나 간척공사를 통해 활
발하게 수리시설을 건설하였다.[108] 이같은 수리시설의 발달은 12세기
이후 활발하게 추진되었던 저습지와 연해지역 토지개간의 기반이 되
었다. 나아가서는 이러한 시기에 운하굴착공사도 시도되었다.[109] 고려

---

100) 『高麗史』 권19, 毅宗 24年 6月.
101) 『新增東國輿地勝覽』 권28, 尙州牧 山川.
102) 『韓國金石全文』 中世 下, 吳元卿墓誌.
103) 『太宗實錄』 권27, 太宗 14年 6月.
104) 魏恩淑, 앞의 논문, 1988, 83~95쪽.
105) 『高麗史』 권99, 林民庇傳.
106) 『朝鮮金石總覽』 下, 李文著墓誌.
107) 『拙藁千百』 권1, 送安梁州序.
108) 魏恩淑, 앞의 논문, 1988, 83~91쪽.
109) 비록 성공은 하지 못했지만 고려시대에 시도된 운하굴착 토목공사를 통해서
　　도 토목기술이 발전되었음을 알 수 있다(『高麗史節要』 권10, 仁宗 12年 7月
　　; 권11, 毅宗 8年 10月 ; 권35, 恭讓王 3年 7月).

시대에 수리시설이 활발하게 건설될 수 있었던 것은 토목기술, 수리기술의 발전이 있었기 때문이다.

한편 14세기에는 지식인의 중국 왕래가 활발하게 이루어지면서 새로운 수리기술을 수용하려는 경향이 나타났다. 白文寶는 하천수 이용방안의 하나로 중국 강남지역에서 널리 이용되고 있던 水車를 도입하여 보급한다면 備旱과 墾荒의 대책뿐만 아니라 下種과 揷秧까지도 가능하다고 하였다.[110] 이같은 주장을 백문보가 할 수 있었던 것은 원간섭기 이후 고려의 많은 지식인들이 원을 방문하였을 때 원에서 水車가 이용되고 있던 상황을 목격하였거나 혹은 『王禎農書』 등에 기록된 수차의 기록을 참고하였을 가능성이 있기 때문이다.[111] 그러나 14세기는 수차 이용에 관한 다른 기록이 보이지 않으므로 수차가 수리시설로서 효과적으로 이용되었는지는 잘 알 수 없다. 다만 조선초기 수차를 농업에 이용하기 위한 방안으로 여러 차례 도입이 시도되었으나[112] 모두 실패한 것으로 보아 수차가 14세기 수리기술의 발전에 직접적으로 영향을 주지 못하였던 것같다. 그렇지만 지식인 계층에 의해 새로운 농업기술의 수용을 거론한 것은 다른 여타의 농업기술을 수용할 수 있는 토대를 마련할 수 있다는 측면에서 중요한 의미를 지닌다 하겠다.

고려시대의 수리시설의 확충, 농서의 간행과 보급 등을 중심으로 농업기술의 발달 양상들을 검토하였다. 이러한 농업기술의 발달은 민의 성장과 토지이용방식의 변화뿐만 아니라 토지소유관계에도 많은 영향을 주었다.

토지이용방식의 변화는 연작상경 농법의 실시와 토양의 질에 따라 작물을 달리 경작하는 방향으로 전환되었다. 고려전기의 경지이용방식은 연작상경 농법단계와 휴한 농법단계로 각각 달리 파악하고 있다.[113] 하지만 고려시대 경지이용방식을 이해하기 위해서는 다음의 자

---

110) 『高麗史』 권79, 食貨2 農桑 恭愍王 11年.
111) 『王禎農書』 農器圖譜集 13, 灌漑門.
112) 李泰鎭, 「16세기 川防(洑)灌漑의 發達 - 士林勢力 대두의 經濟的 背景 一端 - 」, 『韓國社會史硏究』, 1986, 193~198쪽.

료를 주목할 필요가 있다.

> 가-a) 凡田品 不易之地爲上 一易之地爲中 再易之地爲下 其不易山
> 田一結准平田一結 一易田二結准平田一結 再易田三結准平田
> 一結(『高麗史』 권78, 食貨1 田制 經理 文宗 8年 3月)
> 가-b) 三年以上陳田 墾耕所收 兩年全給佃戶 第三年則與田主分半
> 二年陳田 四分爲率 一分田主 三分佃戶 一年陳田 三分爲率
> 一分田主 二分佃戶(『高麗史』 권78, 食貨1 田制 租稅 睿宗 6
> 年 8月)

위의 자료 a)는 자료의 해석에 많은 논란이 진행되고 있지만,[114] 山田과 平田은 한전과 수전이 아니라 토지의 존재 위치, 즉 평지와 산간지역의 토지를 나타내는 것이라 생각된다. 平田 1結은 不易山田 1結과 서로 대비된다는 것이다. 산전의 경우는 토지의 위치상 시비의 한계나 토양의 질로 인해 不易田이 그렇게 많이 존재하지 않았을 것이다. 그러한 지역의 不易山田은 平田과 서로 동일한 취급을 한다는 것이다. 따라서 平田과 不易山田은 수전·한전을 불구하고 모두 연작의 농지라고 생각된다. 자료 b)는 陳田에 대한 연수 표시와 진전의 연한에 따라 전주와 전호의 수익분배를 일단 재조정하면서 전호층에 진전개간을 장려한 것이다.[115] 위의 자료에서 주목되는 것은 陳田의 연한을 일년·이년·삼년이라고 규정하고 있는 점이다. 一年陳田이라는 것은 연작법을 전제로 한 용어이며 휴한한 익년, 즉 경작해야 할 연도에 방치된 토지를 가리켜 일년진전이라고는 부르지 않는다.[116] 睿宗代의 진전개간의 기사는 연작법을 전제로 한 진전개간 장려규정이라 볼

---

113) 이에 대한 연구성과의 정리는 다음의 글이 참고된다. 李炳熙, 「高麗時期 經濟制度 硏究의 動向과 '국사'敎科書의 敍述」, 『歷史敎育』 44, 1988.
114) 앞의 주 112)의 논문을 참고할 것.
115) 진전개간의 장려에 관한 규정조항은 예종 6년 이후에는 나타나지 않는다. 아마 이러한 규정은 고려후기까지 계속 관행적으로 시행되었던 것 같다.
116) 浜中昇, 앞의 책, 1986, 163~170쪽.

수 있다. 따라서 고려전기는 연작상경 농법단계에 도달하였다고 할 수 있다.

고려전기의 연작상경 농법은 나말여초 이후에 전개된 농업기술의 발달을 전제로 이루어졌을 것이다. 이러한 경지이용방식은 고려후기와 조선초기도 동일한 현상이었다. 반면 조선초기는 『農事直說』의 水・旱田의 耕種法을 고려할 때 1년 1작에서 나아가 旱田의 경우 1년 2작까지 기술적 발달이 이루어졌다. 이는 고려후기 농업기술의 발달을 반영한 것이라고 생각된다.

농업기술의 발달은 토지개간을 활발하게 전개시켰다. 고려시대의 토지개간은 新田과 陳田開墾으로 나타났다. 신전개간은 고려전기부터 이루어진 산전개간과 함께 활발하게 전개되었다. 다음의 사례는 직접적으로 토지개간을 알려주는 것은 아니지만 고려전기 토지개간의 양상을 어느 정도 짐작할 수 있다는 측면에서 주목된다. 즉 인종대 宋使를 수행한 徐兢의 표현처럼 '나라의 강토가 동해에 닿아 있고 큰 산과 깊은 골이 많아 험준하고 평지가 적기 때문에 밭들이 산간에 많이 있는데, 그 지형의 높고 낮음에 따랐으므로 갈고 일구기가 매우 힘들며 멀리서 바라다보면 사다리와 층층계단과도 같다'고 표현하고 있다.[117] 서긍의 표현처럼 토지가 산간지역에 많이 존재하고 있었던 요인은 이러한 지역을 중심으로 토지가 개간되었기 때문이다. 따라서 12세기 이전 신전개간의 형태로 나타난 토지개간은 산전을 중심으로 이루어졌을 가능성이 많다. 이는 고려의 농업구조가 한전농업이 중심이었던 것과 일치하고 있다.

이와 같이 徐兢의 표현대로 고려의 토지가 산간지역를 중심으로 존재한 것은 그 지역을 중심으로 개간이 이루어졌던 것에 그 원인이 있다. 그런 점에서 다음의 자료는 그러한 사실을 어느 정도 짐작할 수 있게 한다. 두 자료가 兩界지방의 사례이긴 하지만 영흥에서 沙石不耕之

---

117) 『高麗圖經』 권23, 雜俗2 種藝, "國封地瀕東海 多大山深谷 崎嶇崛崒而小平地 故治田多於山間 因其高下耕墾甚力 遠望如梯磴".

地에 잡곡을 파종하여 해마다 곡식을 수확하였으며,118) 鄭穆이 大康
10년(宣宗 10, 1084) 永淸縣(현 평안남도 平原)의 수령으로 파견되어
현의 서쪽 언덕을 개간하여 보리를 생산하였다는 것이다.119) 이들 지
역의 개간은 沙石不耕之地나 언덕지역으로 한전농업 위주로 경작되고
있는 것으로 보아 산전형태일 가능성이 많다. 따라서 이러한 개간이
당시의 상황을 어느 정도 반영하는 사례라고 할 때, 고려전기의 토지
개간은 한전농업을 기반으로 하는 산전개간이었음을 알 수 있다.

　12세기 이전의 토지개간은 서긍의 표현에 사다리와 돌계단같은 형
상을 하고 있는 것처럼 산전을 중심으로 전개되었다. 그러나 12세기
이후 토지개간의 양상은 새로운 형태의 수리시설의 건설과 더불어 저
습지 및 연해지역에도 활발하게 추진되었다. 그것은 12세기 이후 수리
기술의 발전으로 저습 및 연해·도서지역에서도 활발한 개간이 이루
어졌기 때문이다.120) 이같은 지역의 개간은 李齊賢의 표현처럼 수전농
업의 비율이 증대되는 결과를 가져왔다.121) 수전농업의 발전은 경상
도·전라도에서 새로운 농법인 이앙법을 고려후기에 부분적으로 보급
하게 하였고,122) 조선전기 水·旱田 비율에서 水田이 차지하는 비중
을 점차 확대시키는 요소로 작용하였다.123)

---

118) 『高麗史』 권79, 食貨2 農桑 文宗 3年 12月, "東北路兵馬使奏 永興鎭軍成厚
　　等 三百二十餘人狀告 鎭將尙舍 直長丁作鹽 勸農桑 均賦役 修城郭 備農具
　　又於沙石不境之地 勸種雜穀 歲收二百餘斛 功課爲最".
119) 『東萊鄭氏 文景公派世譜』, 僕射公墓誌銘, "大康十年甲子 出莅永淸縣 其年
　　海內旱 民無聊生 轉於溝壑者 往往有之 公下車 旣不數月 縣之西有德池原
　　火燎幾許 里民始懼焉 會麥禾登熟 有稗不種離離厥原 公因使人 刈獲得實五
　　十餘石 以爲軍儲 或有民所獲者 又不知其幾".
120) 李宗峯, 「高麗後期 勸農政策과 土地開墾」, 『釜大史學』 15·16, 1992.
121) 『益齋亂藁』 下, 策問, "國家服事皇元 中外無虞 閭閻櫛比 行路如織 民日以
　　段 野日以闢 化斥鹵以水耕 刊薈蔚以火耘 豈非庶矣乎".
122) 李宗峯, 「고려시기 수전농업의 발달과 이앙법」, 『韓國文化硏究』 6, 1993.
123) 『世宗實錄地理志』의 墾田結數와 水田 비율을 보면 全羅道는 간전 264,268
　　結 중의 122,342結이므로 46.3%, 忠淸道는 간전 236,114結 중의 水田 96,185
　　結이므로 40.3%, 慶尙道는 간전 261,268結 중의 水田 102,675結이므로 39.3%
　　를 차지하였다고 한다.(李鎬澈, 『朝鮮前期農業經濟史』, 한길사, 1986, 261쪽)

다음으로 고려시대 財政構造는 국가를 유지하기 위해 필요한 財貨를 다루는 제반 구조, 즉 재원을 획득하는 歲入구조와 歲出구조 그리고 이를 관리하는 구조를 포괄하고 있다. 세입과 세출의 과정에서는 현물을 수취하고 지출하였다. 당시의 재정원은 토지와 인민, 상업과 고리대, 雜稅 등 다양하였다. 그러나 역시 제일의 재정원은 토지였고, 토지의 재원은 田租였다.[124] 이러한 전조는 結負制를 통해 파악되었고, 結을 단위로 전조가 부과되었다. 결부제의 변동이 국가의 재정운용책의 하나로서 변화되었다면 국가는 각 군현의 토지를 양전을 통해 보다 많은 재정원을 확보하고, 이러한 토지를 국가의 세입구조에 포괄시켜 조세수취를 보다 효과적으로 실시하기 위한 것으로 볼 수 있다. 이는 결부제의 변화요인으로 작용하였을 것이다.

결부제의 변화는 고려전기 국가재정의 일원인, 세입 대상으로 파악된 토지의 算定에 문제가 있었다는 의미를 포괄하고 있다. 고려전기의 田租는 양척동일제에 입각한 同積異稅制이다. 동적이세제는 효과적 국가재정운용에 도움이 못된다는 것이다. 그것은 조선후기의 자료이긴 하지만 柳馨遠이 頃畝制와 結負制의 이점을 논하면서 "頃畝法의 지적은 모두 같되 땅의 비옥하고 척박함에 따라 조세의 차등이 있었으며 結負法은 조세는 모두 같되 땅의 비옥하고 척박함을 비교하여 지적의 넓고 좁음이 있었으니 古今의 법제가 근본정신에서 그 지표가 다른 점을 여기에서 알 수 있다. 頃畝法은 토지의 면적은 정확히 파악할 수 있으나 각 등급의 조세의 수량이 다르므로 토지를 누락시킬 염려는 없지만 관청의 실무자가 자세히 살피지 못한다면 計數上의 착오가 혹 일어날 염려가 있고, 結負法은 조세의 수량은 쉽사리 알 수 있으나 토지 각 등급의 면적이 서로 다르므로 계수상의 번거로움은 없지만 관청의 실무자가 비록 명백히 살피더라도 토지의 누락된 것을 알아내기 어렵다"고 한 점을 통해 알 수 있다.[125] 즉 경무제는 '토지의 면적은 정확

---

124) 安秉佑, 『高麗前期 財政構造研究』, 서울대 박사학위논문, 1994, 182쪽.

125) 『磻溪隨錄』 권1, 田制 上, "按古者 政在養民 故度力定田 田皆百畝 後世田 唯收稅 故隨其租數同科定結 是以頃法地廣皆同 而視其饒瘠稅有差等 ……

하게 파악할 수 있다'는 장점이 있는 반면에, 결부제는 '조세의 수량을
자세히 파악할 수 있다'는 측면에서 장점이 있다. 토지파악에 장점이
있다는 경무제는 일정 면적을 단위로 한다는 측면에서 나중에 설명하
겠지만 고려전기 결부제의 토지파악방식과 동일하다.

　고려전기 조세는 同積異稅制에 따라 1/10조를 수취하지만 踏驗損
實을 판정하고,[126] 1결의 작황을 매 10등분으로 나누어 손실을 정하되
4등분이면 租를 면하고 6등분이고 租와 布를 면제하였다.[127] 이러한
고려전기의 조세체계는 연간 세입량을 정확하게 예측하기란 무척 어
렵다. 따라서 토지파악에는 어려움이 있지만 재정운용에 훨씬 장점을
가진 隨等異尺制에 의한 결부제는 조세수취뿐만 아니라 재정운용에
상당한 장점을 가진 제도였으므로 이를 채택하려는 것은 너무나 당연
하다고 할 수 있다. 그렇다고 고려후기 수등이척제가 실시되었다고 해
서 국가재정이 충만하였던 것은 아니었고, 후기 역시 국가재정은 고갈
되었다. 이를 위해 국가는 양전을 통한 수세지의 확보, 과렴, 염전매제
등을 추진하였지만, 국가재정의 부족을 해결하지 못하였다. 따라서 고
려후기 계속적으로 전국적 양전을 실시하였던 이유도 여기에 있었다.
하지만 12세기 이후에는 고려전기와 달리 異積同稅制를 통해 각 국가
기관마다 일정 결수의 수세지를 확보하게 하여, 안정된 재정운용을 도
모할 수 있었다.

　마지막으로 結負制의 변화는 양전척의 변동과 불가분의 관계를 가

　　結法租稅皆同 而視其饒瘠 地有潤狹 古今法制指意所分斯可見矣 若論其利
　　害得失 則頃法地面易正 而諸等稅數各殊 田無漏脫之弊 而官司不察 則或慮
　　會計之錯 結法稅數易擧 而諸等地面參差算 無會計之繁 而官司雖明 田之漏
　　脫 難以察矣".

126)『高麗史』권78, 食貨1 田制 踏驗損實 成宗 7年 2月, "判禾穀不實 州縣近道
　　限八月 中道限九月十日 遠道限九月十五日 申報戶部 以爲恒式";『高麗史』
　　권78, 食貨1 田制 踏驗損實 文宗 4年 11月, "是月判凡州縣水旱虫霜 禾穀不
　　實 田疇村典告守令 守令親驗申戶部 送三司 三司移牒 檢覈虛實後 又令其
　　界按察使差別員審驗 果災傷租稅蠲減".

127)『高麗史』권78, 食貨1 田制 踏驗損實 文宗 4年 11月, "判田一結率十分爲定
　　損至四分除租 六分除租布 七分租布役俱免".

진다. 앞 장에서 量田尺은 量尺同一制인 唐大尺에서 12세기 이후 隨
等異尺인 指尺으로 변화되었고, 조선초기 世宗 26년에 周尺으로 변화
되었음을 살펴보았다. 이같은 동일양전척의 唐大尺에서 隨等異尺의 3
等田尺, 즉 지척으로의 변화는 結負 방식의 변화를 일어날 수 있게 하
였다.

이상에서 검토한 것처럼 농업기술의 발달은 생산력의 증대를 가져
왔을 뿐만 아니라 새로운 토지에 대한 개간을 활발히 추진할 수 있게
하였다. 이러한 사회적 현상은 지배세력으로 하여금 토지개간뿐만 아
니라 토지매득·탈점을 부추키는 요인으로 작용하였다. 반면 국가는
농업기술의 발달에 따른 생산력의 증대와 새롭게 개간된 토지를 대상
으로 양전을 통해 국가의 조세지로 확보하면서, 이를 보다 큰 계량기
구로 계량함으로써 수취뿐만 아니라 토지지배에도 편리를 도모하고자
하였을 것이다. 異積同稅制로의 전환은 일정 정도의 농업기술의 발달
이 전제되어야 그 정책의 효과를 발휘할 수 있다. 즉 모든 토지에서 어
느 정도 이상의 생산량을 생산할 수 있는 기반이 이루어져야 한다. 따
라서 농업기술의 발달은 일정 면적에서 일정 생산량을 담보할 수 있는
능력이 제고되었으므로 12세기 이후 결부제 변화의 한 요인으로 파악
할 수 있다.

2) 量田

앞에서 살펴보았듯이 고려시대의 量田尺은 量尺同一制인 唐大尺에
서 隨等異尺制인 指尺으로 변화하였다. 그 결과 결의 면적과 결부제
의 파악방식도 변화하였다. 본 절에서는 양척동일제에서 수등이척제로
의 양전방식이 어느 시기에 변동되었으며, 양전 상에서 어떠한 특성을
가지고 있는지를 살펴보고자 한다.

먼저 양전제의 변동시기부터 알아보자. 양전제의 변동을 밝혀줄 구
체적인 근거 자료는 없다. 다만 고려시대 양전제 변동과 관련하여 다
음의 조선초기 자료가 주목된다.

나-a) 戶曹啓 前此己巳年以上量田時 三步三尺四方周廻爲一負 三
十三步四方周廻爲一結 乙酉年改量時 以爲三步三尺負數 於
三十三步 結數不准 而改以三步一尺八寸爲一負 一結之數減
至十二負四束 因此結負之數差重 請依己巳年例 三步三尺四
方周廻爲一負 令其負數相准 三十五步爲一結量之 從之(『世
宗實錄』권42, 世宗 10年 10月 辛巳)

나-b) 摠制河演以爲 …… 自前朝 只以上中下三等定制 將農夫手
二指計十爲上田尺 二指計五三指計五爲中田尺 三指計十爲下
田尺 六尺一步 三步三寸四方周廻爲一負 二[128]十五步爲一結
而打量其收租 則皆取三十斗 三等之田 差等不遠 …… 參判
柳季聞以爲 …… 前朝但以農夫二指計十爲上田尺 二指計五
三指計五爲中田尺 三指計十爲下田尺 定爲二(三의 誤)等 一
結收租 並以三十斗定數 有違古制 …… (『世宗實錄』권49, 世
宗 12年 8月 戊寅)

나-c) 舊制 田品只有上中下所量田之尺 三等各異 上田尺二十指 中
田二十五指 下田三十指 而皆以實積四十四尺一寸爲束 十束
一負 百負一結 準諸中朝畝法 上田之結 二十五畝四分有奇
實積周尺十五萬二千五百六十八尺 中田 三十九畝九分有奇
實積周尺 二十三萬九千四百一十四尺 下田 五十七畝有奇 實
積周尺三十四萬五千七百四十四尺(『龍飛御天歌』73章 註)

위의 자료 a)는 戶曹에서 己巳年, 즉 공양왕 즉위년(1389) 전국의
양전 때 '3步 3尺'의 사방 둘레를 '1負'로 하고 '方 33步'를 1결로 정했
으나, 결의 면적이 1,089(＝100負)보다 12負 4束이나 확대되었다. 16년
후인 乙酉量田, 즉 태종 5년(1405) 때 1負의 면적을 '3步 1尺 8寸'으로
삼았다.[129] 이로 인해 세종 10년(1428)부터는 1결의 면적 차이가 심하
게 나타나자, 己巳年의 전례대로 1負의 면적을 '3보 3척'으로 하고 1결
의 면적을 '方 35步'로 환원시키게 되었다. 이 자료에서 주목되는 점은

---

128) 원문의 '二十五步爲一結'은 '三十五步爲一結'의 誤記인 것으로 생각된다.
129) 이러한 문제점은 太宗 5년에 시정되어 '1負'를 '3步 1尺 8寸'의 사방으로 고
쳤다(『太宗實錄』권10, 太宗 5年 9月 丁酉).

기사양전은 문종 23년 양전식처럼 '1結=方 33步'를 기준으로 하였다
는 점과 이전의 양전방식과 달리 結의 하부 단위인 '負'의 면적을 양전
의 기준 단위로 삼았다는 점이다. 자료 b)는 前朝부터 將農夫의 指尺
에 의한 3等田制, 上田尺・中田尺・下田尺의 제도를 시행하였다고
한다. 이러한 前朝는 조선의 전조이므로 고려시대를 말한다. 고려시대
에 3등 전제가 시행되었음을 알 수 있다. 이 자료에서 주목되는 점은 3
등전제를 시행하면서 '3步 3寸'의 사방둘레를 1負로 삼았다는 것이다.
아울러 『高麗史』의 科田法 기록과 동일하게 1結의 租를 30斗 수취하
였다는 것이다. 그리고 자료 c)는 舊制에 田品이 上・中・下가 있고
양전척도 각각 上田尺・中田尺・下田尺으로 나누어져 있다고 한다.
이러한 舊制는 世宗代 이전의 양전 방식의 변화에 대한 설명이다. 그
러나 조선초기의 경우 양전은 여러 차례 시행되었지만 양전방식에 변
화가 없었다. 그러면 舊制는 고려시대 指尺에 의한 3등척, 隨等異尺制
로 변화된 것을 말한다. 따라서 자료 a・b・c)를 종합적으로 살펴볼 때
고려시대에 양전척이 隨等異尺인 指尺의 3등척으로 변화되었음을 알
수 있고 己巳量田은 指尺에 의한 隨等異尺制가 실시되었음을 확실하
게 기록하고 있다.

　그러면 고려시대 量田制, 즉 唐大尺에서 指尺의 3等田尺으로의 변
화는 위의 자료 내용대로 己巳量田 시기에 변동되었는지, 아니면 그
이전 시기의 변동을 기사양전에서 科田法의 실시와 함께 그러한 결과
를 최종 수렴한 제도인지를 살펴볼 필요가 있다. 이에 대한 구체적인
근거 자료는 없다. 고려시대 양전제의 변동은 문종 23년(1069) 양전보
수의 확정 시기와 고려후기 2차에 걸친 전국적 양전, 甲寅量田과 己巳
量田을 주목하였다. 이에 따라 양전제의 변동시기는 위의 양전과 관련
있는 문종 23년설,[130) 고려중기 이후설,[131) 고종 19~46년설,[132) 충숙

130) 朴興秀는 文宗 23년에 隨等異尺制로 변화되었다고 하였다. 그러한 근거로
　　첫째, 문종 23년의 "定量田步數"란 기록은 成宗 11年에 정했던 3등급의 조
　　세법을 하등전 1結租에 기준하여 同科收租法으로 개혁했을 때 정해진 양전
　　보수라 하였고, 또 1結의 면적을 方 33步라 한 것은 同科收租法을 下等田 1

왕 『원년설133) 등으로 다양하게 파악하였지만, 뚜렷한 근거 자료를 통해 論證한 것은 아니다. 혹자는 고려시대 양전제의 변동이 일시적으로 이루어지지 않고, 고려후기 오랜 세월을 거쳐 완성되었기 때문이라고도 한다.134) 하지만 이러한 견해는 고려시대 양전 관련 자료를 종합적으로 검토하지 않은 결과에서 비롯되었다고 생각된다. 따라서 양전의 모든 자료를 종합적으로 검토하면 양전제의 변동, 즉 隨等異尺制의 변동시기를 일정하게 추정할 수 있다.

첫째, 양전제의 변동과 관련하여 12세기 양전의 사례를 검토하여 보

結租에 기준을 두고, 中等田·上等田 1결의 면적을 成宗 때 조세율에 맞게 축소시키기 위해 새로운 3등의 양전척을 정했다고 했다. 고려말 3등전 1결의 면적의 비율이 4대 6대 9인데, 성종 11년 수확량에 대한 면적 비율이 1/16.5 대 1/12.5대 1/8.5, 즉 4.6대 6.1대 9.0이어서 고려 말의 同科收租法의 경우와 유사하다는 것이다. 둘째, 문종 23년의 1결 방 33보와 공양왕 때 1결 방 33보와 일치된다는 데 연유하고 있다(朴興秀, 앞의 논문, 1972, 178~203쪽). 그러나 이러한 朴興秀의 견해는 다음과 같은 한계를 가지고 있다. 첫째, 문종 23년의 양전보수 규정은 指尺에 의한 隨等異尺制로 변형되었다는 근거를 어디에서도 찾을 수 없다는 점과 문종 23년의 양전보수는 단일양전척을 기준으로 삼아 결의 면적을 1결부터 10결까지 환산하였다고 파악하는 것이 순리로 보인다고 할 수 있다. 둘째, 문종 23년의 양전식을 성종 11년의 차등수조에 맞게 중등전과 상등전의 면적을 축소하였다는 흔적을 어디에서도 찾아볼 수 없다는 점이다. 셋째, 문종 23년 結負制의 변화는 농업생산력의 발전에 의한 사회경제적 변화와 밀접한 연관을 가지는데, 농업기술의 발달과 연관시켜 파악하지 못한 점을 들 수 있다. 따라서 문종 23년은 앞에서 언급한 사료 <나-a·b·c>와 비교하여 볼 때, 指尺에 의한 양전척의 변동시기가 아닌 것으로 추측된다.
131) 姜晉哲, 「田結制의 問題」, 앞의 책, 1980, 377~389쪽.
132) 金容燮, 앞의 논문, 1975, 83~86쪽에서 양전제의 변동은 대몽항쟁기인 고종 19~46년, 祿科田制를 실시하게 된 원종 13년, 그리고 그후 일련의 세제개혁을 추진하는 과정에서 지역별로 몇 단계를 거쳐 이루어졌다고 파악하고 있다.
133) 呂恩暎, 앞의 논문, 1986, 24~29쪽 ; 李宇泰, 앞의 논문, 1992, 41~43쪽 ; 朴京安, 「甲寅柱案考 - 忠宣王代의 田制釐正을 중심으로 -」, 『東方學志』 66, 1990.
134) 『磻溪隨錄』의 자료를 주목한 姜晉哲·李鎬澈 등은 양전제의 변동을 주로 고려중기 이후부터 고려 말 己巳量田까지 이루어졌다고 파악하였다. 그런데 이들을 비롯한 대다수의 연구들은 고려후기 量田과 관련되는 자료를 종합적으로 검토하여 量田制의 변동을 도출하지 못한 한계를 가지고 있다.

자. 그런 측면에서 다음의 자료가 주목된다.

　　다) 城東之草堂 有上園下園 上園縱三十步 橫如之 下園縱橫十許步
　　　　步則依古算田法而計之 每夏五月 茂草競秀 至拚人腰 而猶不使
　　　　之剪之也 …… 甲寅五月(明宗 24, 1194)二十日記(『東國李相國集』
　　　　권23, 草堂理小園記)

　　위의 자료에 의하면 李奎報는 上·下園의 토지를 계측하였는데, '步
는 즉 이전의 算田法에 의거하였다'는 것이다. 이것은 명종 연간 이전
에 토지를 계측하는 방식, 즉 산전법에 두 종류가 존재하고 있음을 보
여준다. 이러한 算田法은 양전척 자체의 변동으로 토지를 계산하는 방
법의 변동인지 아니면 양전척에는 아무런 변동이 없고 단순히 토지를
계산하는 '양전보수'의 변동인지가 분명하지 않다.

　　그렇다면 '古算田法'은 후자인 문종 23년(1069) 이전의 양전보수에
따라 토지를 계측한 것을 표현한 것일까. 문종 23년의 '1결=방 33보'
는 고려초기나 고려말기에도 동일하였다. 따라서 '古算田法'은 '1결=
방 33보'의 步 계산의 변화를 의미하는 것이 아니다. 그러면 '古算田法'
은 甲寅年, 즉 명종 24년(1194)에 토지를 측량하는 방식이 두 종류가
존재하였다는 것이므로, 즉 量尺同一制를 말하는 것임을 알 수 있었
다. 이 시기에 '古算田法'이란 표현이 나타났다는 것은 이미 새로운 算
田法이 출현하였음을 의미한다. 즉 양전은 量尺同一制와 隨等異尺制
두 종류가 있다. 이미 앞 절에서 고려전기 이전은 量尺同一制였다고
하였다. 따라서 이전의 산전법은 비척이 구분없는 단일양전척, 즉 量尺
同一制를 의미하는 것이고, 새로운 산전법이란 것은 비척에 따른 隨等
異尺制를 의미한다는 것으로 볼 수 있다.

　　그런데 李奎報는 성의 동쪽에 있는 上園과 下園을 비척에 따른 수
등이척제로 보를 계산하여야 하는데 그렇지 않고 단일양전척으로 계
산하여 각각 상원 縱橫 30보, 하원 縱橫 10보였다는 것이다. 李奎報의
上園과 下園은 "매년 여름 5·6월이면, 무성한 풀이 자라서 사람의 허

리에 닿았는데 그래도 베지 못하였다. 집에는 키 작은 종 3명과 파리한
아이 종 5명이 있는데, 그들은 이것을 보고 부끄럽게 여겨 무딘 호미
하나로 풀을 베되, 겨우 3~4보 쯤 베면 걷어치우고, 10일 지난 다음에
또 다른 곳에 난 풀을 베는데, 전에 베었던 곳에 풀이 나서 우북하게
된다. 또 10일이 지난 뒤에 다시 우북한 풀을 베면 또 뒤에 베었던 곳
에 나서 우북하게 된다"라고[135] 할 만큼 실제 이곳은 농사를 경작할
수 없는 곳으로 생각된다. 그런데 양전척이 隨等異尺制로 변화되고 난
이후에도 경작지의 경우는 비척에 따라 수등이척인 指尺을 사용하였
고, 반면 山城・築城 등에는 계속 단일 척을 사용하였다고 한다.[136] 이
규보의 상원과 하원의 경우 실제 수등이척으로 보수를 계산할 수 있지
만 경작지가 아닌 관계로 단일양전척, 즉 '古算田法'으로 보수를 측정
하였다는 것이다. 따라서 명종 24년(1194) 이전에 算田法, 즉 量田尺이
量尺同一制에서 隨等異尺制로 변화되었음을 추측할 수 있다.

둘째, 양전제의 변동시기는 비록 조선후기의 기록이기는 하지만 다
음의 자료를 통해서도 이해할 수 있다.

라) 又高麗文宗時 所定量田步數 諸等地廣皆同 而賦稅隋地品有輕
重 則地闊狹之規 必是創於麗氏中葉以後 非自三韓已然也(『磻
溪隨錄』권1, 田制 上 本國今用結負式)

위의 자료는 柳馨遠이 고려 문종 때 양전보수가 정하여졌는데 이
때에는 여러 등급의 토지 면적은 같았으나 부세는 땅의 등급에 따라
차이가 있었으며, 토지의 넓음과 좁음의 규정은 고려중기 이후에 비롯
된 것으로 삼한시대부터 이미 행해진 것이 아니라고 언급하고 있다.

135) 『東國李相國集』 권23, 草堂理小園記, "每夏五六月 茂草競秀 至捋人腰而
猶不使之剪之也 家有矮奴三 羸僮五 見之不能無愧 以鈍鋤一事 更相刮薙
纔三四步 而輟閱旬日 又理他處 則草生前所理處 翁然葦然矣 又旬日 復理
翁 然葦然者 則草又生後所理處翁 葦然滋茂矣".
136) 고려후기 隨等異尺制에 의한 토지측량방식은 농지에만 적용되고 읍성의 거
리 측정은 단일양전척에 의해 양척되었다고 한다(李宇泰, 앞의 논문, 1992).

이는 유형원이 조선후기의 결부제보다는 경무제가 장점을 가진 제도라고[137) 파악하면서 이를 개혁하기 위한 입장에서 조선의 결부제를 설명하면서 고려의 결부제에 대해 언급한 내용이다. 그런 점에서 위의 자료에서 언급된 내용은 조선후기의 자료이긴 하지만 상당히 신뢰성이 있는 것으로 파악된다. 그리고 柳馨遠이 異積同稅制로의 개편을 고려중엽 이후라고 강조한 것은 『世宗實錄』에 의하면 "혹은 말하기를 '척을 3등급으로써 結負를 하여 同科로 收租하는 法은 삼국시대부터 이미 있었다'고 하나, 3등척의 차이를 나눈 것은 고른데 실적은 계산하지 않았으니 옛 성인의 법도 그런 것이 있었던가, 그것이 의거한 데가 없음을 알 수 있다"라는[138) 기록을 의식한 것이 아닌가 생각된다.

그런데 '地闊狹之規'란 것은 토지 면적의 넓고 좁음을 말하는 것이므로 異積同稅制와 그 의미가 같다. 즉 이적동세제가 고려 중엽 이후에 실시되었다는 것이다. 물론 고려 중엽이라는 표현은 상당히 포괄적인 시기를 말하는 것은 분명하지만, 분명한 것은 위의 자료에도 나타나는 것처럼 이적동세제의 시행이 문종대 이후라는 점이다. 문종대 이후의 이적동세제의 변화를 암시하는 자료는 앞에서 검토한 것처럼 앞의 李奎報가 언급한 '古算田法'을 통한 면적의 측정 자료이다. '古算田法'이란 것도 명종 24년(1194)에 이루어졌으므로 '새로운 산전법', 즉 이적동세제에 의한 隨等異尺制는 이미 명종 24년 이전에 실시되었다고 본다면 그 시기가 비슷하다.

셋째, 그러한 점에서 다음의 자료는 대몽항쟁기 강화도의 토지결수가 수등이척제에 의해 파악된 조선초기의 토지결수와 비슷하다는 측면에서 주목된다.[139)

---

137)『磻溪隧錄』권1, 田制 上 本國今用結負式, "又按制田 莫善於頃法 莫不善於結法 縱不行 公田亦莫如 改結負用頃畝".

138)『世宗實錄』권104, 世宗 26年 6月 甲申, "或曰用尺三等 而定爲結負 同科收租之法 自三國已有之 然三尺差分均而不計實積 古聖之法 有如此乎 其無據依可知".

139) 金容燮은 양전제의 변동은 일시에 전국적으로 이루어지지 않고, 지역별로 몇 단계 또는 몇 계통을 거치면서 수행되었는데, 첫단계는 대몽항쟁기, 둘째

마-a) 以江華田二千結屬公廩 三千結屬崔竩家 又以河陰鎭江海寧之
　　　田 分給諸王宰樞以下 有差(『高麗史』권78, 食貨1 田制 經理
　　　高宗 46年 9月)
마-b) 厥土肥 風氣早暖 民俗以魚鹽爲業 墾田五千六百六結(水田差
　　　多)(『世宗實錄』권148, 地理志 江華都護府)

　위의 자료 a)는 고종 46년(1259) 대몽항쟁기 강화도의 총 전결이
5,000결이라는 것이다. 이 시기는 고려가 강화도에 천도한 이후 약 27
년이 경과된 때이다. 강화도의 토지는 상당 부분이 개간되었고, 이를
양전으로 파악한 것으로 볼 수 있다. 그것은 당시 강화도가 전쟁의 피
해를 입지 않았기 때문에 가능하였다. 반면 자료 b)는 조선초기 世宗
때 隨等異尺制下의 강화도의 전결이 5,606結이라는 것이다. 이는 대몽

────────────

는 출륙환도 이후 귀족에 대한 토지분급제를 전면적으로 재검토한 녹과전의
시행기, 셋째는 녹과전제 시행 이후 일련의 세제개혁이 진행되는 단계로 보
았다. 그 근거로 위에서 언급한 자료인 대몽항쟁기의 강화도의 총전결이
5,000結이었는데, 조선초기 세종 때의 전결인 5,606結과 비슷하다는 점을 들
고 있다. 또 忠烈王 때 李承休가 원래 외가로부터 받은 2頃에 약간의 공한지
를 합쳐 만년에 불가에 증여할 때 7·8結이나 되었던 점은 등을 들고 있다
(金容燮, 앞의 논문, 1975, 83~86쪽). 그러나 金容燮의 문제점은 농업생산력
의 증대로 인해 결의 면적이 고려전기 17,500평에서 고려후기 下等田(약
4,500평)·中等田(약 3,200평)·上等田(약 2,000평)으로 최고 1/9에서 최저
1/4까지 줄어들게 된다. 고려와 비슷한 시기 중국의 경우만 하더라도 唐·宋
·元代에 각각 20~30%의 생산력 증대가 이루어진 점을 고려한다면 고려전
기에서 후기 사이에 농업기술의 발달에 의한 생산력의 증대가 9~4배까지
이루어졌다고 파악하기 어렵다. 그리고 몇 단계를 거치지만 대몽항쟁기와 같
은 혼란된 시기에 양전척을 변화시켜 전국적인 양전을 추진하였다는 점도
당시의 행정력으로 보아 한계가 있다. 오히려 후술하는 것처럼 양전제는 대
몽항쟁 이전에 변화되었을 것으로 보인다. 한편 녹과전은 새로운 양전 방식
을 통해 토지를 파악하고, 이를 바탕으로 실시된 제도라기보다는 기존의 토
지를 새롭게 분급한 제도에 불과하다. 대몽항쟁기에는 전국적 양전이 이루어
지지 않았던 점으로 보아 양전제의 변동은 없었다고 보아야 한다. 위의 본문
에서 설명한 것처럼 강화도의 총전결수가 대몽항쟁기와 조선초기가 비슷한
점을 고려할 때 대몽항쟁기 이전에 이미 양전제의 변동은 있었다고 보아야
한다.

항쟁기의 전결수보다 약간 증가되었음을 알 수 있다. 조선초기 세종대의 토지 결수는 전체 조선시대를 통해 볼 때 크게 증대되었던 시기이다. 그렇지만 약 200년 후의 토지가 약 10%의 증가밖에 없었다는 것은 양 시기 전결수의 변화가 거의 없었음을 암시한다. 그것은 대몽항쟁기 강화도의 전결파악 방식과 결의 면적이 조선초기와 동일하였기 때문에 가능하였다. 기사양전 1결의 면적과 세종 26년 貢法 제정 이전 1결의 면적은 거의 동일하였다. 따라서 고려후기의 양전제는 고종 46년 이전에 이미 隨等異尺制로 변화되었고, 강화도에서는 그러한 양식방식으로 토지가 파악되었음을 알 수 있다. 이것은 앞의 명종 24년 이전의 새로운 방식의 토지계측, 즉 隨等異尺制의 양전사례로 파악할 수 있다는 측면에서 상당히 주목된다.

넷째, 徐兢은 고려의 1結을 '每 150步'라고 하였다.[140] 만약 이 시기 고려의 결부제가 절대면적체계, 즉 量尺同一制에서 생산량의 수량단위, 즉 隨等異尺制로 변화되었다면 결의 면적에는 차등이 있었을 것이다. 그러나 서긍은 비척에 따른 면적의 차등을 말한 것이 아니고, 중국의 절대면적처럼 고려 1결의 면적을 '每 150步'라 표현하였다. 이것에서 고려의 양전제가 인종 연간에는 변화되지 않았음을 알 수 있다. 따라서 서긍이 고려를 방문했을 때인 宣和 5年, 즉 인종 원년(1123)에는 아직 수등이척제로 변화되지 않고, 양척동일제인 절대면적체계였음을 알 수 있다.

다섯째, 명종 22년에서[141] 명종 26년 사이에 진행된 西都의 양전을 주목하지 않을 수 없다. 다음의 자료를 검토하여 보자.

바) 辛丑(明宗 11, 1181)秋出爲雲中道監稅使 戊申(明宗 18, 1188)秋 全羅道按察使 先是西京叛亂 田簿蕩失 國家遣刑部郎中金卿 量 其土田 積年乃成 然分授不均 人頌騰沸 有司劾奏罷黜 於是命公

---

140) 『高麗圖經』 권23, 雜俗2 種藝.
141) 『高麗史』 권20, 明宗 22年 9月, "朔遣郎將金元義等二十餘人 往西都 度畿內田".

改量甚得精允 至丙申(明宗 26, 1196)夏擢拜將軍兼給事中(『朝鮮
金石總覽』上, 金元義墓誌)

위의 자료에 의하면, 서도는 西京反亂 후 刑部郎中 金卿에 의해 여
러 해에 걸쳐 양전되었으나, 分授가 불균하여 민의 불만이 비등하자
金元義에 의해 정밀하게 재양전되었다는 것이다. 김경에 의한 양전은
수등이척제에 의해 分授를 정확하게 하지 않아 민의 불만을 고조시켰
거나, 아니면 이전의 수등이척제의 면적과 크게 달라져 민의 불만이
제기되었을 것으로 생각된다. 양척동일제는 양전을 일괄적으로 실시하
기 때문에 양전상에서 불만이 그렇게 많을 수 없다. 반면에 수등이척
제하에서는 정확한 양전이 실시되지 않는다면 각 등급전에 따라 실제
의 면적은 많은 편차가 나타난다. 따라서 수등이척제는 정확한 양전이
전제되어야 한다.

실제 고려시대에 양전을 실시하고 난 이후 민의 불만으로 재양전이
실시된 경우는 전례가 없다. 이러한 문제점이 제기된 것은 아직까지
수등이척제에 의한 양전에 익숙하지 않은 결과로 파생된 것이 아닌가
생각된다. 따라서 西都의 量田은 수등이척제의 한 사례로 파악할 수
있다.

한편 고려후기 사회는 농민·천민의 항쟁과 대몽항쟁을 겪었다. 12
세기 말과 13세기 초의 농민·천민은 지방관청을 주요한 공격 목표로
설정하였다. 이로 인해 관아에 보관중이던 토지대장 등 여러 공문서들
이 소실되었을 가능성이 있다. 앞에서도 언급한 것처럼 서도의 양전은
그 지역의 반란으로 田簿가 탕실되어 양전을 추진하였다고 한다. 또한
13세기 몽고의 침략으로 지방관청은 소실되고 농토는 황폐해졌다. 1
2·13세기 농민·천민의 항쟁과 대몽항쟁 기간에는 많은 토지대장이
소실되었을 것으로 추정된다. 이에 따라 대몽항쟁 이후 권세가들이 소
유권과 수조권을 통해 광범하게 토지를 집적하자 고려 국가는 양전을
통해 토지소유관계를 명확히 해줄 필요가 있었다.

고려 국가는 출륙환도 이후 진전개간을 유도하기 위해 권세가 등에

게 '務農重穀之意'로 賜牌田을 남발하였고,[142) 그러면서도 사패전을
이용한 권세가의 침탈을 막기 위해 '閑田이라도 백성이 이미 개간하였
을 경우 빼앗지 못하게 하여' 일반 백성이 개간한 개간지의 소유권을
인정하려 하였다.[143) 이에 따라 고려후기에는 권세가·일반 백성 등에
의해 많은 陳田 등이 개간되었다.[144) 그러나 국가의 조세수입은 '요사
이 호활한 무리들이 遠陳田이라 칭하면서 山川을 표지로 삼고 불법으
로 賜牌를 받아 자기 것으로 하여 公租를 내지 않으니 밭과 들이 개간
되더라도 나라의 公租는 해마다 줄어든다'고[145) 하거나, 혹은 '어떤 사
람이 "지금 군현의 전야가 모두 개간되어 마땅히 量田하고 부세를 증
대하여 國用을 풍족하게 해야 한다"고 하였다'고[146) 하는 것처럼 증대
되지 않았다.

그리고 고려후기 국가재정의 고갈 현상은 원간섭기 일본 원정을 위
한 몽고의 수탈과[147) 왕실의 盤纏비용과[148) 권세가의 과도한 수탈로
인한 민의 유리·도망 등으로[149) 말미암아 軍需와 祿俸의 재원이 모
조리 없어졌다고 할 만큼 심각하였다.[150) 고려 국가는 재정부족을 타

---

142) 『高麗史』 권78, 食貨1 田制 經理 忠烈王 11年 3月.
143) 『高麗史』 권78, 食貨1 田制 經理 忠烈王 11年 3月.
144) 고려후기 진전개간에 대한 연구는 다음의 글이 참고된다. 朴京安, 「高麗後期
    의 陳田開墾과 賜田」, 『學林』 7, 1990 ; 李宗峯, 「高麗後期 勸農政策과 土地
    開墾」, 『釜大史學』 15·16, 1992.
145) 『高麗史』 권78, 食貨1 田制 經理 忠烈王 24年 正月 忠宣王 卽位下敎.
146) 『高麗史』 권78, 食貨1 田制 租稅 忠宣王 2年 11月.
147) 일본 원정과 관련한 고려측의 부담 현황은 다음 글이 참고된다. 朴鍾進, 「忠
    宣王代의 財政改革策과 그 性格」, 『韓國史論』 9, 1983.
148) 朴鍾進, 앞의 논문, 1983, 65~66쪽을 참조.
149) 『高麗史』 권78, 食貨1 田制 祿科田 辛昌 卽位年 7月, "典法判書趙仁沃上疏
    曰 …… 州縣津驛供國役者喪其田宅 困於一田之五六主 一年之五六收 父母
    凍餒而不能養 妻子離散而不能保 無告流亡戶口一空";『高麗史』 권78, 田制
    租稅 辛禑 9年 2月, "一田三兩其主 各徵其租";『高麗史』 권78, 田制 祿科
    田 辛禑 14年 7月, "趙浚上書曰 …… 一畝之主過於五六 一年之租收至八
    九";『高麗史』 권115, 李穡傳, "若其田之主 一則幸矣 或有三四家者 或有七
    八家者";『朝鮮經國典』 上, 賦典 經理, "勢力之家 互相兼幷 一人所耕之田
    其主或至於七八".

개하기 위해 재정개혁책,151) 납속보관책,152) 과렴153) 등을 실시하였지
만 효과를 거두지 못했다. 따라서 양전을 통해 보다 많은 수세지를 확
보하는 것이 최선의 방책이었다.

14세기의 양전은 세액 조정 등을 위해서도 필요하였다. 忠肅王 元年
(1314) 忠宣王이 내린 諭에 의하면 "己巳年(元宗 10, 1269)에 액수를
정한 이후 提察과 守令이 그 액수를 고집하고, 거두어 들이는 것을 중
지하지 않으므로 백성을 병들게 하는 것이 심히 많다. 마땅히 현재의
토지와 호구로서 更定貢賦하되 백성이 유리하여 토지가 황폐한 곳은
그 해에 한하여 면제해주고, 그밖의 雜貢도 마땅히 상정하되 줄일지언
정 늘리지는 말라"고 하고 있다.154) 이는 元宗 10년에 호구만을 기준
으로 부세수취를 하였기 때문에 충선왕에 의해 세액조정이 지시되었
고, 이를 통해 민의 불만을 해소하려는 것이었다. 따라서 고려후기 국
가는 貢賦更定을 통한 부세불균의 해소와 量案에서 누락된 토지의 확
보, 그리고 새로운 개간지의 확보를 통한 增稅의 목적에서 전국적 양

---

150) 『高麗史』 권78, 食貨1 田制 祿科田 辛昌 卽位年 7月, "典法判書趙仁沃上疏
　　日 …… 州縣津驛供國役者喪其田宅 困於一田之五六主 一年之五六收 父母
　　凍餒而不能養 妻子離散而不能保 無告流亡戶口一空 是以國用軍需祿俸之
　　出蕩 然掃地國無旬月之儲 軍無數月之食 冢宰之俸徒存舊額 今所收者纔十
　　數石耳 況其下官乎".

151) 충선왕대의 재정개혁책은 재정기구의 개편, 세액의 조정과 확충(양전·염전
　　매제의 실시), 수취방법의 개선(정액수세, 선납·대납의 금지), 그리고 진휼
　　기관의 설치(전농시·유비창) 등을 들고 있다(朴鍾進, 앞의 논문, 1983, 69~
　　90쪽).

152) 『高麗史』 권80, 食貨3 納粟補官之制 忠烈王 元年 12月 ; 忠烈王 3年 2月 ;
　　忠穆王 4年 2月 ; 辛禑 2年 12月.

153) 科斂은 임시세의 형태로, 특히 원간섭기 이후 집중적으로 실시되었다. 과렴
　　은 급박한 재정수요를 일시적으로 충당해야 할 국가의 입장에서는 가장 손쉬
　　운 재원 확보 방법이었다. 과렴을 통하여 징수한 물품은 대원관계와 관련된
　　金·銀·布類가 중심이었다. 과렴의 대상은 諸王·宰樞로부터 부인·상인
　　·민호, 더 나아가서 일반 관청에 이르기까지 광범하였다. 그렇지만 주 대상
　　은 비교적 경제적 기반을 갖춘 諸王·宰樞 등 지배층이었다(박종진, 『고려시
　　대 재정운영과 조세제도』, 서울대학교출판부, 2000).

154) 『高麗史』 권78, 食貨1 田制 貢賦 忠肅王 元年 正月.

전이 필요하였다.

　그러한 목적 하에서 실시되었던 것이 忠肅王 원년(1314), 즉 甲寅量
田이었다.155)

　　사-a) 始定經界 量田制賦 洪哲爲五道巡訪計定使 …… 巡訪一年 五
　　　　道田籍粗畢 然新舊貢賦多不均 民不聊生(『高麗史』 권108, 蔡
　　　　洪哲傳)
　　사-b) 司憲府上訴曰 國家慮己巳年量田不均之弊 擇其公幹者慶尙
　　　　全羅忠淸三道 改量其田 以正經界 誠爲美意 …… 前朝延祐甲
　　　　寅年量田 亦六年以畢 今年量一道 明年又量一道 亦未晚也
　　　　不允(『太宗實錄』 권10, 太宗 5年 9月 丁酉)

　위의 자료 a)는 비로소 경계를 정하고 양전을 통해 賦稅를 정하였는
데, 蔡洪哲을 五道 순방계정사로 삼았다. 순방 1년만에 5도의 田籍을
완성하였으나 新舊의 공부가 불균하여 민이 편안하지 못하였다는 것
이다. 위의 자료에서 갑인양전은 5도의 양전과 양안의 작성에 1년밖에
소요되지 않았다고 한다. 한편 자료 b)는 조선초기 사헌부에서 고려말
己巳量田이 부실하게 실시되었기 때문에 재차 양전을 시행하여야 한
다고 상소하면서 己巳量田과 달리 甲寅量田은 6년이란 기간에 걸쳐
완성되었으므로 앞으로 양전은 각 도마다 순차적으로 실시할 것을 주
장하고 있다. 그런데 위의 양 자료에서는 갑인양전의 양전기간을 두고
서로 다르게 서술하고 있다. 따라서 갑인양전의 의미를 어떻게 파악할
것인가에 따라 위 자료의 중요도를 서로 다르게 평가한다. 갑인양전을
양전제의 변동시기로 파악하는 논자는 후자의 자료를 주목한다.156)

───────────────

155) 甲寅量田에 대한 연구는 다음의 글이 참고된다. 朴鍾進, 「忠宣王代의 재정
　　개혁책과 그 성격」,『韓國史論』9, 1983 ; 浜中昇, 「高麗後期의 量田과 土地臺
　　帳」, 앞의 책, 1986 ; 朴京安, 「甲寅柱案考-忠宣王代의 田制釐正을 중심으로
　　-」,『東方學志』66, 1990.
156) 呂恩暎은 金尺의 도입으로 隨等異尺으로 변화되었다가 대몽항쟁 이후 사회
　　가 안정된 忠肅王 元年(1314)에 전면적인 異積同稅制로 변화되었다고 보았
　　다. 그것은 6년간 양전이 시행되었다는 점을 고려하여 隨等異尺制에 의한 異

그러나 양 자료 중 어느 것이 정확한 기록인지는 정확하게 알 수 없지만 갑인년에 전국적 양전이 실시되었던 것은 분명하다. 하지만 甲寅量田은 여러 가지 사회경제적 변동을 고려하여 양전을 실시하고, 이를 통해 사회경제적 모순을 제거하였을 것이라는 점은 이해할 수 있지만, 이를 양전제의 변동시기로 파악하기는 어렵다. 양전제의 변동을 알려주는 조선초기 여러 자료에서도 오히려 甲寅年은 전혀 주목하지 않고 있다. 隨等異尺制下에서는 이적동세제로의 세제개편이 이루어져야 하는데, 갑인양전에서는 이적동세제로의 개편은 보이지 않고 세액의 개정만을 시도하였다. 즉 갑인양전은 양전척의 변동을 통한 전제의 개혁을 도모하였다기보다는 각 지역에 계점사를 파견하여 유망민을 안집하고, 이를 통해 민의 토지개간을 유도하는 정책을 사용하거나,157) 세액의 조정 등을 통한 수취제도상의 폐단을 시정하는 데 노력하거나,158) 그리고 양전을 통한 보다 많은 세원을 확보하였던 것으로 생각

積同稅制의 토지경제체제로의 변동시기로 설정하였다. 甲寅量田은 공부·조세 등의 고려후기의 경제체제가 대폭적으로 수정되는 계기가 되었다고 한다(呂恩暎, 앞의 논문, 1986, 24~29쪽). 朴京安은 갑인년에 이루어진 稅法改正 작업은 計點사업에서의 한계를 극복하고 稅法體系 운영방식의 조정이라는 관점하에서 이루어졌다고 한다. 그리하여 田民計定使·諸道巡訪計定使 등을 파견하여 현재의 전결과 토지를 수괄하고 이를 토대로 갑인주안을 작성하였다. 그것은 계점사업의 원칙을 계승하는 가운데 다만 결부제의 운영방식을 바꾸는, 말하자면 단일양전척하의 동적이세에서 수등이척제하의 이적동세제로 전환되었다고 보았다(朴京安, 앞의 논문, 1990, 116~129쪽). 李宇泰는 원간섭기 정치적 불안과 量制의 급격한 변화 등으로 양제와 밀접한 관련이 있는 量田制도 변화되었으며, 그러한 방향은 量制의 대량화에 따라 結負制도 점차 확대되었다고 보았다. 이는 조세부담자인 농민의 저항을 무마하기 위해서도 필요했을 것이며, 대토지소유자인 권문세족들도 자신의 소유지를 장부상 줄임으로써 실질적으로 더 많은 토지를 소유할 수 있었을 것으로 보았다. 양전제가 변동되어 隨等異尺制가 도입되었다고 해서 단일양전척에 의한 結負制는 완전히 소멸하지 않았다. 그것은 指尺에 의한 3등전제는 田畓의 측량에만 적용되고, 그 외의 토지, 즉 山城은 단일양전척인 營造尺이 그대로 사용되었다고 보았다(李宇泰, 앞의 논문, 1992, 41~43쪽).

157) 『高麗史』권78, 食貨1 田制 租稅 忠宣王 2年 11月.
158) 『高麗史』권78, 食貨1 貢賦 忠肅王 元年 正月, "忠宣王論田民計定使曰 先王置州縣 定貢賦 斂民以時 以充國用 兵興以來 戶寡田荒 貢賦之入 不古若

된다. 그것은 충선왕 2년에 개간된 토지를 양전하여 부세의 증대가 논의되었지만, 재추들의 반대로 말미암아 시행되지 못한 사실을 통해서도 알 수 있다.159) 따라서 甲寅量田은 12세기에 실시된 隨等異尺制의 양전 방식에 따라 전국적인 양전을 통해 賦稅 增大와 更定·소유권 불명의 해소 등을 위해 甲寅柱案을 작성하였던 것이다.

甲寅量案은 己巳量田 이전까지 조세수취와 토지소유관계를 밝혀주는 기본 문서였다. 그것은 '고려후기 甲寅量田 이후 三稅의 田이 員將의 유배와 주살로 인해 창고에 유입되어, 삼세가 납입되지 않으나 해당 관청에서는 원래의 안에 의거하여 징수하므로 주군이 병든다'고160) 하거나, 李穡은 고려후기 전제문란을 시정하기 위한 방안으로 '甲寅柱案'을 토대로 하고 公文朱筆을 참작하여 분쟁이 생긴 토지를 그때마다 조정하고, 또 새로 개간한 토지는 곧 측량하여 조세를 부과할 것을 건의하고 있는 것을161) 통해 알 수 있다.

고려후기 국가는 麗末의 토지제도의 정비와 새로운 국가 건설의 경제적 기반을 구축하기 위해 전국적 양전, 즉 己巳量田을 실시하였다.

> 아-a) 昌令 今六道觀察使 各擧副使判官 改量土田(『高麗史』 권78, 食貨1 田制 經理 昌王 卽位年 8月)
> 아-b) 凡公私田租 每水田一結 糙米三十斗 旱田一結 雜穀三十斗 …… 凡有田者 皆納稅水田一結白米二斗 旱田一結黃斗二斗

自己巳量宜定額之後 提察守令 固執其額 徵斂不止 病民實多 宜以見在田口 更定貢賦 民流野荒者 年限蠲免 其除雜貢 亦宜詳定".

159) 『高麗史』 권78, 食貨1 田制 租稅 忠宣王 2年 11月, "宰樞議遣採訪使于諸道 更定稅法 或曰今郡縣田野盡闢 宜量田增賦 以贍國用 宰樞恐其所占田園入官 事遂寢".

160) 『高麗史』 권78, 食貨1 租稅 辛禑 元年 2月, "宥旨 甲寅年量田以後 三稅之田 屢因誅流員將 投入倉庫 不入三稅 拘該官司 一據元案徵納 州郡病之 仰都評議使司 移牒各道按廉使 其有稅之田 先許納稅方收 其餘以革前弊".

161) 『高麗史』 권115, 李穡傳, "恭愍王元年 穡服中上書曰 …… 乞以甲寅柱案爲主 參以公文朱筆 爭奪者因而正之 新墾者種而量之 稅新墾之地 減濫賜之田 則國入增 正爭奪之田 安耕種之民 則人心悅".

(『高麗史』권78, 食貨1 田制 祿科田 恭讓王 3年 5月)

위의 자료 a)는 昌王이 6道의 觀察使에게 각각 副使·判官을 동원하여 전국의 토지를 다시 측량하게 하였다는 것이다. 양전은 이듬해 기사년에 완료되었다. 己巳量田의 결과, 경작할 수 있는 전국의 토지는 약 50萬結로 파악되었다.[162] 이에 따라 옛 量案은 폐기하였다.[163] 50萬結은 供上田 10만결, 四庫(料物庫·太府上下庫·內庫 등)에 3만결, 祿俸田 10만결, 私田 10만결, 나머지 17만결 등 각각 재정 운용안을 마련하였다. 이러한 결수는 공양왕 3년 5월의 과전법 시행 때 '지금 6도 관찰사가 보고한 바에 의하면 墾田數가 50만결도 되지 않는다'고 파악한 것과 비슷하다.[164] 자료 b)는 科田法에서 公私田의 水田과 旱田 1결의 田租는 각각 糙米 30斗와 黃豆 30斗를 수취하고, 田稅는 水·旱田 1결마다 白米 2두와 黃豆 2두를 수취한다는 것이다. 이는 전시과체제하인 성종 11년의 공전조 수취규정에 나타나는 同積異稅制와는 근본적으로 다르다. 그러나 과전법에서 전조가 1결 2석을 시행하기 전, 즉 우왕 14년에 조준은 1결의 전조를 20두로 하자는 기본적인 개혁안을 제시하였다.[165] 조준이 1결의 전조를 20두로 실시할 것을 건의한

---

162) 『高麗史』권78, 食貨1 田制 祿科田 恭讓王 卽位年 12月, "恭讓王卽位 大司憲趙浚等又上疏論田制曰 …… 今六道觀察使所報墾田之數 不滿五十萬結 以供上不可不豐也 故以十萬而屬右倉 以三萬而屬四庫 祿俸不可不厚也 故以十萬而屬左倉 朝士不可不優也 故以畿田十萬而折給之 其餘止十七萬而已".

163) 『高麗史』권78, 食貨1 田制 祿科田 恭讓王 2年 9月.

164) 『高麗史』권78, 食貨1 田制 祿科田 恭讓王 3年 5月, "都評議使司上書請定 給科田法從之 依文宗所定京畿州郡 置左右道 …… 其京畿六道之田 一皆踏驗打量 得京畿實田十三萬一千七百五十五結 荒遠田八千三百八十七結 六道實田四十九萬一千三百四十二結 荒遠田十六萬六千六百四十三結 計數作丁 丁各有字號 載之于籍 拘收公私往年田籍 盡行檢覆覈其眞僞".

165) 『高麗史』권78, 食貨1 田制 祿科田 辛禑 14年 7月, "大司憲 趙浚上書曰 …… 一凡作丁公私之田一切革去 或以二十結 或以十五結 或以十結 每邑丁號 標以千字文 不係人姓名 以斷後來冒稱祖業之弊 量田既定然後分受之以法 公私收租每一結米二十斗以厚民生".

것은 과전법 제정 이전 이미 고려후기 동안에 이적동세제가 보편화되었기 때문이다. 따라서 己巳量田도 隨等異尺制의 양전방식을 계승하여 사전의 폐단을 시정하고 새 왕조의 경제적 기반을 구축하기 위해 실시된 양전 이상은 아니었다.

이상에서 고려후기에는 12세기 양전제의 변동 이후 2차에 걸친 전국적 양전, 甲寅量田과 己巳量田의 전국적 양전을 실시하였다. 忠穆王 3년(1347)에도 전국적 양전이 시도되었지만 중단되었다.[166] 그리고 지역적으로 西都와[167] 京畿에서 양전이[168] 추진되었다. 따라서 고려후기는 전국적 양전과 고려전기의 경우처럼 지역단위의 양전이 함께 실시되었음을 알 수 있다.

앞에서 검토한 것처럼 隨等異尺制下의 양전은 12세기에 변동되었다. 수등이척제하의 양전의 특징은 결을 단위로 토지를 묶어 파악한, 즉 作丁制의 실시였다. 그것은 趙浚의 제1차 전제개혁 상소 때 20結·15結·10結 단위로 作丁하여 字丁制를 시행하라고 건의하거나,[169] 과전법 제정 때 '計數作丁하여 丁에는 각기 字號를 붙여 이를 田籍에 기록한다'는[170] 것을 통해 알 수 있다. 그런데 作丁制는 己巳量田에서 실시된 것이 아니라 그 이전부터 실시되었다.[171]

---

166) 『高麗史』 권37, 忠穆王 3年 2月 辛卯, "分遣李敏金叫于楊廣 李元具金英利于全羅 南宮敏李培中于慶尙 朴光厚崔元祐于西海 鄭珝于平壤 金君發于江陵 郭珝于交州道 令度民田 並兼按廉存撫使". 양전에 참여한 인물은 整治都監이 설치되고 난 후 整治都監의 속관이었다. 그러나 整治都監이 奇三萬의 옥사사건으로 혁파되어 다시 설치되었지만, 곧 혁파됨에 따라 그 후에 양전사업은 중단된 것으로 보인다.
167) 『朝鮮金石總覽』 上, 金元義墓誌.
168) 『高麗史』 권41, 恭愍王 18年 9月 庚申, "遣使度田於京畿".
169) 『高麗史』 卷78, 食貨1 祿科田 辛禑 14年 7月.
170) 『高麗史』 卷78, 田制 科田法 恭讓王 3年 5月.
171) 作丁制 실시시기에 대해서는 고려뿐만 아니라 통일신라 때도 시행되었다고 파악하는 견해(李景植, 「高麗時期의 作丁制와 祖業田」, 『李元淳教授停年紀念歷史學論叢』, 1991)와 고려후기 丁이 토지단위로 변화되면서 元宗 10年(1269) 己巳年 貢賦가 更定되던 시기라고 파악하는 견해(金琪燮, 『高麗前期田丁制 硏究』, 부산대 박사학위논문, 1993)가 있다.

다음의 자료는 작정제가 양전의 단위로 갑인양전과 기사양전 이전
에도 존재하였음을 알 수 있다는 측면에서 주목된다.

자-a) 又下旨于典農司 …… 一豪勢之家 始以賜給占籍土田 因稱祖
業者 及其足丁剩於本數者 令各道務農使 盡行打量 納租本司
(『高麗史』 권33, 忠宣王 卽位年 11月)

자-b) 下敎曰 …… 一國家 以田十七結爲一足丁 給軍一丁 古者田
賦之遺法也 凡軍戶素所連立爲人所奪者 許陣告還給 又奸詐
之徒 雖無兒息 妄稱閑人 連立土田 無有限極 仰選軍別監 根
究推刷 以募戍卒 其逆賊之田 計結爲丁 亦給募卒(『高麗史』
권81, 兵1 兵制 五軍 恭愍王 5年 6月)

위의 자료 a)는 豪勢之家들이 사급전으로 토전을 점유하고서 후에
祖業田이라 칭하는 자와 그 足丁이[172) 본래의 수보다 많은 자는 各道
務農使로 하여금 모두 다시 계산하게 하여 本司에 조세를 납부하라는
것이다. 여기서 주목되는 것은 足丁인데, 足丁이 원래 수보다 많다는
것은 足丁이 일정한 단위로 계산되었다는 것이다. 따라서 足丁은 토지
의 作丁 단위였음을 알 수 있다. 자료 b)는 田 17結을 足丁으로 삼아
軍 1丁에 지급하였는데, 이것은 옛날 토지제도의 遺法이며, 역적의 토
지는 '計結爲丁'하여 군사에게 지급하라는 것이다. 주목되는 것은 足
丁의 단위가 17結이라는 것과 結을 묶어 '丁'으로 삼았다는 것이다. 따
라서 고려후기는 전 17결을 하나의 단위로 作丁(=足丁)하였음을 알
수 있다. 반면 足丁으로 작정되지 못하는 토지는 半丁으로 작정하기도
하였다.[173)

---

172) 足丁에 대한 기존의 연구는 人丁說(韓㳓劤, 「麗代足丁考」, 『歷史學報』 10,
1958)과 田丁說(武田幸男, 「高麗田丁의 再檢討」, 『朝鮮史硏究會論文集』 8,
1971 ; 深谷敏鐵, 「高麗足丁·半丁再考」, 『朝鮮學報』 102, 1982), 量田의 단
위설(金容燮, 앞의 논문, 1975 ; 尹漢宅, 「고려 전시과 체제하에서의 농민의
신분 - 그 제도적 기초로서의 제도적 성격과 성립 - 」, 『泰東古典硏究』 5,
1989) 등으로 다양하다. 足丁을 양전의 단위로 파악하고 있음을 알 수 있다.
173) 『高麗史』 卷33, 忠烈王 24년 正月 忠宣王, "敎曰 …… 其功臣之田 如有孫

그리고 다음의 자료는 고려후기 足丁이 量田의 단위뿐만 아니라 조
세수취의 단위였음을 알 수 있다는 점에서 주목된다.

차) 密直提學 白文寶上箚子 國田之制 取法於漢之限田 十分稅一耳
　　慶尙之田則稅與他道雖一 而漕輓之費 亦倍其稅 故田夫之所食
　　十入其一 元定足丁則七結 半丁則三結加給 以充稅價(『高麗史』
　　권78, 食貨1 租稅 恭愍王 11年)

위의 자료는 경상도 지역의 백성은 타도에 비해 조세운송비용이 과
다하므로 元定足丁에 7결, 半丁에 3결을 더 지급하여 稅價를 보충하
라고 건의하고 있다.[174] 元定足丁이라는 것은 족정에 일정한 단위(結
數)가 설정되어 있다는 의미이다. 따라서 토지의 足丁·半丁은 조세수
취단위로 기능하였음을 알 수 있다.

그러면 田 17結을 단위로 하는 足丁制가 과연 언제부터 실시되었는
지를 살펴보자. 이에 대해서는 다음의 고려전기 자료가 주목된다.

카-a) 定量田步數 田一結方三十三步(六寸爲一分 十分爲一尺 六尺
　　　爲一步) 二結方四十七步 三結五十七步三分 四結方六十六步
　　　五結方七十三步八分 六結方八十步八分 七結方八十七步四分

外 人占取者 勿論年限 依孫還給 同宗中功臣田 若一戶合執者 辨其足丁半
丁均給". 이러한 반정의 크기는 족정의 1/2인 8결로 파악하는 입장(深谷敏
鐵, 「高麗 足丁·半丁再考」, 『朝鮮學報』102, 1982)과 足丁의 약 70%인 田
12結로 파악하는 입장(權斗奎, 「高麗時代 足丁과 半丁의 規模」, 『韓國中世
史硏究』5, 1998)이 있다.
174) 경상도 지역의 원정족정과 반정에 토지를 가급한다는 의미는 무엇일까. 그것
　　은 각 단위에 토지 자체를 지급하는 것, 족정·반정의 단위를 확대하는 것,
　　그리고 각 단위에 부세를 줄여 수취하는 것 등을 예상할 수 있다. 金琪燮은
　　족정·반정의 가급이라는 것은 족정과 반정에 각각 7결과 3결만큼의 부세를
　　줄여 주는 것이라고 파악하였다. 그리고 7결과 3결을 가급한다는 것은 조세
　　수취상에서 이루어진 제도이므로 토지 자체를 지급하는 의미보다도 足丁·
　　半丁의 단위를 각각 7결과 3결을 확대시켜 주는 제도로도 볼 수 있다고 한다
　　(金琪燮, 앞의 박사학위논문, 1993, 184쪽).

八結方九十步七分 九結方九十九步 十結方一百四步三分(『高麗史』권78, 食貨1 田制 經理 文宗 23年)

카-b) 判凡其人 千丁以上州 則足丁年四十以下 三十以上者 許選上 以下州 則半足丁勿論 兵倉正以下副倉正以上 富强正直者選上 其足丁限十五 半丁限十年入役 半丁至七年 足丁至十年 許同正職 役滿加職(『高麗史』권75, 選擧3 其人 文宗 31年)

위의 자료 a)는 문종 23년에 1결부터 10결까지의 양전보수를 정한 것이다. 이때 양전의 단위로 족정·반정제가 시행되었다면 1결부터 17결까지의 양전보수를 확정하여 17결을 1족정으로 삼았을 것이다. 그러나 양전의 보수를 1결부터 10결까지만 산정하였다는 것은 고려전기 문종대의 양전이 1결 단위로 이루어졌기 때문이라고 생각된다. 자료 b)는 其人의 選上을 千丁 이상 州에서는 족정으로 30~40세를 규정하고, 그 이하 州에서는 足丁·半丁을 논하지 말고 兵倉正 이하 副倉正 이상의 부강정직한 자를 선상하게 한다는 것이다. 그런데 위의 자료에 나타나는 足丁·半丁을 토지의 단위로 해석할 수 있는 근거는 없다. 이미 고려전기 족정·반정에 대한 해석은 직역을 담당하는 호로서 그 직역을 담당할 수 있는 경제적 능력을 가진 丁戶층으로 파악하였다.[175] 따라서 고려전기의 족정·반정은 토지의 단위라기보다는 家戶의 경제적 단위와 더 밀접한 관련을 갖는다. 즉 고려전기의 족정과 반정은 田丁과 人丁이 일정하게 결합된 형태라고 할 수 있다.

그런데 足丁·半丁은 고려전기 가호의 경제적 단위에서 고려후기 토지의 양전단위로 변질되었을 것으로 생각된다. 이는 양전제의 변동과 관련된다. 양전제의 변동은 12세기 명종 24년(1194) 이전에 양척동일제에서 수등이척제로 변화되었다. 고려전기 양척동일제에서 결의 단위는 일정 단위로 묶어 파악하기에는 한계가 많았다. 그것은 결의 토지 내에 上等田·中等田·下等田이 혼재하고 있고, 田品에 따라 수확량에 많은 차이가 있기 때문이다. 이를 作丁하여 수세를 하거나 분급

---

175) 金琪燮, 앞의 박사학위논문, 1993, 92~93쪽.

을 하였을 경우에는 작정제의 불균이 발생한다. 그러나 고려후기 양전
제가 수등이척제로 변화됨으로써 결은 일정 정도를 생산할 수 있는 단
위면적으로 규정되었다. 이러한 결은 노동생산성에는 차이가 있을지라
도 토지생산성의 불균등은 발생하지 않는다. 이를 일정 단위로 묶어
파악하면 토지를 분급하거나 조세수취에 편리성을 도모할 수 있다. 따
라서 作丁制는 양전제가 양척동일제에서 수등이척제로 변화된 12세기
이후부터 시행되었을 것으로 추측된다.

　이처럼 作丁의 단위로 足丁·半丁을 규정한 요인은 고려전기 가호
의 경제적 능력에 따라 足丁戶·半丁戶를 규정한 것에서 찾을 수 있
다.176) 족정호들은 자립적인 농업경영을 영위할 수 있는 계층이다. 12
세기 양전에서는 이를 하나의 토지단위로 묶어 作丁한 것이 아닌가 생
각된다. 이러한 足丁·半丁 단위로의 작정은 각 촌락 단위로 양전시에
토지결수에 따라 이루어졌을 것으로 생각된다. 이때 족정과 반정 내에
는 개별 자연가호의 토지만을 대상으로 한 것이 아니라 인위적 토지편
성의 형태로 나타났을 것이다. 즉 17결을 단위로 하여 1足丁으로 삼았
다는 것이다. 따라서 고려후기의 양안은 足丁·半丁을 기본단위로 작
성하고, 이를 토대로 토지분급과 조세수취를 실시하였음을 알 수 있다.

　隨等異尺制下의 양전 특징은 作丁制뿐만 아니라 양전 방식에서 量
尺同一制下의 양전과 일정한 차이가 있었다. 양척동일제의 양전은 문
종 23년의 양전식에 기록되어 있는 것처럼 ‘1結＝方 33步’를 규정하고
있는 것으로 보아 결을 최소단위로 하였다. 하지만 수등이척제의 양전
은 1결을 기준으로 한 것이 아니라 결의 1/100인 ‘負’를 최소의 단위로
설정하였다. 그것은 “己巳年 이전의 양전 때에는 ‘3步 3尺’의 사방 둘

---

176) 足丁戶의 농업경영단위를 파악하는 의미에 대해서는 足丁＝17結과 노동력
　　6丁을 결합한 編戶均田으로 파악하는 입장(尹漢宅, 「고려 전시과 체제하에
　　서의 농민신분 - 그 제도적 기초로서 足丁制의 성격과 성립 - 」, 『泰東古典硏
　　究』 5, 1989, 32~36쪽)과 足丁＝17結의 토지는 분산된 개별가호의 토지가 인
　　위적으로 결합된 것이 아니라 개별자연가호의 소유토지이고, 이것이 개별가
　　호의 경작노동력과 결합하여 하나의 농업경영단위를 이룬 것으로 파악하는
　　입장(金琪燮, 앞의 박사학위논문, 1993, 93~94쪽)이 있다.

레로 1負를 삼고, 方 33步를 1結로 삼았던 것을, 을유년에는 다시 '3步 3尺'의 1負가 33步의 결수에 맞지 않는다고 하여 다시 '3步 1尺 8寸'으로 1負를 삼았으나, 결의 수효가 12負 4束이나 감축되고 이로 인하여 結負에 있어서 그 차이가 대단히 많이 나니, 청컨대 기사년의 예에 따라 '3步 3尺'의 사방 둘레로 1負로 삼고, 그 負의 수에 준하여 方 35步를 1結로 삼도록 하소서 하니 따랐다"는 것을 통해 알 수 있다.177) 이는 隨等異尺制의 양전이 '1結 方 33步'는 그대로 두고 1負의 사방면적인 '3步 3尺'을 기준으로 삼았다는 것이다. 물론 태종 5년(1405) 때 負의 면적이 '3步 3尺'에서 '3步 1尺 8寸'으로 조정되기는 하였지만, '3步 3尺'은 계속 중시되었다. 이러한 양전방식은 '1結＝方 33步'를 최소단위로 양전하는 양척동일제보다 양전을 보다 정밀하게 추진할 수 있는 이점을 가지고 있다.

이처럼 고려후기에 고려전기처럼 結을 기본단위로 양전하지 않고 負를 기본단위로 양전을 실시한 요인은 12세기 양전제의 변동, 즉 수등이척제의 실시와 관련되리라고 생각된다. 고려후기 수등이척제로의 변화는 결과 부의 면적단위에 따라 절대생산량에서 변화가 없었다. 그런데 양전 자체가 부실하면 절대생산량의 차이가 발생할 수 있다. 따라서 고려후기 結負制의 1결은 20石을 생산할 수 있는 면적이므로, 이를 정확하게 양전하려면 結의 하부단위인 負를 기준으로 양전할 수밖에 없었다. 이것은 결부제가 변동되면서 고려전기와 후기 사이에 양전방식의 변화에서 나타난 것으로 보인다.

고려시대는 양전을 통해 토지를 파악하고, 이를 토대로 관료·관청 등에 토지를 분급하거나, 부세를 수취하였다. 국가는 양전의 작성을 토대로 매 군현마다 토지대장, 量案을 작성하였을 가능성이 있다. 양안의 명칭과 관련하여 주목되는 사례는 통일신라시대부터 고려후기에 이르기까지 '買田庄'·'量田帳籍'·'田丁柱貼'·'柱貼公文'·'都田帳',178) '導

177) 『世宗實錄』 권42, 世宗 10년 10월 辛巳.
178) 이상의 사례는 『三國遺事』에 기록된 명칭이다.

行',179) '甲寅柱案'・'公文朱筆',180) '田簿'181) 등이 나타난다는 것이다.182) 이들 중에서 가장 주목되는 명칭은 量田帳籍과 田簿이다. 量田帳籍은 말 그대로 양전을 시행하고, 이를 토대로 작성된 帳籍, 즉 양안으로 생각된다. 그리고 서도지역, 즉 서경지역에 보관되어 있던 田簿가 소실되자 양전을 실시한 것이므로 전부도 量案일 것으로 추측된다. 따라서 양안은 고려시대에도 작성되었다고 보아야 한다.

그런 점에서 都田帳・甲寅柱案 등도 量案일 가능성이 많다. 그것은 이색의 상소 중에 甲寅柱案을 위주로 하고, 公文朱筆을 참고로 하여 토지의 소유권 쟁탈을 바로잡을 수 있다고 하였기 때문이다.183) 그런데 양 문건을 이용하여 토지의 쟁송을 바로잡는다는 것은 양자의 성격이 기본적으로 다르다는 의미이다. 갑인양전은 부세불균의 해소를 위해 시행되었다. 이때 작성된 것으로 보이는 甲寅柱案은 양안적 성격을 가진 안으로 생각되고, 이것은 기사양전 이후 과전법 시행 때까지 고려후기 기본적인 토지대장으로 기능하였을 것이다. 이에 반해 公文朱筆은 이와 다른 성격을 가졌다면 수조지의 분급과 관련된 안으로 볼 수 있을 것이다. 따라서 고려시대에는 양전을 토대로 양안이 존재하였음을 알 수 있다.

그러나 양척동일제와 수등이척제의 量案은 각 시대마다 일정한 차이가 있었다. 즉 12세기를 기준으로 양안의 형태가 달랐을 것으로 추측된다. 12세기 이전에는 개별토지를 단위로 파악하여 토지소유자・전품・양전의 방향・토지의 형태・사표・총결수・수조권자의 성명 등을

---

179) 『韓國上代古文書資料集成』, 淨兜寺五層石塔造成形止記.

180) 『高麗史』 권115, 李穡傳.

181) 『朝鮮金石總覽』 上, 金元義墓誌.

182) 대다수의 연구자는 甲寅柱案 등을 양안이라고 파악하고 있다(浜中昇, 「高麗期의 量田と土地臺帳」, 『朝鮮古代の經濟と社會』, 1986). 그러나 李景植은 甲寅柱案・都田帳 등을 양안적 성격이라기보다는 田丁의 수수・분급 등과 관련되는 사항을 기록한 문건이라고 보았다(李景植, 「高麗時期의 作丁制와 祖業田」, 『李元淳教授停年紀念歷史學論叢』, 1991, 180~187쪽).

183) 『高麗史』 권115, 李穡傳.

양안에 기록하였다. 반면 12세기 이후에는 토지를 足丁·半丁의 단위
로 양전하여 양안에 기록하였고, 기사양전에서는 10·15·20결 단위로
작정하여 字丁制를 시행하였다. 아울러 양안에는 이전에 존재하였던
수조권자의 성명을 기록하지 않았다. 이같은 양안의 변화는 고려후기
에 나타난 수조권적 토지지배를 약화시키고, 점차 소유권적 토지기반
을 강화시키기 위해서였다.

　이상에서 검토한 것처럼 隨等異尺制는 12세기를 기점으로 변동하였
고, 甲寅量田과 己巳量田은 고려후기 사회적 문제인 공부경정, 수세지
의 확보, 그리고 토지탈점을 해소하는 입장에서 12세기의 양전을 계승
한 방식이었다. 隨等異尺制下의 結은 結 상호간의 노동생산성에는 차
이가 있지만 총생산량에는 차이가 없으므로 結을 단위로 토지를 파
악할 수 있게 되었고, 이를 수세와 토지분급의 단위로 삼았다. 즉 作丁
制의 실시가 그것이다. 그리고 양전을 통해 작성된 양안에 수조권자의
성명을 기재하지 않음으로써 한국중세 토지제도의 특징인 수조권적
토지지배를 점차 약화시키고, 소유권적 토지지배를 점차 강화시켜 나
갔다.

　3) 結의 면적과 생산량

　앞에서 고려전기 1결 방 33보의 절대면적은 12세기에 隨等異尺制로
변화되었음을 살펴보았다. 그러면 指尺에 의한 隨等異尺制下의 結 면
적은 어느 정도였는지를 다음의 자료를 통해 살펴보자.

　타-a) 戶曹啓 前此己巳年以上量田時 三步三尺四方周廻爲一負 三
　　　　十三步四方周廻爲一結 乙酉年改量時 以爲三步三尺負數 於
　　　　三十三步 結數不准 而改以三步一尺八寸爲一負 一結之數減
　　　　至十二負四束 因此結負之數差重 請依己巳年例 三步三尺四
　　　　方周廻爲一負 令其負數相准 三十五步爲一結量之 從之(『世
　　　　宗實錄』권42, 世宗 10년 10월 辛巳)

타-b) 舊制 田品只有上中下所量田之尺 三等各異 上田尺二十指 中
田二十五指 下田三十指 而皆以實積四十四尺一寸爲束 十束
一負 百負一結 準諸中朝畝法 上田之結 二十五畝四分有奇
實積周尺十五萬二千五百六十八尺 中田 三十九畝九分有奇
實積周尺 二十三萬九千四百一十四尺 下田 五十七畝有奇 實
積周尺三十四萬五千七百四十四尺(『龍飛御天歌』73章 註)

위의 자료 a)는 己巳年 이전의 양전 때부터 量田은 '3步 3尺'의 둘
레를 負로 하고 方 33步를 1결로 하였다는 것이다. 그런데 '3步 3尺'을
기준하여 1결의 면적을 산정하였을 때와 '方 33步'를 기준하여 결의 면
적을 산정하였을 때는 차이가 있음을 알 수 있다. 자료 b)는 指尺을 기
준하여 결의 면적을 환산하는데, 1束의 실적이 44척 1촌이라는 것이다.
이를 중국의 頃畝制에 준하여 계산하면 上等田=152,568周尺^2, 中等田
=239,414周尺^2, 下等田=345,744周尺^{2}이라는 것이다. 量田尺, 즉 指尺
이 上田尺은 농부의 2指(食指와 將指의 폭)를 10개 합친 20指였고, 中
田尺은 2指를 5개, 3指(食指와 將指[長指]에 無名指를 합친 폭)를 5개
합한 25指였으며, 下田尺은 3指 10개를 합한 30指였다. 이러한 양전용
指尺은 19.423㎝로 추측하였다.[184] 이를 통해 얻은 隨等異尺制下의 면
적은 上等田 1결=6,608.2m^2=1,999평, 中等田 1결=10,369.1m^2=3,137
평, 下等田 1결=14,973.7m^2=4,530평으로 계산된다. 이를 표로 만들면
다음의 <표 31>과 같다.[185]

---

184) 朴興秀는 위의 자료 타-b)의 『龍飛御天歌』를 통해 계산하면,
　　　下田 1結：13,829步=345,744(周尺)^2=(588周尺)^2 =(210×2.8周尺)^2
　　　中田 1結： 9,576步=239,414(周尺)^2=(489.3周尺)^2=(210×2.33周尺)^2
　　　上田 1結： 6,102步=152,568(周尺)^2=(390.6周尺)^2=(210×1.86周尺)^2
　　이므로 20指=周尺 1척 8촌 6분, 25指=周尺 2척 3촌 3분, 30指=周尺 2척 8
　　촌으로 조사되며(世宗 12년에 교정된 周尺의 길이는 20.81㎝), 또한 壯年農
　　夫 50명의 지폭을 실측한 결과 얻어진 평균치 7.80㎝를 통하여 계산된 指尺
　　이 19.50㎝±2.3㎜(=7.80㎝×2.5)가 되어 周尺의 길이와 유사함을 보여준다
　　고 하였다(朴興秀, 앞의 논문, 1972, 45~47쪽).
185) 朴興秀, 앞의 책, 1980, 79쪽의 <표 4>를 참고하였다.

<표 31> 己巳量田 때 結의 면적

	기준척(19.423cm)	면적(方 3步 1尺 8寸)	면적(方 3步 3尺)
上等田=20指	38.71cm	1,777평	1,999평
中等田=25指	48.49cm	2,788평	3,137평
下等田=30指	58.27cm	4,027평	4,530평

* 소수점에서 반올림.

그런데 문제는 고려후기 隨等異尺制下의 결의 면적이 고려전기 量尺同一制 단계보다 약간 증대하였다는 점이다. 이러한 현상은 국가에 의한 토지지배 효율성의 도모와 결당 생산량을 일정 정도를 생산할 수 있는 면적에 규정시키려는 의도와 관련되리라고 본다. 즉 수등이척제의 결부제는 일정 면적에서 일정 생산량을 담보할 수 있고, 이를 기반으로 일정량을 수취할 수 있는 면적으로 변화되었다는 것이다. 수등이척제를 채택하여 결의 면적을 도출하였지만, 각 결의 단위마다의 생산량에는 여전히 많은 차이가 있었다.

이러한 토지면적의 결당 생산량은 어느 정도였을까. 고려후기의 생산량을 알려주는 직접적인 자료는 없다. 다만 다음의 자료를 통해 고려후기 생산량을 추정할 수밖에 없다.

파) 凡公私田租 每水田一結 糙米三十斗 旱田一結 雜穀三十斗 … … 凡有田者 皆納稅水田一結白米二斗 旱田一結黃斗二斗(『高麗史』 권78, 食貨1 田制 祿科田 恭讓王 3年 5月)

위의 자료는 科田法의 제정과 함께 시행된 조세 수취규정으로 租는 2石이고 稅는 2斗라는 것이다. 그런데 水·旱田 1결당 糙米 2석과 잡곡 2석이 조세로 수취되었다는 것은 모든 1결의 토지가 이 정도는 납부할 수 있는 양을 생산하고 있음을 의미한다. 이러한 생산량은 14세기 말기뿐만 아니라 그 이전 시기까지도 소급될 수 있을 것으로 생각된다. 때문에 과전법 하에서는 이러한 양을 수취의 양으로 규정하였을 것이다. 따라서 과전법 하의 1결당 생산량은 수전 조미 20석, 한전 잡곡 20석으로 환산된다.

고려말기의 上等田 200평을 기준으로 평당 생산량을 환산하면 2石이다. 이러한 200평을 기준한 생산량은 고려전기와 비교하여 보면, 上等田 200평을 기준으로 할 때 약 20% 이상 증산되었음을 알 수 있다.186) 이러한 증산량은 중국의 南方 水田에서 唐·宋代와 宋·元代의 畝産量에서 각각 약 22.1%와 38.9%가 증산되었던 것과 비슷한 생산량이므로 주목된다. 이러한 생산력의 변동은 고려초기와 후기 사이에 있었던 부단한 농업기술의 발달에 의한 생산력의 증대에 기인한다고 할 수 있다.

그런데 상등전을 통한 생산력의 산술적 비교는 일정한 한계가 있다. 왜냐하면 과전법체제 하에서 상등전이 어느 정도의 비중을 차지하고 있는지를 알 수 없기 때문이다. 조선초기의 결당 생산량을 정확하게 기록한 자료는 없다. 다만 세종대 貢法을 논의하는 과정에서 생산량이 언급된 경우는 있다. 東部訓導官 李甫欽이 말하기를 "…… 우리 동방 토지의 비옥하고 척박한 것이란 반걸음 한걸음 사이도 서로 달라서 비옥한 토지를 경작하는 자는 별로 인력을 들이지 않고도 1결의 논에서 100석을 거둘 수 있고, 척박한 땅을 짓는 자는 인력을 다 들여도 1결의 소출이 10두에 지나지 않사온데, 정말 이렇게 10두의 세를 정해 받는다면 비옥한 토지를 받아 가지고 경작하는 자만이 혜택을 누리게 되고, 척박한 땅에다 비료까지 써 가며 지은 자는 빚을 얻어 충당하는 억울함을 면치 못할 것이니, 그런 공법을 어떻게 행할 수 있겠습니까"하였고, 摠制 河演은 "경상·전라의 연해지대의 논에는 1·2斗의 볍씨만

---

186) 李宗峯은 고려전기 양제는 靖宗 6년에 1승의 용량이 약 200㎖에서 약 340㎖로 변동되었음을 밝혔다(李宗峯, 앞의 논문, 1998). 그런데 생산량의 비교에서는 각각 1승의 용량을 200㎖와 300㎖로 환산한 수치임을 밝혀둔다. 고려전기 上等田 200평의 생산량은 2.5石(75,000㎖)이다. 고려말기 隨等異尺制 1등전 200평의 생산량은 이 시기에 양기의 1승이 340㎖(300㎖로 계산)로 변화된 이후이므로 2석(90,000㎖)이었다.

뿌려도 소출이 혹 10여 석에 달하여 1결의 소출이 많은 것은 50·60석
이 넘고, 적어도 20·30석 이하로 내려가지는 않는다. 한전 또한 비옥
도가 높아 소출이 많은 데 비해 경기도·강원도와 같은 산을 의지해
이루어진 고을들은 1·2석의 볍씨를 뿌린다 해도 소출이 5·6석에 불
과하니 일률적으로 조세를 거둘 수 없는 것은 명백합니다 …… 上等田
은 오직 경상도·전라도 등의 1천 결에 겨우 1·2결이 있고, 中等田도
역시 1백결에 1·2결이 있을 뿐, 그밖에 각도에는 다만 中等田이 역시
1천결에 1·2결이 있는 정도입니다"고 하였다. 參判 柳季聞은 "우리나
라 토지의 품질이 같지 않아서 경상도·전라도 등의 연해지대의 논은
1·2두의 볍씨만 뿌려도 그 소출이 거의 10석에 달하는데, 경기도·강
원도와 같은 산골의 논들은 1·2석의 볍씨를 뿌려도 소출은 겨우 7, 8
석에 불과합니다"라고 하였다.[187] 이처럼 己巳量田 이후 조선초기 각
지역의 생산량은 100석, 50·60석 등으로 지역에 따라 많은 차이가 있
었고, 상등전은 지역마다 많이 존재하지 않았음을 알 수 있다. 이로 볼
때 己巳量田 이후의 上等田은 최상의 생산조건을 가진 토지이다. 따
라서 이런 지역을 고려전기의 생산량과 비교 대상으로 삼았다는 것은
일정한 한계가 있지만, 그 정도가 생산되었다는 측면은 주목하여야 할
것이다.

고려전기와 고려말기의 농업생산력을 조선초기의 농업생산력과 서
로 비교하기 위해서는 貢法下의[188] 결의 면적과 농업생산력을 파악하
여야 한다. 공법에서 결의 면적은 1등전에서 6등전으로 분류되었다.[189]
이를 표로 작성하면 다음의 <표 32>와 같다.

187) 『世宗實錄』 권49, 世宗 12年 8月 戊寅.
188) 貢法의 추진과정에 대해서는 다음의 글이 참고된다. 金泰永, 「朝鮮前期 貢
法의 성립과 그 전개」, 『朝鮮前期土地制度史研究』, 1983.
189) 『經國大典』 권2, 戶典 量田, "一等田尺長准周尺四尺七寸七分五釐 二等五
尺一寸七分九釐 三等五尺七寸三釐 四等六尺四寸三分四釐 五等七尺五寸
五分 六等九尺五寸五分 …… 一等田一結准三十八畝 二等田四十四畝七分
三等田五十四畝二分 四等田六十九畝 五等田九十五畝 六等田一百五十二
畝".

<표 32> 世宗 26年 貢法단계의 結의 면적

等田	畝	계산(周尺)	m^2	面積(결)
1등전	38畝	$(4.775 \times 100)^2$	9,675.67	2,927평
2등전	47畝 7分	$(5.179 \times 100)^2$	11,382.20	3,443평
3등전	54畝 2分	$(5.703 \times 100)^2$	13,801.97	4,175평
4등전	69畝	$(6.434 \times 100)^2$	17,566.96	5,314평
5등전	95畝	$(7.550 \times 100)^2$	24,189.58	7,317평
6등전	152畝	$(9.550 \times 100)^2$	38,702.69	11,708평

* 주척은 20.6cm로 계산하였고, 결의 면적은 소수점에서 반올림하였다.

공법하의 생산력은 앞의 과전법하의 생산력의 경우처럼 수조율을 통해 파악할 수밖에 없다. 세종 26년(1444) 공법하의 수조율은 1/20이다. 농작물의 손실을 입지 않았다고 상정한다면[190] 조세가 20斗이므로 1등전의 생산량은 米로 400斗(평석 약 26.7石 ; 전석 20石)이다. 200평의 생산량은 1.8석이므로 오히려 己巳量田 2석보다 약 10%의 減産으로 나타난다. 이러한 현상은 앞에서 언급한 것처럼 기사양전의 상등전은 상등전 중의 상등전이었고, 공법의 상등전은 평균화된 상등전이었기 때문에 평균적 생산량이 줄어든 것으로 파악될 수 있다. 또한 貢法은 농업경영의 안정화란 측면에서 세율을 인하시킨 측면이 있었기 때문에 실제 생산량보다 낮게 파악될 가능성도 있다. 공법의 上等田은 앞의 공법 논의 과정에서 언급된 것처럼 실제 생산량이 조세수취액에서 규정한 양보다 생산되는 토지가 많이 존재하였다. 그러므로 공법하의 생산력은 실제 기사양전하의 생산력보다 낮은 것은 아니다. 공법은 세율을 너무 낮게 책정하였을 가능성이 많다. 실제 기사양전하의 상등전은 약 2,000평 정도인데 공법하에서는 약 3,000평으로 확대되었다. 그러면서 수조율은 1/20租였다. 이에 따라 공법하에서는 생산력이 낮

---

190) 年分 9등에 따른 조세수취액

상상년	상중년	상하년	중상년	중중년	중하년	하상년	하중년	하하년
20斗	18斗	16斗	14斗	12斗	10斗	8斗	6斗	4斗

게 책정될 수밖에 없다.

그리고 貢法의 제정은 1결의 면적이 己巳量田(약 2,000평) 때보다 상대적으로 확대되었지만(50%), 조세수취량은 1/20조(1결=20斗)로 감소되었다. 그로 인해 공법의 조세량은 이전보다 산술적으로 훨씬 경감되었다. 이는 양반관료층에게는 수조지 분급지에서 수입의 축소를 가져왔으며, 아울러 국가의 재정수요를 축소시키는 요인이 되었다. 이렇게 줄어든 재정수입량을 보충하기 위해서는 양기의 용적을 증대시킴으로써 현실적 수입량을 증대시킬 수 있다. 즉 공법제정은 세종 28년(1446)의 斛斗升合의 경정의 주요한 원인이 되었다.[191] 그것은 세종 26년의 공법제정과 불가분의 관련을 가졌을 것이다. 따라서 結負制의 변화는 度量衡制의 변화뿐만 아니라 각 시기의 사회경제구조 등과 밀접하게 연관되어 변화되었음을 알 수 있다.

이상에서 살펴본 것처럼 고려전기에서 고려후기 사이에 결의 면적은 농업생산력의 증대로 고려전기에 비해 약1/9(상등전)~1/4(하등전)로 축소되었던 것이 아니라,[192] 오히려 고려후기에 結負制의 의미 변화로 전체적으로 확대되었다. 고려후기 결의 면적은 2석을 수취할 수 있는 면적(20석을 생산할 수 있는 면적)으로, 조선초기 貢法에서는 20斗를 수취할 수 있는 면적으로 확정되었다. 이는 고려시대 농업기술의 발달에 따른 생산력의 증대를 수렴한 것이다. 이는 결부제 본래의 의미인 생산량의 수량단위를 보다 충실하게 반영한 것이었으며, 조세수취의 효율성을 도모하고자 하는 목적도 가지고 있었다.

3. 結負制와 頃畝制의 관련성

통일신라 및 고려시대에는 여러 차례의 양전을 시행하였지만 양전의 방식이 동일한 것은 아니었다. 고려전기의 1結=方 33步는 量尺同

191) 본서 제2장 3절을 참고.
192) 金容燮, 앞의 논문, 1975 ; 李鎬澈, 앞의 책, 1986.

一制에 의한 同積異稅制였지만, 12세기 이후에는 수등이척제에 의한
이적동세제였다. 고려전기와 후기 사이에 양전척의 변화, 즉 결부제가
변동되었다. 따라서 결부제의 의미도 변화하였음을 알 수 있다.

결부제와 경무제의 연관성을 살피기 위해서는 결이 어디에서 유래
되었는지를 살펴보자.[193] 결의 유래에 대해서는 다음의 조선후기 자료
가 참고된다.

> 가-a) 田結之名 出於管子禁藏篇 非無據也 我邦西路與齊相近 義管
>   仲治齊之法 流轉於西路 遂遍三韓也 管子之法 仍是周法 其
>   稱田結者 蓋田籍之別名也(『經世遺表』 권6, 田制考 邦田議)
> 가-b) 東京續志云 新羅田制 亦以十束爲一負 百負爲一結(『經世遺
>   表』 권6, 田制考 邦田議)

위의 자료 a)에 의하면 田結은 중국의 제나라에서 전래된 것이고,
전래 당시의 田結은 古代 周法에 의거한 ‘田籍’이라는 의미로 사용되
었다고 한다. 그리고 結은 중국 고대에서 『禮記』 曲禮 편에 ‘結謂收斂
之也’라고 서술되어 있으므로 收稅의 의미를 내포하고 있다. 結은 조
선 독자적으로 생겨난 수확량을 단위로 한 것이 아니라 국가의 전적에
기록되어 있는 조세의 대상이라는 뜻이다. 즉 結은 收租의 대상이라는
의미와 함께 토지 면적, 즉 일정 면적과도 밀접한 관련을 가지고 있다.

---

193) 白南雲은 結負制의 성립을 삼국시대로 소급하여 고구려는 頃畝法, 백제는
結負法, 신라는 양자를 병용하였다고 보면서 結은 자연발생적으로 발생하였
다고 보았다(白南雲, 앞의 책, 1937). 朴克采는 『經世遺表』 田制考의 자료를
토대로 結은 중국에서 유래되었고, 『東京續志』에 負・束・把 등이 기록되어
있으므로 負・束・把는 우리나라에서 발생하였다고 하였다(朴克采, 앞의 논
문, 105~107쪽). 金載珍은 頃畝制와 結負制는 중국에서 도입되었는데, 結은
경작농민 1世帶의 부양경작지를 뜻한다고 파악하기도 하였다(金載珍, 「田結
制研究」, 『慶北大論文集』 2, 1958, 102~104쪽). 呂恩暎은 結을 중국의 頃畝
制와 관련하여 해석하여 중국 古畝 30畝의 면적인 畹으로 보고, 畹은 성인
남자 1인의 한해 식량을 충족시킬 수 있는 穀食의 所出地를 가르키는 면적
단위로 보았다. 따라서 結은 고대 중국의 토지정책을 모방하려는 의도에서
비롯되었다고 추정하였다(呂恩暎, 앞의 논문, 1986, 15쪽).

자료 b)는 『東京續志』에194) 전하던 내용을 丁若鏞이 옮겨놓은 것으로 신라의 전제에는 結의 하부단위로 束과 負가 있다는 것이다. 따라서 結은195) 국가가 제도적으로 收稅의 편의를 위해 토지를 일정 단위별로 파악한 것으로서, 중국에서 유래되었을 가능성이 많다고 하겠다.

이러한 結負制의 結이 면적단위인지 아니면 생산량의 수량 단위의 면적인지를 살펴보자. 이에 대해서는 조선후기의 자료에 서로 다른 의미로 기록하고 있다.

나-a) 臣謹案 今人以結負解田之法 爲羅麗古俗 而今高麗之志曰 一結之田 方一百四步三分 不復云各等之田其步數有差 則一結仍是一頃 非今日差等之一結也(『經世遺表』권6,田制考 邦田議)
나-b) 穗一握者爲之把 遞之上之 至于結 十把爲束 十束爲負 百負爲結(『萬機要覽』財用篇, 田結 田制)

위의 자료 a)는 結負制가 이미 신라 때부터 사용되었는데, 結負制는 頃畝制와 같은데, 금일의 차등일결이 아니라는 것이다. 문제는 結負制와 頃畝制가 같다고 파악한 점이다. 조선시대 결의 면적은 차등이 있는데, 고려 이전은 그러하지 않다는 것이다. 중국의 頃畝制는 절대면적(일정 면적)을 단위로 하였다.196) 따라서 통일신라 및 고려시대의 結負制는 일정 면적을 단위로 하는 점에서 중국의 頃畝制와 같다고 기록한 것으로 추측된다. 자료 b)는 생산물의 수량적 규정으로 농업생산

---

194) 작자를 알 수 없는 『東京志』를 조선 顯宗 때 閔周冕이 增修했고, 憲宗 때 成原默이 증보한 『東京雜記』를 말한다.
195) 통일신라 및 고려시대의 結負制에서 '結과 負'의 관계는 중국에서 '頃'의 하급단위인 '畝'가 1/100로 관계되어 있는 것처럼, '結'의 하급단위인 '負'도 1/100의 관계로 제정되었다고 할 수 있다. 먼저 結이라는 면적이 설정되고 그 면적을 다시 100등분하여 負라는 단위를 창출한 것으로 생각된다.
196) 중국 頃畝制의 1頃은 周代에 '6尺이 1步이고 너비 1步, 길이 100步를 1畝로 하고 100畝가 1頃이었다'가 『說文』에 이르기를 '秦田 240步 1畝를 한다'고 하였다. 이후 이러한 1頃의 제도는 변화되지 않았다. 따라서 중국의 頃畝制는 절대면적의 체계이다.

에 따라 '한 웅큼 모은 것을 把'라 하고 '10把를 1束, 10束을 1負, 100負를 1結'로 한다는 것이다. 結負制는 일정 면적을 설정하고 그 땅에서 생산되는 소출을 계산한 것이 아니라, 소출을 전제로 면적을 계산한 것이다. 結은 백짐(100負)을 생산할 수 있는 단위 면적으로 환산된 것이다. 이처럼 결부제의 의미는 19세기 초에 편찬된 두 史書에서 서로 달리 파악되고 있다.

그러한 요인은 무엇일까. 자료 a)는 앞에서 설명한 것처럼 일정 면적에 따라 생산량의 차이가 있는 同積異稅制下의 結負制의 의미를 설명한 것이고, 자료 b)는 면적은 다르지만 생산량이 같다는 異積同稅制下의 結負制의 의미를 설명한 것으로 추측된다. 그런데 고려전기는 성종대의 조세수취 규정을 볼 때 同積異稅制이다.[197] 12세기 이후의 結은 수확량을 토대로 일정 면적을 환산하였는데, 100負(짐)을 생산할 수 있는 면적, 즉 이적동세제이다. 결의 의미는 일정 면적단위에서 생산물의 수량적 면적단위로 변화되었음을 알 수 있다. 즉 우리나라 결부제의 의미는 두 종류이다. 그러나 두 제도가 함께 존재할 수는 없다. 따라서 두 사서는 결부제가 변화되었는데, 서로 다른 결부제의 의미를 각각 기록하고 있는 것으로 볼 수 있다.

통일신라 및 고려시대에는 각 시대마다 양전을 실시하였지만, 양전의 원칙은 동일하지 않았다. 이에 따라 통일신라와 고려전기의 결부제는 일정 면적을 기준으로 하는 同積異稅制, 즉 量尺同一制였고, 12세기 이후의 결부제는 생산량을 수량화한 異積同稅制, 즉 隨等異尺制로 변화되었음을 알 수 있다. 즉 고려전기에는 국가가 일정 단위를 結로 삼아 비척에 따라 생산되는 양에 따라 수세에 차등을 두었는데, 고려 후기 이후에는 일정 생산량을 담보할 수 있는 면적을 結로 만들어 일정 량을 수세하는 형태로 결부제의 의미가 변화되었다는 것이다.

통일신라 및 고려전기의 결부제는 단위면적당 수확량을 기준으로 한 것이 아니라 일정 면적 방 33보를 기준으로 한 것이다. 이는 중국의

197)『高麗史』권78, 田制 租稅 成宗 11年.

경무제가 절대면적을 표준으로 한 점과 비슷하다. 실제 고려전기 이전의 결부제와 중국의 경무제는 면적에서 많은 차이가 있다.[198] 그러나 우리나라의 문헌자료에는 결부제와 경무제의 사례들이 혼용되었다. 이에 따라 통일신라 및 고려시대의 결부제와 경무제를 동일한 것으로 파악하거나,[199] 혹은 일정 면적비율을 가지고 사용되었다고 파악하기도 하였다.[200] 따라서 경무제가 어떤 이유 때문에 우리나라 문헌자료에 기록되었는지를 검토하여야 한다.

먼저 頃畝制와 結負制의 관계를 해명하기 위해서는 그 전제로서 頃畝制에 대한 검토부터 있어야 한다. 다음의 고구려의 자료를 살펴보자.

> 다) 王子如津溺水死 王哀慟 使人求屍不得 後沸流人祭須 得之以聞 遂以禮葬於王骨嶺 賜祭須金十斤 田十頃(『三國史記』 권13, 高句麗本紀 琉璃王 37年)

위의 자료는 유리왕이 그의 왕자 如津이 익사한 후 그의 시신을 구한 祭須에게 金 10斤과 토지 10頃을 하사하였다고 한다. 이를 통해 고구려에서는 頃畝制가 실시되었다고 파악하였다.[201] 그러나 본 자료 외에는 고구려에서 頃畝制가 시행되었음을 보강해 줄 다른 근거가 없다는 한계를 가지고 있다. 그리고 고구려의 경무제가 중국의 경우처럼 양전을 통한 일정면적 즉 100무 1경을 뜻하는지는 더욱 의심이 간다.

한편 통일신라시대에는 『三國史記』·『三國遺事』 등의 자료에 結負制와[202] 頃畝制의 사례가 혼용되어 나타난다. 이들 중 결부제는 본장 1

---

198) 중국의 1頃과 우리나라 1結의 면적 차이는 본장 1절을 참고 바란다.
199) 본서 제1장의 주 40)을 참고할 것.
200) 呂恩暎, 앞의 논문, 1986, 44쪽.
201) 白南雲은 고구려의 頃畝制는 漢의 제도를 수용하여 실시한 것으로 파악하였다(白南雲, 『朝鮮社會經濟史』, 1933, 207~215쪽). 그렇지만 자료의 신빙성에 대한 것이나 고구려 頃畝制의 면적이나 양전척에 대한 설명은 하지 못하고 있다. 따라서 고구려의 경무제에 대해서는 새로운 재검토가 있어야 한다.
202) 통일신라시대 結負制에 관한 자료는 다음과 같다. 『三國遺事』 권3, 塔像4 臺山五萬眞身, "自院西行六千步 至牟尼岾 古伊峴外 柴地十五結 粟地六結 坐

절에서 검토하였기 때문에 頃畝制의 자료들을 중심으로 검토하여 보자.

  라-a) 今浦縣稻田五頃中 皆米顆成穗(『三國遺事』권2, 紀異2 惠恭王)

  라-b) 天授四年□長壽二年(孝昭王 2, 693) …… 田一萬頃 納於寺
    (『三國遺事』권3, 塔像4 栢栗寺)

  라-c) 望德寺僧善律 …… 坐父母陰取金剛寺水田一畝(『三國遺事』
    권5, 感通7 善律還生)

  라-d) 謂英規曰 前王失國後 …… 許職左丞 賜田一千頃(『三國遺事』
    권2, 後百濟 甄萱)

위의 자료 a)는 금포현의 稻田 5頃이 익었다는 것이다. 자료 b)는
효소왕이 토지 1萬頃을 백률사에 시납하였다는 것이다. 자료 c)는 부
모가 금강사의 水田 1畝를 몰래 훔쳤다는 것이다. 자료 d)는 고려 태
조가 후백제 출신의 英規에게 左丞의 관직과 토지 1千頃을 하사하였
다는 것이다. 그런데 이들 자료는 앞에서 살펴본 결부제의 용례처럼
'頃-畝'의 체계를 가지고 사용되지 않고 있다. 그렇다면 頃과 畝는 원
래 경무제의 의미를 가지면서 일정한 면적체계를 가지고 사용된 것은
아니라고 생각된다.

이러한 용례들은 고려시대도 마찬가지이다. 『高麗史』 식화지와 금
석문 등의 문헌자료에서도 일정한 단위체계를 가지고 사용되었다기보
다는 몇 頃과 數畝 등의 사례로 나타난다.203) 따라서 경무제는 후술하

位二結 創置莊舍焉";『三國遺事』권1, 紀異2 味鄒王竹葉軍, "爲公立功德寶
田三十結于鷲仙寺";『三國遺事』권5, 神呪6 明朗神印, "給二人父母忌日寶
于塽白寺 田畓若干結云云".

203) 頃畝制와 관련된 자료는 고려초기부터 고려말기까지, 특히 개인의 문집류나
금석문 자료 등에 계속 산견되고 있지만 국가의 토지분급 규정 등에서는 전
혀 나타나지 않고 있다. 『動安居士集』, 看藏庵重創記, "仍捨近田若干頃 以
充常住易扁曰看藏庵";『拙藁千百』권1, 頭陀山看藏庵重營記, "後以墅施僧
易扁曰看藏庵 仍捨若干頃 歸爲常住資";『西河集』, 寄山人悟生書, "當不出
夏首 結搆草堂 勢家便法 且買江田數頃 以供伏臘 此吾計也";『西河集』, 小
林寺重修記, "遂退家于功成縣 有宅一區 有田數頃 樹之麻藝之穀 豊足其家
不以非義";『西河集』, 逸齋記, "上乃領其奏 特內降觀世音畫像 且以良田十

는 것처럼 통일신라 및 고려전기와 마찬가지로 법제적인 제도와는 상
관없이 경무제와 같은 의미, 즉 면적단위로서가 아니라 경무제 본래의
의미에서 벗어난 채 단순한 절대면적의 의미로만 사용된 것이 아닐까
하는 생각을 가지게 한다.

結負制와 頃畝制가 통일신라 및 고려시대에 동일하다고 파악하게
된 데에는 조선후기 실학자들이 편찬한 저서들도 큰 역할을 하였다.

마-a) 高麗文宗時 所定量田步數 諸等地廣皆同 而賦稅隨地品有輕
重 則地闊狹之規 必是創於麗氏中葉以後 非自三韓已然也
(『磻溪隨錄』권1, 田制 上)

마-b) 結負之法 雖自古昔 其實 古者以頃畝爲結負 非如今法 ……
麗代結負之法 旣名一結 其地皆同 其以頃畝爲結負明矣(『經
世遺表』권9, 結負考辨)

위의 자료 a)는 문종대까지 양전의 보수를 확정하였는데, 모든 등급
의 땅 면적은 동일하고 부세는 전품에 따라 輕重이 있었으며, 이것이
異積同稅制로 변화된 것은 고려 중엽 이후라고 하고 있다. 자료 b)는
결부법이 예로부터 경무법이었으나 지금, 즉 조선시대와는 동일하지
않다. 고려시대 結負法의 1결 면적은 모두 같다고 한다. 이와 같은 丁
若鏞의 주장은 후세의 연구자들이 고려시대 頃畝制와 結負制를 동일
한 것으로 파악하는 중요한 계기가 되었다.[204] 그가 무엇을 근거로 두

五頃賜焉";『朝鮮金石總覽』上, 禮泉龍門寺重修碑, "據□旨 納近州縣亡寺
田三十頃 並安東府甫州十小寺藏獲二口";『朝鮮金石總覽』上, 麟角寺普覺
國師靜照塔碑, "命近□葺之 又納土田 百餘頃 以貲常住 師入麟角";『朝鮮
金石總覽』上, 林川普光寺重刱碑, "致仕金君永仁 仲氏重大匡平陽君 永純
感激 發願家童百人 □田百頃歸于寺久之 蔚然爲大道場矣";『拙藁千百』권
1, 頭陁山看藏庵重營記, "後以墅施僧 易扁曰看藏庵 仍捨近田若干頃 歸爲
常住資".

204) 다음의 연구자들은 위의 자료에 근거하여 結負制와 頃畝制가 같다고 파악하
고 있다(白南雲, 앞의 책 ; 朴興秀, 앞의 논문 ; 金容燮, 앞의 논문 ; 姜晉哲,
앞의 논문 ; 金載名, 앞의 논문 ; 李仁在, 앞의 논문 등).

제도를 동일하다고 이해하였는지는 알 수 없다. 다만 정약용이 두 제도가 같다고 한 것은 아마도 두 제도의 면적이 동일하다는 것이 아니라 두 제도가 절대면적은 다르지만 절대면적을 단위로 하였다는 점에서는 동일하다는 의미로 표현한 것이 아닌가 한다. 그것은 앞 절에서 살핀바와 같이 정약용은 고려전기 결부제를 절대면적으로 파악하였고, 이는 경무제가 절대면적을 기본 단위로 하고 있는 것과 같다. 때문에 더욱 그럴 가능성이 높다고 하겠다. 따라서 경무제의 용례로 나타나는 사례들은 경무제 본래의 의미, 즉 唐·宋代의 면적단위는 상실한 채 절대면적이라는 결부제의 의미로 사용된 것이 아닌가 한다.

그리고 통일신라 및 고려시대 結負制와 頃畝制를 동일한 의미로 파악하게 된 계기는 한 자료에 結과 頃의 사례가 동시에 나타나기 때문이다. 다음의 자료를 살펴보자.

바-a) 龍朔元年辛酉三月日　有制曰 …… 近廟上上田三十頃　爲供營之資　號稱王位田　付屬本土　王之十七代孫賡世及于　紙稟朝旨主掌厥田 …… 淳化二年　金海府量田使中大夫趙文善　申省狀稱　首露陵廟王屬田結數多也　宜以十五結仍舊貫 …… 後人奉仕來審檢厥田　才(十 ; 필자 주)205)一結十二負九束也　不足者三結八十七負一束矣(『三國遺事』권2, 紀異2 駕洛國記)

바-b) 謂有司曰　泰封主 以民從欲 惟事聚斂 不遵舊制 一頃之租 租稅六石 管驛之戶 賦絲三束 遂使百姓 輟耕廢織 流亡相繼 自今 租稅征賦 宜用舊法(『高麗史』권78, 食貨1 田制 租稅 太祖元年 7月)

바-c) 詔曰 泰封主 以民從欲 惟事聚斂 不遵舊制 一頃之田 租稅六碩 置驛之戶 賦絲三束 遂使百姓 輟耕廢織 流亡相繼 自今 租稅征賦 宜用天下通法 以爲恒例(『高麗史節要』권1, 太祖 元年 7月)

---

205) '才一'을 役丁에 절급할 토지라고 볼 때, '十一'의 잘못이라고 생각된다. 왜냐하면 역정에 절급할 토지가 15결인데, 이는 才一' 다음에 12負 9束이나 부족분 3結 87負 1束을 합치면 15결이 되기 때문이다.

바-d) 大司憲趙浚上書曰 …… 太祖龍興 即位三十有四年 迎見君臣
    慨然嘆曰 近世暴斂 一頃之租 收至六石 民不聊生 予甚憫之
    自今宜用什一 以田一負 出租三升(『高麗史』 권78, 食貨1 田制
    田柴科 辛禑 14年 7月)

  위의 자료 a)는 龍朔 元年, 즉 문무왕 원년(661)에[206) 왕위전 30頃
의 토지가 淳化 2년, 즉 고려 성종 10년(991)에 왕묘전으로 15結과 府
의 역정에게 절급된 11結 12負 9束, 부족분 3結 87負 1束 등을 합하면
30結과 같다는 것이다. 신라통일기 30頃의 토지가 고려전기에 30結이
므로 신라통일기부터 고려초기까지 頃畝制와 結負制를 동일하다고 파
악할 수 있다. 자료 b)·c)·d)는 동일한 내용을 기록한 것으로 태조가
즉위 초에 1頃의 租가 6石이나 되어 민이 유망하게 되자, 이를 천하통
법인 '十一稅'로 개혁하여 田 1負에 租 3升, 즉 1結에 2石을 부과하였
다는 것이다. 때문에 頃畝制와 結負制는 동일한 것으로 파악하였
다.[207) 따라서 통일신라시대부터 고려시대에 걸쳐 경무제와 결부제가

---

206) '文武王 元年 辛酉 3月日'은 자료상 문제를 가지고 있음이 비판되었다.(三品
    彰英, 『三國遺事考證』 中, 1979).
207) 이를 토대로 고려초기 1결의 소출양을 20석으로 파악하고 그 수조량을 결당
    2석(1/10)으로 산정하므로 結과 頃을 동일시하였다(金容燮, 「高麗前期의 田
    品制」, 『韓㳖劢博士停年紀念史學論叢』, 1981). 그러나 고려초기 1결(경)의
    소출양이 20석이었다고 파악하는 것은 다음과 같은 문제가 있다. 첫째, 이는
    성종대 水·旱田 조세수취의 수조량과 소출양과는 많은 차이가 있음을 알
    수 있다. 물론 金容燮은 이러한 문제를 보완하기 위해 고려시대의 전품제를
    9등전품으로 파악하고 있지만, 현재는 9등전품제도 부정되고 있다. 둘째, 고
    려시대 1석=15두의 양제의 성립시기를 태조대까지 소급하여 미 20석으로
    잡고 이것을 과전법의 결당 소출지인 20석과 연결하여 고려에서는 통시대적
    으로 1결이 米 20석의 소출지로 파악하는 것도 문제가 있다. 金容燮은 이와
    같은 문제를 보완하기 위해 고려초기에서 고려후기에 이르는 사이에 결의 면
    적이 축소된 것으로써 그의 논리를 보완하고 있지만(金容燮, 앞의 논문,
    1975), 結積이 1/4∼1/9로 축소된다고 파악하는 것도 문제이다. 셋째, 고려초
    기와 비슷한 시기인 唐代의 1경의 면적은 24,000보(적)인데, 이러한 면적에서
    20석이 생산된다는 것은 결당 생산량이 너무나 적은 한계를 가진다. 이 시기
    의 도량형 1升은 오늘날의 1/3(혹은 1/6) 정도밖에 되지 않기 때문이다.

동일하게 병용되었다고 보았다. 이러한 자료에 근거하여 고려시대 1結
은 20石의 미곡을 생산하는 면적으로 파악되기도 하였다.[208]

그런데 위의 자료를 통해 결부제와 경무제가 병용되었다고 하여 양
자를 동일하게 파악하기 위해서는 다음과 같은 몇 가지 전제가 성립되
어야 한다. 첫째, 중국 경무제와 고려시대 결부제는 면적이 동일하여야
한다. 물론 그렇게 파악하는 논자도 많다. 둘째, 중국 경무제와 고려 결
부제의 면적에서 생산량이 어느 정도 비슷하여야 한다. 그러나 이러한
두 가지 전제에는 너무나 많은 한계점이 드러나고 있음을 다음의 자료
들을 통해 알 수 있다.

먼저 첫째 전제를 검토하기 위해 중국 唐代와 고려의 結과 頃의 자
료를 서로 비교 검토하여 보자.

사-a) 武德元年 …… 一品有職分田十二頃 二品十頃 三品九頃 四品
七頃 五品六頃 六品四頃 七品三頃五十畝 八品二頃五十畝
九品二頃 皆給百里內之地(『新唐書』권55, 食貨5)
사-b) 第一科田一百結柴七十結 …… 第二科田九十五結柴六十五結
…… 第三科田九十結柴六十結 …… 第四科田八十五結柴五
十結 …… 第十八科田二十結(『高麗史』권78, 食貨1 田制 田
柴科 穆宗 元年 12月)

위의 자료 a)는 武德 元年, 즉 高祖 1년(618) 당을 건국한 이후 1품
부터 9품까지의 관료에게 토지를 지급하였는데, 최고 12頃에서 최하 2
頃까지 모두 백리 이내의 땅을 차등있게 지급하였다는 것이다. 반면
자료 b)는 목종전시과에서 1품부터 9품까지의 관료를 18과등에 따라 1
科 최고 전 100결과 柴地 70結에서 18科 최하 전 20결을 지급하였다는
것이다. 위의 두 자료를 비교할 때 중국 경무제와 고려 결부제가 면적
이 비슷하거나 동일하였다면 당의 관료와 고려 관료들의 토지 지급 결
수가 서로 대등하여야 하는데 상대적 지급 결수에 있어 엄청나게 차이

208) 李成茂, 「公田·私田·民田의 槪念」, 『韓㳷劤博士停年紀念史學論叢』, 1981.

가 난다. 이것은 중국 경무제와 고려 결부제의 면적이 전혀 동일하지 않다는 것을 암시한다. 따라서 우리나라 자료에 기록된 頃의 용례들은 본래 중국 경무제의 면적단위로 사용되지 않았음을 알 수 있다.

다음으로 둘째 전제를 통해 그 한계점을 살펴보자. 앞에서도 언급한 것처럼 중국 당대 남방 水田의 畝産量은 1石 5斗 정도가 생산되었다. 즉 당대 1경의 총 생산량은 '100石 500斗'임을 알 수 있다. 그런데 고려 전기 1결은 최고 생산량이라고 하여도 18석 이상은 생산되지 않았다. 경무제와 결부제의 생산량은 양기의 크기를 인정하지 않더라도 너무 많은 차이가 있음을 알 수 있다. 따라서 중국 경무제와 고려의 결부제는 면적상 전혀 동일하지 않으므로 근본적으로 함께 사용할 수 없음을 알 수 있다.

중국의 경무제와 고려의 결부제는 근본적으로 면적에서 차이가 있다는 점을 염두에 두고 앞의 자료들을 다시 살펴보자. 자료 바-a)는 高麗 文宗代의 금관지주사의 기록을 인용한 것인데, '龍朔元年辛酉'는 文武王의 元年이다. 문무왕은 그해 6월에 즉위하였는데, 교서는 벌써 3월에 내렸다고 기록하였을 뿐만 아니라 '才一結'도 '十一結'을 잘못 기록하고 있다. 따라서 '頃'은 '結'의 誤寫이거나, 아니면 頃 자체가 중국 頃畝制에서의 頃의 의미가 아닐 수 있다는 점이다.

그리고 자료 바-b·c·d)는 고려전기 조세수취 체계에서 볼 때 '1結 혹은 1頃의 租가 2石이다'라는 것이다. 이 자료에 대해서는 현재 학계에서 여러 가지 논란이 진행되고 있지만, 결부제의 의미를 정확하게 적용하였을 때 과연 믿을 수 있는 자료인지 의문이다. 특히 고려초기 太祖代는 양척동일제, 즉 동적이세제에 입각하고 있는데, 앞의 자료 바-b·c·d)는 이적동세제의 조세수취 규정을 의미하고 있다.

또한 위에서 살펴본 것처럼 중국 경무제와 고려 결부제는 면적과 절대 총생산량에 있어서 엄청난 차이를 가지고 있다. 단지 結과 頃의 두 내용이 동일 자료 내에 기록되어 있다고 하여 경무제와 결부제를 동일시하여서는 문제가 있기 때문에 엄격한 자료 비판이 있어야 한다. 그렇다면 頃의 자료 자체가 頃畝制 본래의 의미를 가지고 사용되지 않았거나, 혹은 頃이 結의 誤寫였을 가능성도 있음을 유추할 수 있다.

한편 고려시대에 경무제와 결부제가 일치되었다고 파악하지만, 경무제의 자료들은 경무제와 결부제를 동일한 의미로 파악하기에는 기본적인 한계가 있음을 다음 자료의 검토를 통해 알 수 있다.

> 아-a) 西北路兵馬使奏 長城外 墾田一萬千四百九十四頃 請待秋收
>   穫 以資軍儲 制可(『高麗史』 권82, 兵2 屯田 文宗 27年 4月)
> 아-b) 毅廟天德四年(毅宗 6, 1152) 出守洪州 先是此州屬□□ 谷間
>   盜賊蜂起爲害□甚 公下車食戒軍校盡捕逐之 境內之民 安土
>   樂業 無外顧之憂 □□□渠引水 漑田五六千頃 以民足食 倉廩
>   實 府庫充 合境蘇息(『朝鮮金石總覽』 上, 李文著墓誌)

위의 자료 a)는 서북면 병마사가 아뢰기를 長城 밖에 토지 11,494頃이 개간되었으므로 이를 軍資로 이용하자는 것이다. 장성은 德宗 2년(1033)에 시작하여 靖宗 10년(1044)에 완성된 千里長城이다.[209] 西北面 兵馬使가 말한 장성 밖의 墾田 11,494頃은 오늘날 평안도 지역의 장성 밖의 墾田을 말할 것이다. 장성 밖의 간전지역은 어디까지 포함시켜야 할지 정확하게 알 수 없지만, 장성과 그렇게 멀지 않은 곳이 개간되었을 것이다. 그런데 墾田 11,494頃은 상당히 넓은 지역을 포괄한 면적일 것으로 추측된다. 結負制와 頃畝制가 동일하다고 파악하는 연구자는 조선초기 隨等異尺制下의 1결 면적이 고려전기의 1결 면적과 비교할 때 하등전의 경우 약 1/4, 상등전의 경우 1/9이나 축소되었다고 한다.[210] 그렇다면 문종 27년의 墾田 11,494頃이 조선초기에 하등전으로 판정받는다고 해도 약 44,000結(하등전 1결 4,500평)이고, 상등전으로 판정받으면 약 100,000結(1결 2,000평) 정도의 면적이다. 그런데 조

---

209) 千里長城은 압록강 어귀로부터 威遠(의주)·興化·靜州·寧海·雲州(평남 雲山)·安水(평남 价川)·淸塞(평북 熙川)·함경남도 영흥지방인 耀德·靜 邊·和州 등의 3성에 연결되었다.

210) 金容燮, 앞의 논문, 1975, 81~86쪽.

선초기 『世宗實錄地理志』에 의하면 평안도 지역의 전체 총결수가 308,751결(실제 고을의 토지를 종합하면 311,770결)밖에 되지 않는다.[211] 문종 27년에 개간된 長城 밖의 토지 11,494頃은 경무제의 면적 단위로 계산하여 조선초기 토지결수와 비교하였을 때 너무 많은 비중을 점하게 된다. 그렇다면 자료 a)의 頃畝制의 용례는 頃畝制 본래의 의미로 사용되었다고 파악하기 어렵다. 오히려 頃은 頃畝制의 의미를 탈각한 結負制의 結의 의미로 보는 것이 타당한 것이 아닌가 생각된다.

자료 b)는 고려시대 지방관의 신전개간 사례로 많이 인용되는 자료인데, 李文著가 洪州(현 충남 홍성)의 지방관으로 파견되어 5·6千頃의 토지를 개간하였다고 한다. 역시 『世宗實錄地理志』에 의하면 조선초기 홍주목 전체의 토지결수가 11,386결로 기록되어 있다.[212] 만약 이 자료도 頃의 기록을 그대로 따른다면 엄청난 모순이 발생함을 발견할 수 있다. 조선초기 홍주목의 토지는 고려 의종 때 개간된 토지결수만으로도 그 수를 훨씬 초과하게 된다. 이것도 頃은 結의 誤寫이거나 아니면 5·6千頃이란 자체가 잘못 기록된 것으로 볼 수 있다. 따라서 고려시대 '頃'의 용례는 頃畝制 본래의 의미를 지니고 기록된 것이 아니었음을 알 수 있다.

실제 통일신라시대부터 고려시대에 걸쳐 結負制와 중국의 頃畝制는 단위면적이 동일하지 않았다. 다음의 자료를 살펴보자.

자-a) 公幼穎 隨朝請公事太尉藩王于京邸 遂通三國語 敍爲先王官屬 而服事久用 其勞賜 田一百結 ; 東俗 以五畝減百弓爲結 斜除一斗爲苫 文昌侯云(『拙藁千百』권2, 崔大監墓誌)

자-b) 議政府啓 改正律文飜譯上書曰 豊海道觀察使報 有谷州人張永 盜耕他人田三十負 按律文 一畝以下笞三十 每五畝加一等 止杖八十 得此考究田法 中朝田一畝准本朝二十二負 以此觀之 永罪當笞四十 今監司斷以四十加一倍 盖因律文飜譯之內

211) 『世宗實錄地理志』권154, 平安道.
212) 『世宗實錄地理志』권149, 洪州牧.

以唐田一畝 准鄕田一負 故差謬至此 其按律 率皆若是 乞令
中外改正 從之(『太宗實錄』권23, 太宗 12年 3月 戊辛)

위의 자료 a)는 崔瀣가 崔安道의 묘지명을 쓰면서 崔安道가 충선왕
을 섬긴 댓가로 받은 토지 100結에 대해 文昌侯의 문집에서 인용하여
"東俗"이란 표현을 쓰면서 結과 頃에 대한 면적을 비교한 것이다. 물
론 『拙藁千百』의[213] 자료에 대해서는 신빙성에 대한 논란이 제기되고
있지만,[214] 이 자료를 부정할 만한 근거는 전혀 없다. 다만 崔瀣가 文
昌侯가 말한 것을 어디에서 인용하여 고려의 結負制와 중국의 頃畝制
를 대비하여 1結=5畝−100弓(1,100평방보)의 면적으로 확정하였는가
하는 점과 崔致遠이 頃과 結의 면적을 정확하게 이해하였던가 하는
점에 대해서는 의문을 가질 수 있다. 전자는 崔瀣가 경주최씨로 문창
후의 후손이었던 점으로 미루어 보아 이에 관련된 자료가 전래되었을
가능성을 배제할 수 없다. 후자는 최치원이 당의 빈공과에 급제하고
지방관으로 파견되어 당나라에서 생활하였기 때문에 당의 頃畝制에
대해 정확한 이해체계를 가지고 있었을 것이다. 또 그의 사회적 위치
로 보아 누구보다도 양국의 사회제도를 잘 이해한 인물로 생각된
다.[215] 따라서 최치원은 통일신라 말기에 結과 당의 頃의 면적 체계를

---

213) 『拙藁千百』은 按廉使 郭忠守가 恭愍王 3년(1354)에 진주에서 간행한 뒤 일
    본인 前田侯爵의 家藏本이 되었는데, 이것을 1930년 成均館大學校 大東文
    化研究所에서 재영인한 것이다.

214) 李丙燾는 丁若鏞의 『與猶堂全書』의 기록인 "自注云 三十肘爲百弓 而一肘
    本是二尺 則五百畝減六十尺 以爲一結也"라는 기록을 근거로 『拙藁千百』의
    사료적 근거를 부정하였고(李丙燾, 『韓國史(古代篇)』, 震檀學會, 1959, 649
    쪽), 이어 朴興秀도 이를 동조하고 있다(朴興秀, 앞의 논문, 1972, 161쪽). 반
    면 呂恩暎은 李能和의 『朝鮮佛敎通史(下篇)』의 '無如崔致遠所撰新羅初月
    産崇福寺碑玉龍子權弄堪輿術'條에서 "東俗 以五畝減百弓爲結 剩除一斗爲
    苫也"라 하였다는 사례를 인용하여 丁若鏞은 원자료를 고쳐 5畝를 500畝로
    하였는데, 이것은 結=頃의 선입관에서 비롯된 것이라고 보고, 李能和의 기
    록은 『拙藁千百』과 일치하는 것으로 파악하여 신뢰하였다(呂恩暎, 앞의 논
    문, 1986, 3쪽).

215) 崔英成 註解, 「崔致遠年譜」, 『註解 四山碑銘』, 1987.

분명히 인식하고 이를 비교하였을 것으로 여겨진다. 최해가 묘지명을 쓰면서 兩 제도를 비교하였다는 것은 結과 頃이 엄연한 면적 차이가 있었음을 반영한다. 자료 b)는 조선초기 중국의 頃畝制 1畝(100畝＝1頃)가 조선초기의 結負制 22負(100負＝1結)의 면적체계에 해당하고, 기존에 唐代의 1畝를 우리나라 1負로 계산한 것은 오류였다는 것이다. 조선초기에는 절대면적의 결부제에서 수확량을 기준으로 한 결부제로 전환되었다. 기존에 당의 畝가 우리나라의 負에 준한다고 할 수 있었던 것은 이전의 결부제가 생산량을 수량적으로 표시한 것이 아니고 일정 면적을 단위로 하였기 때문에 가능하였다. 그런데 조선초기는 結負制의 의미가 頃畝制의 절대면적에서 생산량의 수량단위로 변화되었기 때문에 이를 법제적으로 규정할 필요가 있었다. 따라서 중국의 頃畝制와 우리의 結負制는 통일신라 말기와 조선초기에 걸쳐 면적 비율에서 일정한 차이가 있었음을 알 수 있다.

그러면 삼국시대부터 고려시대에 걸쳐 많은 자료에서 頃畝制의 사례들이 나타나는 있는데, 이들 사료들을 어떻게 설명할 수 있을까. 呂恩暎은 頃과 結의 관계에서 1/22의 보적의 차이를 가지고 있다고[216] 하였는데, 과연 그렇게 사용되었을까. 이는 앞에서 언급한 것처럼 趙浚 상서의 내용 중에 "태조가 즉위 초에 1頃의 租가 6石이나 되어 민이 유망하게 되자, 이를 천하통법인 십일세로 개혁하여 田 1負에 租 3升, 즉 1結에 2石을 부과하였다"는[217] 사례를 살펴볼 때 역시 성립될 수 없다. 따라서 통일신라 및 고려시대 頃畝制의 사례들은 1/22의 보적비율을 가지고 사용되었다고는 말할 수 없을 것으로 생각된다.

그렇다면 왜 사료에 경무제에 관한 사례가 빈번하게 나타났을까. 그것은 아마도 경무제가 고구려에서 사용되었다고 하였는데,[218] 이러한 제도적인 유제가 고구려가 멸망한 이후에도 고구려적인 경무제 혹은 중국의 제도적인 틀은 완전히 상실한 채 결부제의 의미, 즉 절대면적

---

216) 呂恩暎, 앞의 논문, 1986, 5~20쪽.
217)『高麗史』권78, 食貨1 田制 田柴科 辛禑 14年 7月.
218) 白南雲, 앞의 책, 1933.

이라는 단순한 의미로 계속 사용되었기 때문은 아닐까 한다. 통일신라
및 고려전기의 결부제는 절대면적을 기준으로 하였을 뿐만 아니라 결
이란 의미도 우리나라에서 자생한 것이 아니고 수세의 면적이란 의미
로 중국에서 넘어온 것이다. 때문에 절대면적체계를 가진 경무제와 쉽
게 혼용될 수 있었다. 실제 경무제의 사례라고 할 수 있는 자료들을 살
펴보면 '頃-畝'의 면적체계의 원리를 가지고 사용되는 것이 아니고, 단
순하게 '몇 頃' 혹은 '몇 畝'로 표현되고 있기 때문에 그러한 개연성이
더욱 높을 것으로 생각된다. 이는 고려후기의 결부제가 생산량의 단위
로 변화되었지만 李奎報가 언급한 것처럼 '古算田法'이란 방식으로 양
전되고 있었기 때문이다. 아울러 경무제도 그 유제가 완전히 사라지지
않고 그대로 사용하였던 것이 아닌가 생각된다.

　이상에서 살펴본 것처럼 고려전기의 결부제는 면적비율에서는 일정
한 차이가 있지만, 일정 면적을 기본단위로 하였다는 측면에서 중국의
경무제와 동일하였다. 이것이 고려전기 이전에 결부제와 경무제가 혼
용될 수 있는 기본적인 토대였다. 반면 12세기 이후 결부제의 의미가
일정 면적단위에서 생산량의 수량단위로 변화됨으로써 경무제의 사례
들은 점차 나타나지 않았을 뿐만 아니라 국가적 제도로서 두 제도를
비교하여 결부제와 경무제의 혼용을 방지하려고 노력함으로써 경무제
의 사례는 점차 사라지는 양상이었다.

제6장 결 론

　이상에서 한국 중세의 度量衡制를 結負制와 관련하여 살펴보았다. 양자는 한국중세의 사회경제적 발전 속에서 변화하였다. 본문의 내용을 요약·정리하면서 결론을 대신하고자 한다.

　제2장에서는 度制의 체계와 변화에 대해 살펴보았다. 척의 용례는 삼국 및 통일신라시대부터 다양하게 나타나지만 점차 '寸·尺·步·丈'의 체계로 일원화되었다. 고려시대는 分·寸·尺·步·丈을 중심으로 체계화되었는데, 10分＝1寸, 10寸＝1尺, 6尺＝1步, 10尺＝1丈의 단위체계였다.

　고려전기 이전의 척은 조선초기처럼 다양한 척의 종류가 존재하였다기보다는 중국의 唐·宋代처럼 하나의 기준척을 여러 용도의 척(唐大尺＝量田尺·布帛尺·營造尺)으로 사용하였다. 반면 12세기 이후에는 金의 小尺이 刑杖尺으로 수용되었고, 새로운 양전척인 指尺이 隨等異尺으로 사용됨으로써 척이 指尺·唐大尺(＝布帛尺·營造尺) 등으로 점차 분화되었다.

　12세기 이후에는 영조척과 포백척으로 공존했던 당대척이 여말의 사회적 혼란을 틈타 포백척을 신장시켜 나감으로써 영조척과 포백척으로 분리되었다. 원간섭기에는 원의 尺도 수용되어 조선초기 檢屍尺으로 사용되었다. 반면 조선초기의 척은 黃鍾尺을 기준하여 周尺(＝量田尺), 布帛尺(＝포의 수취), 造禮器尺(＝의례용), 營造尺(＝산성·건물의 축조) 등으로 각각 분화되었다.

　신라말기 및 통일신라시대 초기의 척은 '斷石山 神仙寺 造像銘記'에 1軀의 높이가 3丈인 彌勒石像이 있다는 것과 8세기 초에 건조된 '皇福寺 金銅舍利函記'에 6寸의 彌陀像 1軀를 넣었다는 기록을 검토하여 볼 때 漢尺에 가깝다. 따라서 신라말기 혹은 통일신라시대 초기에는 漢尺을 기준척으로 사용하였다. 이는 삼국시대 王과 王妃의 身長尺도 漢尺이 사용되었다고 파악한 연구와 서로 상통한다.

　통일신라시대 후기에는 月城의 고고학적 발굴성과와 關門城의 작업거리 측정결과, 그리고 海印寺妙吉祥塔誌 기록인 1丈 3尺 등의 자료들을 살펴볼 때 唐大尺을 기준척으로 사용하였다. 이는 건축물의 실측분석 기록과 正倉院 國家珍寶帳 尺의 길이뿐만 아니라 최근 경기도 하남시 이성산성에서 출토된 29.8cm의 당대척과 충남 부여 쌍북리 유적에서 출토된 29.0~29.5cm의 당대척과 유사하다는 점에서 주목된다. 따라서 신라에서 통일신라시대로 이행되면서 기준척은 漢尺에서 唐大尺으로 변화하였음을 알 수 있다.

　통일신라시대 당대척은 고려에 계승되었다. 그것은 고려초기 금석문 자료인 '龍頭寺幢竿記'에 30段의 철통으로 60尺의 당주를 세운 것과 '太平十年銘鐘'에 종의 높이가 2尺 4寸 2分이라는 기록을 통해 볼 때 이들의 기준척이 모두 당대척을 계승한 척도임을 알 수 있다. 그리고 고려시대 현존 건축물인 浮石寺의 祖師堂, 鳳停寺의 極樂殿, 修德寺의 大雄殿, 江陵의 客舍門 등의 실측을 통해 볼 때 기준척은 모두 약 31cm이고, 북한지역의 고려유물인 開城 滿月臺, 長安寺 大雄寶殿, 開城 玄化寺 7층 石塔에는 31cm의 단위자가 사용되었다는 것은 고려시대 영조척의 기준척이 약 31cm임을 알 수 있다. 이러한 척의 길이는 통일신라시대 기준척(＝營造尺・唐大尺)보다 약간 신장되었다.

　고려시대 척의 변화는 단일척인 唐大尺(＝量田尺・布帛尺・營造尺)에서 점차 唐大尺・指尺・金尺 등으로 분화되었다. 특히 量田尺은 12세기 당대척에서 指尺으로, 조선초기 指尺에서 周尺으로 변화되었다. 이는 중국 量田尺의 변화과정을 고려할 때 독특한 변화라고 할 수 있다. 이와 같은 양전척의 변동은 고려시대 결부제를 변화시킨 요인이다. 양자는 불가분의 관계를 가진다. 指尺이 양전척으로 사용되자 고려전기의 수취방식인 同積異稅制가 12세기 이후 異積同稅制로 전환되었다. 그러한 이면에는 기존의 당대척을 새로운 양전척으로 교정하면 포백척 등의 문란을 일으킬 수 있기 때문에 기존의 척은 그대로 사용하게 하고, 새로운 수등이척의 指尺을 양전척으로 채택한 점에 있다.

포백척은 12세기 이후 量田尺이 분리됨으로써 신장되었는데, 그것은 고려후기 지배세력의 과도한 수취를 자행한 수취제도의 모순 때문이었다. 반면 營造尺은 부세수취와 무관한 척이기 때문에 여말 이후에도 伸長되지 않았다.

조선전기의 척은 黃鍾尺을 기준하여 周尺(＝量田尺), 布帛尺(＝포의 수취), 造禮器尺(＝의례용), 營造尺(＝산성·건물의 축조) 등을 새롭게 교정되었다. 황종척은 세종 15년에 교정되었다. 황종척(＝관척)을 기준하여 주척을 교정하였는데, 주척은 여말 주자학이 도입되면서 도입되었지만, 교정은 세종 19년에 이루어졌다. 영조척은 세종 28년에 이르러 교정되었다. 따라서 척의 교정은 세종대에 이루어졌음을 알 수 있다. 황종척의 길이는 약 34.48㎝ 정도이고, 주척은 약 20.6㎝ 정도이고, 영조척은 약 30.8㎝ 정도이고, 포백척은 약 46.66㎝ 정도이고, 예기척은 약 28.63㎝±정도라고 할 수 있다.

제3장에서는 量制에 대해 살펴보았다. 우리나라 양제의 체계는 勺, 合, 升, 斗, 石의 5단계였다. 石은 중국 宋의 경우처럼 1斛＝1/2石의 관계를 가진 것이 아니라, 碩·斛 등과 함께 동일한 용적을 가진 단위였다. 고려는 중국과 같이 斗 이하는 10진법의 체계이나, 斗와 石의 관계는 십진법이 아니라 1石＝15斗였다. 통일신라시대에는 1石＝15斗와 함께 1石＝20斗도 병용되었으나, 신라말 고려초의 어느 시점에 1石＝15斗로 통일되었다. 그러나 1石＝20斗는 고려전기 국가의 공식적 제도에서 사라졌지만 고려후기 수취제도의 혼란으로 민간에서 다시 사용하게 되어 조선초기에 1石＝20斗의 全石으로 발전하였다.

통일신라시대 聖德王 때 빈민구제곡으로 하루 3升을 지급하였다는 것과 중국 漢代 빈민구제곡의 하루 지급량인 3升이 서로 동일한 점을 고려할 때 통일신라 성덕왕 때의 1승과 중국 漢代 1승의 단위 용적이 동일한 것으로 파악할 수 있다. 따라서 통일신라시대 1승의 용적은 중국 漢代처럼 약 200㎖ 정도이다.

고려시대 1승의 용적은 문종 7년 斛斗式과 思惱寺 출토 靑銅油斗의 자료를 통해 어느 정도 추정할 수 있다. 고려시대 양기의 제작에 사용된 척은 조선전기의 量尺으로 營造尺이 사용된 점을 고려할 때 營造尺이 量尺으로 사용되었다. 고려시대 영조척의 길이는 약 31㎝였다. 따라서 文宗 斛斗式을 통한 고려시대 1승의 용적은 약 343㎖ 내외로 추정된다. 그리고 思惱寺 출토 靑銅油斗는 청주목의 검인을 받은 斗의 양기로 5000cc이다. 이를 통한 1승 용적은 333㎖이다. 따라서 고려시대 1승 용적은 약 340㎖임을 알 수 있고, 이는 통일신라시대보다 약 70%가 증대되었다. 이러한 용적은 『鷄林類事』·『世宗實錄』 등에서 중국 宋代의 1승 용적과 우리나라의 1승 용적을 기록한 용적비율과 비슷하다는 점에서 신빙성이 높다고 생각된다.

조선전기 1승은 세종 28년에 제정된 斛斗升合을 통해 약 579㎖ 내외, 약 600㎖로 추정된다. 이와 같은 양기 용적의 증가현상은 우리나라뿐만 아니라 중국의 경우도 비슷하다. 그러나 우리나라 1승의 용적 증가비율은 중국보다 훨씬 적다.

양제는 통일신라 이전에 이미 성립되었지만 8세기 성덕왕 때의 빈민구제곡이 漢代와 같이 3승인 점을 고려할 때 1승의 용적이 변화되지 않았다. 그러나 통일신라시대 양의 체계는 나말여초를 거치면서 서서히 변화되어 갔다. 그것은 통일신라 말기 지배세력의 수탈욕에 의한 양제의 문란과 농업기술의 발달에 의한 생산력의 증대에 비롯된 것이었다. 따라서 통일신라시대 1승의 용적은 고려 정종 6년(1040)의 도량형 제정명령과 정종 12년 매년 봄과 가을에 양기를 검사하여 조세수취에 이용토록 한 점을 고려할 때 정종 6년에 변화되었음을 알 수 있다.

따라서 문종 7년 斛斗式은 정종 6년 양기제정을 기반으로 미곡을 기준
하여 다른 곡물의 가격을 산정한 것이다.

고려후기에는 농업기술의 발달, 元石의 사용과 양제의 문란 등으로
양제가 변화될 수 있었다. 元代 1승의 용적은 고려보다 약 3배에 가깝
다. 이는 고려후기 양제의 문란에 일정한 영향을 주었고, 이러한 현상
은 조선초기까지 지속되었다. 여말선초는 『農事直說』에 의하면 水田
은 1年 1作, 旱田은 1年 1作을 기본으로 1年 2作도 시행할 만큼 농업
기술이 발달하였다. 이것은 조선초기에 양기를 새롭게 제정하는 하나
의 배경이 되었다. 그리고 세종 26년에는 貢法을 제정하였다. 貢法은
과전법의 단계보다 1결의 면적은 넓히고, 租稅 量은 1결에 20두를 기
준하여 수취하였다. 이는 세수의 감소로 국가재정의 약화를 가져왔고,
국가는 이를 해결하기 위해 量器를 증대시켰다. 결국 세종 28년(1446)
에는 1승의 용적을 고려 때보다 약 60% 정도 증대시킬 수밖에 없었다.
이후 세종 28년 단위용적은 조선전기 기본적인 양제가 되었다.

제4장에서는 衡制에 대해 살펴보았다. 통일신라시대 형제의 단위체
계는 '斤·兩'을 중심으로 사용되었다. 이 외에도 鋌·廷·方·斗 등
도 사용되었다. 고려시대에도 '斤·兩'체계였는데, 양자의 관계는 1斤
=16兩이었다. 兩 이하의 단위는 중국의 경우처럼 십진법을 중심으로
운용되었다. 그것은 조선전기의 사례이기는 하지만, 『經國大典』에 중
량의 단위체계를 십진법으로 기록된 것을 통해 알 수 있다.

통일신라 8세기 단계에 聖德大王神鐘을 구리 12万斤으로 제작하였
는데, 현재 신종의 총 중량은 약 18.9톤이다. 1근의 중량은 근사치가 중
국 漢代의 중량과 비슷하다. 따라서 통일신라시대 1근의 중량은 漢代
처럼 약 200g 내외인 것으로 추측된다.

이러한 중량단위는 나말여초기에 변화되기 시작하여, 고려 정종 6년
에 양제와 함께 1근의 중량단위도 크게 증가되었다. 그것은 정종대 이
후에 제작된 飯子·禁口 등의 중량을 측정하여 볼 때 근사치가 중국
隋·唐·宋代와 비슷하게 나타나기 때문이다. 따라서 고려시대 1근의

중량은 약 600g 내외인 것으로 추측된다. 이러한 중량단위는 조선전기까지 커다란 변화없이 계속 유지되었다. 따라서 衡制는 나말여초기를 거치면서 고려 정종대에 변동되었다.

제5장에서는 度量衡制의 변화와 관련하여 結負制의 변화와 성격을 살펴보았다. 결부제는 다양한 요소에 의해 변화될 수 있지만, 무엇보다도 농업기술의 발달과 밀접한 관련을 가진다. 고려시대의 농업기술은 수리시설만 하더라도 제언 중심으로 건설된 통일신라시대에 비해 제언과 아울러 방천제·방조제 등이 다양하게 건설될 정도로 발달하였다. 고려후기에는 중국 강남의 선진농법인 水車의 보급이 시도되었다는 측면에서도 이전과 다른 기술상의 진보가 이루어졌음을 유추할 수 있다. 그리고 농서의 간행과 보급도 활발하게 이루어졌다. 고려전기, 즉 12세기 이전에는 중국 농서가 이용되었다고 하더라도, 간행·보급의 단계까지 이르지는 못했다. 그러나 12세기 이후부터는 音義·鄕諺 등의 註를 달아『孫氏蠶經』·『農桑輯要』 등을 간행·보급하여 이용하였다. 이러한 농서의 간행·보급은 조선초기 세종대에 삼남의 농업기술을 북부지방에 보급시키려는 의도로『農事直說』의 간행으로 발전하였다.

이와 같은 농업기술의 발달은 부농층이 출현하는 계기가 되었고, 농지개간을 유도하였다. 고려후기에는 신전개간으로 저습지·연해지 등의 개간이 상당 부분 이루어졌다. 이러한 토지개간은 수전농업의 비율을 점차 증가시켰고, 선진 수전지역에서는 이양법이 실시되기도 하였다. 따라서 통일신라보다는 고려전기, 고려전기보다는 고려후기에 농업기술의 발달이 현저하였다.

한편 결부제의 변화는 국가의 재정적 안정책이라는 측면도 고려될 수 있다. 동적이세제는 면적을 파악하기는 쉽지만 국가재정을 운용하기에는 어렵다. 반면 이적동세제는 토지의 파악은 어렵지만 전체 결수를 통한 세수의 안정적 확보를 도모할 수 있다는 측면에서 유리한 제도이다. 이러한 요소가 12세기에 이적동세제로 변화시킨 요인이었다.

고려전기는 量尺同一制下의 결부제가 실시되었다. 고려전기가 양척
동일제에 의한 동적이세제였다는 것은 성종 11년의 공전조 수조식과
문종 23년의 양전식을 통해 알 수 있다. 통일신라시대도 양척동일제였
음은 신라통일기 문무왕대의 30경의 토지가 고려초기 성종대의 토지
결수와 비슷함을 통해서도 알 수 있다. 양척동일제의 결부제는 도량형
제의 정비와 함께 신라통일기 7·8세기에 이루어졌다. 신라통일기에는
4~6세기 농업기술의 발달을 배경으로 토지의 사적소유가 발달하였다.
사적소유의 발달은 토지소유를 위한 매득과 개간을 촉진시켰을 뿐만
아니라 토지가 차지하는 사회경제적 비중을 증가시켰다.[1]

이에 따라 국가는 각 촌락의 토지를 파악하기 위해 양전을 실시하였
다. 통일신라시대의 양전은 8세기 초 이전에 이루어졌다고 파악하였는
데, 그 방식은 量尺同一制에 입각한 결부제였다. 이를 바탕으로 조세
수취가 이루어졌다. 이러한 결부제에 입각한 조세수취는 삼국시대 호
등제에 입각하여 戶租를 수취하던 방식과는 본질적으로 다른 조세수
취체계였다. 즉 조세가 삼국시대 인두세와 호조에서 통일신라시대 결
부제에 입각한 田租로 변화되었다.

고려도 초기부터 여러 차례 양전을 실시하였다. 고려전기는 김해부
양전사례 등을 고려할 때 전국적으로 동시에 양전을 실시하였다기보
다는 군현단위를 중심으로 수시로 필요에 따라 시행하였다. 이러한 양
전의 방식은 통일신라시대에도 동일하였을 것으로 추측된다.

量尺同一制下의 결의 면적은 문종 23년의 양전보수인 '1結=方 33
步'와 『高麗圖經』의 '每 150步'를 통해 1결 면적에 오차가 있지만
1,200평으로 설정하였다. 통일신라시대도 고려전기처럼 1결 방 33보는
동일하였다. 통일신라시대는 기준척(29.5㎝)에서 고려(약 31㎝)보다 약
간 짧았기 때문에 결의 면적도 약 100평 정도 적었을 것으로 추정된다.
따라서 고려전기 1결의 면적에서는 太祖代의 수조식보다는 成宗代의

---

1) 통일신라시대 호등제의 기준은 재산, 즉 토지 등이었다고 파악한 최근의 연
구성과를 고려한다면 토지가 각 호의 경제적 비중 내에서 차지하는 비율이
높았음을 짐작할 수 있다.

公田租 수취규정에 근거하여 평년의 경우 등급에 따라 15석·11석·7석을 표준 생산할 수 있었다. 이는 200평 기준으로 할 때 상등전은 2.5석(세주 3석), 중등전은 1.83석(세주 2.3), 하등전은 1.16석(세주 1.67)이 대략 생산되었다.

고려전기의 量尺同一制는 隨等異尺制로 변화되었다. 隨等異尺制의 結負制는 『東國李相國集』에 李奎報가 명종 24년(1194) 上園과 下園을 각각 '古算田法'에 따라 토지를 측량하였다는 기록을 살펴볼 때 명종 24년 이전에 이미 '新算田法'이 실시되었음을 유추할 수 있다. 量尺同一制가 고려전기부터 존재한 제도였으므로 '古算田法'이라 할 수 있다. 따라서 新算田法, 즉 隨等異尺制는 명종 24년 이전에 변화하였다고 파악할 수 있다. 이는 柳馨遠의 『磻溪隨錄』에 '地闊狹之規 必是創於麗氏中葉以後 非自三韓已然也'라는 기록과 상통한다는 점에서 주목된다. 그리고 12세기 인종 원년(1123) 宋使 徐兢은 고려의 토지를 '1結 每 150步'라고 하였다. 이것은 절대면적의 체계이다. 따라서 결부제의 변화는 12세기 인종대 이후부터 명종 24년(1194) 이전 사이에 이루어졌다. 12세기 이후 결부제가 변화되었다는 것은 강화도의 총전결수가 고종 46년(1259)과 조선초기 세종대가 동일하였던 점을 통해서도 알 수 있다.

수등이척제의 결부제는 대몽항쟁기를 거치면서 일시 혼란에 빠졌고, 이러한 혼란은 고려후기 2차에 걸친 전국적 양전을 통해 보완하였다. 즉 忠肅王 원년의 甲寅量田과 공양왕 즉위년 己巳量田은 수등이척제에 입각하여 토지제도의 혼란과 재정부족의 해결 그리고 貢賦更定 등을 시도한 양전이었다.

고려후기에는 甲寅量田과 己巳量田의 경우처럼 전국적으로 양전을 동시에 실시한 점이 특징이었다. 양전의 실시방식에서도 고려전기는 '結'을 단위로 양전하였지만, 고려후기는 '負'를 기초단위로 양전하였다. 이것은 토지가 점차 중요한 경제적 기반을 차지하므로, 양전 자체를 보다 정밀하게 실시하려는 목적이었다. 실제 기사양전 이후에는 '1

負'의 사방인 '3步 3尺'과 '3步 1尺 8寸'에 따라 1結을 方 33步와 方 35步로 달리 설정하였다. 이것은 '1負'의 면적이 그만큼 중시되었기 때문이다.

수등이척제가 실시됨으로써 結의 파악방식에도 변화가 있었다. 隨等異尺制에 의해 파악된 結은 일정 생산량을 확보할 수 있는 면적이기 때문에, '計結爲丁'하여도 '丁'간에 불균이 발생하지 않는다. 17결을 단위로 토지를 묶는 作丁制(足丁‧半丁)를 실시할 수 있었다. 따라서 隨等異尺制는 作丁制를 실시할 수 있는 토대였다. 이러한 족정‧반정은 수조권의 분급단위뿐만 아니라 수세의 단위로 사용되었다.

작정제는 기사양전 이전에는 17결＝足丁으로 파악하였는데, 기사양전에서는 20‧15‧10결 단위로 작정되었다. 이후 조선초기 을유양전에서는 매 5결 단위로 작정하여 작정을 탄력적으로 운용하였다. 이와 같이 隨等異尺制에서 結의 단위방식에 作丁制(17결)→字丁制(20‧15‧10결)→字丁制(5결)로 변화된 것은 고려후기 농업기술의 발달에 의한 농업경영 단위의 변화와 관련이 있을 것으로 추측된다.

隨等異尺制로 변화된 12세기 이후에는 上等田‧中等田‧下等田에 따라 결의 면적이 달랐다. 上等田 1결은 약 2,000평, 中等田 1결은 약 3,000평, 下等田 1결은 약 4,500평으로 확대되었다. 고려말기의 생산량은 科田法에서 1結의 租가 2石이므로 1결의 생산량은 20석으로 환산된다. 과전법 단계에서는 상등전은 200평 기준으로 약 2석이 생산된다. 따라서 고려전기와 후기 사이에는 成宗代의 수조식 단계의 1승 약 200㎖에서 靖宗代 1승 340㎖로 변화되었음을 고려할 때, 상등전 200평 기준으로 20% 이상의 증산이 이루어졌음을 알 수 있다. 이와 같은 생산력의 증대는 고려시대 농업기술의 발전에 따른 결과였다. 世宗 26年의 공법단계는 결의 면적이 확대되어 1등전 약 3,000평에서 6등전 약 12,000평으로 이전보다 크게 확대되었다. 그러나 조세는 1/10(결당＝30두)에서 1/20(결당＝20두)로 축소되었다. 이는 전체적인 조세수입의 감소를 가져왔고, 이에 따라 세종 28년 양기의 용적을 증대시키는 계기가 되었다.

한국 중세의 結負制는 量尺同一制에 의한 同積異稅制와 隨等異尺制에 의한 異積同稅制가 존재함을 알 수 있다. 통일신라 및 고려전기의 양전은 국가적인 법제로서 結負制를 사용하였는데, 결의 면적은 '1結＝方 33步'의 절대면적이었다. 따라서 통일신라 및 고려전기 결부제의 의미는 『萬機要覽』에 나타나는 것처럼 수확량을 기준으로 한 것이 아니라, 성종 11년 수조식에 나타나는 것처럼 일정 면적에 따라 생산량이 달라질 수 있는 면적단위였다. 그러나 12세기 이후의 결부제의 의미는 『萬機要覽』에 기록한 의미처럼 일정 생산량을 담보할 수 있는 면적으로 변화하였다. 따라서 한국 중세의 결부제는 양척동일제의 일정 면적단위에서 수등이척제의 일정 생산량을 담보할 수 있는 면적으로 그 의미가 변화하였다. 즉 고려전기에서 고려후기 사이에 결부제의 의미가 변화하였다. 이처럼 결부제가 변화된 요인은 농업기술의 발달에 따른 생산력의 증대가 있었기 때문에 가능하였다.

통일신라 및 고려시대의 문헌자료에는 結負制와 頃畝制가 혼용되어 나타난다. 그러나 고려전기 결부제의 면적과 중국의 경무제의 면적은 많은 차이가 있었다. 고려전기의 결부제는 일정 면적을 단위로 하였다. 따라서 고려전기의 결부제와 중국의 경무제는 절대면적단위라는 점에서만 동일한 의미를 가졌다. 이러한 요소에 의해 통일신라 및 고려전기의 결부제와 중국의 경무제가 혼용될 수 있었던 것이 아닌가 생각된다. 이는 경무제의 사례들이 경무제의 면적체계와는 관계없이, 단순히 절대면적이라는 면적단위의 의미로서만 사용되었음을 암시한다. 따라서 통일신라 및 고려전기에 나타나는 경무제의 사례는 중국에서 사용되던 본래의 의미, 즉 일정 면적대신 절대면적이라는 의미로만 사용되었다. 때문에 중국의 경무제가 통일신라 및 고려전기의 결부제와 혼용될 수 있었다.

그러나 12세기 이후 결부제에서는 일정 면적단위에서 일정 생산량의 담보할 수 있는 면적단위로 변화되면서 양자를 엄격하게 구분하여 사용하려는 경향이 나타났다.

　이상에서 度量衡制의 변화와 함께 結負制도 변화되었음을 살펴보
았다. 이러한 도량형제 변화의 역사적 의미는 무엇일까. 도량형제의 성
립과 변화는 생산력 등의 사회경제적 변화과정을 수렴하는 제도이다.
따라서 도량형제의 변화는 사회발전 과정을 단계적으로 파악할 수 있
다는 측면에서 커다란 의미를 가진다. 앞에서 통일신라시대의 度量衡,
즉 尺은 漢尺과 唐大尺이, 量은 1승 200㎖가 그리고 衡은 1근 약 200g
등의 제도가 성립하였다. 이러한 시기에 결부제도 성립하였다.

　통일신라시대의 양전은 7·8세기 초 이전에 이루어졌다고 파악하였
는데, 量尺同一制의 결부제라고 하였다. 이러한 결부제에 입각한 조세
수취는 삼국시대 호등제에 입각하여 戶租를 수취하던 방식과는 본질
적으로 다른 조세수취체계였다. 즉 조세가 삼국시대 인두세와 호조에
서 통일신라시대 결부제에 입각한 田租收取로 변화되었음을 말한다.

　통일신라는 삼국통일의 과정에서 신라로 편입된 각 지방을 장악하
여 중앙집권적 통치체제를 구축하고, 양전과 조세수취 등을 보다 효과
적으로 수행하기 위해 각 지방에 지방관을 파견하였다. 이에 따라 7세
기 말에서 8세기 神文王代 9주 5소경의 설치, 景德王代 군현명칭의 개
칭 등은 전국을 일원적인 지배체제로 편제하기 위함이었다. 지방관은
통일기 이전 군사적·행정적인 성격에서 통일기 이후 행정적인 기능
으로 변화되었음을 의미한다. 이에 따라 8세기를 전후하여 향촌지배구
조가 성립되었다는 견해는 시사하는 바가 크다.[2] 최근에는 이러한 시
기, 즉 신라통일기를 한국사 시대구분에서 고대사회에서 중세사회로의
변동기로 파악한 견해가 주목된다.[3] 따라서 7·8세기 도량형제에 기반

---

2) 박종기, 「고려전기 향촌지배구조의 성립과 성격」, 『역사와 현실』 3, 1990.
3) 신라통일기를 고대에서 중세로 이행하는 과도기로 파악한 견해는 사회경제
　사 연구자의 입장과 사상사 연구자의 입장에서 파악되고 있다. 전자는 토지
　제도에 있어서 농민의 사회적 존재양태·생산관계와 그들의 처지를 주목하
　여 볼 때 殉葬制의 폐지를 두드러진 변화로 보고, 그러한 변화가 일어난 시
　기(金容燮, 「前近代의 土地制度」, 『韓國學入門』, 1984), 인두세적인 조세제
　도가 토지에 기반한 조세제도로 변화가 일어난 시기(김기흥, 앞의 책), 향촌

한 결부제의 성립은 향촌지배구조의 성립을 기반으로 양전을 실시하고, 토지를 대상으로 조세수취를 할 수 있는 중세적 지배체제의 토대를 구축할 수 있게 하였다는 점에서 커다란 의미를 가진다.

한편 11세기 정종 6년에는 양제가 신라통일기 1승 약 200㎖에서 340㎖로 증대되었고, 衡制도 신라통일기 1斤 약 200g에서 고려 정종대에 600g으로 중량이 증가하였다. 이러한 量·衡制는 생산력 발전을 담보로 12세기 양전제, 즉 결부제의 변화와 일정한 연관을 가지지 않았을까 생각된다. 양기의 증가는 농민층의 입장에서 엄청난 수취의 부담으로 작용하였다. 이에 따라 국가에서는 결의 면적을 확대시켜 수취의 안정을 도모하려 하였을 것이다.

고려전기의 결부제인 量尺同一制에 의한 同積異稅制가 12세기 이후 일정 면적에서 일정 생산량을 생산할 수 있는 면적, 즉 隨等異尺制에 의한 異積同稅制로의 변화는 도량형제의 변화와 밀접한 연관을 가질 것으로 보인다. 이와 같은 결부제의 변화는 한국 중세사회 내에서 전반적인 농업기술의 발달로 토지가 경제적 부의 원천으로 인식됨으로써 토지에 대한 부세수취를 점차 강화하려는 의도와 일정 단위면적에서 일정량, 즉 20석을 생산할 수 있는 농업기술의 발달이 전제되었기 때문에 가능하였다.

결부제의 변화는 作丁制를 실시할 수 있게 하였다. 작정제는 수조권 분급과 조세수취의 단위였다. 작정제는 字丁制로 발전하였으며, 字丁制 下에서는 量案 상에 수조권자의 성명을 기재하지 못하게 함으로써 수조권으로부터 소유권의 침탈을 방지하려 하였다. 이는 사적소유를 보호하면서 중세 국가의 토지지배를 강화하려는 것이었다.

세종 26년 貢法은 田分 6등제과 年分 9등제를 시행하여 1결의 전조

지배구조의 변화가 일어난 시기(박종기, 앞의 논문, 1990) 등을 들 수 있다. 후자는 중세불교의 지표를 기존의 선사상 수용에 따른 불교계의 변화를 중시하기보다는 불교종파의 성립시기를 중세불교의 지표로 설정하여야 한다고 하고, 그러한 시기를 7·8세기로 보는 견해(蔡尙植, 「한국 중세불교의 이해 방향」, 『歷史考古學志』 9, 1993) 등을 들 수 있다.

를 1/10租에서 1/20租로 경감하였다. 이러한 제도의 시행은 고려후기 이후의 토지결수의 증가와 여말선초 농업기술의 발달에 따른 생산력의 증대가 기반이 되었다. 그러나 전세 1/20租의 시행은 급작스런 세율의 인하를 추진하였기 때문에, 世宗 28年에 양기를 약 2배로 증대시키는 요인이 되었다. 이처럼 도량형제와 결부제는 중세사회 내의 경제구조 속에서 유기적 변화·발전을 전개하고 있었음을 보여준다.

　이상에서 살펴본 것처럼 度量衡制와 結負制는 통일신라와 고려시대 그리고 조선전기의 사회변동과정 속에서 변화·발전되었음을 검출할 수 있다.

참고문헌

| 기본자료 |

『三國史記』

『高麗史』

『高麗圖經』

『譯註 韓國古代金石文』

『朝鮮金石總覽』

『韓國上代古文書資料集成』

『稼亭集・牧隱集』

『東國李相國集』

『圓監國師集』

『太祖實錄』

『太宗實錄』

『世祖實錄』

『經國大典』

『磻溪隨錄』

『龍飛御天歌』

『慶州先生案』

『新增東國與地勝覽』

『慶尙道地理志』

『鷄林類事』

『農事直說』

『王禎農書』

『隋書』

『舊唐書』

『元史』

『三國遺事』

『高麗史節要』

『韓國金石遺文』

『韓國金石全文』

『高麗墓誌銘集成』

『東文選』

『益齋集』

『朝鮮金石攷』

『朝鮮古蹟圖譜(통일신라시대・고려시대편)』

『定宗實錄』

『世宗實錄』

『世宗實錄地理志』

『萬機要覽』

『經世遺表』

『高麗名賢集』

『大覺國師文集』

『增補文獻備考』

『韓國中世社會史資料集』

『農桑輯要』

『農家集成』

『漢書』

『新唐書』

『宋史』

『新元史』

| 참고논저 |

국내 단행본

姜晉哲, 『高麗土地制度史研究』, 고려대 출판부, 1984.

姜晉哲, 『韓國中世土地所有研究』, 一潮閣, 1989.

高裕燮, 『松都의 古蹟』, 悅話堂, 1988.

具山祐, 『高麗前期 鄕村支配體制 硏究』, 부산대 박사학위논문, 1995.

국립민속박물관, 『한국의 도량형』, 1997.

국립청주박물관, 『고려공예전』, 1999.

국립중앙박물관·광주박물관, 『우리나라 金屬工藝의 精華』, 1997.

金琪燮, 『高麗前期 田丁制 硏究』, 부산대 박사학위논문, 1993.

김기흥, 『삼국 및 통일신라 세제의 연구』, 역사비평사, 1991.

金基協 譯, 『中國度量衡圖集』, 법인문화사, 1993.

金塘澤, 『元干涉下의 高麗政治史』, 一潮閣, 1998.

金秉模·尹善映, 『二聖山城 - 7차발굴조사보고서』, 한양대 박물관·하남시, 2000.

김용간·석광준, 『남경유적에 관한 연구』, 과학백과사전출판사, 1984.

金容燮, 『증보판 朝鮮後期農業史研究(1)』, 지식산업사, 1995.

金容燮, 『朝鮮後期農學史研究』, 一潮閣, 1988.

金容燮, 『韓國中世農業史研究』, 지식산업사, 2000.

金容雲·金容局, 『韓國數學史』, 科學과人間社, 1977.

김윤곤, 『한국중세 영남불교의 이해』, 영남대 출판부, 2001.

김윤곤, 『한국중세의 역사상』, 영남대 출판부, 2001.

金泰永, 『朝鮮前期土地制度史研究』, 知識産業社, 1983.

남문현, 『한국의 물시계』, 건국대 출판부, 1995.

南仁國, 『高麗中期 政治勢力研究』, 신서원, 1999.

남천우, 『유물의 재발견』, 학고재, 1997.

리용태, 『우리나라중세과학기술사』, 과학백과사전출판사, 1990.

리화선, 『조선건축사(1)』, 과학백과사전종합출판사, 1989.

閔成基, 『朝鮮農業史研究』, 一潮閣, 1988.

朴京安, 『高麗後期 土地制度研究』, 혜안, 1996.

朴龍雲, 『고려시대 開京 연구』, 一志社, 1996.

朴宗基, 『高麗時代 部曲制研究』, 서울대 출판부, 1990.

박종진, 『고려시대 재정운영과 조세제도』, 서울대 출판부, 2000.

朴興秀, 『度量衡과 國樂論叢』, 朴興秀華甲紀念論文集刊行會, 1980.

朴興秀, 『韓·中度量衡制度史』, 성균관대 출판부, 1999.

白南雲,『朝鮮封建社會經濟史(上)』, 改造社, 1937.

白南雲,『朝鮮社會經濟史』, 改造社, 1933.

邊太燮,『高麗史의 諸問題』, 三英社, 1986.

서울시사편찬위원회,『서울六百年史』제1권, 1977.

서울시사편찬위원회,『서울六百年史』제2권, 1978.

成周鐸 譯註,『中國都城發達史』, 學研文化社, 1993.

孫大俊 譯,『古代韓國文化와 日本』, 원광대 출판국, 1981.

申榮勳,『韓國 古建築 斷章(상)』, 1975.

沈正輔,『韓國邑城의 研究』, 學研文化社, 1995.

安秉佑,『高麗前期 財政構造 研究』, 서울대 박사학위논문, 1994.

역사유적 보존문화연구소,『우리나라의 역사유적』, 과학백과사전출판사, 1983.

尹張燮,『韓國建築研究』, 東明社, 1983.

尹張燮,『韓國의 建築』, 서울대 출판부, 1996.

魏恩淑,『高麗後期 農業經濟研究』, 혜안, 1998.

李景植,『朝鮮前期 土地制度研究』, 一潮閣, 1986.

李浩官,『韓國의 金屬工藝』, 文藝出版社, 1997.

李光麟,『李朝水利史研究』, 韓國研究院, 1961.

李佑成,『韓國中世社會研究』, 一潮閣, 1991.

李仁在,『統一新羅期 土地制度 研究』, 연세대 박사학위논문, 1995.

李正守,『16세기 物價變動과 民의 動向』, 부산대 박사학위논문, 1997.

이정희,『고려시대 세제의 연구』, 국학자료원, 2000.

李春寧,『李朝農業技術史』, 韓國研究院, 1964.

李泰鎭,『韓國社會史研究』, 知識産業社, 1986

李鎬澈,『朝鮮前期 農業經濟史』, 한길사, 1986.

李弘稙,『韓國古代史의 研究』, 新丘文化社, 1987.

張東翼,『高麗後期外交史研究』, 一潮閣, 1994.

全相運,『韓國科學技術史』, 정음사, 1984.

전상운,『한국과학사』, 사이언스북스, 2000.

全基雄,『羅末麗初의 政治社會와 文人知識層』, 혜안, 1996.

조선기술발전사편찬위원회,『조선기술발전사(3)』, 과학백과사전출판사, 1994.

남문현,『同律度量衡 - 조선시대 척도자료 조사용역보고서 - 』, 文化財管理局, 1992.

蔡尙植,『高麗後期佛敎史研究』, 一潮閣, 1991.

蔡雄錫,『高麗時代의 國家와 地方社會』, 서울대 출판부, 2000.

崔德卿,『中國古代農業史研究』, 백산서당, 1994.

崔在錫,『正倉院 소장품과 統一新羅』, 一志社, 1996.

한국과학문화재단,『우리의 과학문화재』, 서해문집, 1997.

韓基汶,『高麗寺院의 構造와 機能』, 民族社, 1998.

許興植,『韓國의 古文書』, 民音社, 1988.

洪以燮,,『朝鮮科學史』, 民族文化, 1986.

黃壽永,『韓國의 佛像』, 文藝出版社, 1989.

황수영전집 간행위원회,『黃壽永全集 3 - 한국의 불교공예·탑파』, 혜안, 1998.

국외 단행본

關野貞,『朝鮮の建築と藝術』, 東京 岩波書店, 1941.

丘光明 編著,『中國歷代度量衡考』, 北京 科學出版社, 1992.

丘光明,『中國度量衡』, 新華出版社, 1993.

丘光明,『中國古代度量衡』, 商務印書館, 1996.

旗田巍,『朝鮮中世社會史の研究』, 法政大學出版局, 1972.

金日成綜合大學 編, 金洪圭·呂南喆 譯,『五世紀の高句麗文化』, 東京 雄山
閣, 1985.

藤田亮策,『朝鮮金石瑣談』, 亞細亞文化史, 1979.

藤田元春,『尺度綜考』, 刀江書院, 1929.

馬衡,『'隋書·律曆志' 十五等尺 』, 1932.

望月長興,『日本人の尺度』, 六藝書房, 1971.

米田美代治,『朝鮮上代建築の研究』, 秋田屋, 1944/申榮勳 譯,『韓國上代建築
의 研究』, 東山文化社, 1976.

浜中昇,『朝鮮古代の經濟と社會』, 法政大學出版局, 1986.

小泉袈裟勝,『度量衡の歷史』, コロナ社, 1961.

小泉袈裟勝,『歷史の中の單位』, 綜合科學出版, 1979.

小泉袈裟勝,『單位の起源事典』, 東京書籍, 1992.

小泉袈裟勝,『秤』, 法政大學出版局, 1982.

小泉袈裟勝,『枡』, 法政大學出版局, 1985.

小泉袈裟勝,『單位の歷史事典』, 柏書房, 1989.

小泉袈裟勝,『ものさし』, 法政大學出版局, 1991.

狩谷棭齋 著, 富谷至 校注,『本朝度量衡攷』, 東京 現代思潮社, 1978.

新井宏,『まぼろしの古代尺』, 吉川弘文館, 1992.

吳承洛,『中國度量衡史』, 臺灣常務印書館, 1937.

吳慧,『中國歷代糧食畝産研究』, 農業出版社, 1985.

河南省計量局 主編,『中國古代度量衡論文集』, 中州古籍出版社, 1990.

坪井良平,『朝鮮鐘』, 角川書店, 1974.

국내 논문

姜晉哲,「新羅의 祿邑에 대하여」,『李弘稙博士回甲紀念韓國史論叢』, 1969.
權鶴洙,「皇龍寺建物址의 營造尺 분석」,『韓國上古史學報』31, 1999.
兼若逸之,「新羅 '均田成冊'의 研究」,『韓國史研究』23, 1976.
兼若逸之,「『高麗史』'方三十三步' 및『高麗圖經』'每一百五十步'의 面積에
      대하여」,『孫寶基博士停年紀念韓國史學論叢』, 1988.
金琪燮,「高麗前期 農民의 土地所有와 田柴科의 性格」,『韓國史論』17, 1987.
金永培,「淸州 雲泉洞 出土 金銅菩薩立像과 銅鐘」,『考古美術』105, 1970.
金容燮,「高麗時期의 量田制」,『東方學志』16, 1975.
金容燮,「高麗前期의 田品制」,『韓㳓劤博士停年紀念史學論叢』, 1981.
金容燮,「前近代의 土地制度」,『韓國學入門』, 1983.
金載名,「高麗時代 什一租에 관한 一考察」,『淸溪史學』2, 1985.
金載名,「高麗時代 調의 收取와 그 性格」,『京畿史學』2, 1998.
金載珍,「田結制研究」,『慶北大論文集』2, 1958.
金昌鎬,「靑銅製品-靑銅飯子」,『感恩寺 發掘調査報告書』, 國立慶州文化財
      研究所・慶州市, 1997.
金昌鎬・韓基汶,「貞祐四年銘高麗銅鐘 銘文의 검토」,『年報』8, 국립 경주문
      화재연구소, 1998.
金弘柱,「淸州社稷洞出土 思惱寺半子」,『美術資料』52, 1993.
南天祐,「石窟庵에서 忘却되어 있는 高度의 新羅科學」,『震檀學報』33, 1969.
南豊鉉,「第二新羅帳籍에 대하여」,『美術資料』19, 1976.
리화선,「고구려 금강사와 그 터자리 구성에 대하여」,『조선고고연구』, 1986-4.
文化財管理局,「海印寺 吉祥塔 調査報告書」, 1996.
閔德植,「新羅의 慶州 月城考-新羅王京研究를 위한 일환으로-」,『東方學
      志』66, 1990.
閔賢九,「整治都監의 設置經緯」,『國民大論文集』11, 1977.
閔賢九,「整治都監의 性格」,『東方學志』23・24, 1980.
朴京安,「甲寅柱案考-忠宣王代의 田制釐正을 중심으로-」,『東方學志』66, 1990.
朴京安,「高麗後期의 陳田開墾과 賜田」,『學林』7, 1985.
朴克采,「朝鮮封建社會의 停滯的 本質-田結制 研究-」,『李朝社會經濟史』,
      1946.
朴方龍,「新羅關門城의 銘文石 考察」,『美術資料』31, 1982.

박종기, 「고려전기 향촌지배구조의 성립과 성격」, 『역사와 현실』 3, 1990.

朴鍾進, 「忠宣王代의 財政改革策과 그 性格」, 『韓國史論』 9, 1983.

박종진, 「고려시기 개경사 연구동향」, 『역사와 현실』 34, 1999.

朴贊興, 「高句麗尺에 대한 硏究」, 『史叢』 44, 1995.

朴興秀, 「李朝尺度에 關한 硏究」, 『大東文化硏究』 4, 1967.

朴興秀, 「新羅 및 高麗의 量田法에 關하여」, 『學術院』, 1972.

朴興秀, 「한국 고대의 量田法과 量田尺에 관한 연구」, 『한불연구』, 1974.

朴興秀, 「李朝尺度 基準으로서의 現水標의 價値」, 『科學技術硏究』 3, 1975.

朴興秀, 「新羅 및 高麗 때의 量制와 量尺에 關하여」, 『科學技術硏究』 5, 1977.

朴興秀, 「多寶塔의 平面圖와 營造用尺度」, 『韓國學報』 7, 1977.

朴興秀, 「韓·中 古代 度量衡制度의 比較考察」, 『第3會 國際學術會議論文集』, 정문연, 1984.

朴興秀, 「도량형제도」, 『한국사』 24, 국사편찬위원회, 1994.

부산직할시, 「尙州安水寺銅鐘」, 『부산의 문화재』, 1993.

申榮勳, 「石窟庵의 建築的인 營造計劃」, 『考古美術』 7-7, 1966.

安秉佑, 「高麗後期 농업생산력 발달과 농장」, 『14세기 고려의 정치와 사회』, 1993.

呂恩暎, 「高麗時代의 量田制」, 『嶠南史學』 2, 1986.

呂恩暎, 「高麗時代의 量制 - 結負制 이해의 기초로서 - 」, 『慶尙史學』 3, 1987.

魏恩淑, 「12세기 농업기술의 발달」, 『釜大史學』 12, 1987.

魏恩淑, 「高麗時代 農業技術과 生産力 硏究」, 『國史館論叢』 17, 1990.

尹善泰, 「新羅下代의 量制에 관한 一試論 - 雁鴨池 출토 量器의 분석을 중심으로 - 」, 『新羅文化』 17·18, 2000.

尹善泰, 「新羅 崇福寺碑의 復元 - 結·苫의 細註와 관련하여 - 」, 『佛敎美術』 16, 2000.

尹張燮, 「고려의 목조건축형식」, 『韓國의 建築』, 서울대 출판부, 1996.

이강승, 「백제시대의 자에 대한 연구 - 부여 쌍북리유적출토 자를 중심으로 - 」, 『韓國考古學報』 43, 2000.

李景植, 「高麗時期의 作丁制와 祖業田」, 『李元淳停年紀念歷史學論叢』, 1991.

李基東, 「雁鴨池에서 出土된 新羅木簡에 대하여」, 『新羅 骨品制社會와 花郞徒』, 1984.

李基白, 「望海殿과 臨海殿」, 『考古美術』 129·130, 1976.

李成茂, 「公田·私田·民田의 槪念」, 『韓㳎劤博士停年紀念史學論叢』, 1981.

李宇泰, 「新羅 '村落文書'의 村域에 대한 一考察」, 『金哲埈博士華甲紀念史

學論叢』, 1983.

李宇泰, 「新羅時代의 結負制」, 『泰東古典研究』 5, 1989.

李宇泰, 「新羅의 量田制」, 『國史館論叢』 37, 1992.

李宇泰, 「韓國古代의 量制」, 『泰東古典研究』 10, 1993.

李宇泰, 「韓國古代의 尺度」, 『泰東古典研究』 創刊號, 1984.

李仁在, 「新羅 統一期의 結負制」, 『東方學志』 101, 1998.

李宗峯, 「高麗刻本 "元朝正本農桑輯要"의 한국농학사상에서의 위치」, 『釜山史學』 21, 1991.

李宗峯, 「高麗後期의 勸農政策과 土地開墾」, 『釜大史學』 15・16, 1992.

李宗峯, 「고려시기 수전농업의 발달과 이앙법」, 『韓國文化研究』 6, 1993.

李宗峯. 「高麗前期의 結負制」, 『釜山史學』 29, 1995.

李宗峯. 「高麗時代의 量制」, 『國史館論叢』 82, 1998.

李宗峯. 「高麗後期 結負制의 變化와 性格」, 『한국중세사연구』 6, 1999.

李宗峯. 「高麗時代의 衡制」, 『釜大史學』 23, 1999.

李宗峯. 「高麗時代의 尺」, 『釜大史學』 24, 2000.

李宗峯. 「統一新羅時代의 尺」, 『한국중세사연구』 8, 2000.

李宗峯. 「朝鮮前期 度量衡制 研究」, 『國史館論叢』 95, 2001.

李弘稙, 「慶州南山東麓 三層石塔內發遣品」, 『韓國古文化論考』, 1954.

李弘稙, 「延壽在銘 新羅 銀合杅에 대한 一・二의 考察」, 『崔鉉培博士還甲紀念論文集』, 1954.

李弘稙, 「貞元二十年 在銘新羅梵鐘」, 『白樂濬博士還甲紀念國學論叢』, 1954.

장상렬, 「만월대 장화전 건축군의 배치와 거기에 쓴 자에 대하여」, 『조선고고연구』 1986-4.

장상렬, 「만월대 회경전 건축군에 쓴 자에 대하여」, 『조선고고연구』 1989-3.

田大熙, 「朝鮮代 度量衡器의 實크기에 관한 研究」, 『韓國海洋大 論文集』 18, 1983.

전룡철, 「고려의 수도 개성성에 대한 연구(1・2)」, 『력사과학』 1980년 제2・3호.

田炳武, 「高麗時代 銀流通과 銀所」, 『韓國史研究』 78, 1992.

全相運, 「高句麗의 科學과 技術, 그 研究現況과 課題」, 『東方學志』 49, 1985.

鄭仁盛, 「韓半島 出土 (靑銅)鼎의 性格」, 『古文化』 48, 1996.

정찬영, 「만월대 유적에 대하여」, 『조선고고연구』 1989-1.

蔡尙植, 「聖德大王神鐘 造成의 歷史的 背景」, 『성덕대왕신종(제2회 우리의 종 세계의 종)』, 국제학술대회 발표요지문, 1996.

蔡尙植, 「한국 중세불교의 이해방향」, 『歷史考古學志』 9, 1993.

蔡雄錫, 「高麗前期 社會構造와 本貫制」, 『高麗史의 諸問題』, 1986.

崔德卿, 「戰國・秦漢시대 음식물의 調理와 食生活」, 『釜山史學』 31, 1996.

崔德卿, 「秦漢時代 小農民의 토지생산량」, 『中國古代農業史研究』, 백산서당, 1994.

崔應天, 「高麗時代 靑銅金鼓의 研究 – 특히 鑄成方法과 銘文分析을 중심으로」, 『佛敎美術』 9, 1988.

崔在錫, 「正倉院 소장의 尺(자)과 그 製作國에 대하여」, 『韓國學報』 78, 1995.

국외 논문

關野貞, 「高句麗の平壤と長安城について」, 『史學雜誌』 39-1, 1928.

邱隆, 「唐宋時期的度量衡」, 『中國古代度量衡論文集』, 1990.

宮本佐知子, 「さし・ます・ほかり」, 『交易と交通』, 雄山閣, 1997.

旗田巍, 「新羅・高麗の田券」, 『朝鮮中世社會史の研究』, 法政大學 出版局, 1972.

東潮・田中俊明 編著, 『韓國の古代遺跡(新羅 篇)』, 1988.

万國鼎, 「唐尺考」, 『中國古代度量衡論文集』, 中州古籍出版社, 1990.

小泉袈裟勝, 「東洋尺度史의 諸問題」, 『日本歷史』 351, 1977.

新井宏, 「量田制에 있어서 結과 頃」, 『朝鮮學報』 144, 1992.

梁方仲, 「中國歷代度量衡之變遷及其時代特徵」, 『經濟史 復印輯刊資料』, 1980-13.

楊寬, 「中國歷代尺度考」, 『中國古代度量衡論文集』, 中州古籍出版社, 1990.

梁方中, 「中國歷代度量衡之變遷及其時代特徵」, 『中國人民大學 復印輯刊資料』, 1980-3.

余也非, 「中國歷代糧食畝産量」, 『經濟史』 14-3, 中國人民大學, 1980.

鈴木靖民, 「正倉院佐波里加盤附屬文書の解讀」, 『古代東アジア史論集(上卷)』, 1978.

王云, 「魏晉南北朝時期的度量衡」, 『中國古代度量衡論文集』, 中州古籍出版社, 1990.

陳夢家, 「畝制與里制」, 『中國古代度量衡論文集』, 中州古籍出版社, 1990.

鶴園裕, 「李朝末期の度量衡」, 『東洋文化研究所紀要』 제99책, 東京大學 東洋文化研究所, 1986.

胡戟, 「唐代度量衡與畝里制度」, 『中國古代度量衡論文集』, 中州古籍出版社, 1990.

| Abstract |

A Study on the System of Weights and Measures in the Korea Medieval
in reference to the system of Gyel Bu(結負制)

Lee, Jong Bong

We have examined the system of weights and measures in reference to Gyel Bu Je(結負制). Its major characteristics can be summarized as follows :

First of all, we have investigated the system and change of weights and measures. First, the linear measure had the system of Bun(分), Chon(寸), Cheok(尺), Bo(步), Jang(丈). Ten Buns are equal to one Chon, ten Chons to one Cheok, and six Cheoks to one Bo. At the end of Silla dynasty and early Unified Silla dynasty the linear measure of Han dynasty(漢尺) in China was used in analyzing by actual measurement the documents of epigraphs and remaining relics, and in the late Unified Silla the big measure of Tang(唐大尺) was utilised. Goryeo Dynasty utilised the basic measurement of about thirty-one centimeters that succeeded to the big measure of Tang. In the 12th century, however, as Kum Cheok was introduced, and Yang Jeon Cheok(量田尺) was used as Ji Cheok(指尺), the existing big measure of Tang functioned only as Jo Yeong Cheok(造營尺) and Po Baek Cheok(布帛尺). As a result, the measurement in the early Joseon Dynasty was classified into Ji Cheok, Ju Cheok(周尺), Jo Yeong Cheok, Po Baek Cheok, and so forth. Secondly, the system of quantity included Jak(勺), Hab(合), Seung(升), Du(斗), and Seok(石),

but the units below Du(斗) used the decimal system, and fifteen Dues(斗) was equal to one Seok. The volume of one Seung in Unified Silla was about 200㎖s as in Han dynasty, in that the volume of three Seungs of grains supplied for the relief of the poor in the reign of king Seongdeok(聖德王) in the early 8th century was equal to the one provided for it in the Han dynasty. The capacity of the unit of one Seung is assumed to be 343㎖s or so, in the light of Seongdeok daewang sinjong(聖德大王神鐘) in the 23th year of the reign of king Munjong(文宗). And the volume in the Joseon dynasty is presumed to be some 596㎖s in the light of Gok Du Seung Hab(穀斗升合) enacted in the 28th year of the reign of king Sejong(世宗). The increase in volume like this was the same as the case of China, but the rate of increase is less than the one of China. Thirdly, in the system of weight Geun(斤) and Yang(兩) were mainly used, and one Geun was sixteen Yangs. In the unit of weight, given the weight of Seongdeok daewang sinjong, in the 8th century, one Geun in 8th century of Unified Silla was equal to some 200grams similar to the one of Han dynasty. This system of weight changed in the period between the late Unified Silla and early Goryeo dynasty, and so the weight of unit of one Geun is presumed to increase greatly in the reign of king Jeongjong(靖宗) in Goryeo dynasty. We can know about it with measuring weight of various relics. Therefore the weight of one Geun in the Goryeo dynasty is presumed to be about 600grams. This weight did not greatly change until the reign of king Sejong in Joseon dynasty.

Now, we will investigate Gyel Bu Je(結負制). The Yang Jeon(量田) in the early Goryeo dynasty was carried into effect as occasion called, centering around the units of Gun(郡) and Hyeon(縣). However, what is specially noteworthy is that Yang Jeon was carried out simultaneously on a national scale in the late Goryeo dynasty. Moreover, while the system of identity of quantity and linear measure(量尺 同一制) was in force in Yang Jeon in the early period, the system of Su Deung Yi Cheuk Je(隨等異尺制) was given to effect. Consequently, the method of Yang

Jeon itself changed and the period of chang was the one between the reign of king Injong(仁宗) and the 24th year of the reign of king Myeongjong(明宗). As a result, the meaning of Gyel Bu Je(結負制) was transformed from the system of Dong Jeok Yi Se(同積異稅) by the system of identity of quantity and linear measure(量尺同一制) to the one of Yi Jeok Dong Se(異積同稅) by the system of Su Dung Yee Cheok(隨等異尺制). The change of the method of Yang Jeon like this and the enforcement of the system of Su Deung Yi Cheuk Je(隨等異尺制) made Jak Jeong(作丁) by unit of a certain area, and by means of it Yang An was written out. In case of Gi Sa(己巳) Yang Jeon the names of the persons with right of tax collection were not written in Yang An, which had the purpose of protecting the estates of peasantry from the disseizing of the persons with right of tax collection.

The cases of Gyel Bu Je(結負制) and Gyeong Mu Je(頃畝制) can be found in the documents in the period of Unified Silla and Goryeo dynasty. In case of Gyel Bu Je, the meaning was transformed from a certain area to the unit of quantity of production and the period of change was the one after 12th century. Gyeong Mu Je in China was a certain unit of area. Gyel Bu Je and Gyeong Mu Je had the same meaning merely in that they were given areas. The cases of Gyeong Mu Je were used as the meanings of given areas in Goryeo dynasty, independent of the meaning of legal areas of Gyeong Mu Je in China. Therefore, Gyeong Mu Je, its original meaning[absolute areas, some 12,000Pyeong(坪)] in China abstracted, was used in Unified Silla and Goryeo dynasty in terms of absolute areas in Goryeo dynasty. The area of one Gyel was about 1,200Pyeong, if we take one Gyel(結)＝Bang(方) thirty-three Boes(步) as a standard. The area at the end of Goryeo dynasty transformed to Su Deung Yi Cheuk Je was some 2,000Pyeongs in case of first-rate paddies(上等田), some 3,000Pyeongs in case of middle-rate paddies(中等田), and some 4,500Pyeongs in case of low-rate paddies (下等田). We have taken the standard production of one Kul as fifteen Seoks(石),

eleven Seoks, seven Seoks in case of normal crop according to the regulation of tax-collection of commons(公田) in the reign of king Seong Jong. In 200Pyeongs, the first-rate paddies(上等田), middle-rate paddies(中等田), and low-rate paddies(下等田) produced 2.5Seoks(細註 3Seoks), 1.83Seok(細註 2.3Seok), and 1.16Seok(細註 1.67Seok) respectively. In 200Pyeongs of estates of the first-rate paddies(上等田) some 2Seoks were produced at the end of Goryeo dynasty. We could find the ratio of procuction in the late Goryeo dynasty went up more than 20% in comparison with the early Goryeo dynasty. This increase of production was attributed to the development of agricultural technique.

Finally, we have examined the factors of change of system of weights and measures and its historical meaning. As the estates developed as sources of economic wealths, the tax-collection of estates was realized. Accordingly, we can find that the system of weights and measures and the system of Gyel Bu Je were established. Thereafter, the factors of change of the system of weights and measures were the increase of productive capacity due to the the development of agricultural technique and the exploitation of the land-owning classes, and the purpose of increasing the financial revenue of the state. This establishment and change of the system of weights and measures can be understood to mean the process of the creation and development of Korean medieval society.

찾아보기

민족문화 학술총서를 내면서

21세기의 새로운 미래를 향해 나아가는 현 시점에서 한국학 연구는 새로운 전기를 맞이하고 있다. 한국은 물론이고, 아시아·구미 지역에서도 한국학에 대한 관심은 고조되고 있으며 여러 분야에서 다각도로 심층적인 분석이 이루어지고 있다. 이러한 추세에 발맞추어 우리나라의 한국학 연구자들도 지금까지의 연구를 기반으로 하여 방법론뿐 아니라, 연구 영역에서도 보다 심도 있는 연구가 요청되고 있는 형편이다. 따라서 우리는 동아시아 속의 한국, 더 나아가 세계 속의 한국이라는 관점에서 민족문화의 주체적 발전과 세계 문화와의 상호 관련성을 중시하는 방향에서 연구를 진행해야 할 것이다.

본 한국민족문화연구소는 한국문화연구소와 민족문화연구소를 하나로 합치면서 새롭게 도약의 발판을 마련한 이래 지금까지 민족문화의 산실로서 중요한 역할을 수행해 왔다. 그런 중에 기초 자료의 보존과 보급을 위한 자료총서, 기층 문화에 대한 보고서, 민족문화총서 및 정기학술지 등을 간행함으로써 연구소의 본래 기능을 확충시켜 왔다. 이제 이러한 성과를 바탕으로 한국학 연구자의 연구 성과를 보다 집약적으로 발전시켜 나아가기 위해서 민족문화 학술총서를 간행하고자 한다.

민족문화 학술총서는 한국 민족문화 전반에 관한 각각의 연구를 체계적으로 정리함으로써 본 연구소의 연구 기능을 극대화하는 역할을 할 것으로 기대한다. 또한 본 학술총서의 간행을 계기로 부산대학교 한국학 연구자들의 연구 분위기를 활성화하고 학술 활동의 새로운 장이 되기를 바란다.

아울러 본 학술총서는 한국학 연구의 외연적 범위를 확대하는 의미에서 한국학 관련 학문과의 상호 교류의 장이자, 학제간 연구의 중심 기능을 수행함으로써 명실상부한 한국학 학술총서로서 자리잡을 수 있도록 해야 할 것이다.

1997년 11월 20일

부산대학교 한국민족문화연구소

저자 | **李宗峯**

1961년 경남 고성 출생
부산대학교 인문대학 사학과 졸업
부산대학교 대학원 사학과 석사·박사과정 수료(문학박사)
기장군지편찬위원회 연구원 역임
현 부산대학교 한국민족문화연구소 상임연구원

주요 논저
「고려후기 권농정책과 토지개간」
「고려각본『원조정본농상집요』의 한국농업사상에서의 위치」
「고려시기 수전농업의 발달과 이앙법」
「『사시찬요초』의 찬자와 농업기술」
『순천시사』·『기장군지』·『한국사와 한국인』(공저)

韓國中世度量衡制研究

李宗峯 著

1판 1쇄 인쇄	2001년 12월 24일
1판 1쇄 인쇄	2001년 12월 29일
발행처	도서출판 혜안
발행인	오일주
등록번호	제22-471호
등록일자	1993년 7월 30일

㉾ 121-836 서울시 마포구 서교동 326-26번지 102호
전화 3141-3711~12 | 팩시밀리 3141-3710
이메일 hyeanpub@hanmail.net

값 18,000원
ISBN 89-8494-152-2 93910